Uwe Post

Android-Apps entwickeln mit Java

Liebe Leserin, lieber Leser,

Sie wollten schon immer einmal Ihre eigene App entwickeln und haben bereits erste Programmiererfahrungen? Dann liegen Sie mit diesem Buch goldrichtig! Hier lernen Sie alles Nötige rund um die App-Programmierung für Android. Entwickeln Sie Ihre eigene Spiele-App mit Sound und Animation, Beschleunigungs- und Lagesensoren, Kamera, Magnetfeldsensoren und allem, was ein gutes Spiel sonst noch so braucht. Weitere Features für die App-Entwicklung lernen Sie an kleinen Beispiel-Projekten kennen wie z. B. einem Schrittzähler.

Sie erfahren, was Sie über Android Studio wissen müssen, um Ihre Apps erfolgreich zu entwickeln. Programmieren werden Sie mit der beliebten Programmiersprache Java. Die Kenntnisse, die Sie dafür brauchen, bekommen Sie ebenfalls hier. Wenn Sie sich darüber hinaus noch tiefer in Java einarbeiten möchten, können Sie das Openbook unseres Standardwerkes »Java ist auch eine Insel« zurate ziehen (*www.rheinwerk-verlag.de/openbooks*). Alle Beispielprojekte aus dem Buch finden Sie zum Download unter *www.rheinwerk-verlag.de/5168*.

Dieses Buch wurde mit großer Sorgfalt geschrieben, geprüft und produziert. Sollte dennoch einmal etwas nicht so funktionieren, wie Sie es erwarten, freue ich mich, wenn Sie sich mit mir in Verbindung setzen. Ihre Kritik und konstruktiven Anregungen sind uns jederzeit herzlich willkommen!

Viel Spaß beim Programmieren Ihrer eigenen Apps wünscht Ihnen

Ihr Erik Lipperts
Lektorat Rheinwerk Computing

erik.lipperts@rheinwerk-verlag.de
www.rheinwerk-verlag.de
Rheinwerk Verlag · Rheinwerkallee 4 · 53227 Bonn

Auf einen Blick

1	Einleitung	15
2	Ist Java nicht auch eine Insel?	39
3	Vorbereitungen	69
4	Die erste App	89
5	Ein Spiel entwickeln	131
6	Sound und Animation	183
7	Internetzugriff	217
8	Kamera und Augmented Reality	249
9	Sensoren und der Rest der Welt	271
10	Smartwatch und Android Wear	321
11	Tipps und Tricks	341
12	Apps veröffentlichen	405

Impressum

Wir hoffen, dass Sie Freude an diesem Buch haben und sich Ihre Erwartungen erfüllen. Ihre Anregungen und Kommentare sind uns jederzeit willkommen. Bitte bewerten Sie doch das Buch auf unserer Website unter **www.rheinwerk-verlag.de/feedback**.

An diesem Buch haben viele mitgewirkt, insbesondere:

Lektorat Erik Lipperts
Korrektorat Isolde Kommer, Großerlach
Herstellung Nadine Preyl
Typografie und Layout Vera Brauner
Einbandgestaltung Silke Braun
Coverbild Johannes Kretzschmar
Satz Typographie & Computer, Krefeld
Druck Beltz Grafische Betriebe, Bad Langensalza

Dieses Buch wurde gesetzt aus der TheAntiquaB (9,35/13,7 pt) in FrameMaker.
Gedruckt wurde es auf chlorfrei gebleichtem Offsetpapier (90 g/m²).
Hergestellt in Deutschland.

Das vorliegende Werk ist in all seinen Teilen urheberrechtlich geschützt. Alle Rechte vorbehalten, insbesondere das Recht der Übersetzung, des Vortrags, der Reproduktion, der Vervielfältigung auf fotomechanischen oder anderen Wegen und der Speicherung in elektronischen Medien.

Ungeachtet der Sorgfalt, die auf die Erstellung von Text, Abbildungen und Programmen verwendet wurde, können weder Verlag noch Autor, Herausgeber oder Übersetzer für mögliche Fehler und deren Folgen eine juristische Verantwortung oder irgendeine Haftung übernehmen.

Die in diesem Werk wiedergegebenen Gebrauchsnamen, Handelsnamen, Warenbezeichnungen usw. können auch ohne besondere Kennzeichnung Marken sein und als solche den gesetzlichen Bestimmungen unterliegen.

Bibliografische Information der Deutschen Nationalbibliothek:
Die Deutsche Nationalbibliothek verzeichnet diese Publikation in der Deutschen Nationalbibliografie; detaillierte bibliografische Daten sind im Internet über *http://dnb.dnb.de* abrufbar.

ISBN 978-3-8362-7821-8

9., aktualisierte Auflage 2021
© Rheinwerk Verlag, Bonn 2021

Informationen zu unserem Verlag und Kontaktmöglichkeiten finden Sie auf unserer Verlagswebsite **www.rheinwerk-verlag.de**. Dort können Sie sich auch umfassend über unser aktuelles Programm informieren und unsere Bücher und E-Books bestellen.

Inhalt

Vorwort 13
Materialien zum Buch 14

1   Einleitung   15

1.1   Für wen ist dieses Buch? 15
   1.1.1   Magie? 16
   1.1.2   Große Zahlen 16
   1.1.3   Technologie für alle 17
   1.1.4   Die Grenzen der Physik 18
1.2   Unendliche Möglichkeiten 20
   1.2.1   Baukasten 20
   1.2.2   Spiel ohne Grenzen 22
   1.2.3   Alles geht 25
1.3   Was ist so toll an Android? 26
   1.3.1   Magic Earth Navigation & Karten 26
   1.3.2   Sky Map 28
   1.3.3   c:geo 29
   1.3.4   barcoo – QR Scanner 30
   1.3.5   Öffi 31
   1.3.6   Sprachsuche 32
   1.3.7   Cut the Rope 34
   1.3.8   Asphalt Nitro 35

2   Ist Java nicht auch eine Insel?   39

2.1   Warum Java? 39
2.2   Grundlagen 42
   2.2.1   Objektorientierung – Klassen und Objekte 42
   2.2.2   Konstruktoren 44

2.3	**Pakete**		45
	2.3.1	Packages deklarieren	45
	2.3.2	Klassen importieren	47
2.4	**Klassen implementieren**		48
	2.4.1	Attribute	48
	2.4.2	Methoden	51
	2.4.3	Zugriffsbeschränkungen	53
	2.4.4	Eigene Konstruktoren	56
	2.4.5	Lokale Variablen	58
2.5	**Daten verwalten**		60
	2.5.1	Listen	60
	2.5.2	Schleifen	62
2.6	**Vererbung**		63
	2.6.1	Basisklassen	63
	2.6.2	Polymorphie	66

3   Vorbereitungen 69

3.1	**Was brauche ich, um zu beginnen?**		69
3.2	**Schritt 1: Android Studio installieren**		71
3.3	**Schritt 2: Das Android SDK**		72
3.4	**Ein neues App-Projekt anlegen**		75
3.5	**Android Studio mit dem Handy verbinden**		78
3.6	**Fehlersuche**		80
	3.6.1	Einen Stacktrace lesen	80
	3.6.2	Logging einbauen	84
	3.6.3	Schritt für Schritt debuggen	86

4   Die erste App 89

4.1	**Sag »Hallo«, Android!**		89
	4.1.1	Die »MainActivity«	91
	4.1.2	Der erste Start	96

4.2	**Bestandteile einer Android-App**	98
	4.2.1 Activities anmelden	99
	4.2.2 Permissions	100
	4.2.3 Ressourcen	102
	4.2.4 Generierte Dateien	103
	4.2.5 Die Build-Skripte	106
4.3	**Benutzeroberflächen bauen**	111
	4.3.1 Layout bearbeiten	111
	4.3.2 String-Ressourcen	116
	4.3.3 Layout-Komponenten	118
	4.3.4 Weitere visuelle Komponenten	121
4.4	**Buttons mit Funktion**	122
	4.4.1 Der »OnClickListener«	122
	4.4.2 Den »Listener« implementieren	123
4.5	**Eine App installieren**	126
	4.5.1 Installieren per USB	126
	4.5.2 Installieren mit ADB	127
	4.5.3 Drahtlos installieren	128

5 Ein Spiel entwickeln 131

5.1	**Wie viele Stechmücken kann man in einer Minute fangen?**	131
	5.1.1 Der Plan	132
	5.1.2 Das Projekt erzeugen	132
	5.1.3 Layouts vorbereiten	134
	5.1.4 Die »GameActivity«	134
5.2	**Grafiken einbinden**	138
	5.2.1 Die Mücke und der Rest der Welt	138
	5.2.2 Grafiken einbinden	140
5.3	**Die Game Engine**	142
	5.3.1 Aufbau einer Game Engine	142
	5.3.2 Ein neues Spiel starten	144
	5.3.3 Eine Runde starten	144
	5.3.4 Den Bildschirm aktualisieren	145
	5.3.5 Die verbleibende Zeit herunterzählen	152

	5.3.6	Prüfen, ob das Spiel vorbei ist	156
	5.3.7	Prüfen, ob eine Runde vorbei ist	158
	5.3.8	Eine Mücke anzeigen	159
	5.3.9	Eine Mücke verschwinden lassen	164
	5.3.10	Das Treffen einer Mücke mit dem Finger verarbeiten	169
	5.3.11	»Game Over«	169
	5.3.12	Der Handler	171
5.4	**Der erste Mückenfang**		**176**
	5.4.1	Retrospektive	177
	5.4.2	Feineinstellungen	177
	5.4.3	Hintergrundbilder	179
	5.4.4	Elefanten hinzufügen	180

6 Sound und Animation   183

6.1	**Sounds hinzufügen**		**184**
	6.1.1	Sounds erzeugen	184
	6.1.2	Sounds als Ressource	186
6.2	**Sounds abspielen**		**187**
	6.2.1	Der MediaPlayer	187
	6.2.2	Den MediaPlayer initialisieren	189
	6.2.3	Zurückspulen und Abspielen	189
6.3	**Einfache Animationen**		**191**
	6.3.1	Views einblenden	192
	6.3.2	Wackelnde Buttons	195
	6.3.3	Interpolation	198
6.4	**Fliegende Mücken**		**203**
	6.4.1	Grundgedanken zur Animation von Views	203
	6.4.2	Geschwindigkeit festlegen	203
	6.4.3	Mücken bewegen	205
	6.4.4	Bilder laden	207
	6.4.5	If-else-Abfragen	209
	6.4.6	Zweidimensionale Arrays	210
	6.4.7	Resource-IDs ermitteln	212
	6.4.8	Profiling	213
	6.4.9	Retrospektive	214

7　Internetzugriff　217

7.1　Highscores speichern 217
　　7.1.1　Highscore anzeigen 217
　　7.1.2　Activities mit Rückgabewert 219
　　7.1.3　Werte permanent speichern 220
　　7.1.4　Rekordhalter verewigen 221

7.2　Bestenliste im Internet 227
　　7.2.1　Die Internet-Erlaubnis 229
　　7.2.2　Eine »ScrollView« für die Highscores 229
　　7.2.3　Der HTTP-Client 230

7.3　Listen mit Adaptern 239
　　7.3.1　»ListViews« 239
　　7.3.2　ArrayAdapter 242
　　7.3.3　Spinner und Adapter 244

8　Kamera und Augmented Reality　249

8.1　Die Kamera verwenden 249
　　8.1.1　Die »CameraView« 250
　　8.1.2　»CameraView« ins Layout integrieren 254
　　8.1.3　Die Camera-Permission 256

8.2　Bilddaten verwenden 261
　　8.2.1　Bilddaten anfordern 261
　　8.2.2　Bilddaten auswerten 263
　　8.2.3　Tomaten gegen Mücken 265

9　Sensoren und der Rest der Welt　271

9.1　Himmels- und sonstige Richtungen 271
　　9.1.1　Der »SensorManager« 272
　　9.1.2　Rufen Sie nicht an, wir rufen Sie an 273
　　9.1.3　Die Kompassnadel und das »Canvas«-Element 275
　　9.1.4　View und Activity verbinden 278

9.2		**Wo fliegen sie denn?**	279
	9.2.1	Sphärische Koordinaten	280
	9.2.2	Die virtuelle Kamera	281
	9.2.3	Mücken vor der virtuellen Kamera	283
	9.2.4	Der Radarschirm	287
9.3		**Beschleunigung und Erschütterungen**	294
	9.3.1	Ein Schrittzähler	294
	9.3.2	Mit dem »SensorEventListener« kommunizieren	297
	9.3.3	Schritt für Schritt	299
9.4		**Hintergrund-Services**	302
	9.4.1	Eine Service-Klasse	303
	9.4.2	Service steuern	305
	9.4.3	Einfache Service-Kommunikation	306
9.5		**Arbeiten mit Geokoordinaten**	309
	9.5.1	Der Weg ins Büro	310
	9.5.2	Koordinaten ermitteln	311
	9.5.3	Karten und Overlay	314

10   Smartwatch und Android Wear   321

10.1		**Welt am Handgelenk**	321
10.2		**Phone ruft Uhr**	323
	10.2.1	Notifications	324
	10.2.2	»WearableExtender«	325
	10.2.3	Interaktive Notifications	326
10.3		**Ein Wear-Projekt**	327
	10.3.1	»wear«-Modul hinzufügen	328
	10.3.2	Rund oder eckig?	329
	10.3.3	Wear-Apps installieren	330
10.4		**Uhr ruft Phone**	330
	10.4.1	Buttons verdrahten	331
	10.4.2	Den Service fernsteuern	332
	10.4.3	NodesAPI-Nachrichten empfangen	333

10.5	**Wear 2.x**		335
	10.5.1	Complications	336
10.6	**Fazit**		339

11   Tipps und Tricks — 341

11.1	**Views mit Stil**		341
	11.1.1	Hintergrundgrafiken	341
	11.1.2	Styles	343
	11.1.3	Themes	344
	11.1.4	Button-Zustände	345
	11.1.5	9-Patches	346
	11.1.6	Shape Drawables	347
	11.1.7	Shader, Path-Effekte und Filter	349
11.2	**Dialoge**		351
	11.2.1	Standarddialoge	351
	11.2.2	Eigene Dialoge	357
	11.2.3	Toasts	359
11.3	**Layout-Gefummel**		360
	11.3.1	»RelativeLayouts«	361
	11.3.2	Layout-Gewichte	361
	11.3.3	View Binding	362
	11.3.4	Layouts mit Animationen	364
	11.3.5	Homescreen-Widgets	366
	11.3.6	Widget-Layout	367
	11.3.7	Widget-Provider	367
	11.3.8	Das Widget anmelden	369
11.4	**Teilen und Empfangen**		371
	11.4.1	Daten versenden	371
	11.4.2	Geteilte Daten entgegennehmen	374
	11.4.3	Speichern ohne Genehmigung	377
11.5	**Daten speichern leicht gemacht**		381
	11.5.1	Ein Einkaufszettel als App	382
	11.5.2	Daten verwalten mit Paper	385

11.6	**Öffentliche Webservices abfragen**		388
	11.6.1 Alle Wetter		389
	11.6.2 Webservices abfragen mit Retrofit		391
11.7	**Activities aus Fragmenten**		398
	11.7.1 Fragmente anlegen		398
	11.7.2 Fragmente managen		402

12 Apps veröffentlichen   405

12.1	**Vorarbeiten**		405
	12.1.1 Zertifikat erstellen		405
	12.1.2 Das Entwicklerkonto		408
	12.1.3 Die Entwicklerkonsole		408
12.2	**Hausaufgaben**		411
	12.2.1 Updates		411
	12.2.2 Statistiken		412
	12.2.3 Datenschutz		414
	12.2.4 Fehlerberichte		415
	12.2.5 In-App-Payment		417
	12.2.6 In-App-Produkte		418
	12.2.7 Die »Billing API Version 3« initialisieren		421
	12.2.8 Ein In-App-Produkt kaufen		422
12.3	**Alternative Markets**		424
	12.3.1 Amazon AppStore		424
	12.3.2 F-Droid		426
	12.3.3 Fazit		432

Index 433

Vorwort

Android ist in! Das Smartphone-Betriebssystem steckt quasi in jeder Jacken- oder Hosentasche – und das nicht nur wegen des sympathischen grünen Maskottchens.

Smartphones haben erstaunliche Fähigkeiten und beflügeln die Fantasie. Es ist nicht besonders schwer, eigene Apps zu basteln – es geht sogar ganz ohne Programmiervorkenntnisse. Okay, Sie sollten mit Ihrem PC umgehen können, aber alles andere erkläre ich Ihnen in diesem Buch.

Wenn Sie es durchgearbeitet haben, können Sie eigene Apps schreiben, die mindestens so erstaunlich sind wie jene, die Sie bereits von Ihrem Smartphone her kennen.

Dass der Spaß dabei nicht zu kurz kommen wird, garantiere ich Ihnen. Also, worauf warten Sie?

Anmerkung zur 9. Auflage

Seit der letzten Auflage ist das Sortiment an nach Süßwaren benannten Android-Versionen aufgebraucht: Ab Android 10 (erschienen am 3.9.2019) muss die nackte Versionsnummer genügen. Android Studio liegt seit Juni 2020 in Version 4.0 vor, unterstützt weitgehend Java 8 und bietet diverse Arbeitserleichterungen. Grund genug für eine neue Auflage.

Wir nutzen wie immer die Gelegenheit, um Hinweise und Vorschläge von Lesern zu berücksichtigen. Vielen Dank für Ihr Feedback!

Auf ein Neues also – und viel Spaß mit der 9. Auflage!

Uwe Post

Materialien zum Buch

Auf der Webseite zu diesem Buch stehen folgende Materialien für Sie zum Download bereit:

- alle Beispielprogramme
- Openbook »Java ist auch eine Insel«

Gehen Sie auf *www.rheinwerk-verlag.de/5168*. Klicken Sie auf den Reiter MATERIALIEN ZUM BUCH. Sie sehen die herunterladbaren Dateien samt einer Kurzbeschreibung des Dateiinhalts. Klicken Sie auf den Button HERUNTERLADEN, um den Download zu starten. Je nach Größe der Datei (und Ihrer Internetverbindung) kann es einige Zeit dauern, bis der Download abgeschlossen ist.

Kapitel 1
Einleitung

*»Jede hinreichend fortgeschrittene Technologie
ist von Magie nicht mehr zu unterscheiden.«
Arthur C. Clarke*

Seit Ende 2008 existiert mit Android ein Betriebssystem für Smartphones und andere handliche Geräte, das sich schnell Millionen Freunde gemacht hat. Der Hauptgrund sind die unzähligen Apps, die sich in Sekundenschnelle installieren lassen. Obwohl diese kleinen Programme auf den ersten Blick unscheinbar wirken, haben sie das Leben vieler Menschen verändert – und bei vielen den Wunsch geweckt: Das will ich auch!

Sie gehören zu diesen Menschen, können aber noch nicht programmieren? Gratulation! Dann haben Sie sich für das richtige Buch entschieden.

1.1 Für wen ist dieses Buch?

Heerscharen von Programmierern haben sich auf die Android-Entwicklung gestürzt. Im Handumdrehen bastelten sie erste Apps zusammen, denn die Einstiegshürde ist niedrig. Folglich kann es auch für Noch-Nicht-Programmierer nicht allzu schwer sein, mit der App-Entwicklung zu beginnen. Es ist wirklich nicht besonders kompliziert, und die nötige Programmiersprache – Java – lernen Sie praktisch nebenbei.

Selbst wenn Sie noch nie programmiert haben, können Sie sich am Ende dieses Buches zur wachsenden Gemeinde der Android-Entwickler zählen.

Wer bereits programmieren kann, wird in diesem Buch ein paar Kapitel überschlagen können, im Anschluss daran aber anspruchsvolle Android-Techniken kennenlernen – begleitet von einigen heißen Tipps.

Experten werden sich vermutlich hin und wieder über einige Vereinfachungen wundern, die ich im Interesse der Einsteiger vor allem bei der Erklärung von Java vorgenommen habe – drücken Sie einfach ein Auge zu, und konzentrieren Sie sich auf die fortgeschrittenen Technologien und Tipps zur Android-Entwicklung. Dann werden auch Sie dieses Buch nicht als nutzlos empfinden.

1.1.1 Magie?

»Moin auch, die Temperatur beträgt heute 22 °C und die Regenwahrscheinlichkeit 5 %.« Eine Frauenstimme neben dem Kopfkissen weckt Sie mit freundlichen Worten, die Sie selbst ausgesucht haben. Falls Sie wieder einschlafen, versucht die Stimme es kurz darauf etwas lauter und weniger diskret: »Raus aus den Federn, aber zackig!«

Die neue Müslipackung erwähnt Zucker schon an zweiter Stelle – Sekunden später finden Sie heraus, dass der Hersteller die Rezeptur geändert hat. Ihr Missfallen, per Touchscreen im sozialen Netzwerk veröffentlicht, hat schon das halbe Land durchquert, noch bevor Sie das Fahrrad aus der Garage geholt haben. Eile ist nicht geboten, denn Sie wissen bereits, dass die S-Bahn spät dran ist. Im Zug nutzen Sie die Zeit, um Ihren breitschultrigen Fantasyhelden im Umgang mit seinem neuen Kriegshammer zu trainieren.

Beim Einkaufen verkündet Ihre Armbanduhr, dass es Ihre Lieblingsschokolade im neuen Supermarkt ein paar Straßen weiter zum Einführungspreis gibt. Glücklicherweise ist der Laden auf Ihrem elektronischen Stadtplan eingezeichnet – nicht aber der Hundehaufen, in den Sie treten, weil Sie nur auf das Handydisplay starren. Jetzt hätten Sie gerne Ihren Kriegshammer – und an diesem Punkt stoßen Sie dann doch an die Grenze zwischen Technologie und Magie.

Überflüssig zu erwähnen, dass die Generationen Ihrer Eltern und Großeltern den größten Teil dieser Geschichte als Ausgeburt Ihrer überbordenden Fantasie bezeichnen würden. Sie wissen es besser, denn Sie halten ein Stück Technologie in den Händen, dessen Fähigkeiten mehr als nur erstaunlich sind. Besser noch: Sie beherrschen sie. Sie erweitern sie. Sie fügen weitere Magie hinzu – solange der Akku reicht.

1.1.2 Große Zahlen

Zum Zeitpunkt der Drucklegung dieser Auflage werden weltweit ca. eine Million neuer Android-Geräte aktiviert – *jeden Tag*. Milliarden von Android-Geräten wurden auf der ganzen Welt bereits in Betrieb genommen (und auch ein paar ausrangiert). Seit einigen Jahren stagniert die Zahl, da eine Sättigung erreicht ist. Geräte mit dem pummeligen grünen Roboter als Maskottchen sind längst Alltagsgegenstände geworden.

Fast drei Millionen Apps sind in *Google Play* verfügbar, die meisten können Sie kostenlos auf Ihr Smartphone herunterladen und benutzen (siehe Abbildung 1.1). Das geht einfach und schnell. Freilich ist ein großer Teil der erhältlichen Apps entsetzlich nutzlos oder von unterirdischer Qualität. Immerhin: Inzwischen löscht Google ab und zu den übelsten Schrott, deshalb ist die Anzahl verfügbarer Apps rückläufig.

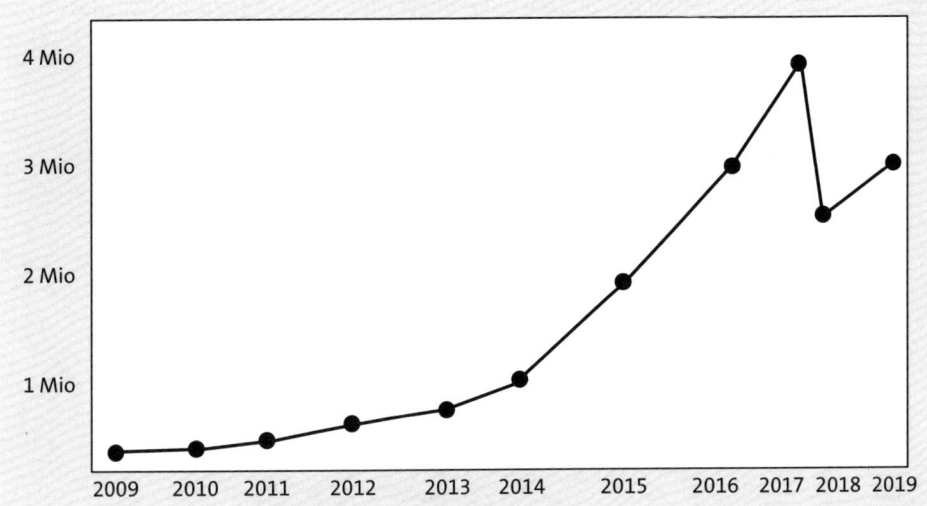

Abbildung 1.1 Die Anzahl verfügbarer Apps stieg exponentiell, bis Google Mitte 2017 auf die Idee kam, den übelsten Schrott zu löschen.

Trotzdem ist daher noch eine andere Zahl sehr hoch: die Anzahl der wieder deinstallierten Apps. Anschauen kostet nichts außer ein paar Minuten Zeit, Löschen noch weniger. Allein schon aufgrund des begrenzten Speichers üblicher Android-Geräte müssen Sie davon ausgehen, dass das Entsorgen einer App häufig zu ihrem Lebenszyklus gehört.

Wenn Sie jenen unzähligen Apps eigene hinzufügen möchten, die nicht so schnell wieder deinstalliert werden, ist dieses Buch für Sie genau richtig.

1.1.3 Technologie für alle

Auch die Handys des letzten Jahrhunderts waren prinzipiell programmierbar. Sie verfügten nicht über Bewegungssensoren oder Satellitenempfänger – grundsätzlich aber enthielten sie eine ähnliche Digitalelektronik wie Android-Handys: Mikroprozessoren, Speicher und Schnittstellen, also Hardware, auf der Software lief und erstaunliche Dinge bewirkte. Es gibt jedoch einen entscheidenden Unterschied: Nur ausgewiesene Experten, die über teure Spezialgeräte verfügten, konnten solche Handys programmieren (siehe Abbildung 1.2).

Bei Android-Smartphones sieht die Sache anders aus. Der Hersteller Google hat sich eine einfache Strategie überlegt: Je mehr Apps es gibt, desto interessanter sind Smartphones, und desto mehr Menschen kaufen welche. Also brauchen wir möglichst viele Menschen, die Apps entwickeln. Daher gestalten wir das Entwickeln von Apps so einfach, dass es jeder kann! Und mit jeder verkauften App verdient Google ein paar Taler mit ...

Abbildung 1.2 Nicht jedes Handy vor dem Smartphone-Zeitalter war nur zum Telefonieren geeignet – bloß konnten weder Sie noch ich Apps dafür entwickeln.

PC und Laptop sind völlig ausreichende Arbeitsgeräte, um mit der App-Entwicklung zu beginnen. Die nötige Software ist kostenlos. Als Programmiersprache kommt Java zum Einsatz – eine Sprache, die leicht zu lernen ist und die nicht jeden kleinen Fehler mit rätselhaften Abstürzen oder Datenverlust bestraft. Java ist so verbreitet, dass es jede Menge Bücher darüber gibt – und Bekannte, die man fragen kann, wenn man nicht weiterkommt.

Wenn Sie ein solcher Bekannter werden wollen, dann ist dieses Buch für Sie ebenfalls genau richtig.

1.1.4 Die Grenzen der Physik

Einstein hat unter anderem herausgefunden, dass Masse den Raum krümmt, dass Raum und Zeit zusammenhängen und dass Genies auch ohne Friseure auskommen. Mithilfe eingebauter Sensoren kann ein Smartphone zwar das Schwerefeld der Erde messen, um oben und unten auseinanderzuhalten, merklich beeinflussen kann aber selbst das massivste Gerät weder Raum noch Zeit (siehe Abbildung 1.3), sodass Zeitmaschinen weiterhin nur in der Fantasie einiger Science-Fiction-Autoren existieren.

Daher kommen Sie auch mit dem modernsten Smartphone nicht umhin, eine Menge Zeit zu investieren, bevor Sie Ihre ersten wirklich magischen Apps fertigstellen werden. Zu ersten vorzeigbaren Apps werden Sie schnell kommen, jedoch: Die Android-Technologie ist sehr mächtig, sonst könnte sie kaum ihre Wunder bewirken. Manchmal werden Sie vor einem Rätsel stehen, aber ich werde Ihnen die nötigen Schlüssel in die Hand drücken, um all jene verborgenen Schatztruhen zu öffnen, die am Wegesrand stehen, und Sie bekommen auch genug Plastiktüten, um all die Tretminen zu entfernen, die rücksichtslos in der Gegend deponiert wurden.

Abbildung 1.3 Selbst besonders schwere Smartphones wie dieses Motorola Milestone krümmen nicht messbar den Raum (beachten Sie die untere Skala der Waage).

Auch wenn es eine lange, streckenweise beschwerliche Reise wird: Die gute Nachricht ist, dass die Steigung des Weges nicht mit jener der Zugspitzbahn (bis zu 250 Promille) zu vergleichen ist. Die Android-Entwicklung hat eine sehr flache Lernkurve, denn die wirklich kniffligen Dinge nimmt uns das System mit dem freundlichen, etwas pummeligen Roboter ab. Sie werden nur wenige Minuten benötigen, um Ihre erste App zu schreiben.

Und wenn Sie darüber staunen möchten, wie einfach die Android-Entwicklung ist – auch dann ist dieses Buch für Sie genau richtig.

1.2 Unendliche Möglichkeiten

Smartphones bieten Unmengen an Funktionen – genau das hat ihnen schließlich ihren Namen eingebracht. Sie sind *smart*. Apps können die bereitgestellten Funktionen ausnutzen, ganz nach Bedarf. Natürlich bringt Ihnen dieses Buch nicht jede dieser Funktionen im Detail bei. Aber Sie erhalten die nötige Grundausbildung, um mit ein bisschen Recherche prinzipiell jede Funktion Ihres Smartphones nutzen zu können.

1.2.1 Baukasten

Vielleicht haben Sie als Kind mit einem Metallbaukasten gespielt oder mit Lego. Entwickler gehen nicht anders vor, um einfache Apps zu erstellen: Sie nehmen vorhandene Teile und stecken sie wie benötigt zusammen. Wenn etwas klemmt, liegt ein Hammer bereit.

Wenn Sie sich die Apps auf Ihrem Smartphone in Ruhe anschauen, werden Sie sehen, dass sie eine ganze Reihe von Komponenten gemeinsam haben. Buttons in Apps mögen unterschiedlich groß sein, unterschiedliche Beschriftungen tragen und natürlich verschiedene Wirkungen entfalten, wenn jemand sie drückt. Aber alle sind *Buttons*. Sie müssen sich nicht darum kümmern, wie der Button auf den Bildschirm kommt, wie der Touchscreen funktioniert oder dass der Button unterschiedlich aussehen kann – abhängig davon, ob er deaktiviert oder gerade gedrückt wurde.

Dasselbe gilt für Textbausteine, Eingabefelder, Bilder, Fortschrittsbalken und so weiter. Mit wenigen Mausklicks lassen sich einfache Formulare, Listen und Bildschirmdarstellungen zusammenbauen und justieren. Um solche Benutzeroberflächen mit Leben zu füllen, kommt Java-Programmcode zum Einsatz. Da sich das Android-System um den größten Teil des Ablaufs ganz allein kümmert, sind oft nur wenige Zeilen einfacher Programmanweisungen notwendig, um eine sinnvolle App zu erhalten. So entstehen elektronische Einkaufszettel, Vokabeltrainer oder Zähler für erschlagene Mücken in einem feuchten Sommerurlaub in Skandinavien (wenn Sie glauben, so etwas sei überflüssig, waren Sie noch nie in Schweden).

Viele auf den ersten Blick einfache Apps nutzen Dienste im Internet. Prinzipiell kann fast jede Funktion, die auf einer Webseite zur Verfügung steht, in eine Android-App verpackt werden. Zwar bietet Android auch einen Browser, aber oft ist es im Mobilfunknetz viel effizienter, keine ganzen Webseiten abzurufen, sondern nur die gewünschte Funktion. Auf diese Weise lässt sich beispielsweise sehr einfach ein Synonymwörterbuch (Thesaurus) bauen, das genau so funktioniert wie die entsprechende Funktion auf der Webseite *http://openthesaurus.de* (siehe Abbildung 1.4).

Abbildung 1.4 Frei zugängliche Internetdienste lassen sich leicht in Android-Apps verpacken und ersparen dem Benutzer den Umweg über Browser und Webseite.

Solche öffentlich und kostenlos zugänglichen Internetkomponenten können Sie ähnlich wie die oben aufgeführten visuellen Komponenten als »Blackbox« in Ihre App integrieren, ohne über die internen Vorgänge Bescheid zu wissen oder sie gar selbst bauen zu müssen (freilich müssen Sie unter Umständen eine Erlaubnis einholen).

Softwareentwicklung im 21. Jahrhundert hantiert nicht mehr mit einzelnen Bits und Bytes. Das wäre viel zu aufwendig; Sie würden erst nach Jahren mit einer einfachen App fertig werden. Vielmehr besteht die Herausforderung darin, die richtigen Komponenten zu kennen, die optimal zueinanderpassen, und sie dann so zusammenzusetzen, dass sie fehlerfrei funktionieren.

1.2.2 Spiel ohne Grenzen

Im Laufe dieses Buches werden Sie die Android-Entwicklung zunächst anhand eines Spielprojekts kennenlernen. Das macht mehr Spaß als eine vergleichsweise trockene Synonyme-Anwendung, die meist weder von den Lagesensoren noch vom Kompass besonders profitiert. Außerdem ist der Wow-Effekt größer, und die Themen sind herausfordernder.

Zu den herausragenden Eigenschaften von Smartphones gehören die eingebauten Sensoren. Vielleicht haben Sie gelegentlich in der TV-Serie »Star Trek« das höchst erstaunliche Gerät namens Tricorder bewundert: eine technische Meisterleistung im handlichen Hosentaschenformat und gleichzeitig ein Deus ex Machina für die Drehbuchautoren, wenn ihnen für eine herbeigeführte Situation keine andere Lösung einfiel. Es gab einmal eine Tricorder-App für Android, die fast das Gleiche konnte, ausgenommen die Explosion beim Überhitzen (wobei ich das offen gesagt nie ausprobiert habe). Allerdings musste der Autor sie nach einer Beschwerde der Rechteinhaber entfernen. Zum spielerischen Kennenlernen der Sensoren eignet sich stattdessen z. B. die App *Android Sensor Box* (siehe Abbildung 1.5), die Sie hier in Google Play finden: *https://play.google.com/store/apps/details?id=imoblife.androidsensorbox*.

Übrigens: Wenn Sie Ihr Handy in Ihrem Google-Account aktiviert haben und in einem PC-Browser unter der Adresse *http://play.google.com* nach Apps suchen, können Sie diese per Mausklick auf Ihr Handy schicken.

Eine App wie Android Sensor Box ist die einfachste Möglichkeit, die eingebauten Sensoren in Aktion zu erleben. Wählen Sie im Hauptmenü einen Modus aus, z. B. ACCELEROMETER SENSOR. Sie sehen eine auf einem flachen Laminatboden rollende Kugel, die der Schwerkraft folgt. Tippen Sie auf die Knöpfe DATA oder GRAPH, um sich die numerischen Ursachen für die Bewegung der Kugel anzusehen. Diese Zahlen werden vom Beschleunigungssensor geliefert. Wenn Sie das Handy flach auf den Tisch legen, sehen Sie bei Z einen Wert von etwa 9 – das entspricht der Erdbeschleunigung von 9,81 m/s^2 Richtung Fußboden (oder Richtung Erdmittelpunkt, um genau zu sein). Halten Sie das Gerät aufrecht, wird Z den Wert 0 annehmen, Y dafür den Wert 9.

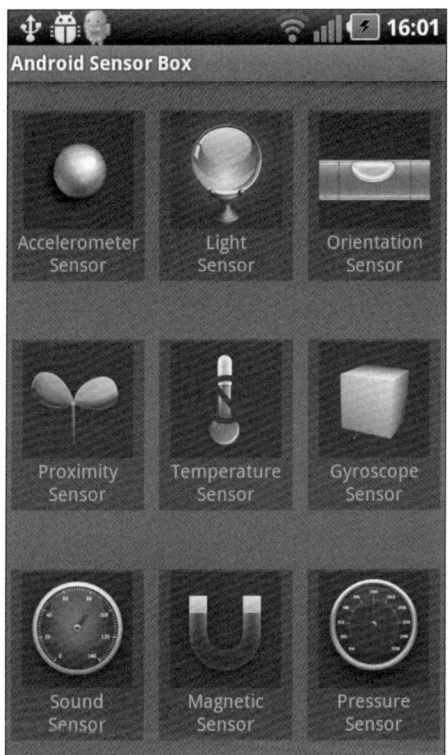

Abbildung 1.5 Die »Android Sensor Box« enthält Kugeln, berührungsempfindliche Pflanzen und eine Wasserwaage zum einfachen Kennenlernen der Fähigkeiten Ihres Smartphones.

Die Werte sind zwar nicht genau genug für ernsthafte physikalische Messungen, aber sie genügen, um beispielsweise ein Spiel zu simulieren, in dem Sie eine Kugel durch Neigen des Geräts durch ein Labyrinth manövrieren. Auch Spiele, die das Handy als Steuerrad eines Autos oder anderen Gefährts verwenden, nutzen diese Sensoren.

Außerdem können Sie mit den Beschleunigungssensoren Erdbeben erkennen: Legen Sie das Handy flach hin, schalten Sie in den Modus GRAPH, und schlagen Sie mit der Faust auf den Tisch (bitte nicht zu fest, meine Versicherung zahlt ungern für dabei auftretende Schäden). Sie sehen einen deutlichen Ausschlag in der Fieberkurve.

Probieren Sie als Nächstes den Magnetfeldsensor aus: Wählen Sie das Icon mit dem Magnet, und halten Sie das Handy dann über ein Objekt aus Metall, beispielsweise eine Schachtel Schrauben oder Besteck. Besonders spannend sind 1-Euro- und 2-Euro-Münzen. Sie werden sehen, dass Münzen sehr unterschiedlich magnetisiert sind, je nach ihrem bisherigen Schicksal (siehe Abbildung 1.6). Mit etwas Glück können Sie auf diese

Weise einen Schatz finden, allerdings nur, wenn dieser höchstens 1 cm tief vergraben ist – viel empfindlicher ist der Sensor nicht.

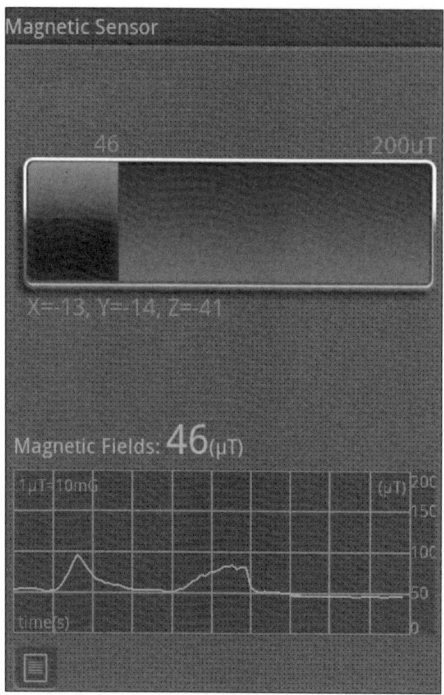

Abbildung 1.6 Mit dem Scannen von unterschiedlichen Münzen kann man sich stundenlang beschäftigen. Ich habe hier drei verschiedene Euro-Stücke der Reihe nach gescannt. Das magnetisch schwache ganz rechts war ein spanisches, aber ich bezweifle, dass man vom Magnetfeld auf die Herkunft schließen kann.

Ohne Metall in der Nähe funktioniert der Magnetfeldsensor wie ein Kompass, was sich zahllose Apps in Google Play zunutze machen. Darauf werden wir in einem späteren Kapitel noch zurückkommen.

Der akustische Sensor (auch bekannt als Mikrofon) ist eine hübsche Spielerei, aber vom eingebauten Mini-Mikro kann man natürlich keine hohe Auflösung erwarten. Zudem ist Android für seine fürchterlich langsame Audioverarbeitung berüchtigt, was viele Anwendungen sinnlos macht. Sollten Sie auf die Idee kommen, mit dem Smartphone die Lautstärke eines startenden Flugzeugs in Dezibel zu messen, nehmen Sie bitte einen Gehörschutz mit zum Flughafen.

Für viele Anwendungen sehr spannend ist die Positionsmessung. Schalten Sie GPS (Global Positioning System) im Handy an, um auf wenige Meter genaue Geokoordinaten zu erhalten.

Die Android Sensor Box ist nicht dazu geeignet, sich mit den globalen Satelliten zu unterhalten, verwenden Sie stattdessen einfach *Google Maps*. Das zeigt Ihnen zwar nicht ohne Weiteres die genauen Geokoordinaten, aber darauf kommt es nicht an. Wir werden später auf diese Details zurückkommen.

Leichten Verfolgungswahn kann man empfinden, wenn man sogar ohne eingeschaltete Satellitenmessung eine relativ genaue Ortsangabe erhält. Es erstaunt auf den ersten Blick, dass das Handy anhand der Mobilfunkzelle und in der Nähe befindlicher WLAN-Router ziemlich genau weiß, wo es sich befindet. Einerseits ist das überaus praktisch, weil im Gegensatz zu GPS praktisch keine Energie verbraucht wird, andererseits freuen sich die Geheimdienste bestimmt außerordentlich über diese hilfreichen Daten.

Derzeit ist die beliebteste Anwendung der Positionsbestimmung mit Smartphones vermutlich das *Geocaching* (*www.geocaching.com*), eine ziemlich harmlose Schnitzeljagd, die neuerdings sogar Kinder zur freiwilligen Teilnahme an einem Spaziergang animieren kann.

Das ist keineswegs als Scherz gemeint: Seit ungefähr 98 % aller Fünftklässler ein Smartphone in der Tasche hat, ist es mehr als überfällig, dass die schlauen Dinger im Schulunterricht verwendet werden. Sie ermöglichen nicht nur eine ganze Reihe physikalischer Experimente, für die viele Schulen gar nicht das Equipment haben, sondern auch Recherchen, Berechnungen, grafische Darstellungen oder künstlerische Aktivitäten.

So ein Smartphone kann viel mehr als Whatsapp und Daddeln – es muss den Leuten nur beigebracht werden, nicht nur was das kritische Bewerten von Postings in den sozialen Medien betrifft. Computational Thinking ist heute und erst recht in Zukunft äußerst wichtig. Zumindest ein bisschen programmieren zu lernen, ist dabei ein wichtiger Meilenstein.

1.2.3 Alles geht

Wenn Sie sich die Funktionen von Smartphones vor Augen halten, werden Sie schnell einsehen, dass es eigentlich nur eine Grenze für mögliche Anwendungsfälle gibt: Ihre Fantasie.

Smartphones sind eine wenige Jahre alte Technologie, die es geschafft hat, früher übliche Mobiltelefone in der Hosentasche komplett abzulösen. Selbst Science-Fiction-Autoren oder Zukunftsforscher grübeln manchmal so lange über die neuen Möglichkeiten nach, dass ein inspirierter Entwickler an seinem Schreibtisch viel schneller damit fertig ist, eine revolutionäre App zu bauen. Indem Sie dieses Buch lesen, sind Sie mittendrin in dieser Entwicklung – und können sie künftig mitgestalten. Was für ein Spaß!

1.3 Was ist so toll an Android?

Was erklärt den Erfolg von Android? Rein numerisch gibt es mehr verschiedene Android-Handys als beispielsweise iPhones, nämlich über 16.000 – allein schon aufgrund der großen Anzahl verschiedener Hersteller. Diese bieten unterschiedliche Designs und Ausstattungen, sodass jeder sein Lieblingsgerät findet. Google Play ist vorinstalliert, und dort bekommen Sie eine siebenstellige Zahl an Apps aus einer Hand, die meisten sogar kostenlos. Sie müssen keine Apps aus obskuren Quellen installieren, wie das noch in der Zeit vor den Smartphones der Fall war – ohne es zu merken, hatten Sie da schnell mal ein Abo für 2,99 € die Woche am Hals, obwohl Sie doch nur einen einzigen Klingelton haben wollten.

Trotz der von Google mittlerweile etablierten Prüfmechanismen besteht leider die Gefahr, dass Ihnen eine böswillige App unterkommt. Da hilft es nur, sich genau zu überlegen, welche Befugnisse Sie einer App erteilen – bei der Installation werden diese angezeigt, und wenn sie Ihnen zu freizügig erscheinen, verzichten Sie lieber auf die App. Ein simples Memory-Spiel braucht nicht auf die SMS-Funktion Ihres Handys zuzugreifen, und ein einfacher elektronischer Einkaufszettel benötigt wohl kaum Internetzugriff und Ihre genaue Position – es sei denn, er möchte Ihnen passende Reklame anzeigen. Mein Tipp: Suchen Sie sich eine kostenlose, werbefreie Notizblock-App (z. B. *OI Notepad*). Erfahrungsgemäß aber kümmern sich nur wenige Nutzer um Zugriffsbeschränkungen. Sonst wären Spiele wie das oben genannte Memory deutlich weniger erfolgreich.

Besitzen Sie schon länger ein Android-Gerät, dann kennen Sie sicher bereits eine Menge sinnvoller Apps – lassen Sie mich Ihnen trotzdem eine kleine Auswahl vorstellen, die aus Sicht eines Entwicklers spannende Aspekte aufweist. Alle hier vorgestellten Apps sind kostenlos (aber nicht alle sind werbefrei). Sie finden sie in Google Play, indem Sie den jeweiligen Namen ins Suchfeld eingeben.

1.3.1 Magic Earth Navigation & Karten

Sicher kennen Sie Google Maps – es ist schließlich auf fast jedem Android-Smartphone vorinstalliert. Diese App hat allerdings einen entscheidenden Nachteil: Sie lädt die jeweils benötigten Kartendaten aus dem Internet herunter, wenn sie gerade benötigt werden (in aktuellen Versionen können Sie das allerdings umkonfigurieren).

Wenn Sie sich in einem Gebiet ohne Mobilfunkabdeckung befinden oder im Ausland, wo die Roaming-Kosten für den Datenverkehr schon mal die Kosten für Flug und Hotel übersteigen können, sollten Sie Google Maps tunlichst nicht aktivieren.

Die Alternative – *Magic Earth Navigation & Karten* – erlaubt es, Karten vorab herunterzuladen und zu speichern, auch auf einer SD-Karte, falls Ihr Gerät einen Steckplatz dafür besitzt. So können Sie die Daten für alle Gegenden, die Sie zu besuchen gedenken, bequem zu Hause im WLAN herunterladen und verbrauchen später vor Ort keinen Cent Mobilfunkkosten.

MagicEarth (siehe Abbildung 1.7) verwendet das Kartenmaterial von *openstreetmap.org (OSM)*, das von einer offenen Community gepflegt wird. Sie werden staunen, was Sie darauf alles finden: Bushaltestellen mit Linieninformationen, Restaurants und Sehenswürdigkeiten. Manchmal entdecken Sie dort sogar Fuß- oder Radwege, die in Google Maps fehlen.

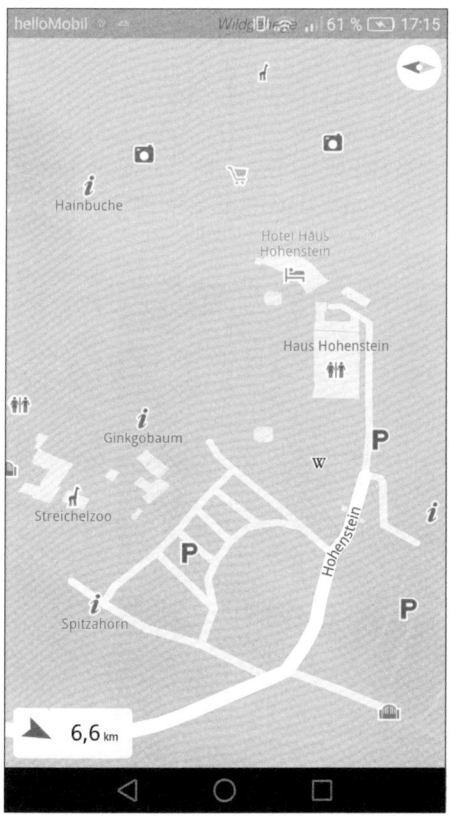

Abbildung 1.7 »Magic Earth« zeigt Ihnen eine überbordende Menge Details in der Umgebung, manchmal sogar besondere Bäume – ganz ohne mobile Internetkosten.

Die heruntergeladenen Karten sind dabei keineswegs große Grafikdateien, sondern Geodaten in einem speziellen Format. Sie werden dynamisch auf den Bildschirm gezeichnet, was Sie beim Zoomen sehr gut erkennen können. Dahinter steckt eine ziemlich umfangreiche Programmlogik, zumal die Karten auch noch abhängig von der Himmelsrichtung frei gedreht werden können. Über den eingebauten Kompass wird in einem späteren Kapitel noch zu reden sein – und auf die Kartendaten von OSM komme ich noch mal ausführlich zurück. Sie werden diese Karten sogar in einer eigenen App verwenden.

1.3.2 Sky Map

Während Ihnen MagicEarth die Navigation zu Lande erleichtert, benötigen Sie ein virtuelles Planetarium wie *Sky Map*, um sich am Himmel zurechtzufinden. Planeten, Sterne, Sternbilder – Sie werden den Himmel mit anderen Augen betrachten, wenn Sie abends mit Ihrem Handy bewaffnet nach oben schauen. Sky Map wurde ursprünglich von Google entwickelt und ist mittlerweile Open Source.

Sie richten das Handy einfach gen Himmel, und dank der Lagesensoren erscheint der passende Himmelsausschnitt, angereichert mit Beschriftungen (siehe Abbildung 1.8). So können Sie sehr schnell herausfinden, ob das helle Licht im Osten ein kräftig leuchtender Stern ist, die Venus (auch bekannt als Abend- bzw. Morgenstern) oder ein Ufo (wenn das Objekt in Sky Map fehlt).

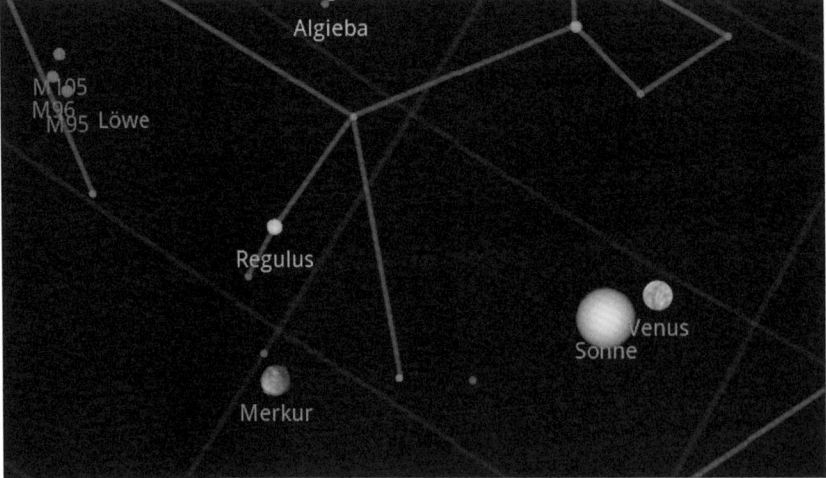

Abbildung 1.8 »Sky Map« verrät Ihnen nicht nur die Positionen der Planeten, sondern auch die der Sonne – für den Fall, dass Sie diese mal vor lauter Wolken nicht finden.

Sky Map bietet einen Nachtmodus für das an die Dunkelheit gewöhnte Auge (Rot auf Schwarz) und eine Galerie mit Fotos vom Hubble-Teleskop. Leider fehlt die Möglichkeit, ein Objekt anzutippen, um Informationen etwa über Entfernung oder Leuchtkraft zu erhalten – dazu müssen Sie dann doch die Wikipedia (oder eine andere Informationsquelle) bemühen.

Ähnlich einer Karten-App verwendet Sky Map die Lagesensoren Ihres Geräts und die Geokoordinaten, um den richtigen Himmelsausschnitt anzuzeigen. Dahinter steckt eine Menge Mathematik, die selbst die meisten ausgebildeten Astronomen nicht auswendig programmieren könnten. Deshalb werde ich Ihnen in diesem Buch nur eine einfache Variante des Himmelskugeleffekts erklären.

1.3.3 c:geo

Es gibt mehrere neuartige Spiele, die das Zusammenwirken von Smartphone-Features und einer Serveranwendung nutzen, und eines der bekanntesten dürfte Geocaching sein. Geocaching ist ein Spiel, das vor Beginn des Smartphone-Zeitalters so gut wie unbekannt war. Es ist nichts anderes als eine Schatzsuche, wobei Ihr Smartphone die Schatzkarte darstellt und Sie mittels Satellitennavigation zum Ziel führt. Dort ist dann unter einem Baumstamm oder in einer Mauerritze ein kleines Kästchen versteckt – der Cache. Darin befinden sich je nach Größe kleine Geschenke, von denen Sie eins gegen ein mitgebrachtes austauschen können. Außerdem gibt es eine Finderliste, in die Sie sich eintragen können. Gleichzeitig können Sie per Smartphone Ihren Fund auf der Webseite von *https://geocaching.com* bekannt geben (wenn Sie sich dort angemeldet haben). Manchmal finden Sie in der Beschreibung eines Caches ein kleines Rätsel, das Sie lösen müssen, um den genauen Fundort zu identifizieren.

Man mag es kaum glauben, aber die GPS-Schatzsuche lockt sogar notorische Stubenhocker ins Grüne: Achten Sie mal beim nächsten Spaziergang darauf, wie viele Familien mit Smartphones durch den Wald laufen auf der Suche nach dem nächsten Cache. Es gibt eine ganze Reihe Apps, die die Schatzsuche mit dem Handy ermöglichen, und die beliebteste dürfte *c:geo* sein (siehe Abbildung 1.9).

Für Entwickler gibt es eine ganze Reihe interessanter Fragen, die die Programmierung einer solchen App betreffen. Dass sie den GPS-Sensor des Smartphones verwenden muss, um die aktuellen Geokoordinaten zu erhalten, ist offensichtlich. Anschließend muss die App bei einer Serveranwendung anfragen, welche Caches sich in der Umgebung befinden. Spannend ist die Bildschirmanzeige: Dort dient z. B. die von Google Maps zur Verfügung gestellte Karte als Grundlage, und für die Caches werden an der richtigen Stelle kleine Grafiken eingeblendet.

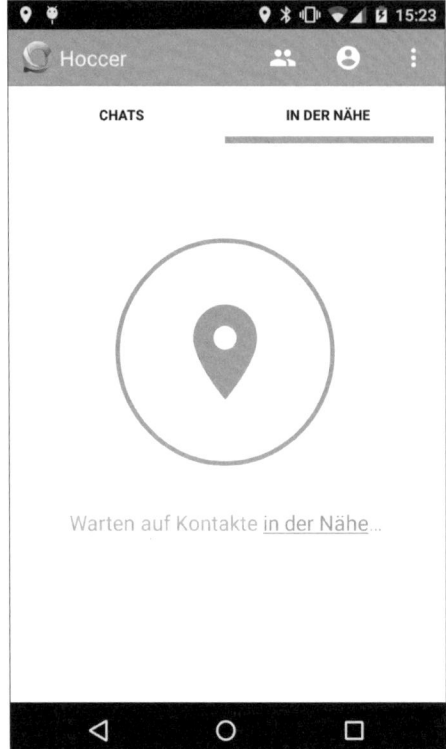

Abbildung 1.9 »c:geo« blendet die nahen Geocaches in einer Karte ein.
Wie Sie sehen, befinden sich im Neandertal gleich mehrere Fundorte.

Manchmal sind die GPS-Koordinaten nicht genau genug – weniger als 10 m Genauigkeit liefern sie nicht. Wenn Sie einen Cache von 5 cm Größe finden wollen, brauchen Sie Hilfestellung. Dazu blendet c:geo auf Wunsch einen Kompass ein, der Sie in die richtige Richtung leitet. Auf den Kompass werden wir im Laufe dieses Buches noch zurückkommen, und Geokoordinaten dürfen natürlich auch nicht fehlen.

1.3.4 barcoo – QR Scanner

Jedes Smartphone besitzt eine eingebaute Kamera, und jedes Produkt im Regal besitzt einen Barcode. Diese Codes identifizieren Produkte eindeutig, und dank einer umfangreichen Datenbank im Internet können Sie beliebige Informationen nachschlagen.

Eine der Apps, die Ihnen dabei hilft, ist das frühere *barcoo* (siehe Abbildung 1.10), das heute auf den sperrigen Namen *barcoo – QR Scanner | Inhalte per Barcode checken* hört. Scannen Sie den Strichcode eines Produkts, und sofort schickt die App den erkannten

Code zu ihrer Serveranwendung, die postwendend alles dazu ausspuckt, was sie weiß. Je nach Art des Produkts erhalten Sie aktuelle Preise, bei Lebensmitteln eine Ampel (größer und farbiger als auf den meisten Produkten) und Informationen zur ökologischen Verträglichkeit. Bei Büchern oder DVDs finden Sie manchmal Rezensionen und Bewertungen.

Abbildung 1.10 »barcoo - QR Scanner« scannt Produktcodes und durchsucht das Internet danach.

Wenn Sie diesen Scanner ausprobieren, wird Ihnen sicher auffallen, dass Sie die Kamera nicht auslösen müssen, um einen Barcode zu scannen. Die App arbeitet nämlich mit dem Vorschaubild der eingebauten Digicam. Natürlich haben Vorschaubilder bei Weitem nicht die Auflösung von endgültigen Schnappschüssen, aber sie genügen, um die verhältnismäßig einfachen Muster eines Barcodes zu erkennen. In der App steckt einiges an Programmierarbeit, denn es ist keineswegs trivial, die Balken in einem verrauschten, grobpixeligen Bild richtig zu erkennen. Sie werden in einem späteren Kapitel dieses Buches erfahren, wie das funktioniert.

1.3.5 Öffi

Eine weitere App, die das Zusammenspiel von Ortsdaten, Google Maps und einer Serveranwendung nutzt, ist *Öffi*. Wenn Sie viel mit öffentlichen Verkehrsmitteln unterwegs sind, kann Ihnen diese App unschätzbare Dienste erweisen (siehe Abbildung 1.11).

Öffi genügt in den meisten Fällen die netzwerkbasierte Ortsbestimmung, d. h., es kommt ohne GPS aus, das Ihren Akku ziemlich schnell leeren kann. Eine Serveranwendung verrät Öffi die Koordinaten der nahe gelegenen Haltestellen mitsamt den dort verkehrenden Linien und Fahrplänen. Die Haltestellen blendet Öffi in eine Karte von Google Maps ein, ähnlich wie c:geo dies mit Geocaches tut.

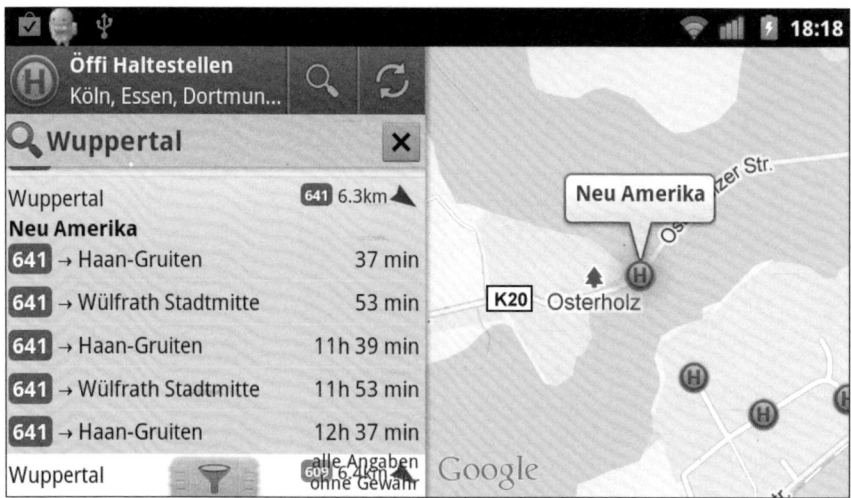

Abbildung 1.11 »Öffi« weiß immer, wann der letzte Bus kommt – und wann der erste.

Hinzu kommt eine Auskunft über die schnellste Verbindung zu einer beliebigen Zielhaltestelle. Wenn Sie im Zug oder Bus sitzen, können Sie sich den Verlauf der Fahrt und gegebenenfalls Informationen zum Umsteigen anschauen. Noch dazu werden aktuelle Verspätungen berücksichtigt.

Es ist offensichtlich, dass der größte Batzen Arbeit hier in der Implementierung der Kommunikation mit den Servern der Verkehrsunternehmen steckt.

1.3.6 Sprachsuche

Haben Sie sich auch schon einmal darüber geärgert, dass Computer heutzutage dermaßen neunmalklug sind, dass sie Ihnen alles über das Wetter am anderen Ende der Welt verraten können, aber erst nachdem Sie ihnen mit der Tastatur oder Maus die entsprechende Frage gestellt haben? Wo sind die sprechenden Computer, die schon in der ersten Serie von »Raumschiff Enterprise« vorkamen, die jedes Wort verstanden, Kommandos interpretierten und sogar wussten, wann sie *nicht* gemeint waren? Gerade ein

Smartphone, das meist auf eine Tastatur verzichten muss, ist überaus unpraktisch, wenn Sie ein paar Sätze eingeben möchten – und das umso mehr, je länger der Text ist und je stärker das Transportmittel, in dem Sie sich gerade befinden, wackelt. Wir brauchen die Spracheingabe!

Nun beherrschen selbst manche Telefone der Vor-Smartphone-Ära schon Sprachwahl, das heißt, Sie sprechen dem Telefon einen Namen vor, und wenn Sie diesen später wiederholen, erkennt das Gerät den Klang der Wörter wieder und wählt die zugehörige Nummer.

Die *Google-Sprachsuche* geht ein Stück weiter: Hier müssen Sie dem Gerät nicht erst jedes Wort beibringen – das wäre auch etwas viel verlangt. Stattdessen ermittelt die Sprachsuche (der *Google Assistant*) auf dem Smartphone gewisse Charakteristika Ihrer gesprochenen Wörter und versucht, sie mithilfe einer serverseitigen Datenbank zu identifizieren. Diese Datenbank ist verdammt mächtig, filtert sogar Nebengeräusche aus und kann aus ihren Fehlern lernen. Wenn Sie Ihren Suchbegriff ohne allzu starken Dialekt direkt ins Mikrofon sprechen, funktioniert die Sache erstaunlich gut.

Schon seit Android 2.1 gibt es den recht unscheinbaren Mikrofon-Button auf der virtuellen Tastatur. Egal in welcher App Sie sich befinden – E-Mail, SMS, Notizblock –, tippen Sie das Mikrofon an, und sprechen Sie (siehe Abbildung 1.12).

In der Google-eigenen Suche genügt es auch, die Zauberworte »Okay Google« zu sprechen. Wenn Sie deutlich artikuliert Hochdeutsch reden und keine außergewöhnlichen Wörter verwenden, wird die Qualität der Spracherkennung Sie überraschen.

Der Nachteil: Ihr Smartphone verfügt nicht über die nötigen Daten, um das gesprochene Wort zu verstehen, daher wird die Tonaufnahme an Server gesendet. Wenn Sie wollen, können Sie diese Sprachschnipsel jederzeit ansehen und auch löschen (unter *https://history.google.com/history/audio?utm_source%3Dhelp*).

Die Datenmenge, mit der die Google-Server bei der Sprachsuche umgehen müssen, übersteigt die Vorstellungskraft der meisten App-Entwickler. Das macht aber nichts, denn entscheidend ist: Sie können die Spracherkennung leicht in Ihre App integrieren! Das gilt nicht nur für alle Texteingabefelder, die die Bildschirmtastatur verwenden (dort ist die Spracheingabe automatisch verfügbar), sondern auch für jegliche Anwendung, die Sie sich vorstellen können. Alles ist denkbar, etwa ein Abenteuer-Rollenspiel, in dem Sie zur Wirtin marschieren und lautstark »Bier!« verlangen; wenn Sie Pech haben, antwortet sie: »So was wie dich bedienen wir hier nicht« – in gesprochenen Wörtern, denn eine Sprachausgabe beherrscht Android natürlich auch. Darauf werden wir bereits bei der ersten Beispiel-App zurückkommen, die Sie mit diesem Buch programmieren werden.

Abbildung 1.12 Jede Notizblock-App wird ab Android 2.1 zum Einkaufszettel mit Spracheingabe.

1.3.7 Cut the Rope

Stellvertretend für das auf Smartphones besonders beliebte Genre der sogenannten Physikspiele sei hier *Cut the Rope* genannt. In diesem Spiel müssen Sie eine Süßigkeit in das hungrige Maul eines knuffigen grünen Haustiers befördern. Knifflig daran ist, dass die Leckerei allen möglichen Kräften ausgesetzt ist: der Schwerkraft, dem Auftrieb einer Seifenblase oder gummiartigen Schnüren, die Sie mit dem Finger durchtrennen können (siehe Abbildung 1.13).

Der Clou an Physikspielen wie diesem ist, dass sie praktisch intuitiv spielbar sind, weil jeder aus seiner täglichen Lebenserfahrung die Spielregeln kennt. Das A und O ist natürlich eine akkurate Simulation der physikalischen Kräfte. Den Job erledigt eine Physik-Engine, die alle Kräfte kennt, die auf Spielobjekte wirken, und daraus die natürliche Bewegung errechnet.

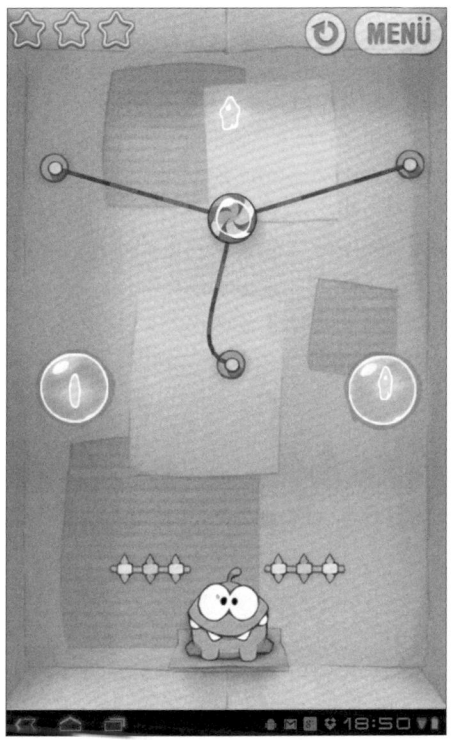

Abbildung 1.13 »Om Nom« steht auf Süßigkeiten. Der Fütterung des knuffigen Wesens stehen allerdings knifflige Physikrätsel im Wege.

Diese Regeln und Formeln sind überraschend einfach, allerdings hilft es bei der Programmierung, ein bis zwei Semester Physik studiert oder zumindest in der Schule im Physikunterricht gut aufgepasst zu haben. Für Mathe-Muffel gibt es fertige Physik-Engines, die teilweise bereits mit einer mächtigen Grafik-Engine gebündelt sind, z. B. die für Privatpersonen frei verfügbare *Unity3D Personal Edition* (*https://unity3d.com*). Im einfachsten Fall müssen Sie nur ein paar geometrische Objekte positionieren, der Engine unterschieben und ihr mitteilen, welche Kräfte wirken sollen.

1.3.8 Asphalt Nitro

Ein weiteres Physikspiel, das sogar die Sensoren des Smartphones nutzt, ist *Asphalt Nitro*. Jetzt werden Sie sagen: Ist das nicht ein Autorennen?

Völlig richtig, aber auch Autos gehorchen der Physik, selbst wenn sie über eine Rampe heizen und durch die Luft fliegen. Entscheidend für die Auswahl dieses Beispiels ist allerdings, dass Ihr Handy oder Tablet zum Lenkrad wird: Neigen Sie es nach links, fährt Ihr Auto nach links, und umgekehrt (siehe Abbildung 1.14).

Die anfängliche Euphorie über neue Steuerungsmöglichkeiten durch Smartphone-Sensoren ist allerdings vorbei. Es finden sich relativ wenige erfolgreiche Spiele mit Sensorsteuerung. Die Gründe dafür sind vielfältig: Sensoren weisen eine gewisse Trägheit auf, und es gibt kein direktes haptisches Feedback. Tippen Sie auf den Bildschirm, um etwa ein Monster zu erschießen, spüren Sie die Berührung mit der Fingerspitze. Wenn Sie einigermaßen genau gezielt haben, genügt das völlig. Beim Lenken eines Autos mit den Sensoren müssen Sie auf dem Bildschirm sehen, wie das Fahrzeug reagiert, und gegebenenfalls nachjustieren. Das dauert die entscheidenden Millisekunden länger als bei einer Touch-Eingabe.

Als Entwickler ist es Ihre Aufgabe, die Steuerung so gut zu justieren, dass die meisten Spieler sie auf Anhieb erfolgreich bedienen können. Das klingt einfacher, als es ist, da sich unterschiedliche Android-Geräte nicht genau gleich verhalten. Eine Menge Testaufwand ist also einzuplanen.

Abbildung 1.14 »Asphalt Nitro« ist sehr realistisch, da Sie für das Ignorieren von Verkehrsregeln Unmengen Punkte erhalten.

Asphalt Nitro ist nicht nur im Hinblick auf die Steuerung ein prima Beispiel: So bietet das Spiel die gesamte Palette an »Drumherum«, ohne das professionelle Games heutzutage nicht mehr auskommen: Werbeeinblendungen, In-App-Käufe, Belohnungen für tägliches Anmelden, das Verknüpfen mit Facebook, freiwilliges Ansehen von Reklamespots mit Belohnungen, Pop-ups mit Sonderangeboten, Erfolge und Bestenlisten via Google Play Services, quietschbuntes Feuerwerk beim Gewinnen eines Rennens und so weiter. Viele Gamer sind längst von solchen Gimmicks übersättigt, die bei jedem Anbieter im Grunde gleich sind und das eigentliche (oft triviale) Spielprinzip zur Nebensache machen.

Andererseits ist der Markt so überlaufen, dass die Anbieter zwangsläufig jede Möglichkeit nutzen, um die Produktionskosten reinzuholen. Dass der Google Play Store jene Apps besonders gut sichtbar macht, die ohnehin schon erfolgreich sind, bewegt außerdem viele Anbieter zu einer Me-too-Strategie. Wirklich originelle Spiele zu finden, erfordert viel Geduld – und die Einsicht, dass Qualität meistens nicht kostenfrei zu haben ist.

Kapitel 2
Ist Java nicht auch eine Insel?

»Vorhin hat's noch funktioniert!«
Inschrift auf dem Grabstein des Unbekannten Programmierers

Dieses Kapitel wird Ihnen einen ersten Überblick über die Programmiersprache Java geben. Selbst wenn Sie vorher noch nie programmiert haben, wissen Sie am Ende alles Nötige, um mit der App-Entwicklung zu starten. Für ausführbare Beispiele oder detaillierte Erklärungen nehmen wir uns keine Zeit, weil wir möglichst bald die erste App schreiben wollen. Allerdings verweise ich jeweils auf die passenden Kapitel des umfangreichen Lehrbuchs »Java ist auch eine Insel«, das Sie als Openbook im Download-Angebot finden (*www.rheinwerk-verlag.de/5168*).

2.1 Warum Java?

Die Erfinder von Java waren vermutlich passionierte Trinker asiatischen Kaffees, denn entsprechende Begriffe finden sich überall in ihrem Umfeld: Da ist mal von Beans (Bohnen) die Rede, und eine Entwicklergemeinde nennt sich nach Jakarta, der Hauptstadt von Indonesien, die wiederum auf einer Insel namens Java liegt. Ich möchte an dieser Stelle nicht weiter auf die Legenden über den Kaffeekonsum der Java-Erfinder eingehen. Tatsache ist, dass Java mehr ist als eine Programmiersprache.

Sie haben vielleicht schon die Namen diverser Programmiersprachen gehört: C, C++, Pascal, Fortran. Sie alle haben eine Gemeinsamkeit: Der Programmierer schreibt Anweisungscode in Textform, und ein spezielles Programm namens *Compiler* übersetzt diesen Code in Maschinensprache. Denn die CPU, die Denkmaschine jedes Computers, kann nur Maschinensprache verstehen und ausführen. Nun gibt es allerdings eine ganze Menge unterschiedlicher CPUs, die verschiedene Maschinensprache-Dialekte sprechen. Damit ein Programm auf jedem Computer läuft, müsste der Code also für jede existierende CPU einmal vom passenden Compiler übersetzt werden. Das wäre eine sehr aufwendige Sache.

Computer verfügen von Haus aus über eine ganze Menge Funktionen, die Programme benutzen können: Bildschirmausgabe, Drucken, Internetzugriff etc. Allerdings sind all diese Funktionen bei jedem Betriebssystem anders. Deshalb läuft ein Programm, das auf einem Windows-PC von einem Compiler übersetzt wurde, nicht ohne Weiteres auf einem Mac, selbst wenn die gleiche CPU drinsteckt (siehe Abbildung 2.1).

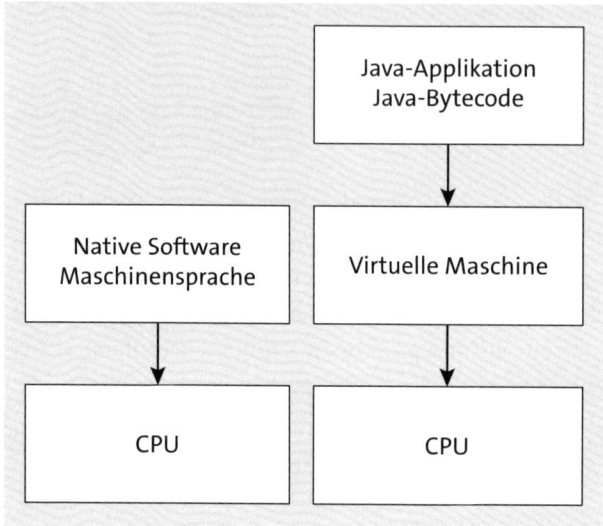

Abbildung 2.1 Native Software ist in Maschinensprache geschrieben und wird direkt von der CPU ausgeführt. Java-Bytecode dagegen läuft in einer virtuellen Maschine.

Für die Erfinder von Android war es logisch, sich an dieser Idee zu orientieren. Deshalb basiert jedes Android-Gerät auf einem von uns weitgehend unbemerkten Linux-Betriebssystem, verfügt aber auch über eine JRE (*Java Runtime Environment*, dt. *Java-Laufzeitumgebung*) namens *Android Runtime*, abgekürzt *ART* (vor Android 4.4: *Dalvik VM*). Allerdings unterscheidet sich diese Laufzeitumgebung in gewisser Hinsicht von JREs auf PCs, sodass nicht jedes Java-Programm auf Anhieb läuft – vor allem dann nicht, wenn es mit dem Benutzer interagieren möchte. Das liegt aber in der Natur der Sache, denn sowohl die Bedienung als auch die Bildschirmdarstellung auf einem Handy einerseits und einem PC andererseits unterscheiden sich fundamental. Über die Details der Unterschiede zwischen Dalvik und dem Original-Java streiten sich Google und Oracle vor hohen Gerichten um noch höhere Geldbeträge.

Glücklicherweise haben die Erfinder von Java noch mehr schlaue Ideen gehabt. Vor allem haben sie die vernünftigsten Eigenschaften existierender Programmiersprachen übernommen und die kniffligsten weggelassen. In C oder C++ findet man beispielsweise oft Programmcode, den auch ein Experte nur mit Zeit und Mühe entziffern kann. In Java passiert das selten. Java ist leicht lesbar und deshalb leicht zu erlernen. Sicher hatten die Android-Macher auch diese Tatsache im Hinterkopf, als sie ihr System konzipierten. Denn: Je mehr App-Entwickler es gibt, desto erfolgreicher wird Android – so ihre Idee.

Mindestens eine Million Entwickler weltweit verdienen ihren Lebensunterhalt mit Java. Seit der ersten Version 1996 haben immer mehr Programmierer die Vorzüge von Java erkannt. Version 7 erschien Mitte 2011 und enthielt im Vergleich zur Vorversion eine ganze Reihe interessanter Neuerungen. Die Technologie ist also alles andere als eingeschlafen. Java 11 mit Langzeit-Unterstützung ist seit September 2018 verfügbar. Neuere Versionen existieren zwar, sind aber nur für Experten zu empfehlen. Die meisten Programmierer arbeiten mit dem Sprachschatz von Version 7 oder 8. Android Studio 4.0 unterstützt die meisten Sprachelemente bis Java 8. *Lambdas* und *Methodenreferenzen*, die bei der App-Entwicklung besonders hilfreich sind und mit jedem Android-Gerät funktionieren, werde ich Ihnen bei entsprechender Gelegenheit zeigen, meist aber Code im Java-7-Stil produzieren.

Abbildung 2.2 Viel Betrieb herrscht im in Java geschriebenen 3-D-Browser-Spiel »Runescape«.

Java kann eine ganze Menge (siehe Abbildung 2.2). Bloß die Steuerung von Atomreaktoren schließen die Java-Lizenzbedingungen explizit aus. Man weiß ja nie …

2.2 Grundlagen

Viele Java-Kurse bringen Ihnen die Programmiersprache anhand von Mini-Anwendungen und Codeschnipseln bei, die Lottozahlen generieren (leider meist die falschen), Stundenpläne ausgeben oder Kunden namens Max Mustermann Rechnungen für vermutlich irrtümlich gelieferte Schiffscontainer ausstellen. Wir drehen den Spieß um: Sie lernen Java von Anfang an anhand »androidischer« Beispiele. Nur die allernötigsten Grundbegriffe erkläre ich mit einem Rundumschlag vorab. Wenn Sie es eilig haben, überblättern Sie diese Seiten einfach und kehren später zurück, wenn Sie nur noch Bahnhof verstehen. (Alternativ können Sie dann auch das Openbook »Java ist auch eine Insel« zurate ziehen.)

2.2.1 Objektorientierung – Klassen und Objekte

Java ist eine objektorientierte Sprache. Diese Art zu programmieren hat sich seit Jahren bewährt, weil sie sich stark an der Realität orientiert, die aus miteinander in Beziehung stehenden Objekten besteht. Denn Ihr Auto ist ein Objekt, Ihre Schreibtischlampe ist eins, die Tomaten in Ihrem Kühlschrank sind Objekte – selbst Sie sind ein Objekt. Sie können intuitiv mit Objekten hantieren, ihnen Attribute zuweisen oder sie manipulieren. Deshalb erleichtert Objektorientierung das Verständnis zwischen Mensch und Maschine.

Entscheidend ist, dass Objekte einer Sorte eine ganze Menge gemeinsam haben. Jedes Auto hat beispielsweise ein Kennzeichen, jede Lampe hat einen Einschalter, jede Tomate einen Reifegrad etc. Diese Verallgemeinerungen oder Vorlagen nennt man *Klassen*. Klassen sind allgemeine Beschreibungen, und *Objekte* sind konkrete Instanzen von Klassen. Eine Klasse deklarieren Sie in Java mit dem Schüsselwort class:

```
class Auto { }
```

Eine Klasse ist aber nicht mehr als eine Blaupause, eine Vorlage (in diesem Fall eine ziemlich leere). Stellen Sie sich die Klasse wie einen Bestellschein vor. Sie füllen beispielsweise einen Auto-Bestellschein aus, reichen ihn beim zuständigen Schalterbeamten (der Java Runtime) ein und erhalten das bestellte Fahrzeug (siehe Abbildung 2.3). In Java sieht das dann so aus:

```
Auto meinCabrio = new Auto();
```

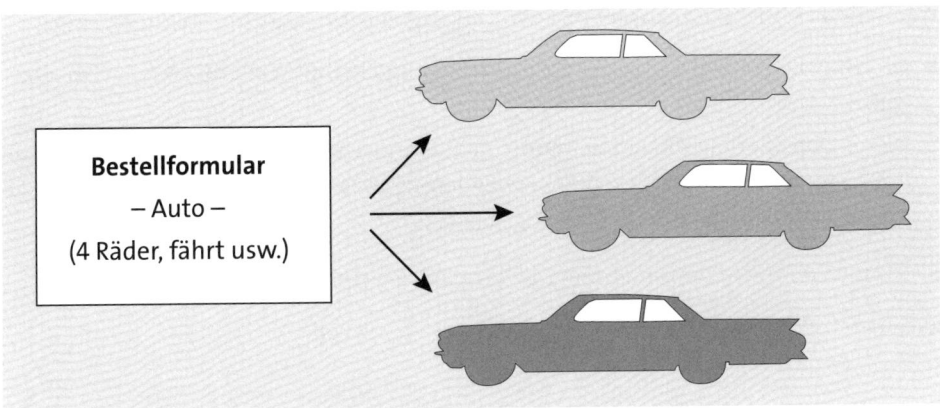

Abbildung 2.3 Eine Klasse (das Bestellformular) dient dem Erzeugen konkreter Objekte (der Autos) mit »new«-Anweisungen.

Gewöhnen Sie sich daran, Sätze nicht mit einem Punkt zu beenden, sondern mit einem Semikolon, wenn Sie mit Ihrem Java-Compiler sprechen. Das Semikolon markiert das Ende einer Anweisung.

Denglisch oder was?

Ein professioneller Java-Entwickler würde an dieser Stelle den Zeigefinger heben. Denglischer Programmcode? So nicht, meine Damen und Herren!

In der Tat ist Englisch die Weltsprache der Programmierer. Alle Namen von Klassen, Objekten etc. und sogar erklärende Kommentare haben gefälligst in Englisch formuliert zu sein. Das klingt auf den ersten Blick übertrieben, aber glauben Sie mir: Wenn Sie zum ersten Mal in fremdem Programmcode französische, italienische oder anderweitig unverständliche Buchstabenkombinationen angetroffen haben, unterschreiben Sie diese Forderung, ohne mit der Wimper zu zucken.

Allerdings richtet sich dieses Buch an Einsteiger. Java lernen ist nicht schwer, aber immerhin anspruchsvoll genug, um sich nicht mit unnötigen Verständnisproblemen herumschlagen zu wollen.

Darüber hinaus können Sie auf den ersten Blick unterscheiden, was Java-Schlüsselwörter sind und was »unser« Programmcode ist, denn Letzterer ist auf Deutsch geschrieben.

Denglischer Programmcode klingt schräg und tut ein bisschen in den Augen weh – aber für den Anfang können wir prima damit leben.

Wenn dieser Code später ausgeführt wird, erledigt die Java Runtime mehrere Dinge:

1. Ein neues Objekt der Klasse Auto wird erzeugt und bis auf Weiteres im Speicher abgelegt.
2. Dieses Objekt erhält die Bezeichnung meinCabrio. Unter diesem Namen können Sie Ihren fahrbaren Untersatz später verwenden, denn Java merkt sich, an welcher Stelle im Speicher der zugehörige Wert abgelegt ist.

Sie können ohne Weiteres mehrere Objekte einer Klasse erzeugen (instanziieren):

```
Auto meinCabrio = new Auto();
Auto alteKarreDesNachbarn = new Auto();
```

Sowohl Ihr Cabrio als auch die Karre des Nachbarn sind nun unabhängige Objekte, die aber beide eine gemeinsame Vorlage haben. Sie können mit meinCabrio alles tun, was Sie mit einem Auto tun können, und mit alteKarreDesNachbarn ebenfalls. Beide können beispielsweise fahren (auch wenn Sie das bislang noch nicht programmiert haben), aber wenn das eine fährt, kann das andere stehen und umgekehrt. Beide stammen von ein und derselben Vorlage ab, können sich aber unabhängig voneinander verhalten.

Variablennamen dürfen übrigens keine Leerzeichen enthalten. Deshalb schreiben Sie den Namen meinCabrio in einem Wort – wie die Deutsche Bahn es mit der BahnCard tut, nur hat das vermutlich andere Gründe. Umlaute und das »ß« sind zwar erlaubt, aber tun Sie sich einen Gefallen, und verzichten Sie darauf. Ohne auf die komplizierten Hintergründe einzugehen, kann ich Ihnen garantieren, dass Sie keinen Spaß an Objekten namens Spaß haben werden.

Die im Speicher angelegten Objekte müssen irgendwann, spätestens aber bei Programmende, wieder entfernt werden, um Platz für andere Daten zu schaffen. Und damit sind wir bei einem der großen Vorteile von Java gegenüber anderen Programmiersprachen: Das Reinemachen geschieht von allein!

Bitte wundern Sie sich also nicht, wenn Sie einen Java-Programmierer zu Hause besuchen und der Mülleimer überläuft: Er ist es von Java gewohnt, dass er sich nicht um das Aufräumen kümmern muss. In der Java Runtime läuft die ganze Zeit im Hintergrund der Garbage Collector. Sobald dieser etwas findet, das nicht mehr benötigt wird, gibt er den belegten Speicher frei.

2.2.2 Konstruktoren

Wenn Sie ein neues Objekt mit new erzeugen, ruft Java ohne Ihr Zutun einen Programmcode auf, der *Konstruktor* heißt (engl. *constructor*). Dieser Code kann notwendige Initialisierungen vornehmen, hauptsächlich aber belegt er den nötigen Hauptspeicher, um das Objekt zu verwalten.

Klassen können mehrere Konstruktoren besitzen, die sich durch zusätzliche Parameter unterscheiden:

```
Auto karre = new Auto();
Auto rotesAuto = new Auto( "rot" );
Auto wunschauto = new Auto( luxusmarke, "schwarz" );
```

Was die Konstruktoren mit den ihnen übergebenen Parametern anstellen, ist ihre Sache. Meist setzen sie aber grundlegende Attribute des Objekts, die oft später nicht mehr verändert werden können.

Manche Klassen stellen überhaupt keinen Konstruktor ohne Parameter zur Verfügung, weil sie sonst keinen Sinn ergäben:

```
Drache drache = new Drache( schatz );
```

> **Openbook-Verweis**
>
> Weiterführende Informationen zu diesem Thema finden Sie im Openbook »Java ist auch eine Insel« in Kapitel 3 und Kapitel 5.

2.3 Pakete

Java-Programme bestehen aus mindestens einer Klasse. Üblicherweise schreibt man den Programmcode jeder Klasse in eine zugehörige Textdatei, die genauso heißt wie die Klasse. Diese Textdatei erhält die Dateiendung *.java*. Bei großen Programmen kann sich eine ganze Menge an Dateien ansammeln, sodass der Überblick schnell verloren geht. Glücklicherweise lassen sich Klassen in einer Ordnerhierarchie speichern.

2.3.1 Packages deklarieren

Ordner mit Klassen darin heißen in Java *Pakete* (engl. *packages*). Anders als im Dateisystem stehen zwischen den einzelnen Ordnern jedoch keine Schrägstriche, sondern Punkte. Außerdem erwartet der Java-Compiler, dass am Anfang jeder Quellcodedatei der Paketname explizit deklariert wird. Es hat sich in der Entwicklergemeinde eingebürgert, Pakete wie umgekehrte Domainnamen zu benennen, z. B. `de.androidnewcomer` oder `de.namemeinerfirma.demoapp`. Mit Internetdomains, die Sie in einem Browser öffnen können, hat das übrigens nichts zu tun. Deshalb sieht die Quellcodedatei für unsere Auto-Klasse wie folgt aus:

```
package de.androidnewcomer;
public class Auto { }
```

Diese Datei muss *Auto.java* heißen und gehört in ein Verzeichnis mit dem Namen *androidnewcomer*, das wiederum in einem Verzeichnis namens *de* liegt. Letzteres liegt im Hauptverzeichnis unseres Projekts.

> **Groß oder klein?**
>
> Vielleicht haben Sie schon einmal schmerzhaft bemerkt, dass verschiedene Betriebssysteme die Groß- und Kleinschreibung sehr unterschiedlich handhaben. Unter Windows ist es egal, ob Sie große oder kleine Buchstaben verwenden, unter Linux nicht. Deshalb müssen Sie sich unbedingt an die folgenden Regeln halten:
>
> - Ordnernamen: Kleinbuchstaben
> - Klassennamen: erster Buchstabe jedes Wortes groß, Rest klein
> - Variablennamen: wie Klassennamen, aber erster Buchstabe klein
> - generell: keine Leerzeichen
> - keine Sonderzeichen, ausgenommen der Unterstrich _ (auf den verzichten Java-Programmierer aber meistens)
> - keine Umlaute und kein »ß«
> - Ziffern sind erlaubt, jedoch nicht am Anfang.

In obigem Listing habe ich Ihnen noch einen sogenannten *Modifizierer* (engl. *modifier*) untergejubelt, nämlich das Wörtchen `public`: Es sorgt dafür, dass die Klasse Auto auch von allen anderen Klassen unseres Projekts verwendet werden kann. Da das in den meisten Fällen gewünscht ist, schreiben Sie immer `public class`.

Übrigens dürfen prinzipiell zwei Klassen auch den gleichen Namen haben, solange sie sich in zwei unterschiedlichen Paketen befinden. Wenn Sie beide Klassen in einer dritten verwenden möchten, müssen Sie sie irgendwie auseinanderhalten. Dazu können Sie den qualifizierten Namen (engl. *qualified name*) verwenden:

```
de.verkehr.Auto cabrio = new de.verkehr.Auto();
de.modelle.Auto modellauto = new de.modelle.Auto();
```

In diesem Beispiel erzeugen Sie zwei Objekte der Klasse Auto, allerdings handelt es sich im ersten Fall um ein »richtiges« Auto und im zweiten um ein Modell. Um Verwirrung zu vermeiden, sollten Sie solche Namen aber besser nicht verwenden.

2.3.2 Klassen importieren

Möchte eine Klasse in einem Paket eine Klasse in einem anderen Paket verwenden, muss sie diese explizit importieren. Nehmen wir für den Augenblick an, dass Sie eine App für Gemüsetransporter schreiben möchten. Dann könnte es sein, dass Sie zusätzlich die folgende Klasse benötigen:

```
package de.androidnewcomer.transportgut;
public class Tomate { }
```

Die Klasse Tomate befindet sich in einem anderen Paket als Auto, nämlich in de.androidnewcomer.transportgut. Wenn Sie später der Auto-Klasse beibringen möchten, wie man Tomaten transportiert, werden Sie Java erklären müssen, wie Autos Näheres über dieses rote Gemüse herausfinden können. Daher importieren Sie die Tomate-Klasse:

```
package de.androidnewcomer;
import de.androidnewcomer.transportgut.Tomate;
public class Auto { }
```

Falls Sie nicht nur Tomaten, sondern auch anderes Transportgut verwenden möchten, legen Sie die zugehörigen Klassen der Ordnung halber ebenfalls in das Paket namens de.androidnewcomer.transportgut. Dann können Sie alles auf einmal importieren:

```
package de.androidnewcomer;
import de.androidnewcomer.transportgut.*;
public class Auto { }
```

Der Stern fungiert als Platzhalter für beliebige Klassennamen, wie Sie es vielleicht schon von Dateinamen her kennen: *.* meint alle Dateien, *.txt nur Texte und *.jpg nur (JPEG-)Bilder.

> **Weniger ist mehr**
>
> Keine Sorge: Das sieht nach viel Tipparbeit aus, aber wie ich bereits sagte, sind Programmierer ziemlich faul. Moderne Entwicklungsumgebungen nehmen uns auf Knopfdruck die Importarbeit ab. Das *Android Studio* (AS) fügt Imports meist automatisch hinzu, spätestens wenn eine Glühbirne erscheint und Sie sie anklicken. Immer wenn AS eine Klasse des gewünschten Namens in mehreren Paketen findet, bittet es Sie, eine Wahl zu treffen.

2.4 Klassen implementieren

Bisher herrscht in der Beispielklasse Auto gähnende Leere zwischen den geschweiften Klammern. Das ist aber genau die Stelle, die eine Klasse mit Leben füllt. Also auf, an die Arbeit!

2.4.1 Attribute

Wenn eine Klasse Daten speichern soll, tut sie das gewöhnlich in Attributen. Wie funktioniert das?

Dazu verlassen wir das Beispiel mit dem Gemüsetransporter und stellen uns ein waschechtes Abenteuerspiel vor, bei dem der Spieler auf einem Schreibtisch eine Geheimmitteilung finden muss – allerdings im Dunkeln. Deshalb stellen wir eine Lampe auf den Schreibtisch, die der Spieler anschalten muss. Bei der Lampe handelt es sich um ein Objekt, das einen bestimmten Zustand hat – »an« oder »aus«.

Zwei Zustände – da denken Programmierer sofort an *Booleans* (ausgesprochen »Buhli-äns«, Betonung auf der ersten Silbe). Ein Boolean ist der einfachste Datentyp, den ein Computer kennt. Er wird durch ein einzelnes Bit dargestellt, das entweder gesetzt ist oder eben nicht. Je nach Anwendungsfall spricht der Programmierer von den logischen Werten 1 oder 0, wahr oder falsch, ja oder nein, an oder aus. Gemeint ist immer dasselbe: ein mikroskopisch kleiner Schalter, dessen Zustand sich der Computer dauerhaft merken kann. Übrigens besitzt ein typisches Smartphone heutzutage über acht Milliarden solcher Schalter (wenn es 1 GB RAM eingebaut hat), von denen auf einer handelsüblichen Festplatte (acht Billionen = ca. 1 TB, Terabyte) will ich gar nicht erst reden. Sie brauchen nur einen einzigen Schalter, und den bauen Sie wie folgt in Ihre neue Klasse Lampe ein:

```
package de.androidnewcomer.abenteuer;
public class Lampe {
    Boolean angeschaltet;
}
```

Die Klasse namens Lampe besitzt jetzt ein Attribut namens angeschaltet. Wie schon bei der Deklaration unseres Cabrios steht auch hier der Name der Klasse Boolean vor dem Variablennamen, gefolgt von einem Semikolon. Boolean ist eine Klasse, die in Java fest eingebaut ist, daher müssen Sie sie nicht extra importieren.

Wenn Sie eine Schreibtischlampe mit

```
Lampe schreibtischlampe = new Lampe();
```

erzeugen, wird diese zunächst nicht angeschaltet sein, weil Java jedes Boolean-Objekt automatisch beim Programmstart auf den Wert 0 (oder »falsch«) setzt. Allerdings schadet es nicht, zur Sicherheit und der besseren Lesbarkeit wegen das Objekt explizit zu initialisieren, ihm also einen Startwert zuzuweisen. Das sieht dann so aus:

```
package de.androidnewcomer.abenteuer;
public class Lampe {
    Boolean angeschaltet = false;
}
```

An irgendeiner Stelle in Ihrer App wird der Spieler nun den richtigen Knopf drücken, um nicht mehr im Dunkeln zu stehen. Sie benötigen also einen Befehl, um das Boolean-Attribut im Objekt schreibtischlampe auf »wahr«, »an« oder »logisch 1« zu setzen. Und dieser Befehl lautet wie folgt:

```
schreibtischlampe.angeschaltet = true;
```

Der Punkt steht zwischen dem Namen des Objekts und dem Namen des Attributs in diesem Objekt. Der neue Wert steht auf der rechten Seite des Zuweisungsoperators =.

Als Attribute innerhalb von Klassen können Sie beliebige andere Klassen oder primitive Datentypen verwenden. Die neben Boolean am häufigsten eingesetzten Klassen, die Java von Haus aus mitbringt, sind String und Integer.

Integer ist eine Klasse, die einen ganzzahligen Wert speichern kann, der zwischen –2.147.483.648 und +2.147.483.647 liegt. Unsere Lampe verfügt über eine Glühbirne, deren Leistung mit einem solchen Integer-Objekt bequem gespeichert werden kann:

```
package de.androidnewcomer.abenteuer;
public class Lampe {
    Boolean angeschaltet = false;
    Integer leistung = 40;
}
```

Klassen und Datentypen

In Java ist nicht alles ein Objekt oder eine Klasse. Es gibt außerdem primitive Datentypen, die nicht die Eigenschaften von Klassen haben. Neue Instanzen müssen nicht mit new erzeugt werden, und man kann nicht mit dem Punkt (.) auf Methoden oder Attribute zugreifen. Teilweise ist der Unterschied leicht zu übersehen, etwa bei der Klasse Boolean und dem primitiven Datentyp boolean. Wann Sie am besten eine Klasse bzw. ein Objekt einsetzen und wann einen primitiven Datentyp, hängt von der jeweiligen

Aufgabe ab. In den folgenden Kapiteln werde ich jeweils auf dieses Thema eingehen, wenn es sich anbietet.

Hier sehen Sie zunächst die obligatorische Liste der Datentypen in Java:

- boolean: true oder false
- byte: eine Zahl zwischen −128 und +127
- short: eine Zahl zwischen −32.768 und +32.767
- int: eine Zahl zwischen −2.147.483.648 und +2.147.483.647
- long: eine Zahl zwischen −9.223.372.036.854.775.808 und +9.223.372.036.854.775.807
- float: eine Kommazahl mit normaler Präzision
- double: eine Kommazahl mit doppelter Präzision
- char: ein Unicode-Zeichen oder -Buchstabe

In diesem Beispiel schrauben Sie standardmäßig 40-Watt-Birnen in Ihre Lampen. Jedes mit new Lampe() erzeugte Lampen-Objekt wird zunächst im Attribut für die Leistung den Wert 40 aufweisen. Falls unser wackerer Abenteuerspieler auf die Idee käme, eine Energiesparlampe mit einer Nennleistung von acht Watt einzusetzen, würden Sie Folgendes schreiben:

```
schreibtischlampe.leistung = 8;
```

Eine solche Zuweisung darf beliebig oft erfolgen, wobei jegliche Erinnerung an den vorangegangenen Wert ausgelöscht wird. Kommazahlen – also etwa Preise wie 1,50 € – erfordern allerdings eine andere Klasse als Integer, nämlich Double. Da Java von amerikanischen Entwicklern erfunden wurde, müssen Sie anstelle des hierzulande üblichen Kommas den Punkt verwenden (das Dezimaltrennzeichen des englischsprachigen Raums). Pedanten würden also die Leistung der Lampe beispielsweise wie folgt festlegen:

```
Double leistung = 39.249;
```

Äußerst flexibel ist die Klasse String. In ein Objekt dieser Klasse passen beliebige Zeichenfolgen, also Buchstaben, Ziffern, Wörter oder ganze Sätze. Lassen Sie uns als einfaches Beispiel eine Beschriftung hinzufügen:

```
package de.androidnewcomer.abenteuer;
public class Lampe {
    Boolean angeschaltet = false;
    Integer leistung = 40;
    String beschriftung = "";
}
```

Im Gegensatz zu konstanten Boolean-, Integer- oder Double-Werten müssen konstante String-Werte in doppelte Anführungszeichen gesetzt werden. Die Beschreibung ist standardmäßig leer ("") und lässt sich mit einer einfachen Zuweisung füllen:

```
schreibtischlampe.beschriftung = "Maximal 40 Watt";
```

Sie haben jetzt gesehen, wie Klassen Vorlagen für Objekte bieten können, die bestimmte Eigenschaften haben, und wie diese manipuliert werden. Ein paar Seiten liegen noch zwischen Ihnen und der ersten lauffähigen App, aber Sie wissen immerhin schon einmal, wie Sie das Licht anschalten können.

Der kleine Unterschied

Strings können alles Mögliche enthalten, auch Ziffern. Deren Wert ist dem String allerdings völlig egal. Deshalb können Sie mit Zahlen, die in Anführungszeichen stehen, nicht rechnen: Java betrachtet sie nicht als Zahlen. Schauen Sie sich den kleinen, aber gerne übersehenen Unterschied an:

```
Integer Summe = 40 + 40;
```

Während diese Addition erwartungsgemäß den Wert 80 in das Objekt namens summe schreibt, passiert mit Strings etwas anderes:

```
String Summe = "40" + "40";
```

Der Operator + ist bei Strings anders definiert als bei Zahlen: Er fügt Strings aneinander. Das Resultat der String-Addition lautet also:

```
"4040"
```

2.4.2 Methoden

Papier ist geduldig. Was hindert einen arglistigen Spieler daran, eine falsche Glühbirne in die Schreibtischlampe zu schrauben? Im Moment lediglich die Beschriftung. Also könnte dies passieren:

```
schreibtischlampe.leistung = 100;
```

Das zu verhindern, ist die Aufgabe dieses Abschnitts. Dazu werden Sie der Klasse Lampe etwas Neues hinzufügen: eine *Methode*. Im Gegensatz zu Attributen, die lediglich Daten speichern, sind Methoden *aktiv*. Sie führen Aktionen aus, manipulieren Daten, liefern Ergebnisse zurück oder interagieren mit dem Benutzer. Methoden werden in Klassen definiert und fassen ein paar Zeilen Programmcode unter einem eindeutigen Namen zusammen. Sie funktionieren dann in allen Objekten, die aus der Klasse erzeugt werden:

```
package de.androidnewcomer.abenteuer;
public class Lampe {
   Boolean angeschaltet = false;
   void schalteAn() {
      angeschaltet = true;
   }
}
```

Vor dem Namen der eingefügten Methode schalteAn() steht das Schlüsselwort void. Es legt fest, dass diese Methode keinen Wert zurückgibt. Stattdessen könnte hier ein Klassenname stehen, aber die Methode schalteAn() hat kein konkretes Ergebnis, das sie zurückliefern müsste. Ebenso wenig erwartet sie Parameter, deren Platz zwischen den runden Klammern wäre. Zwischen den geschweiften Klammern steht der Programmcode, den die Java Runtime immer dann ausführt, wenn die Methode aufgerufen wird. Und das geht so:

```
schreibtischlampe.schalteAn();
```

Sie vermuten richtig, dass diese Zeile dieselbe Wirkung hat wie die im vorangegangenen Abschnitt verwendete einfache Zuweisung des Wertes true an das Attribut schreibtischlampe.angeschaltet. Allerdings benötigen Sie noch eine weitere Methode zum Ausschalten der Lampe, oder Sie müssten das weiterhin mit der Zuweisung schreibtischlampe.angeschaltet = false erledigen. Warum also so viel Schreibarbeit?

Weil Methoden deutlich mehr können als einfache Zuweisungen. Um das zu demonstrieren, kommen wir zurück zum Einschrauben der falschen Birne. Zunächst schreiben Sie eine Methode dafür:

```
package de.androidnewcomer.abenteuer;
public class Lampe {
   Integer leistung = 40;
   void neueBirne(Integer neueLeistung) {
      leistung = neueLeistung;
   }
}
```

Der Übersicht halber habe ich jetzt den Anschalter weggelassen. Mit der folgenden Zeile könnte unser Spieler nun eine andere Glühbirne einschrauben:

2.4 Klassen implementieren

```
schreibtischlampe.neueBirne(8);
```

Die Methode `neueBirne()` erwartet einen `Integer`-Parameter. Als Name für diesen Parameter dient das Objekt `neueLeistung`, das beim Aufruf hier den Wert 8 erhält. Dieser Wert von `neueLeistung` wird dann dem Attribut `leistung` zugewiesen. Bei der Deklaration des Parameters steht wie immer die Klasse vor dem Variablennamen.

Der Parameter ist ein ähnliches Objekt wie ein Attribut; allerdings existiert er nur, solange die Methode abgearbeitet wird, und er kann bei jedem Aufruf einen anderen Wert aufweisen.

> **Openbook-Verweis**
> Weiterführende Informationen zu diesem Thema finden Sie im Openbook »Java ist auch eine Insel« in Abschnitt 5.1.

2.4.3 Zugriffsbeschränkungen

Im Moment hindert nichts unseren Spieler daran, z. B. eine 900-Watt-Birne einzuschrauben:

```
schreibtischlampe.neueBirnc(900);
```

Gegen derartige Stromverschwendung sollten Sie unbedingt vorgehen. Geben Sie also der Methode `neueBirne()` die Macht, sich über den Willen des Spielers hinwegzusetzen und höchstens 40 Watt zu erlauben:

```java
package de.androidnewcomer.abenteuer;
public class Lampe {
   private Integer leistung = 40;
   void neueBirne(Integer neueLeistung) {
      if(neueLeistung <= 40) {
         leistung = neueLeistung;
      }
   }
}
```

Das Schöne an Java-Code ist, dass er oft auf Anhieb verständlich ist. Übersetzen Sie einfach im Kopf, was dort in der Methode `neueBirne()` steht: Falls die gewünschte Leistung kleiner oder gleich 40 ist, weise dem Attribut `Leistung` die neue Leistung zu (sonst nicht).

Die Hauptrolle spielt hier das Schlüsselwort `if`. Hinter `if` steht in runden Klammern eine Bedingung, deren Wahrheitswert (vom primitiven Typ `boolean`) der Computer beim Ablauf des Programms auswertet. Trifft die Bedingung zu, führt die Java Runtime den anschließenden Codeblock aus, sonst nicht. Wie jeder Codeblock ist auch dieser in geschweifte Klammern gesetzt und der Übersicht halber eingerückt. Die Methode tut also bei dem folgenden Aufruf rein gar nichts:

```
schreibtischlampe.neueBirne(100);
```

Hingegen führt sie die Energiesparversion ohne Murren aus:

```
schreibtischlampe.neueBirne(8);
```

Es gibt noch ein Loch zu stopfen. Was hindert den Spieler daran, wie zuvor direkt die Leistung zu ändern und unsere neue Methode zu umgehen, indem er Folgendes schreibt?

```
schreibtischlampe.leistung = 100;
```

Die Lösung habe ich schon oben in den Programmcode gemogelt: Das Schlüsselwort `private` vor der Deklaration des Attributs für die Leistung verhindert die direkte Zuweisung, ausgenommen durch Methoden innerhalb unserer eigenen Klasse.

Eine solche Zugriffsbeschränkung mag schizophren erscheinen, denn der Programmierer, dem der Quellcode der gesamten Anwendung zur Verfügung steht, könnte einfach das Wörtchen `private` löschen und wieder tun, was ihm Spaß macht.

Das Stichwort hierzu lautet: Verantwortung. Unsere Klasse beansprucht die Verantwortung für das Attribut `leistung` für sich. Das bedeutet zwei Dinge: Erstens kann sich jede andere Klasse darauf verlassen, dass sich jede Lampe korrekt und unabhängig vom Rest der Welt um ihre eigene Leistung kümmert. Und zweitens geht jeder Programmierer, der sich über die bewusst eingebaute `private`-Einschränkung hinwegsetzt, das Risiko ein, dass die Klasse nicht mehr wie vorgesehen arbeitet. Wer einer Klasse die Kontrolle über ihre privaten Attribute entzieht, bringt im schlimmsten Fall sein ganzes Projekt in Gefahr.

Openbook-Verweis

Weiterführende Informationen zu diesem Thema finden Sie im Openbook »Java ist auch eine Insel« in Abschnitt 5.2.

Gleich und gleicher

Java enthält einen kleinen Seitenhieb auf die Mathematik. Mathematiker und Java-Programmierer meinen nämlich nicht dasselbe, wenn sie Folgendes schreiben:

```
a = b
```

In Java ist das = ein *Zuweisungsoperator*. Der Operator wertet aus, was auf der rechten Seite steht, und weist das Ergebnis dem links stehenden Objekt zu. Mathematiker meinen, dass a und b denselben Wert haben – von Anfang an. Das = in der Mathematik ist ein *Vergleichsoperator*.

Den Vergleichsoperator gibt es auch in Java; um Verwechslungen zu vermeiden, sieht er allerdings etwas anders aus:

```
a == b
```

Dieser Vergleichsoperator kommt meist in if-Bedingungen zum Einsatz, beispielsweise so:

```
if(a == b) {
}
```

Falls die Objekte a und b den gleichen Wert haben, wird der Code in den geschweiften Klammern ausgeführt, sonst nicht. Die Leerzeichen vor und hinter dem == dienen der Übersicht. Sie sind nicht notwendig, aber sinnvoll.

Java kennt eine ganze Reihe weiterer Vergleichsoperatoren: >=, <=, < und >.

Da Vergleichsoperatoren ein boolean-Ergebnis haben, können Sie dies prinzipiell auch Attributen oder lokalen Variablen zuweisen:

```
boolean vergleichsresultat = (a == b);
if(vergleichsresultat) ...
```

Die Klammern um a == b sind nicht unbedingt erforderlich, aber sie helfen, den Überblick zu behalten.

Statische Methoden

Bei der App-Entwicklung kommt es andauernd vor, dass Zahlen in Strings stehen (z. B. in Texteingabefeldern). Um mit den Werten zu arbeiten, müssen sie in Integer konvertiert werden. Das geht so:

```
Integer wert = Integer.parseString("40");
```

Dies schreibt uns die Zahl 40 in das Objekt wert. Auch für den umgekehrten Weg gibt es eine sehr einfache Methode:

```
String wert = Integer.toString(40);
```
Anschließend enthält das String-Objekt wert den String-Wert "40".

parseString() und toString() sind *statische Methoden*. Während andere Methoden nur auf ihren Objekten arbeiten, können Sie statische Methoden verwenden, indem Sie den Klassennamen vor den Punkt setzen. Daher steht hier Integer, ein Klassenname.

Statische Methoden funktionieren im Kontext einer Klasse, nicht eines Objekts. Folglich dürfen Sie in statischen Methoden keine Eigenschaften des Objekts verwenden. Üblicherweise setzen Sie eine statische Methode ein, wenn Sie eine allgemeine Funktionalität bereitstellen möchten. Verwenden Sie das Schlüsselwort static:

```
public class Lampe {
    static Lampe erzeugeLampeMit80erBirne() {
        Lampe lampe = new Lampe();
        lampe.leistung = 80;
        return lampe;
    }
}
```

Dieses Beispiel einer statischen Methode ist eine mögliche Abkürzung, um später im Code mit einer einzigen Zeile eine Lampe mit einer 80-Watt-Birne zu erzeugen:

```
Lampe lampe = Lampe.erzeugeLampeMit80erBirne();
```

Openbook-Verweis

Weiterführende Informationen zu diesem Thema finden Sie im Openbook »Java ist auch eine Insel« in Abschnitt 5.3.

2.4.4 Eigene Konstruktoren

Bisher besitzt Ihre Klasse Lampe lediglich einen Standardkonstruktor, denn Sie haben keinen eigenen geschrieben. Deshalb ist derzeit nur ein new-Aufruf möglich, der eine generische Lampe erzeugt:

```
Lampe lampe = new Lampe();
```

Sie können dem Anwender der Klasse Lampe aber die Möglichkeit geben, beispielsweise die Leistung der Birne schon im Konstruktor festzulegen:

```
Lampe lampe = new Lampe(60);
```

2.4 Klassen implementieren

Diesen speziellen Konstruktor, der einen `int`-Parameter entgegennimmt, müssen Sie explizit implementieren:

```
public class Lampe {
   private int leistung = 80;
   public Lampe(int wert) {
      leistung = wert;
   }
}
```

Der Konstruktor ist nichts anderes als eine spezielle Methode, die beim Erzeugen des Objekts mit new aufgerufen wird. Der Name des Konstruktors ist dabei immer der Name der Klasse.

Sie können auch mehrere Konstruktoren anbieten, die sich durch ihre Parameterliste unterscheiden. Java erkennt dann beim Erzeugen von Objekten anhand der verwendeten Parameter, welchen Konstruktor es benutzen muss:

```
public class Lampe {
   private int leistung = 80;
   private boolean eingeschaltet = false;
   public Lampe(int wert) {
      leistung = wert;
   }
   public Lampe(int wert, boolean an) {
      leistung = wert;
      eingeschaltet = an;
   }
}
...
Lampe lampe = new Lampe(100);
Lampe angeschalteteLampe = new Lampe(40, true);
```

Den Standardkonstruktor müssen Sie nicht explizit hinschreiben. Würden Sie es tun, sähe er auch ziemlich langweilig aus:

```
public class Lampe {
   ...
   public Lampe() {
   }
}
```

Manchmal ist es allerdings sinnvoll, im Standardkonstruktor Programmcode auszuführen. Beispielsweise können Sie hier Vorgabewerte setzen, die Sie ansonsten Attributen bei der Deklaration zuweisen würden:

```
public class Lampe {
   private leistung;
   public Lampe() {
      leistung = 80;
   }
}
```

Der Unterschied ist meist nicht von Bedeutung, sodass Sie die kürzere Schreibweise ohne expliziten Konstruktor bevorzugen können.

Openbook-Verweis

Weiterführende Informationen zu diesem Thema finden Sie im Openbook »Java ist auch eine Insel« in Abschnitt 5.5.

2.4.5 Lokale Variablen

Es gibt noch eine dritte Art von Objekten neben Attributen und Methodenparametern: lokale Objekte (meist *Variablen* genannt). Im Grunde haben Sie solche Objekte bereits gesehen – immer wenn Sie in irgendeiner Methode ein neues Objekt erzeugt haben:

```
public Schreibtisch erzeugeSchreibtisch() {
   Schreibtisch schreibtisch = new Schreibtisch();
   schreibtisch.setLampe( new Lampe() );
   return schreibtisch;
}
```

Hier ist `schreibtisch` ein lokales Objekt, das unter diesem Namen nur existiert, solange die Methode `erzeugeSchreibtischMitLampe()` ausgeführt wird. In den meisten Fällen dienen lokale Objekte dazu, Code zu vereinfachen oder übersichtlicher zu schreiben. Denn die obige Methode könnte man auch wie folgt schreiben:

```
public Schreibtisch erzeugeSchreibtischMitLampe() {
   return (new Schreibtisch()).setLampe(new Lampe());
}
```

Das sieht zwar kompakter aus, so etwas geht aber spätestens dann schief, wenn Sie mehrere set-Methoden aufrufen wollen:

```
public Schreibtisch erzeugeSchreibtisch() {
   Schreibtisch schreibtisch = new Schreibtisch();
   schreibtisch.setLampe( new Lampe() );
   schreibtisch.setApfel( new Apfel() );
   return schreibtisch;
}
```

In diesem Beispiel ist es nicht ohne Weiteres möglich, alles in eine Zeile zu zwingen.

Lebensdauer

Der Schreibtisch aus dem fiktiven Abenteuerspiel ist zwar ein lokales Objekt, das unter dem Namen schreibtisch nur zur Verfügung steht, bis die Methode beendet ist. Allerdings wird die Java Runtime das zugehörige Objekt nicht aus dem Speicher entfernen. Denn die Methode erzeugeSchreibtisch() gibt das Objekt ja zurück an irgendeine andere Methode, die sicher irgendetwas mit dem Schreibtisch anzustellen gedenkt und ihn möglicherweise in einem Attribut speichert:

```
class Raum {
   private Schreibtisch schreibtisch = erzeugeSchreibtisch();
   public Schreibtisch erzeugeSchreibtisch() {
      ...
   }
}
```

Solange eine Referenz auf ein Objekt existiert, wird es vom Garbage Collector nicht weggeräumt. Erst wenn kein Raum-Objekt mehr vorhanden ist, ist auch der Schreibtisch entbehrlich. Aber es gibt auch den anderen Fall:

```
public void pruefeLampe() {
   boolean istNacht = ermittleTageszeit();
   if(istNacht) {
      lampe.schalteAn();
   }
}
```

Dieses Beispiel verwendet die lokale Variable istNacht lediglich als Bedingung in der if-Verzweigung. Da es beim Beenden der Methode keine Referenz mehr auf istNacht gibt, wird der davon belegte Speicher bei nächster Gelegenheit freigegeben.

2.5 Daten verwalten

In jedem Abenteuerspiel gibt es so etwas wie einen Rucksack, in dem der Spieler nützliche Dinge wie Tomaten und Energiesparbirnen transportieren kann. Wie lassen sich also solche Objekte einem anderen Objekt (dem Rucksack oder Inventar) zuordnen?

2.5.1 Listen

Dafür gibt es (unter anderem) die Java-Klasse ArrayList. ArrayList-Objekte verwalten eine beliebige Anzahl an Objekten sowie deren Reihenfolge. Sie können Objekte hinzufügen, entfernen oder prüfen, ob sie in der Liste vorhanden sind. Bevor ich Ihnen den zugehörigen Java-Code zeige, muss ich zugeben, dass ich Ihnen eine veraltete, vereinfachte Variante unterschiebe, die Ihnen die Entwicklungsumgebung mit »so lieber nicht« quittiert. Aber es funktioniert, und die moderne, etwas kompliziertere Variante kommt noch früh genug.

```
ArrayList inventar = new ArrayList();
```

Diese Zeile wird Sie nicht überraschen, denn Sie erzeugen lediglich ein neues ArrayList-Objekt mit dem Namen inventar. Fügen Sie dem Inventar nun alles hinzu, was Ihnen einfällt:

```
Lampe schreibtischlampe = new Lampe();
inventar.add(schreibtischlampe);
Auto meinCabrio = new Auto();
inventar.add(meinCabrio);
Auto alteKarreDesNachbarn = new Auto();
inventar.add(alteKarreDesNachbarn);
```

Verflixt, jetzt haben Sie glatt Ihrem Nachbarn den Wagen gemopst. Das sollten Sie lieber wieder rückgängig machen, bevor er's merkt:

```
inventar.remove(alteKarreDesNachbarn);
```

Listen sind sehr wichtige Klassen. Sie benötigen sie in zahlreichen Fällen in Android-Apps, und es gibt eine ganze Menge Methoden, um Listen zu manipulieren. So können Sie Listen löschen, sortieren oder duplizieren. Ich werde Ihnen die betreffenden Methoden jeweils dort vorstellen, wo Sie sie erstmals brauchen. Zudem gibt es eine ganze Reihe enger Verwandter der Klasse ArrayList. Sie unterscheiden sich in wichtigen Details, allerdings sind diese in den meisten Fällen für unsere Zwecke uninteressant. Deshalb werden Sie fast immer die gute alte ArrayList verwenden, es sei denn, sie bietet nicht die Funktionen, die Sie gerade benötigen.

> **Openbook-Verweis**
>
> Weiterführende Informationen zu diesem Thema finden Sie im Openbook »Java ist auch eine Insel« in Abschnitt 15.1.

Sehr oft möchten Sie mit jedem Objekt in einer Liste dasselbe anstellen. Beispielsweise möchten Sie berechnen, ob der Spieler den ganzen Kram, den er durch die Gegend schleppt, überhaupt tragen kann oder ob er unter der Last zusammenbricht. Dazu muss natürlich jedes Objekt im Inventar ein Gewicht haben, das Sie mit der Methode get-Gewicht() in Kilogramm ermitteln können:

```
class Item {
   private float gewicht;
   public float getGewicht() {
      return gewicht;
   }
}
```

Lassen Sie sich nicht durch den englischen Begriff *Item* irritieren – der hat sich international für all die Dinge eingebürgert, die Abenteurer mit sich herumschleppen. Die deutsche Alternative, »Ding«, klänge etwas profan. Sicher wird die Klasse Item noch weitere Methoden und Attribute besitzen, aber wir beschränken uns auf das, was wir unbedingt brauchen.

Es ist sicher eine gute Idee, beim Gewicht Kommazahlen zu erlauben, daher verwende ich den primitiven Datentyp float als Rückgabewert der Methode getGewicht().

> **Arrays**
>
> Listen wie ArrayList möchten mit Objekten gefüllt werden, primitive Datentypen lassen sich nicht hinzufügen. Der Unterschied mag auf den ersten Blick marginal wirken, aber Sie sollten das im Hinterkopf haben.
>
> Oft sind Listen primitiver Typen die einfachste Lösung, und das zugehörige Sprachelement von Java heißt *Array*. Sehr oft werden Arrays verwendet, wenn sich die Länge einer Werteliste nicht ändert, denn ein einmal erzeugtes Array lässt sich nicht gern vergrößern.
>
> Entscheidend an Arrays ist, dass Sie mit einem 0-basierten Index auf die einzelnen Elemente zugreifen können. Erzeugen Sie ein Array mit new:

```
String[] farben = new String[3];
farben[0] = "rot";
farben[1] = "gelb";
farben[2] = "grün";
```

Sie sehen, dass bei Arrays eine Menge eckiger Klammern im Spiel sind. Bei der Deklaration des Arrays dürfen Sie die Klammern nach Belieben hinter den gewünschten Typ (hier `String`) schreiben oder hinter den Bezeichner:

```
String farben[] = new String[3];
```

Bei `new` geben Sie die Größe des gewünschten Arrays mit an, wobei eine Größe von 3 Elemente mit den Indizes 0, 1 und 2 erzeugt – das Element `farben[3]` existiert nicht.

Sie können einem Array feste Werte auch mit geschweiften Klammern in einer Zeile zuweisen:

```
int[] lottozahlenNaechstenSamstag = { 1, 8, 16, 34, 37, 44 };
```

Wenn Sie diese Zahlen tippen und zufälligerweise etwas gewinnen, müssen Sie mir nichts abgeben.

2.5.2 Schleifen

Das Inventar eines Spielers wird eine Liste sein:

```
ArrayList inventar = new ArrayList();
```

Der Spieler hat nun irgendwelche Items eingesammelt, die mit `inventar.add(item)` in der Liste gelandet sind. Lassen Sie uns jetzt das Gesamtgewicht berechnen. Dazu gibt es eine einfache Kontrollstruktur, die alle Elemente in der Liste nacheinander durchgeht – die `for`-Schleife:

```
for( Item item : inventar ) {
}
```

In den Klammern hinter dem Schlüsselwort `for` stehen drei Dinge: der Name der Klasse der Objekte im Inventar (`Item`), ein Bezeichner `item` und die Liste `inventar`.

Die `for`-Schleife können Sie etwa wie folgt übersetzen: »Für jedes Element in der Liste `inventar` durchlaufe den anschließenden Codeblock und stelle das betreffende `Item` im Objekt `item` zur Verfügung.«

Der Code in den geschweiften Klammern (den Sie noch schreiben müssen) wird also so oft ausgeführt, wie es Elemente im Inventar gibt, und darin steht ein lokales Objekt `item` zur Verfügung, das eine Referenz auf jeweils eines der Elemente ist. Wenn das Inventar leer ist, wird der Codeblock überhaupt nicht durchlaufen.

Nun können Sie die eigentliche Berechnung des Gewichts hinschreiben:

```
float gesamtgewicht = 0.0;
for( Item item : inventar ) {
   gesamtgewicht += item.getGewicht();
}
```

Für jedes Item im Inventar wird damit die Methode getGewicht() aufgerufen. Das Ergebnis, also das Gewicht des jeweiligen Items, wird zur lokalen Variablen gesamtgewicht hinzuaddiert. Wenn die Schleife beendet ist, enthält gesamtgewicht die gewünschte Summe. Sie könnten also als Nächstes schreiben:

```
if(gesamtgewicht > zulaessigesGewicht) {
   brichZusammen();
}
```

Vielleicht ist Ihnen aufgefallen, dass ich für dieses Beispiel weder Lampe noch Auto ins Inventar gepackt habe, sondern generische Item-Objekte. Der Grund ist nicht etwa, dass sowieso niemand ein Auto tragen könnte, sondern dass Sie die Methode getGewicht() nicht in jede einzelne dieser Klassen einbauen möchten. Das wäre bei zahlreichen unterschiedlichen Inventarobjekten ein fürchterlicher Mehraufwand. Daher wäre es praktisch, wenn Sie Methoden wie getGewicht(), die eine Gemeinsamkeit verschiedener Klassen ist, nur einmal schreiben müssten. Dabei hilft die wohl wichtigste Eigenschaft objektorientierter Sprachen wie Java: die Vererbung.

2.6 Vererbung

Menschen und Affen haben dieselben Vorfahren, haben daher ähnliche Gene geerbt und besitzen z. B. dieselbe Anzahl an Gliedmaßen. Dieses Prinzip ist aus der objektorientierten Programmierung nicht wegzudenken. Dahinter steckt der Wunsch der Programmierer nach mehr Freizeit, denn das Prinzip der Vererbung spart jede Menge Entwicklungszeit.

2.6.1 Basisklassen

Kehren wir zu unserem Gemüsetransporter zurück und stellen wir die alles entscheidende Frage: Ist es nicht ungesund, sich ausschließlich von Tomaten zu ernähren?

Fügen Sie dem Speiseplan also Blumenkohl und Spinat hinzu. Die für einen Gemüsehändler interessanteste Gemeinsamkeit dürfte der Kilopreis sein. Da ich Ihnen noch nichts über Vererbung in Java erzählt habe, könnten Sie auf die Idee kommen, folgende Klassen anzulegen:

```
public class Tomate {
  public float kilopreis;
}
public class Blumenkohl {
  public float kilopreis;
}
public class Spinat {
  public float kilopreis;
}
...
Spinat spinat = new Spinat();
spinat.kilopreis = 0.89f;
Tomate tomate = new Tomate();
tomate.kilopreis = 0.99f;
Blumenkohl blumenkohl = new Blumenkohl();
blumenkohl.kilopreis = 0.79f;
```

Jede der drei Klassen hat genau ein Attribut, und zwar ein `float` namens `kilopreis`, das Euro- und Cent-Beträge mit Dezimalkomma aufnehmen kann. Das kleine f hinter den Kommazahlen signalisiert, dass es sich dabei ebenfalls um `float`-Werte handelt.

Offensichtlich hat das gesamte Gemüse eine Gemeinsamkeit. Nehmen wir das Konzept des Bestellformulars hinzu, das ich zu Beginn dieses Kapitels für ein Auto verwendet habe: Die Bestellformulare für Tomaten, Blumenkohl und Spinat haben alle ein gemeinsames Attribut zum Eintragen des Kilopreises. Folglich ist es viel effizienter, zunächst ein gemeinsames Formular für Gemüse allgemein zu verwenden (dass das in der Realität nicht geschieht, sagt einiges über Bürokratie, finden Sie nicht?). Eine solche abstrakte Verallgemeinerung nennt man *Basisklasse*. Für unser Gemüse sieht sie wie folgt aus:

```
public abstract class Gemuese {
  public float kilopreis;
}
```

Das Schlüsselwort `abstract` sorgt dafür, dass niemand ein `Gemuese`-Objekt erstellen kann, denn was sollte das auch sein? Der folgende Befehl ist also unzulässig:

```
Gemuese abstraktesGemuese = new Gemuese();
```

Abstraktes Gemüse kann eben niemand transportieren oder gar essen. Das geht nur mit den von der Basisklasse abgeleiteten Klassen:

```
public class Tomate extends Gemuese {
}
public class Blumenkohl extends Gemuese{
}
public class Spinat extends Gemuese {
}
```

Das Schlüsselwort extends sorgt dafür, dass die jeweilige Klasse alle Methoden und Attribute der angegebenen Basisklasse erbt. Daher funktioniert jetzt der obige Code immer noch:

```
Spinat spinat = new Spinat();
spinat.kilopreis = 0.89f;
Tomate tomate = new Tomate();
tomate.kilopreis = 0.99f;
Blumenkohl blumenkohl = new Blumenkohl();
blumenkohl.kilopreis = 0.79f;
```

> **Openbook-Verweis**
>
> Weiterführende Informationen zu diesem Thema finden Sie im Openbook »Java ist auch eine Insel« in Abschnitt 6.2.

> **Refactoring**
>
> Sie sehen am Beispiel des Gemüses, dass es möglich ist, die *Klassenhierarchie* nachträglich zu verändern. Vorher steckten die kilopreis-Attribute in jeder einzelnen Klasse, nun nur noch in der Basisklasse – aber der Code zum Erzeugen des konkreten Gemüses ist gleich geblieben, genau wie die Zuweisung der Preise.
>
> Einen solchen nachträglichen Eingriff nennt man *Refactoring*, und dieser Prozess war früher von aufwendiger und fehleranfälliger Handarbeit an vielen Dateien geprägt – bis die integrierten Entwicklungsumgebungen wie Eclipse auf den Markt kamen, die dazu gemacht sind, dem Entwickler möglichst viel dieser manuellen Arbeit zu ersparen.

Die Basisklasse ist für ihre Kinder wie ein offenes Buch: Jede abgeleitete Klasse, die von der Basisklasse erbt, kann auf deren Attribute und Methoden zugreifen. Wirklich auf *alle*? Das kommt drauf an.

Möglicherweise hat die Basisklasse gewisse Intimitäten zu verbergen. Dann kann sie Methoden oder Attribute als private deklarieren:

```
public abstract class Gemuese {
  private float vitamingehalt = 0.0;
}
```

Mithilfe des Schlüsselworts private könnte die Gemüse-Klasse beispielsweise spannende Berechnungen über den Vitamingehalt pro Kilopreis anstellen, ohne dass die abgeleiteten Klassen oder gar fremde Klassen davon erfahren. Diese Verkapselung ist nicht zuletzt eine Sicherheitsvorkehrung. Eine Klasse kann nur dann einwandfreie Arbeit garantieren, wenn niemand unvorhergesehen in ihrem Innenleben herumfummelt. Es gibt auch den Mittelweg:

```
public abstract class Gemuese {
    protected String farbe;
    public String getFarbe() { return farbe; }
}
```

Eine Farbe zu haben, ist unbestritten eine gemeinsame Eigenschaft allen Gemüses. Der protected-Modifizierer erlaubt den abgeleiteten Klassen wie Tomate und Spinat, ihre Farbe zu setzen – aber fremde Klassen dürfen nur die Methode getFarbe() verwenden, um die Farbe auszulesen. Ein direkter Zugriff auf das Attribut farbe ist von außerhalb nicht erlaubt – egal ob lesend oder schreibend:

```
tomate.farbe = "blau"; // Fehler
```

Wie Ihnen vielleicht aufgefallen ist, treibe ich hier das furchtbare Denglisch auf die Spitze, indem ich die Methode getFarbe() nenne. Der Grund: Solche Methoden, die nichts anderes tun, als den Wert eines nicht direkt zugänglichen Attributs auszulesen und fremden Klassen zur Verfügung zu stellen, erhalten vereinbarungsgemäß immer den Namen get plus den Namen des Attributs. Die schreibende Variante heißt immer set plus Attributname, und die leicht zu merkenden Fachbegriffe für diese sehr häufig auftauchenden Methoden lauten *Getter* und *Setter*.

2.6.2 Polymorphie

Was passiert, wenn sowohl die Elternklasse als auch das Kind eine Methode gleichen Namens implementieren?

Sehen Sie sich das folgende Beispiel an:

```
public class Tomate extends Gemuese {
   private boolean istReif;
   @Override
   public String getFarbe() {
      if(istReif) {
        return "rot";
      } else {
        return "grün";
      }
   }
}
```

Die Tomaten-Methode `getFarbe()` ignoriert völlig das `farbe`-Attribut der Elternklasse `Gemuese`! Stattdessen gibt sie eine Farbe zurück, die von einem privaten Attribut `istReif` abhängt. Darf sie das?

Sie darf. Diese Art der Spezialisierung in abgeleiteten Klassen nennt man *Überschreiben* (engl. *override*). Die Methode `Tomate.getFarbe()` überschreibt die Methode `Gemuese.getFarbe()`. Als Hinweis für den Compiler dient die davor gesetzte Annotation `@Override`. Und jetzt kommt der entscheidende Clou an der Sache:

```
Tomate tomate = new Tomate();
zeigeAn( tomate.getFarbe() );
```

Stellen Sie sich vor, dass die Methode `zeigeAn()` den Parameter irgendwo auf dem Bildschirm anzeigt. Natürlich wird je nach Reifegrad entweder rot oder grün angezeigt, denn offensichtlich wird die `getFarbe()`-Methode der Tomate verwendet. Aber nun sehen Sie sich das hier an:

```
Gemuese gemuese = new Tomate();
zeigeAn( gemuese.getFarbe() );
```

An diesen zwei Zeilen gibt es zwei wichtige Dinge zu lernen: Erstens ist jedes Objekt der Klasse `Tomate` auch ein Objekt der Klasse `Gemuese`. Sie sind kompatibel, deshalb ist die Zuweisung erlaubt. Und zweitens weiß das Objekt `gemuese`, aus welcher Klasse es erzeugt wurde: Es ist immer noch eine `Tomate`! Deshalb führt der Aufruf von `gemuese.getFarbe()` auch hier zur Tomaten-Methode, genau wie im Codebeispiel davor. Dieses wichtige Verhalten objektorientierter Programmiersprachen nennt man *Polymorphie*.

Kehren wir zum Schluss zum Beispiel des Inventars zurück, und übertragen wir es auf Gemuese:

```
float gesamtgewicht = 0.0;
for( Gemuese gemuese : inventar ) {
   gesamtgewicht += gemuese.getGewicht();
}
```

Jetzt kann jede von Gemuese abgeleitete Klasse eine völlig unterschiedliche Methode getGewicht() besitzen. Tut sie es nicht, wird die einfache Version getGewicht() in der Basisklasse verwendet.

Openbook-Verweis

Weiterführende Informationen zu diesem Thema finden Sie im Openbook »Java ist auch eine Insel« in Abschnitt 6.4.

Sie sehen, dass Polymorphie eine sehr elegante und effiziente Programmierung ermöglicht. Dieses Konzept wird Ihnen im Laufe Ihrer gerade beginnenden Karriere als Android-Entwickler noch häufig begegnen.

Und jetzt wird es langsam Zeit für die erste App, finden Sie nicht auch?

Kapitel 3
Vorbereitungen

»Ja, ich habe die Lizenzbedingungen gelesen.«
Häufigste Lüge des 21. Jahrhunderts

Alle Theorie ist grau, rote Tomaten hin oder her. Sobald Sie Ihren Rechner vorbereitet haben, können Sie mit der ersten App beginnen. Also ran an die Installation!

3.1 Was brauche ich, um zu beginnen?

Wenn Sie einen PC mit Internetanschluss besitzen, können Sie sofort loslegen. Allerdings sollte Ihr PC wenigstens 8 GB RAM haben und eine mit etwa 2 GHz getaktete CPU. Weniger geht auch, allerdings können dann hier und da Wartezeiten auftreten. Mehr ist immer besser!

Sorgen Sie dafür, dass auf Ihrer Festplatte ein paar Gigabyte frei sind. Speicherplatz ist heutzutage so billig, dass ich keine Rücksicht darauf nehmen werde, wie viel davon Sie auf dem Entwicklungsrechner verbrauchen. Nach und nach werden sich eine Menge kleine Dateien ansammeln, und niemand möchte Zeit damit verschwenden, sie einzeln aufzuräumen. Eine SSD ist empfehlenswert.

Um selbst entwickelte Apps auszuprobieren, benötigen Sie ein Android-Gerät (siehe Abbildung 3.1). Prinzipiell kommt jedes Tablet oder Smartphone infrage, auf dem Android 4.0.4 oder neuer läuft. Obligatorisch ist ein USB-Kabel, damit Ihr PC sich mit dem Androiden unterhalten kann. Glücklicherweise liefern die meisten Hersteller solche Kabel mit. Falls nicht, ist das nicht weiter tragisch: Mit wenigen Ausnahmen verfügen Android-Geräte über standardisierte Mikro-USB-Buchsen. Passende Kabel bekommen Sie preiswert in vielen Geschäften oder in Onlineshops.

USB-Treiber
Unter Windows müssen Sie möglicherweise einen USB-Treiber Ihres Handyherstellers installieren, damit die Kommunikation klappt.

> Für Google-Telefone wie die Nexus-Geräte finden Sie den Treiber hier:
> *http://developer.android.com/sdk/win-usb.html*
>
> Bei anderen Herstellern hilft ein Blick auf deren Homepage. Freundlicherweise hat Google eine Liste mit passenden Links zusammengestellt:
> *https://developer.android.com/studio/run/oem-usb.html*

Abbildung 3.1 Suchen Sie sich aus, mit welchem Android-Gerät Sie Ihre ersten Apps basteln: Hier sehen Sie ein Tablet und zwei ältere Handys.

Sie benötigen nicht das neueste und schnellste Android-Gerät. Zur Entwicklung für mobile Endgeräte gehört nämlich eine wichtige Erkenntnis: Selbst moderne Smartphones sind nicht so gut bestückt wie ein Desktop-PC oder Notebook. Während ein PC über praktisch unendlich viel Speicher und Plattenplatz verfügt, gilt das für ein Handy nicht. Dort sind fette und langsame Applikationen sogar ein echtes Ärgernis – und werden schnell wieder deinstalliert. Würden Sie eine App entwickeln, die auf einem schnellen Gerät »einigermaßen« läuft, wäre sie auf einem älteren unerträglich – und würde schneller wieder gelöscht, als Sie »aber auf meinem ...« sagen können. Daher werden wir von Anfang an darauf achten, möglichst schlanke und schnelle Anwendungen zu schreiben.

Notfalls können Sie auch ohne Android-Gerät loslegen. Es existiert ein Emulator, den Sie auf dem PC oder Mac laufen lassen können. Er simuliert ein Android-System nach Wahl, läuft allerdings auf schmalbrüstigen PCs je nach Anwendung quälend langsam. Ein 64-Bit-Betriebssystem wird dringend empfohlen. Da es für die Qualität einer App entscheidend ist, wie sie sich auf dem Handy bedienen lässt, ist der Emulator immer zweite Wahl bei der Entwicklung.

Für die entspannte Arbeit empfehle ich Ihnen darüber hinaus eine Kaffeemaschine oder einen Wasserkocher mitsamt opulentem Schwarzteevorrat. Übertriebene Taktfrequenzen sind dabei verzichtbar, aber Sie werden staunen, wie hilfreich diese Geräte sind.

Bei der Entwicklung wird uns das *Android Studio* unterstützen, das Anfang 2015 die Nachfolge des Eclipse ADT Bundle angetreten hat. Es basiert auf der bewährten Entwicklungsumgebung *IntelliJ IDEA*. Zum Glück wird hinsichtlich der Betriebssystemvoraussetzungen niemand ausgeschlossen: Das Programm läuft unter Windows, Linux und macOS und sieht auf allen Systemen weitgehend identisch aus.

Sie können die neueste Android-Studio-Version herunterladen unter:

http://developer.android.com/sdk/index.html

Da es sich um erhebliche Datenmengen handelt, sollten Sie für das Herunterladen etwas Zeit einplanen.

3.2 Schritt 1: Android Studio installieren

In der Vergangenheit mussten Entwickler mühevoll Eclipse, ein Java Development Kit (JDK), das Android SDK und Plug-ins separat installieren. Diese Zeiten sind vorbei, seitdem Google das Android Studio anbietet. Seit Version 2.2 enthält Android Studio ein eingebautes *OpenJDK*, sodass Sie nur noch die Entwicklungsumgebung installieren müssen.

Das Rundum-sorglos-Paket besteht aus einem ZIP-Archiv von erheblicher Größe (knapp 900 MB). Dafür verkürzt es den Installationsprozess auf ein paar Klicks. Holen Sie sich das für Ihr System passende Archiv von *https://developer.android.com/studio* und folgen Sie der integrierten Installationsanleitung. Starten Sie die Studioanwendung über das Start-Menü oder das Desktop-Icon. Unter Linux starten Sie *studio.sh*.

Eine Entwicklungsumgebung wie AS vereint alle benötigten Funktionen in einem großen Fenster und unterstützt Sie mit praktischen Hilfen beim Programmieren.

AS ist modular angelegt, sodass Sie je nach Bedarf Plug-ins hinzufügen können. Es gibt sogar Plug-ins für andere Programmiersprachen.

Die Screenshots in diesem Buch stammen übrigens von Android Studio unter Linux; das Programm sieht aber auf jedem System nahezu identisch aus.

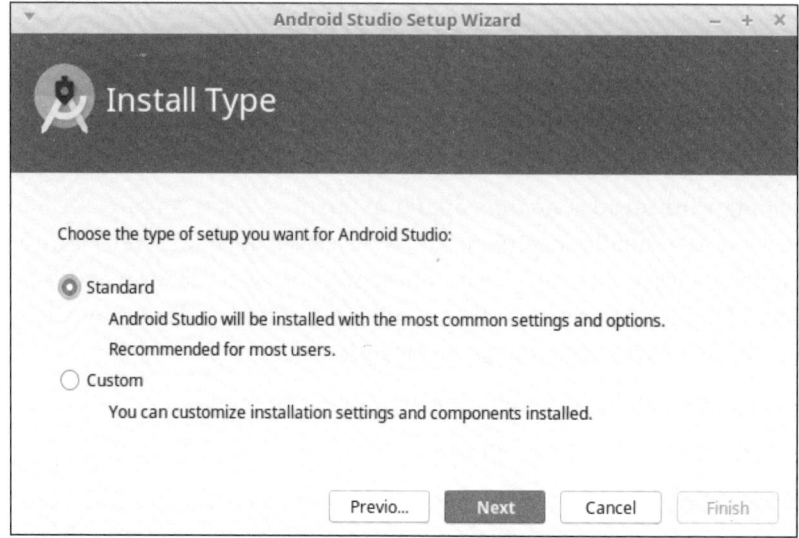

Abbildung 3.2 Wählen Sie beim ersten Start die »Standard«-Installation aus.

Beim ersten Start ermöglicht AS Ihnen, Einstellungen aus einer vorherigen Installation zu importieren. Da Sie natürlich keine solche Installation haben, klicken Sie einfach auf OK. Wählen Sie im nächsten Schritt die voreingestellte STANDARD-Variante für Ihr Set-up und danach ein UI-Theme Ihrer Wahl.

Anschließend möchte AS wissen, ob Sie Spezialwünsche haben (siehe Abbildung 3.2). Für die Beispiele in diesem Buch genügt es, die Installation im Standardmodus durchlaufen zu lassen. Im Anschluss können Sie auf Wunsch das Erscheinungsbild der Anwendung verändern. Wichtiger ist jedoch der Download des SDK.

3.3 Schritt 2: Das Android SDK

Ohne das Android SDK geht nichts. SDK steht für *Software Development Kit*. Dahinter verbirgt sich ein Bündel Programme und Dateien, die die Entwicklung von Android-Apps ermöglichen.

Android Studio zeigt Ihnen im letzten Schritt der Installation, welche zusätzlichen Komponenten nachzuladen sind. Im Standardfall ist das jeweils die neueste Version der SDK-Komponenten. Sie können später mit dem *Android SDK Manager* weitere Pakete oder andere Versionen nachladen, aber für den Anfang folgen Sie der Empfehlung von Android Studio (siehe Abbildung 3.3).

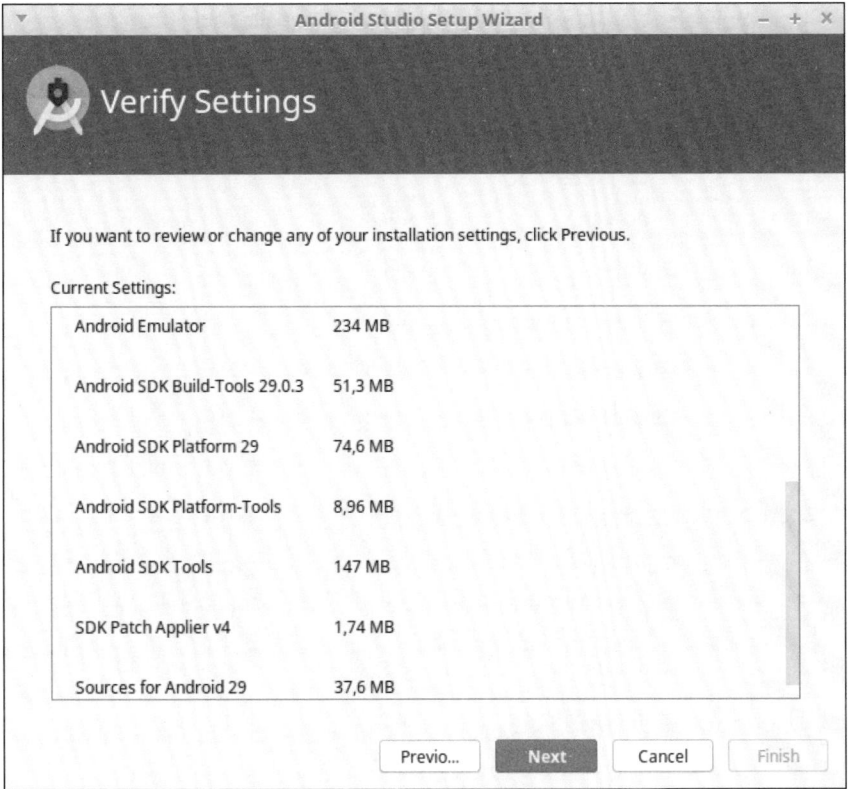

Abbildung 3.3 Android Studio lädt automatisch die wichtigsten Komponenten nach.

Der Download wird je nach Bandbreite Ihrer Internetverbindung eine Weile dauern.

Später wird AS Sie benachrichtigen, wenn Google neue Versionen bestimmter Komponenten zur Verfügung gestellt hat. Sie können solche Hinweise normalerweise ignorieren, es sei denn, Sie legen Wert darauf, immer auf dem aktuellen Stand zu sein. Stellen Sie dazu sicher, dass im SDK Manager (Menü: TOOLS • ANDROID • SDK MANAGER) nirgendwo UPDATE AVAILABLE steht. Falls doch, installieren Sie die neuen Versionen. Löschen Sie ruhig von Zeit zu Zeit ältere Versionen, um Platz auf der Festplatte zu schaffen.

Der SDK Manager bietet Ihnen nicht nur immer die neuesten Versionen der SDK Tools, sondern auch Entwicklerunterstützung für nagelneue Techniken wie *Android TV* und *Android Wear*. Die besprechen wir zwar nicht alle in diesem Buch, aber falls Ihnen später mal langweilig ist, beschaffen Sie sich einfach alles Gewünschte über diesen Dialog.

Android-Versionen

Wir verwenden Android 10 als Basis-SDK, weil wir damit alle modernen Features unterstützen, selbst wenn wir sie nicht verwenden. Die folgende Tabelle zeigt Ihnen die wichtigsten Versionen und die zugehörigen API-Level:

Versionsnummer	Codename	API-Level	Erscheinungsdatum
Android 1.0	»Base«	API 1	2008, veraltet
Android 1.5	»Cupcake«	API 3	2009, veraltet
Android 1.6	»Donut«	API 4	2009, veraltet
Android 2.0	»Eclair«	API 5	2009
Android 2.2	»Froyo«	API 8	2010
Android 2.3	»Gingerbread«	API 9	2010
Android 3.0	»Honeycomb«	API 11	2011, Tablet-Zweig
Android 4.0	»Ice Cream Sandwich«	API 14	2011
Android 4.1	»Jelly Bean«	API 16	2012
Android 4.4	»KitKat«	API 19	2013
Android 5.0	»Lollipop«	API 20	Oktober 2014
Android 5.1.1	»Lollipop_MR1«	API 22	März 2015
Android 6.0	»Marshmallow«	API 23	Oktober 2015
Android 7.0	»Nougat«	API 24	August 2016
Android 8.0	»Oreo«	API 26	August 2017
Android 8.1	»Oreo«	API 27	Dezember 2017
Android 9	»Pie«	API 28	August 2018
Android 10	»Q«	API 29	September 2019
Android 11	»R«	API 30	Spätsommer 2020

Tabelle 3.1 Die Android-Versionen und ihre API-Level

Vor den Downloads müssen Sie gegebenenfalls Lizenzbedingungen akzeptieren, dann erst erfolgt die Installation. Die Daten landen übrigens in einem Ordner *Android* in Ihrem Nutzerverzeichnis. Falls Sie im SDK Manager ein Emulator-Systemimage zum

Download ausgewählt haben, bereitet der Wizard ein virtuelles Gerät vor, auf dem Sie später Apps starten können. Zum Schluss heißt AS Sie freundlich willkommen (siehe Abbildung 3.4).

Von hier aus erreichen Sie bei Bedarf erneut den SDK Manager (über das Drop-down Configure). Viel interessanter ist aber die erste Option Start a new Android Studio Project: Sie erstellt ein neues Android-Projekt. Also, los geht's!

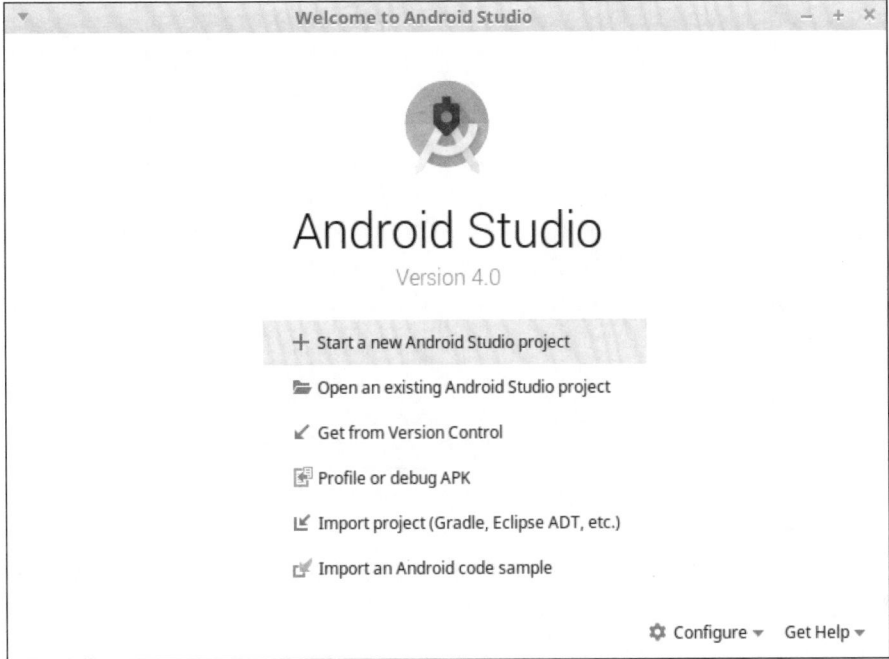

Abbildung 3.4 Android Studio wartet auf Ihr erstes Projekt.

3.4 Ein neues App-Projekt anlegen

Der Dialog Create Android Project verlangt zunächst die Auswahl eines Projekttyps (siehe Abbildung 3.5). Wählen Sie Empty Activity unter Phone and Tablet und klicken Sie auf Weiter.

Daraufhin erscheint der eigentliche Dialog zur Projektkonfiguration und fragt nach einem Namen für Ihre App (siehe Abbildung 3.6). Denken Sie sich etwas aus oder belassen Sie es bei *My Application*. Als Package name Firmenname verwende ich in diesem Buch *de.androidnewcomer.[projektname]*. Natürlich können Sie auch etwas anderes wählen. Entscheidend ist die Schreibweise in Kleinbuchstaben und mit trennenden Punkten.

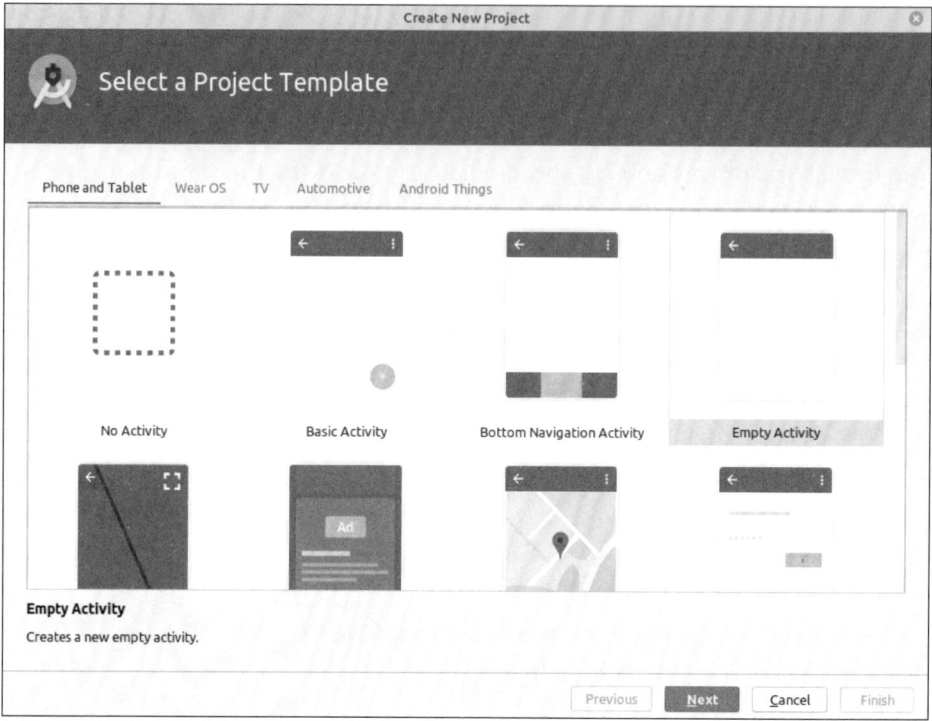

Abbildung 3.5 Erzeugen Sie Ihr erstes Testprojekt.

Die SAVE LOCATION müssen Sie nicht ändern, es sei denn, Sie möchten ein anderes Verzeichnis anstelle des vorgegebenen verwenden.

Stellen Sie als MINIMUM API LEVEL zum Beispiel API 15: ANDROID 4.0.3 ein. Dies ist die älteste Android-Version, auf der Ihre App funktionieren wird. Auf noch älteren Geräten würde die Installation fehlschlagen.

Freundlicherweise zeigt der Wizard Ihnen gleich, wie viel Prozent der weltweiten Android-Geräte Sie mit Ihrer Auswahl unterstützen. Im Fall von Android 4.0.3 wären das 100 %, da ältere Versionen inzwischen praktisch ausgestorben sind. Da die Beispiele in diesem Buch keine moderneren Features von Android voraussetzen, sind Sie mit dieser Einstellung gut bedient.

Als Sprache wählen Sie Java aus. Android Studio ermöglicht auch die Entwicklung mit Kotlin oder Flutter/Dart, aber das ist nicht unser Thema.

Endlich erzeugt Android Studio für Sie das neue, leere Projekt. Da hierzu erneut Daten heruntergeladen werden müssen, können Sie während der Wartezeit getrost zu Ihrem Handy greifen.

3.4 Ein neues App-Projekt anlegen

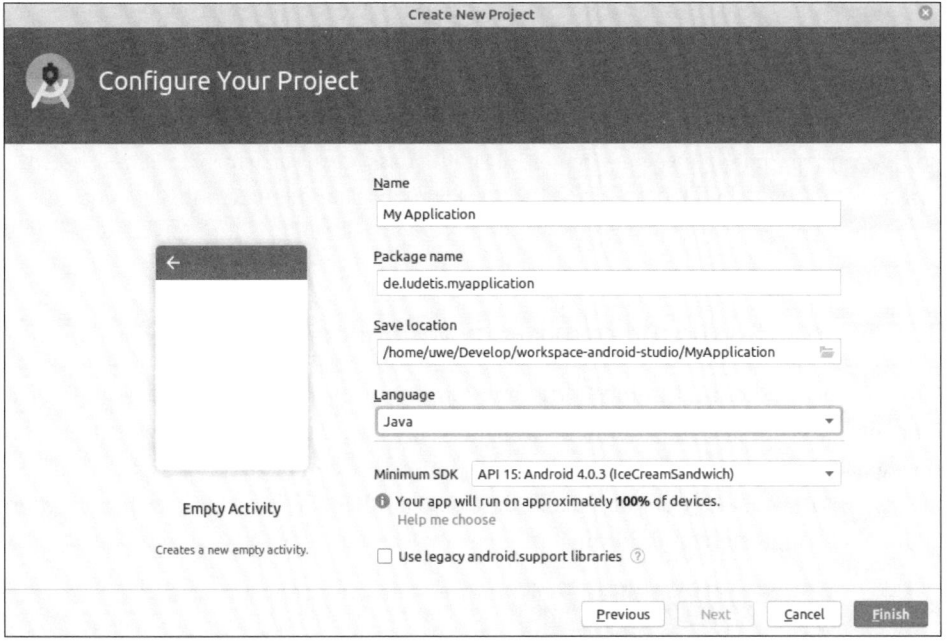

Abbildung 3.6 Wählen Sie aus, auf welchen Geräten Ihre App laufen soll.

Durcheinander mit Build-Skript und SDK-Versionen beseitigen

Möglicherweise präsentiert sich das frisch erzeugte App-Projekt zunächst mit einem Fehler der Sorte »Failed to find target ...«. In diesem Fall starten Sie zunächst sicherheitshalber die Entwicklungsumgebung über den Menüpunkt FILE • INVALIDATE CACHES AND RESTART neu.

Wenn auch das nicht hilft, prüfen Sie zunächst, welche SDK-Version installiert ist. Öffnen Sie den SDK Manager (das Icon mit dem blauen Pfeil und dem grünen Roboterkopf), und schauen Sie, welche Versionsnummer angehakt ist. Falls mehrere SDKs installiert sind, merken Sie sich die höchste Versionsnummer (z. B. 29).

Dann öffnen Sie die Datei *app/build.gradle* (zu finden links im Projektbaum – nicht zu verwechseln mit der gleichnamigen Datei im Wurzelverzeichnis Ihres Projekts!) und stellen sicher, dass hinter `compileSdkVersion` und `targetSdkVersion` die Versionsnummer des installierten SDK steht (z. B. 29). Der Wizard erzeugt hier manchmal eine zu kleine Nummer und referenziert so ein nicht installiertes SDK. Nach der Änderung klicken Sie auf TRY AGAIN am oberen Rand des Fensters.

Ein ganz ähnliches Problem signalisiert die Fehlermeldung »Failed to find Build Tools revision ...«. Welche Build Tools installiert sind, erfahren Sie, wenn Sie im SDK Manager

77

auf der Registerkarte SDK TOOLS unten rechts die PACKAGE DETAILS einblenden. Ein Haken könnte bei einer frischen Installation beispielsweise bei Version 29.0.3 gesetzt sein.

Im Build-Skript *app/build.gradle* erzeugt der Wizard oft einen falschen Eintrag build-ToolsVersion (oder gar keinen). Sorgen Sie dafür, dass die aktuellste installierte Version referenziert wird: buildToolsVersion '29.0.3'. Klicken Sie dann erneut auf TRY AGAIN.

3.5 Android Studio mit dem Handy verbinden

Um Android Studio mit Ihrem Handy zu verbinden, öffnen Sie zunächst dessen *Einstellungen*-App über das Hauptmenü. Suchen Sie dann den Menüpunkt ENTWICKLEROPTIONEN. Schalten Sie das USB-DEBUGGING an, indem Sie den Schalter aktivieren. Sorgen Sie mit AKTIV LASSEN außerdem dafür, dass das Handy nicht einschläft, während es am USB-Kabel hängt (siehe Abbildung 3.7).

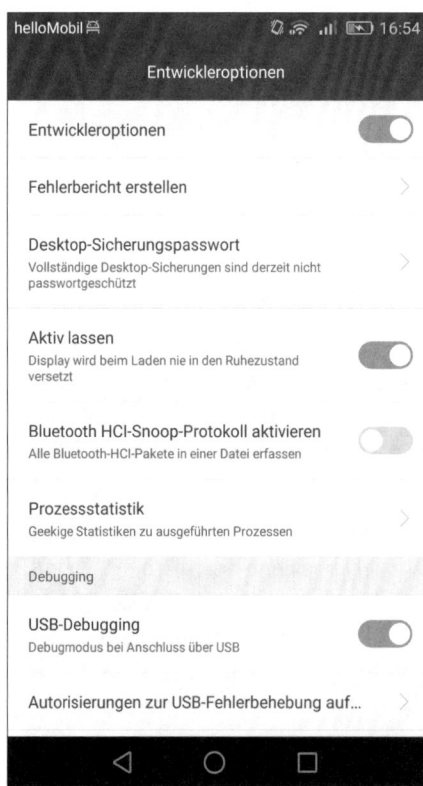

Abbildung 3.7 »USB-Debugging« vereinfacht das Entwicklerleben.

Falls Sie die ENTWICKLEROPTIONEN nicht finden können, müssen Sie Ihr Handy zunächst davon überzeugen, dass Sie qualifiziert sind, diese zu bearbeiten. Dazu suchen Sie den Menüpunkt ÜBER DAS TELEFON. Am Ende der Liste finden Sie die Build-Nummer. Tippen Sie diese siebenmal an, um die Entwickleroptionen freizuschalten.

Schließen Sie als Nächstes Ihr Handy mit einem passenden Kabel an eine USB-Schnittstelle Ihres Rechners an. Je nach Android-Version müssen Sie anschließend noch einmal die Verbindung bestätigen oder die Verwendung durch den Computer erlauben (am besten permanent). Ist die Verbindung einmal hergestellt, erscheint Ihr Gerät innerhalb von Android Studio im LOGCAT-Fenster. Darüber können Sie viele Funktionen des Geräts fernsteuern. Dazu kommen wir aber später.

Vor allem können Sie Ihre App mit einem Klick auf den grünen Pfeil in der Icon-Leiste starten. Beim ersten Mal dauert das eine ganze Weile, und das Resultat ist nicht besonders zeigenswert. Aber immerhin: Android Studio baut die App, installiert sie auf Ihrem Handy und startet sie dort. Mehr noch: Sie werden bei Bedarf den Programmablauf Schritt für Schritt verfolgen können, was bei der Fehlersuche ungemein hilfreich ist. Und Fehlersuche – so traurig es klingt – ist eine der Arbeiten, mit denen Programmierer deutlich mehr Zeit verbringen als mit ihren Freundinnen.

Instant Run

Seit Android Studio 2.0 existiert ein Feature namens *Instant Run*.

Dahinter verbirgt sich ein Mechanismus, der das Entwickeln einer App deutlich beschleunigt: Wann immer es möglich ist, transportiert AS nämlich nur die veränderten Codeteile zum Handy, nicht das ganze APK (*Android Application Package*). Gerade bei großen Anwendungen ist der Unterschied spürbar.

Voraussetzungen sind Gradle 2.0.0 und eine minSdkVersion 15 oder höher. Je höher die minSdkVersion, in desto mehr Fällen kann AS Instant Run verwenden. Kommen Sie aber nicht auf die Idee, nur wegen Instant Run Ihre App auf Android SDK 21 oder neuer zu beschränken, bloß weil Sie dann schneller entwickeln können. Spätestens wenn Sie eine Release-Version bauen, sollten Sie überlegen, die minSdkVersion so weit herunterzusetzen wie möglich, um möglichst viele Endgeräte zu unterstützen.

Durch die Luft debuggen

Falls Sie so wie ich öfter mal das USB-Kabel zwischen Gerät und PC derart verknoten, dass Sie damit Ihre Teetasse umkippen, debuggen Sie doch *over the air* (sprich: über WLAN). Dazu sorgen Sie dafür, dass PC und Android-Gerät im gleichen Netzwerk sind, dann installieren Sie in Android Studio das Plug-in *Android WiFi ADB*. Plug-ins installieren Sie unter SETTINGS via BROWSE REPOSITORIES. Das Plug-in fügt Ihrem AS einen neuen

Button hinzu. Drücken Sie ihn, während Ihr Gerät via USB verbunden ist, so erscheint unten rechts eine Erfolgsmeldung. Daraufhin können Sie die Kabelverbindung trennen, und AS spricht bis auf Weiteres via WLAN mit Ihrem Gerät.

3.6 Fehlersuche

Es ist genauso erfreulich wie selten, dass eine App auf Anhieb funktioniert. Was tun, wenn etwas schiefgeht?

Es kommt drauf an, *was* schiefgeht. Jeder Fehler bedeutet zunächst einmal einen Forschungsauftrag an den Entwickler. Das ähnelt der Frage, warum Vögel Federn haben. Um der Antwort auf die Spur zu kommen, kann man Fossilien ausgraben und untersuchen oder einen Schöpfer postulieren. Ich versichere Ihnen, dass die erstgenannte Variante bei der Suche nach Fehlern in Android-Apps zielführender ist als die zweite.

Sie erleben zunächst einmal nur einen *Effekt* des Fehlers – bei Android nicht selten in Form eines Dialogs: »Tut uns leid!« (siehe Abbildung 3.8).

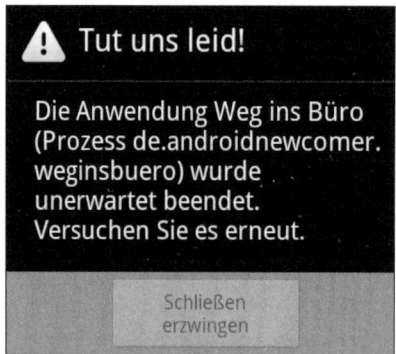

Abbildung 3.8 Ein Fehler ist aufgetreten, und eines ist ziemlich sicher:
Es einfach erneut zu versuchen, wird nicht helfen.

Schlüpfen Sie in die Rolle von Sherlock Holmes, um der Ursache des Fehlers auf die Spur zu kommen.

3.6.1 Einen Stacktrace lesen

Wenn Sie Ihr Smartphone mit Android Studio verbunden haben oder mit dem Emulator arbeiten, können Sie sehr genau verfolgen, was die ganze Zeit auf dem Handy passiert. Dazu dient die View LOGCAT. Aktivieren Sie diese Ansicht, indem Sie im Menü VIEW •

TOOL WINDOWS • LOGCAT auswählen oder auf die entsprechende Schaltfläche am unteren Rand des AS-Fensters klicken. LOGCAT ist nichts anderes als das Protokoll aller Geschehnisse auf dem Gerät, und selbstverständlich gehören auch Fehlermeldungen dazu. Grundsätzlich besteht jede Meldung aus einer oder mehreren Zeilen, die alle mit Datum und Uhrzeit versehen sind (siehe Abbildung 3.9).

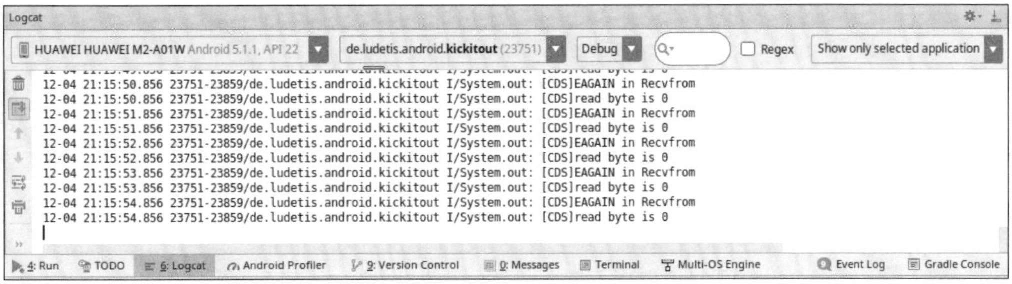

Abbildung 3.9 Die »Logcat«-View zeigt Ihnen, was auf dem Handy alles geschieht.

Außerdem verfügt jeder Eintrag über eine Protokollstufe (LOG LEVEL). Es gibt fünf Stufen mit absteigender Wichtigkeit, die in unterschiedlichen Farben dargestellt werden:

- E = Error
- W = Warnung
- I = Info
- D = Debug
- V = Verbose (ausführlich)

Die Einträge verraten Ihnen außerdem ihren Ursprung über die Prozess-ID (PID) und ein TAG. Der Rest jeder Zeile ist für die eigentliche Meldung reserviert.

Leider ballert Android das Protokoll hauptsächlich mit Meldungen voll, die Sie gerade nicht besonders interessant finden. Aber das LOGCAT-Fenster bietet eine Reihe von Möglichkeiten, sich in dem ganzen Durcheinander zurechtzufinden.

Wählen Sie beispielsweise im oberen mittleren Pop-up ERROR. Dies beschränkt die Ausgaben im Fenster auf Zeilen mit ebenjener Protokollstufe *Error*. Falls Ihre App ein »Tut uns leid!« erzeugt, ist diese Einstellung eine gute Idee. Zum Vorschein kommt dann eine ganze Reihe von Zeilen, die zu dem Fehlerereignis gehören. Diese Zeilen nennt man *Stacktrace*.

Sie lesen den Stacktrace normalerweise von oben nach unten. Als Erstes steht da die eigentliche Fehlermeldung, die das »Tut uns leid!« verursacht hat. Sie lautet meistens `FATAL EXCEPTION: main`. Ursache ist immer eine Exception, die entweder im Android-System selbst oder innerhalb Ihrer App aufgetreten ist, aber mit keinem catch-Block gefangen wurde.

Die zweite Zeile des Stacktrace enthält die genaue Bezeichnung der aufgetretenen Exception, z. B. ActivityNotFoundException. Wenn Sie großes Glück haben, ist die Fehlersuche an dieser Stelle schon beendet: Manchmal können Sie aus dieser Meldung sofort auf die Ursache schließen. Im vorliegenden Beispiel wurde versucht, eine Activity zu starten, die nicht im Manifest angemeldet ist. Dies ist ein häufiger Fehler – so häufig, dass die Android-Macher sogar die Lösung mit in die ausführliche Meldung geschrieben haben: »Have you declared this activity in your AndroidManifest.xml?« Natürlich ist die Fehlersuche nicht immer so einfach.

Schauen Sie sich ein weiteres Beispiel an:

```
FATAL EXCEPTION: main
java.lang.RuntimeException: Unable to create service de.androidnewcomer.
weginsbuero.WegAufzeichnungsService: java.lang.NullPointerException
        at android.app.ActivityThread.handleCreateService(
            ActivityThread.java:2076)
        at android.app.ActivityThread.access$2500(
            ActivityThread.java:123)
        at android.app.ActivityThread$H.handleMessage(
            ActivityThread.java:993)
        at android.os.Handler.dispatchMessage(Handler.java:99)
        at android.os.Looper.loop(Looper.java:123)
        at android.app.ActivityThread.main(ActivityThread.java:3839)
        at java.lang.reflect.Method.invokeNative(Native Method)
        at java.lang.reflect.Method.invoke(Method.java:507)
        at com.android.internal.os.ZygoteInit$MethodAndArgsCaller.
            run(ZygoteInit.java:841)
        at com.android.internal.os.ZygoteInit.main(
            ZygoteInit.java:599)
        at dalvik.system.NativeStart.main(Native Method)
Caused by: java.lang.NullPointerException
        at de.androidnewcomer.weginsbuero.WegAufzeichnungsService.
            onCreate(WegAufzeichnungsService.java:33)
        at android.app.ActivityThread.handleCreateService(
            ActivityThread.java:2066)
        ... 10 more
W/ActivityManager( 1695): Force finishing activity de.androidnewcomer.
weginsbuero/.WegInsBueroActivity
```

In diesem Fall ist offenbar das Starten des sogenannten WegAufzeichnungsService fehlgeschlagen, und zwar mit einer NullPointerException. Der Code versucht, ein Objekt zu verwenden, das null ist, also uninitialisiert. Jetzt müssen Sie den Rest des Stacktrace lesen, um der Ursache auf die Spur zu kommen.

Jede Zeile bezeichnet eine Stelle im Code, an der eine andere Methode aufgerufen wird, und zwar rückwärts. Sie sehen also zuerst die unterste Methode, dann die Stelle, an der diese Methode aufgerufen wurde, etc. Sie erkennen, dass sich das alles in Klassen abspielt, die Sie nicht geschrieben haben – bis es an einer Stelle Caused by: heißt.

Android hat hier die NullPointerException gefangen und eine neue daraus gemacht. Hier finden Sie die ursprüngliche Exception und auch den Verweis auf Ihren eigenen Code. In diesem Beispiel war die fehlerhafte Zeile in *WegAufzeichnungsService.java*, Zeile 33. Dort steht:

```
weg.clear();
```

Die Ursache für eine NullPointerException ist fast immer, dass Sie auf eine Methode oder ein Attribut einer nicht initialisierten Variablen zugreifen. Das ist hier offensichtlich weg. Suchen Sie die Stelle, an der weg deklariert wird. In diesem Beispiel ist es:

```
public static List<Location> weg;
```

Prüfen Sie anschließend, ob die Variable je mit irgendeinem Objekt initialisiert wurde, bevor der Zugriff in Zeile 33 erfolgt. Das ist nicht der Fall, also liegt der Fehler auf der Hand. Die Initialisierung fehlt, und richtig lautet die Deklaration:

```
public static List<Location> weg = new ArrayList<Location>();
```

Ich kann Ihnen hier natürlich nicht jede mögliche Exception erläutern, dazu gibt es zu viele. Nur so viel: Wenn Sie minutenlang ratlos auf Ihren Code starren, dann sollten Sie die Stelle einem Bekannten zeigen oder eine Kaffeepause einlegen und danach noch mal draufschauen. Irgendwann finden Sie den Fehler. Und verlassen können Sie sich auf eines: Mit den Java-Stacktraces kommen Sie Fehlern viel schneller auf die Spur als Generationen von Entwicklern vor Ihnen, die sich mit weniger gesprächigen Programmiersprachen herumschlagen mussten.

> **Logs von anderen Geräten**
>
> Es ist ziemlich unpraktisch, wenn Ihnen ein Benutzer einen Fehler meldet, den Sie auf Ihrem Gerät partout nicht nachvollziehen können. Tatsächlich ist nicht jedes Android-Gerät gleich; auf manchen mag eine App laufen, die auf anderen nur »Tut uns leid!«

sagt. Für den Fall, dass Sie des Besitzers nicht habhaft werden können, um dessen Handy an Ihr Android Studio zu stöpseln, hilft Ihnen Google: Wenn Sie eine App bei Google Play veröffentlicht haben, können Benutzer Fehlerberichte einsenden. Das ist eine Möglichkeit, die nicht jeder wahrnimmt, denn er kann die Frage des Handys, ob er einen Bericht senden möchte, natürlich ablehnen. Sie finden diese Berichte in Ihrer Entwicklerkonsole auf der Play-Webseite, die ich Ihnen in Abschnitt 12.2.4, »Fehlerberichte«, vorstellen werde. Die Berichte enthalten meist aussagekräftige Stacktraces und selbstverständlich auch die Versionsnummer der App, in der sie aufgetreten sind.

Da Sie auf nicht gerooteten Geräten die Logs von Fremd-Apps nicht mitlesen können, gibt es leider keine einfachere Möglichkeit.

3.6.2 Logging einbauen

Sie brauchen nicht unbedingt zu warten, bis ein fataler Fehler auftritt und Android einen Stacktrace ins Protokoll schreibt – Sie können auch ohne Weiteres selbst von Ihrer App aus Informationen ausgeben. Man nennt das *Logging*. Für kompliziertere Anwendungen ist es fast unerlässlich – vor allem wenn Berechnungen im Hintergrund ablaufen, sodass weder ein anderer Benutzer noch Sie selbst auf Anhieb sehen können, was genau geschieht.

Um Zeilen ins Protokoll zu schreiben, benutzen Sie statische Methoden der Klasse Log. Für jede Protokollstufe gibt es eine Methode. Fehlermeldungen können Sie beispielsweise wie folgt ausgeben:

```
Log.e("MyTag", "Fehlerbeschreibung");
```

Die Logging-Methoden erwarten zwei oder drei Parameter. Das genannte Beispiel ist eine einfache Variante mit zwei Parametern. Der erste ist das *Log-Tag*, das Sie bereits aus der LOGCAT-Ansicht kennen. Es dient dazu, zu erkennen, dass die Meldung von Ihrer App kommt. Wählen Sie einen eindeutigen Bezeichner, und definieren Sie ihn am besten als Konstante:

```
public static final String LOGTAG = "MeineApp";
```

Das vermeidet Tippfehler, die einzelne Einträge vermeintlich vor Ihnen verstecken.

Parameter Nummer zwei ist eine beliebige Ausgabe, die Ihnen bei der Untersuchung des Verhaltens Ihrer App hilft. Beispielsweise können Sie mit passenden Log-Kommandos sichtbar machen, wann eine Activity startet oder beendet wird:

```java
public void onCreate() {
   super.onCreate();
   Log.d(LOGTAG, "Activity startet");
   ...
}
public void onDestroy() {
   Log.d(LOGTAG, "Activity beendet");
   super.onDestroy();
}
```

Natürlich können Sie auch aktuelle Zahlenwerte ausgeben, die Aufschluss über den Programmablauf geben:

```java
public void onLocationChanged(Location location) {
   weg.add(location);
   Log.d(LOGTAG, "Aktuelle Weglänge: " + weg.size() );
}
```

Sie können mit der LOGCAT-View die Ausgabe auf Ihre eigene App begrenzen, indem Sie einen *Log-Filter* einrichten. Klicken Sie links im zweiten Pop-up Ihre App an, und wählen Sie rechts SHOW ONLY SELECTED APPLICATION aus.

Achten Sie darauf, dass Sie innerhalb der Log-Ausgaben keine komplizierten Berechnungen durchführen. Ich habe schon von Applikationen gehört, die zehnmal schneller wurden, wenn man das Logging ausschaltete.

Die Faustregel lautet: Protokollieren Sie während der Entwicklungsphase alles, was Sie brauchen, *aber nicht mehr*. Wenn Sie sicher sind, dass ein Programmteil korrekt arbeitet, werfen Sie alle Log-Befehle raus, oder machen Sie sie mithilfe einer boolean-Konstanten global abschaltbar:

```java
if(LOGGING) Log.d(LOGTAG, "Nebensächliche Information");
```

Lassen Sie nur das Logging in der App, das Sie wirklich brauchen. Denken Sie außerdem daran, keine sicherheitskritischen Informationen zu loggen, beispielsweise Ihren API-Key von Google Maps oder gar eine Banking-PIN. Denn jeder Benutzer mit gerootetem Handy kann diese Informationen prinzipiell sehen. Verraten Sie im Protokoll nichts über Ihre App, was gegen Sie verwendet werden könnte.

Am besten lassen Sie einmal eine Testperson Ihre App verwenden, während Sie das Logging mitlesen. Versuchen Sie, aus dem Logging zu schließen, was die Testperson gerade tut. Wenn Sie das nicht schaffen, überarbeiten Sie das Logging.

3.6.3 Schritt für Schritt debuggen

Manchmal hilft auch kein Log weiter. Sie wissen überhaupt nicht, was Ihre App gerade tut? Sie würden gerne genau sehen, welcher Code gerade ausgeführt wird?

Auch das geht mit Android Studio. Überlegen Sie sich zunächst, an welcher Stelle der Ablauf der App unterbrochen werden soll. Klicken Sie dann im Editor links von der gewählten Zeile auf den Rand des Fensters. Es entsteht ein roter Breakpoint. An dieser Stelle wird die App stehen bleiben und Ihnen tiefe Einblicke gewähren. Allerdings klappt das nicht, wenn Sie die App wie bisher mit RUN starten. Wählen Sie stattdessen DEBUG oder das Icon mit dem grünen Käfer.

Sobald Ihre App die betreffende Stelle erreicht, pausiert sie, und AS schaltet die DEBUG-Ansicht ein (siehe Abbildung 3.10).

Die DEBUG-Ansicht erlaubt Ihnen genaue Einblicke in die App. Links sehen Sie den Stacktrace: Jede Zeile zeigt den Namen der Funktion und der Klasse, in der sich die App gerade befindet. Die zweite Zeile zeigt, von wo die Funktion in der ersten aufgerufen wurde – und so weiter.

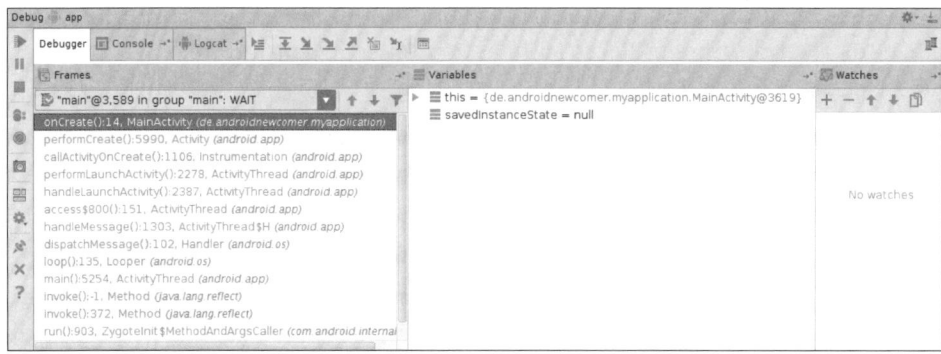

Abbildung 3.10 Wenn die App am Breakpoint stoppt, schaltet AS die »Debug«-Ansicht frei.

In der Mitte sehen Sie die gerade verwendeten Variablen samt Inhalt. Diesen blendet AS sogar im Quellcodefenster ein, und zwar in Form von hellgrauen Texten am Ende jeder relevanten Zeile. Sie können sich in Ruhe die Werte ansehen – vielleicht ist einer anders, als Sie es erwartet haben. An dieser Stelle können Sie sogar Werte ändern, um zu untersuchen, wie Ihre App darauf reagiert (Rechtsklick und SET)!

Am linken Rand der DEBUG-View finden Sie mehrere Icons, die es erlauben, die App direkt zu steuern: Mit dem grünen Pfeil können Sie die App weiterlaufen lassen, bis sie auf den nächsten Breakpoint trifft. Sehr hilfreich sind die Icons mit den kleinen Pfeilen weiter rechts: Sie erlauben es, jeweils nur die nächste Zeile auszuführen. Auf diese Weise können Sie Schritt für Schritt beobachten, was Ihre App gerade tut, wie sich Variableninhalte ändern und welche Methoden Ihre App aufruft.

Breakpoints können Sie löschen, indem Sie erneut darauf klicken; alternativ finden Sie eine Liste in der BREAKPOINTS-View (viertes Icon von oben am linken Rand). Um das Debugging zu beenden, klicken Sie auf das Icon mit dem roten Quadrat.

Es kostet eine Menge Zeit, und außerdem gehört eine ordentliche Portion Geschick dazu, Breakpoints an der richtigen Stelle zu setzen, um mit dem schrittweisen Debugging Fehler zu identifizieren – aber wenn es hart auf hart kommt, haben Sie keine andere Möglichkeit.

Beachten Sie, dass Android Studio zwar normalerweise ziemlich stabil läuft, aber mit der Zeit intern eine ganze Menge Datenmüll anhäuft. Wenn Sie den Eindruck haben, dass das System holpert, liegt es möglicherweise nicht an Ihrer App. Wählen Sie den Menüpunkt FILE • INVALIDATE CACHES/RESTART, um den Besen zu schwingen und AS frei von Ballast neu zu starten. Das hilft erstaunlich oft, vor allem wenn Sie wenig freien RAM-Speicher im Rechner haben.

Kapitel 4
Die erste App

»Wir irren uns nie.«
HAL 9000

Software installieren, Java-Crashkurs ... Jetzt wird es Zeit für Ihre erste App. Starten Sie Android Studio, schließen Sie Ihr Handy an, stellen Sie Kaffee (oder Tee) und Kekse bereit. Fertig? Auf in den Kampf!

4.1 Sag »Hallo«, Android!

Üblicherweise ist das erste Programm, das Sie in Lehrbüchern kennenlernen, eines, das den Text »Hallo Welt« auf den Bildschirm schreibt. Mit etwas Glück lässt es Sie die Mehrwertsteuer berechnen oder D-Mark in Gulden umrechnen. Aus Sicht eines Smartphones kommt das einer tödlichen Beleidigung ziemlich nahe, finden Sie nicht? Daher werden wir eine standesgemäße App vorziehen. Was wir vorhaben, funktioniert auf dem Emulator leider nicht ohne Weiteres, halten Sie daher Ihr Handy samt USB-Kabel bereit.

Als ersten Schritt legen Sie ein neues Projekt mit leerer ACTIVITY an, wie in Abschnitt 3.4, »Ein neues App-Projekt anlegen«, gezeigt. Geben Sie dem neuen Projekt den Namen *SagHallo*. Als PACKAGE NAME geben Sie `de.androidnewcomer.saghallo` ein. Wählen Sie als MINIMUM SDK API 15: ANDROID 4.0.3 aus.

Android Studio zeigt Ihnen nach kurzer Zeit das fertige Projektgerüst (siehe Abbildung 4.1). Suchen Sie das Register, auf dem MAINACTIVITY.JAVA steht, und klicken Sie es an, um zum Java-Code umzuschalten, falls es nicht von allein erscheint (siehe Abbildung 4.2).

Diese Mini-App kann jetzt natürlich noch nicht sprechen. Ihnen bleibt daher nichts anderes übrig, als es ihr beizubringen – indem Sie nun feierlich die ersten eigenen Java-Zeilen hinzufügen.

4 Die erste App

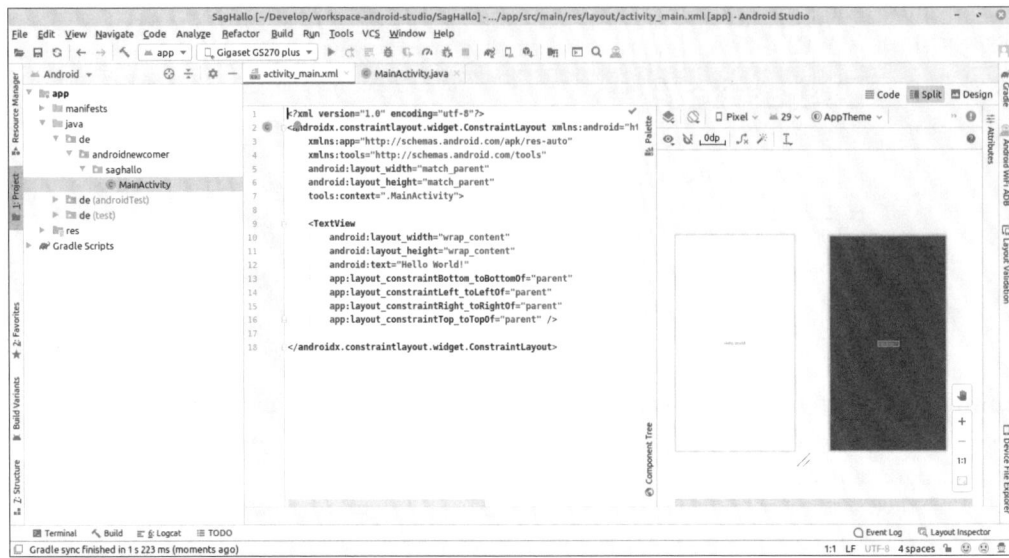

Abbildung 4.1 Das neue Projekt besteht hauptsächlich aus der Layout-Datei »activity_main.xml« ...

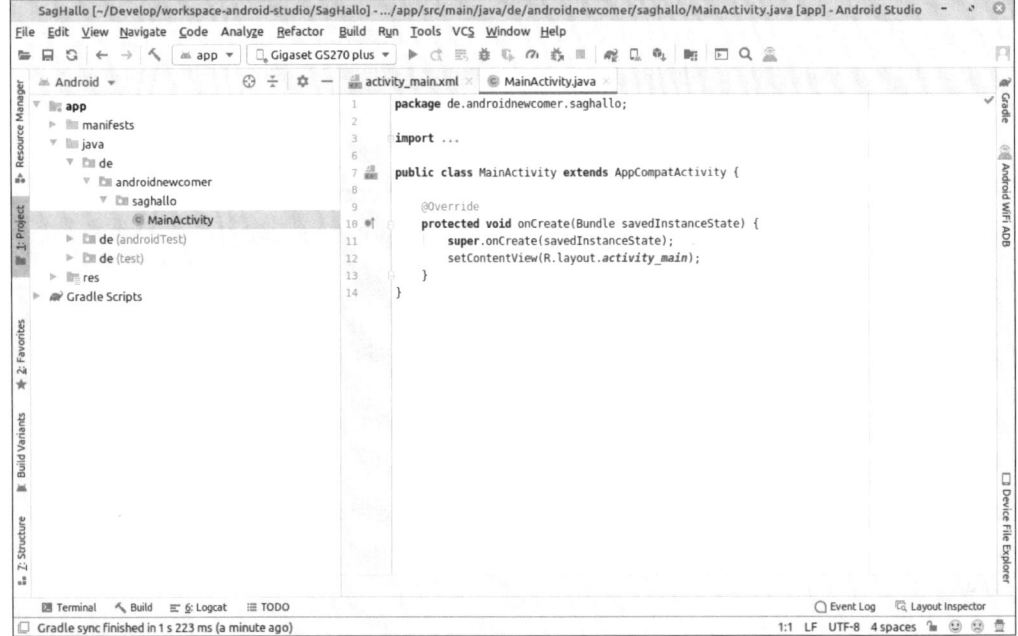

Abbildung 4.2 ... und dem Quellcode der Klasse »MainActivity.java«.

4.1.1 Die »MainActivity«

Nehmen Sie sich einen Moment Zeit, um die Struktur des Projekts in Augenschein zu nehmen. Links neben dem Editor sehen Sie Ihre App in der Baumstruktur. Bedeutend ist zunächst der Knoten JAVA unterhalb von APP, in dem sich die MainActivity versteckt. Das Layout befindet sich unterhalb des Knotens RES (siehe Abbildung 4.3).

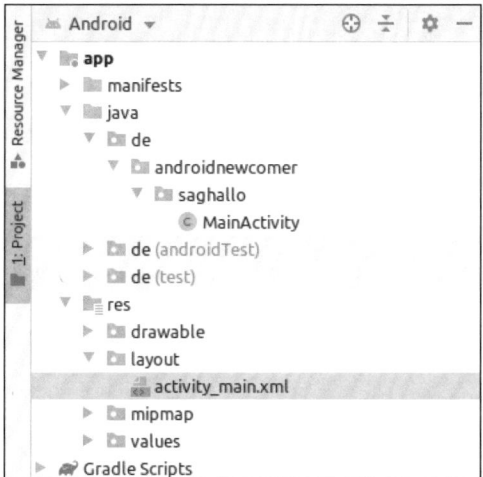

Abbildung 4.3 Schalten Sie den Projektbaum auf die Ansicht »Project Files« um, wenn Sie die Standardansicht unübersichtlich finden (oder umgekehrt).

Beachten Sie, dass die so sichtbare Baumstruktur *nicht* der Ordnerstruktur auf der Festplatte entspricht. Schalten Sie mit dem Drop-down-Menü die Ansicht von ANDROID auf PROJECT FILES um, damit Sie ein Abbild der tatsächlichen Ordnerstruktur sehen. Arbeiten Sie mit der Ansicht, die Sie übersichtlicher finden.

Übrigens: Das runde Icon mit dem Kreuzchen darin klappt die Datei im aktuellen Editor-Fenster im Projektbaum auf. Das hilft vor allem am Anfang dabei, die Übersicht zu behalten.

Nun aber zum Java-Code. Sie sehen, dass die Klasse MainActivity von einer Klasse namens AppCompatActivity erbt und genau eine Methode enthält: onCreate(). Die Annotation @Override zeigt Ihnen, dass onCreate() offenbar eine gleichnamige Methode in der Elternklasse Activity überschreibt.

Die Methode onCreate() wird beim ersten Start Ihrer Activity automatisch aufgerufen. Darum kümmert sich das Android-System ohne Ihr Zutun, nachdem es ein Objekt der Klasse erzeugt hat.

Kommentare

Es gibt zwei Möglichkeiten, Kommentare im Programmcode zu kennzeichnen, damit der Java-Compiler nicht versucht, den Text zu übersetzen. Die eine Schreibweise schließt den Kommentar in Schrägstriche und Sterne ein:

```
/* Dies ist ein Kommentar.
   Er kann sich über mehrere Zeilen erstrecken. */
```

Wie Sie sehen, können Sie auf diese Weise längere Kommentare schreiben. Oft verwenden Programmierer diese Notation, um kurze Codeschnipsel *auszukommentieren*:

```
if( bedingung1  /* && bedingung2 */ ) {
```

Diese Strategie dient dazu, auszuprobieren, wie sich ein Programm ohne einen bestimmten Teil verhält.

Die zweite Möglichkeit, Kommentare im Programmcode zu kennzeichnen, ist der doppelte Schrägstrich //:

```
Auto cabrio = new Auto(); // erzeugt mein neues Auto
```

Der Java-Compiler ignoriert alles, was hinter dem // steht, bis zum Ende der Zeile. Folglich können Sie damit keine einzelnen Elemente innerhalb einer Zeile auskommentieren; ebenso erfordert jede weitere Kommentarzeile einen weiteren einleitenden //.

Der Doppelschrägstrich wird gern am Zeilenanfang verwendet, um eine ganze Zeile auszukommentieren. AS hilft Ihnen sogar dabei: Wenn Sie mehrere Zeilen markieren und `Strg` + `/` (Ziffernblock) drücken, werden alle Zeilen mit // auskommentiert oder, wenn sie schon auskommentiert sind, wieder einkommentiert (d. h., die // werden entfernt). Natürlich klappt das auch über das Menü: Wählen Sie CODE • COMMENT WITH LINE COMMENT.

AS hebt Kommentare zwar farblich hervor, aber allzu viele kleine Kommentare verbessern nicht gerade die Übersicht. Die Faustregel für Kommentare lautet deshalb: Schreiben Sie welche, wenn Sie es für möglich halten, dass Sie oder andere Programmierer eine Stelle sonst nicht auf Anhieb verstehen. Und überschätzen Sie dabei niemanden.

Derzeit erledigt die onCreate()-Methode zwei Dinge: Erstens ruft sie die gleichnamige Methode der Elternklasse auf. Damit sie sich nicht selbst aufruft, steht super davor. Selbstverständlich besitzt auch die Elternklasse eine Methode namens onCreate(), und sie erledigt wichtige organisatorische Aufgaben. Deshalb muss sie unbedingt aufgerufen werden.

Die zweite Codezeile in der Methode onCreate() ruft die Methode setContentView() auf. Da diese Methode offensichtlich nicht in MainActivity zu finden ist, können Sie davon ausgehen, dass sie in einer Elternklasse definiert ist. Die Methode erhält als Parameter einen Wert, über den später noch zu sprechen sein wird. Für den Moment genügt es zu wissen, dass diese Zeile dafür sorgt, dass ein anderswo unter dem Namen activity_main definierter Bildschirminhalt angezeigt wird.

> **Zur Erinnerung: private Methoden**
>
> In einer Methode können Sie alle Methoden derselben Klasse aufrufen, außerdem alle Methoden der Elternklasse, die nicht mit dem Modifizierer private Ihren Blicken entzogen sind:
>
> ```
> class Elternklasse {
>   private void eineMethode() {
>     ...
>   }
> }
> ...
> class Kindklasse extends Elternklasse {
>     public void testMethode() {
>         eineMethode(); // Fehler
>     }
> }
> ```
>
> Die Programmierer der Klasse Activity stellen Ihnen viele hilfreiche Methoden zur Verfügung, die Sie in eigenen, von Activity abgeleiteten Klassen verwenden können.

Lassen Sie uns nun die MainActivity um die gewünschte Sprachausgabe erweitern. Das wird dann dazu führen, dass die App beim ersten Start zu uns spricht. Fügen Sie zunächst der Klasse ein TextToSpeech-Attribut hinzu:

```
public class MainActivity extends AppCompatActivity {
  private TextToSpeech tts;
  @Override
  protected void onCreate(Bundle savedInstanceState) {
    super.onCreate(savedInstanceState);
    setContentView(R.layout.main);
  }
}
```

Diese Eingabe quittiert AS möglicherweise mit einer roten Färbung, weil TextToSpeech unbekannt ist. Eine solche rote Markierung kennzeichnet einen *Syntaxfehler*. Das heißt, der Compiler kann dies nicht übersetzen, und folglich kann er kein lauffähiges Programm erzeugen. Der Grund ist, dass die Klasse MainActivity die Klasse TextToSpeech nicht kennt.

Die gesuchte Klasse befindet sich in einem Paket des Android SDK, daher müssen Sie sie von dort importieren. Normalerweise nimmt Ihnen AS diese Arbeit ab, weil es im Gegensatz zu Ihnen schnell nachschauen kann, welches das zu importierende Paket ist. Falls nicht: Wenn der Cursor auf einem rot unterstrichenen Wort steht, klicken Sie die Glühbirne am linken Fensterrand an oder drücken Sie [Alt] + [↵], um Korrekturvorschläge zu erhalten. Der erste ist auch gleich der beste: IMPORT CLASS. Wählen Sie diese Option, fügt AS die passende import-Zeile hinzu, sodass TextToSpeech nicht mehr unbekannt ist.

Viel sehen Sie nicht davon, weil der Editor diese selten benötigten Zeilen der Übersicht halber einklappt. Klicken Sie auf das Plus-Icon in der vertikalen Leiste am linken Rand des Editor-Fensters, um die eingeklappten Zeilen zu sehen, und noch einmal, um sie wieder loszuwerden.

Das Objekt tts (Abkürzung für *text to speech*) verwaltet die Sprachausgabe. Natürlich tut so eine Attributdeklaration rein gar nichts, also müssen Sie zunächst ein Objekt erzeugen. Erweitern Sie die Methode onCreate() am Ende, also hinter dem setContentView()-Aufruf, um folgende Zeile:

```
tts = new TextToSpeech(this, this);
```

Dies erzeugt ein neues TextToSpeech-Objekt und weist es dem Attribut tts zu (this steht für »das aktuelle Objekt«). Bis auf eine Kleinigkeit könnten Sie das tts-Objekt nun verwenden, um dem Handy eine freundliche Stimme zu entlocken:

```
tts.speak("Hallo!", TextToSpeech.QUEUE_FLUSH, null);
```

Während die Bedeutung des ersten Parameters dieses Methodenaufrufs offensichtlich ist, ignorieren Sie die beiden anderen vorläufig, denn sie sind nicht von Bedeutung.

Leider gibt es einen kleinen Haken: Da die Sprachausgabe auch im 21. Jahrhundert nicht ganz trivial ist, muss Android sie zuerst initialisieren. Das kann ein paar Sekunden dauern, daher dürfen Sie nicht davon ausgehen, dass die Sprachausgabe sofort in der nächsten Zeile funktioniert. Aber woher erfahren wir, wann es so weit ist?

Freundlicherweise gibt TextToSpeech Ihnen Bescheid, wenn es sprechbereit ist, indem es eine Methode namens onInit() aufruft. Diese Methode fügen Sie jetzt der Klasse MainActivity hinzu. Als einzige Zeile fügen Sie die eigentliche Sprachausgabe ein:

```
@Override
public void onInit(int status) {
    tts.speak("Hallo!", TextToSpeech.QUEUE_FLUSH, null);
}
```

Erneut unterstreicht AS einige Stellen. (TextToSpeech.QUEUE_FLUSH ist eine Konstante, über deren genaue Bedeutung Sie sich im Moment keine Gedanken machen müssen.) Ergänzen Sie die Definition der Klasse wie folgt:

```
public class MainActivity extends AppCompatActivity
    implements TextToSpeech.OnInitListener
```

Dies verknüpft die Methode onInit() mit der Fertig-Meldung von TextToSpeech.

> **Interfaces implementieren**
>
> Der OnInitListener ist ein Interface (*Schnittstelle*). Interfaces ähneln Klassen sehr stark. Allerdings besitzen sie lediglich leere Methodenrümpfe:
>
> ```
> interface OnInitListener {
>   void onInit();
> }
> ```
>
> Eine andere Klasse kann nun ein oder mehrere Interfaces implementieren. Dazu dient das Schlüsselwort implements. Die Folge ist, dass die Klasse alle Methoden enthalten muss, die im Interface aufgeführt sind.
>
> Interfaces trennen die Funktionen, die Klassen anbieten können, von deren genauer Implementierung. So ist es der TextToSpeech-Klasse völlig egal, was Sie in der Methode onInit() tun – Hauptsache, Sie bieten ihr irgendein Objekt, das diese Methode implementiert.
>
> Deshalb definiert der Konstruktor TextToSpeech() als zweiten Parameter keine Klasse, sondern ein Interface – OnInitListener. Indem Sie this (also das aktuelle MainActivity-Objekt) übergeben und der Klasse MainActivity das gewünschte Interface samt der Methode onInit() verpassen, stellen Sie den Konstruktor zufrieden (siehe Abbildung 4.4).
>
>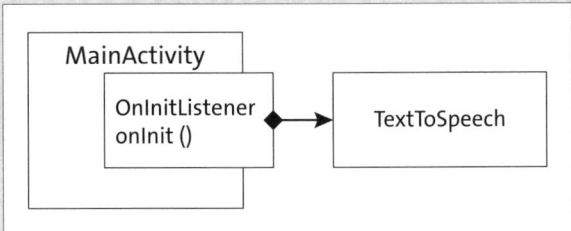
>
> **Abbildung 4.4** »TextToSpeech« interessiert sich nur für das Interface »OnInitListener«. Dass es in der Klasse »MainActivity« implementiert ist, ist ihr ziemlich egal.
>
> Interfaces sind eine sehr wichtige Programmierstrategie, die auch in diesem Buch häufig vorkommt.

Bevor Sie Ihre App zum ersten Mal starten, vergewissern Sie sich, dass alles so aussieht wie in Abbildung 4.5.

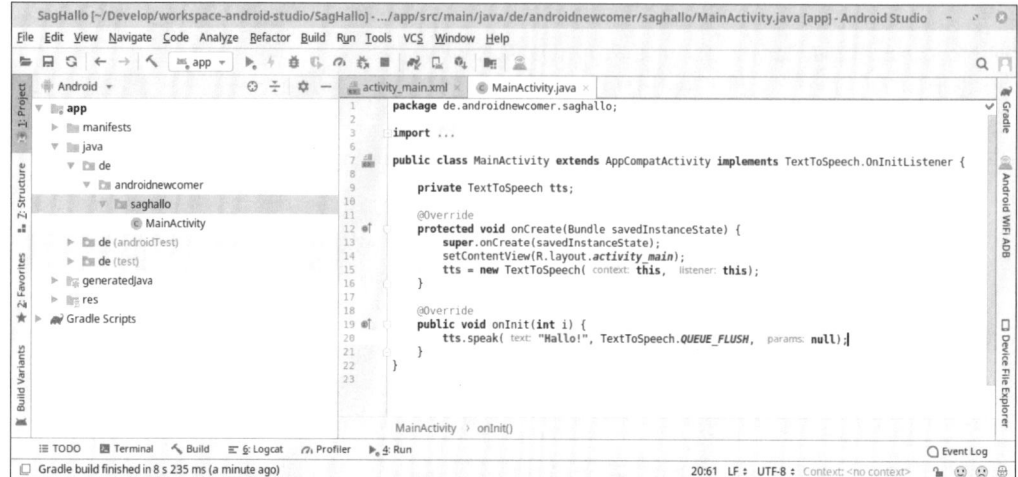

Abbildung 4.5 Der Code der sprechenden App passt auf eine Bildschirmseite. Die kleinen grauen Bezeichnernamen vor den Funktionsparametern sind übrigens kein Java-Code, sondern werden von Android Studio seit Version 3 als Hilfestellung automatisch eingeblendet.

4.1.2 Der erste Start

Schließen Sie Ihr Handy per USB-Kabel an, und warten Sie einen Moment, bis es in der Devices-View aufgelistet wird. Dann wird es spannend! Klicken Sie auf den grünen Pfeil in der Icon-Leiste. AS baut daraufhin ein Päckchen, das für gewöhnlich *app-debug.apk* heißt. Sie finden es im Unterverzeichnis *app/build/outputs/apk/debug* in Ihrem Projektordner, falls Sie es von Hand installieren möchten. Für den Moment aber überlassen wir alles AS. Verfolgen Sie in der Console-View am unteren Rand des Fensters, wie die Entwicklungsumgebung nacheinander das Paket *app-debug.apk* auf Ihr Handy schiebt, installiert und startet. Sekunden später wird der Bildschirm Ihres Handys schwarz, ein Schriftzug erscheint – und die freundliche Frauenstimme sagt »Hallo«. Ihre erste App funktioniert!

Falls nicht, prüfen Sie, ob die Medienlautstärke auf null steht. Auf älteren Geräten muss unter Umständen eine Sprachbibliothek nachinstalliert werden. Ein entsprechender Hinweis erscheint dann automatisch.

Lassen Sie sich nicht davon irritieren, dass auf dem Bildschirm die Worte »Hello World!« erscheinen, obwohl Sie der App nichts dergleichen beigebracht haben. Wir werden uns in Kürze darum kümmern.

Experimentieren Sie, indem Sie im Programmcode das Wort »Hallo« durch etwas Beliebiges ersetzen und die App erneut starten. Sie können ⇧ + F10 drücken, um das zuletzt gestartete Projekt erneut laufen zu lassen.

Halten Sie sich vor Augen, was beim Start der App geschieht:

- Wenn Sie das Icon antippen oder AS die App ferngesteuert startet, erzeugt Android ein Objekt der Klasse MainActivity, d. h., irgendwo wird new MainActivity() ausgeführt.
- Danach ruft Android die Methode onCreate() des erzeugten Activity-Objekts auf.
- Ihr Code erzeugt ein neues TextToSpeech-Objekt namens tts.
- Sobald tts sprechbereit ist, ruft es die Methode onInit() in Ihrem Activity-Objekt auf.
- Ihr Code in der onInit()-Methode ruft erst jetzt tts.speak() auf, um das Handy zum Sprechen zu bringen.

Es geschieht also einiges zwischen Start und Sprechen, allerdings ist nichts davon besonders kompliziert, und Sie mussten auch keinen anspruchsvollen Programmcode schreiben. Wie Sie an vielen Beispielen sehen werden, kommt es im Leben eines Programmierers sehr oft hauptsächlich darauf an, an der richtigen Stelle die richtige Methode mit den richtigen Parametern aufzurufen – längst vorhandener und von anderen Entwicklern geschriebener Programmcode erledigt den anstrengenden Rest.

Sie werden beim Ausprobieren verschiedener Sätze hören, dass die künstliche Stimme mit einigen Redewendungen deutliche Schwierigkeiten hat. Zum Teil liegt das daran, dass wir der digitalen Dame nicht erklärt haben, dass wir von ihr ordentliches Deutsch erwarten. Möglicherweise geht sie davon aus, dass wir Amerikaner sind – wie ihre Programmierer. Fügen Sie daher in die onInit()-Methode vor der Sprachausgabezeile eine weitere ein:

```
tts.setLanguage(Locale.GERMAN);
```

Dass Sie danach mal wieder einem automatischen Import (von java.util.Locale) zustimmen müssen, indem Sie Alt + ↵ drücken, muss ich Ihnen sicher nicht mehr erklären, und in Zukunft werde ich mir diesen Hinweis meist sparen.

Experimentieren Sie nun weiter mit verschiedenen Sätzen. Übrigens können Sie die App (ohne allerdings den Text ändern zu können) jederzeit auch vom Handy aus starten. Sie finden ein grünes Standard-Android-Icon in Ihrem Hauptmenü. Die installierte App bleibt auf Ihrem Handy, bis Sie sie deinstallieren oder durch eine neue Version ersetzen. Selbstverständlich können Sie jederzeit das USB-Kabel entfernen; die App bleibt auf dem Gerät.

4.2 Bestandteile einer Android-App

Natürlich ist es fürchterlich umständlich, jedes Mal die App neu zu installieren, obwohl Sie nur die zu sprechenden Worte geändert haben. Ich sehe Ihnen an der Nasenspitze an, dass Sie sich jetzt ein Textfeld auf dem Handybildschirm wünschen, in das Sie irgendetwas eintippen können, sowie einen Button, der diesen Text in Sprache verwandelt. Allerdings genügt es dazu nicht, die eine Ihnen nun bestens bekannte Java-Datei zu bearbeiten. Deshalb verschaffe ich Ihnen jetzt einen Überblick über die restlichen Komponenten, aus denen die App besteht.

Klappen Sie im Ansichtsmodus ANDROID alle Knoten unterhalb von SAGHALLO im Package Explorer auf. Doppelklicken Sie dann unter MANIFESTS auf die Datei *AndroidManifest.xml*. Das *Android-Manifest* ist die zentrale Beschreibung Ihrer App, daher werden wir uns an ihr orientieren, wenn wir jetzt die einzelnen Komponenten in Augenschein nehmen (siehe Abbildung 4.6).

```xml
<?xml version="1.0" encoding="utf-8"?>
<manifest xmlns:android="http://schemas.android.com/apk/res/android"
    package="de.androidnewcomer.saghallo">

    <application
        android:allowBackup="true"
        android:icon="@mipmap/ic_launcher"
        android:label="SagHallo"
        android:roundIcon="@mipmap/ic_launcher_round"
        android:supportsRtl="true"
        android:theme="@style/AppTheme">
        <activity android:name=".MainActivity">
            <intent-filter>
                <action android:name="android.intent.action.MAIN" />

                <category android:name="android.intent.category.LAUNCHER" />
            </intent-filter>
        </activity>
    </application>

</manifest>
```

Abbildung 4.6 Das Android-Manifest ist die Schaltzentrale jeder App.

Das Manifest enthält den Package-Namen der App, unter dem sie gegebenenfalls auch in Google Play geführt wird. Außerdem melden Sie hier die enthaltenen Activities an.

4.2.1 Activities anmelden

Je nach Art der Anwendung werden Sie möglicherweise mehr als eine Activity benötigen. Es genügt allerdings nicht, einfach die betreffenden Klassen zu schreiben. Zusätzlich müssen Sie jede dieser Klassen im Android-Manifest anmelden.

Sie sehen im aktuellen Manifest, dass es für die MainActivity einen XML-Knoten gibt, der mit dem Namen versehen ist. Der Name ist jener der Klasse. Beachten Sie den einleitenden Punkt!

Direkt darunter sehen Sie, dass der MainActivity ein sogenannter *Intent-Filter* zugewiesen ist.

Wozu dient dieser Intent-Filter? Stellen Sie sich vor, Ihre App würde aus mehr als einer Activity bestehen, und zu jeder würde ein Screen gehören. Tippt ein Benutzer das Icon Ihrer App an, um diese zu starten, welche Activity soll Android dann starten? Die Antwort: Das System sucht diejenige Activity in Ihrer App, die einen Intent-Filter mit der speziellen Action namens android.intent.action.MAIN besitzt. Die Activity, die im Manifest mit dieser Action versehen ist, wird gestartet und ist damit die Einstiegs-Activity Ihrer App.

Ihre MainActivity besitzt aber ganz offensichtlich noch einen zweiten Intent-Filter: android.intent.category.LAUNCHER. Dieser Filter sorgt gemeinsam mit dem ersten dafür, dass der Launcher, also das Android-Hauptmenü, ein Icon zum Starten der Activity anzeigt. Wenn Sie zwei Activities anmelden und beide mit diesem Filter versehen, erhalten Sie zwei Icons im Launcher.

Mit dem Intent-Filter lässt sich noch eine ganze Menge mehr anstellen: Sie erklären dem Android-System, welche Fähigkeiten eine Activity besitzt. So kann eine Activity verkünden, dass sie Bilder entgegennimmt, beispielsweise um sie zu verändern und anzuzeigen.

>
> **Drehwurm vermeiden**
>
> Wenn Sie Ihr Handy drehen, passen sich die meisten Apps automatisch an die neue Bildschirmausrichtung an – eine wunderschöne Sache, wenn da nicht die Risiken und Nebenwirkungen wären. Es ist nicht nur mit zusätzlichem Aufwand verbunden, beide Ausrichtungen ordentlich zu unterstützen, die App muss auch jederzeit damit rechnen, »umgekippt« zu werden.
>
> Stellen Sie sich vor, das geschieht mitten im Spiel! Allein schon weil der Bildaufbau die eine oder andere Sekunde in Anspruch nimmt, kann das Ihre App gehörig durcheinanderbringen.

> Sie können eine Activity anweisen, nur in einer bestimmten Bildschirmausrichtung dargestellt zu werden. Dreht der Nutzer sein Gerät, ändert sich nichts, der Bildschirm bleibt, wie er ist. Probleme sind so ausgeschlossen, und Sie müssen nur das Layout für die gewünschte Ausrichtung berücksichtigen.
>
> Stellen Sie für jede Activity im Android-Manifest das Attribut `screenOrientation` auf den gewünschten Wert PORTRAIT oder LANDSCAPE.

4.2.2 Permissions

Viele Apps bitten Sie beim ersten Start um Genehmigungen, die Sie quittieren müssen, damit die App aufs Gerät wandern darf.

Das Android-System gewährt Apps nämlich ausschließlich jene Rechte, die Sie ihnen erteilen. Eine App kann also nur dann auf das Internet zugreifen (und damit möglicherweise Kosten für Datenverkehr verursachen), wenn Sie es ihr erlaubt haben. Es sind freilich nicht nur Browser und Multiplayer-Spiele, die die Interneterlaubnis benötigen – auch jede werbefinanzierte App kommt nicht ohne aus, denn woher sollte sie sonst die hübschen Kleinanzeigen holen, die sie ständig anzeigt?

Verwendet Ihre App Android-Funktionen, die einer Erlaubnis durch den Benutzer bedürfen, müssen Sie das mithilfe eines Uses-Permission-Eintrags explizit im Manifest vermerken. Tippen Sie oberhalb des `application`-Knotens den Rumpf des nötigen XML-Codes ein: `<uses-...`

Spätestens nach dem e klappt ein Pop-up auf, in dem Ihnen Android Studio Vorschläge für die Codevervollständigung macht.

Wählen Sie aus der Liste `<uses-permission` aus, und bestätigen Sie mit ⏎ . AS erzeugt automatisch eine Zeile mit dem obligatorischen Attribut `name` und setzt den Cursor zwischen die Anführungszeichen:

`<uses-permission android:name=""`

Auch hier hilft die Codevervollständigung, indem sie Ihnen die möglichen Werte vorschlägt. Tippen Sie int, und wählen Sie `android.permission.INTERNET` mit den Pfeiltasten und ⏎ aus (siehe Abbildung 4.7). Jetzt fehlt nur noch die spitze Klammer, die den Eintrag abschließt:

`<uses-permission android:name="android.permission.INTERNET" />`

4.2 Bestandteile einer Android-App

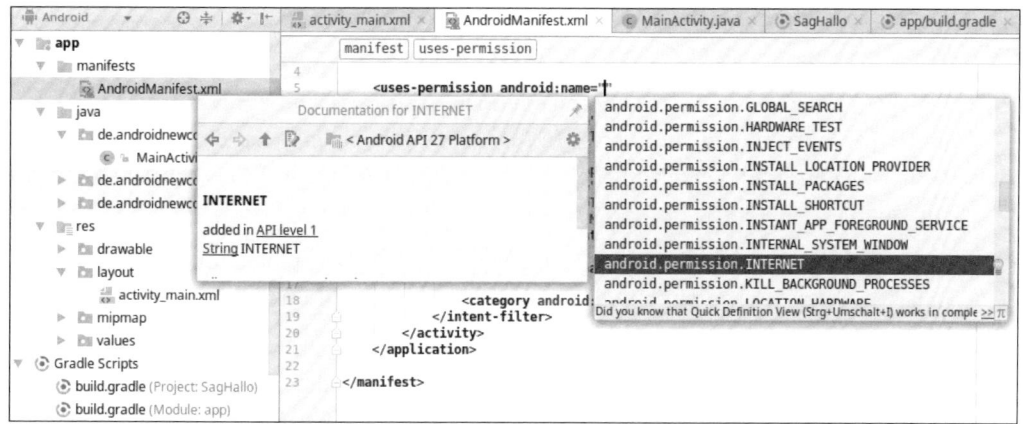

Abbildung 4.7 Die Codevervollständigung unterstützt Sie beim Bearbeiten des Manifests mit hilfreichen Vorschlägen.

Andere wichtige Permissions sind beispielsweise `android.permission.CAMERA` oder `android.permission.BIND_WALLPAPER`, um einen animierten Bildschirmhintergrund für ein Handy anzubieten.

Sowohl dieses Buch als auch die Android-Dokumentation weisen Sie explizit darauf hin, wenn Sie zur Nutzung bestimmter Funktionen eine Erlaubnis beim Benutzer einholen müssen. Falls Sie es doch einmal vergessen, machen Sie sich keine Sorgen: Ihre App wird das Versäumnis in den meisten Fällen mit einem ordentlichen Absturz quittieren und dabei im LOGCAT auf die fehlende Erlaubnis hinweisen. Keinesfalls aber ist der gewünschte Dienst ohne die Erlaubnis verfügbar.

Für bestimmte, »gefährliche« Genehmigungen sind weitere Vorkehrungen nötig. Darauf geht Kapitel 8, »Kamera und Augmented Reality«, im Detail ein.

Dass die meisten Benutzer die von einer App gewünschten Erlaubnisse üblicherweise in Sekundenschnelle erteilen, ohne groß nachzudenken – selbst wenn sie »kostenpflichtige SMS versenden« oder »Ihren genauen Standort ermitteln« heißen –, steht auf einem anderen Blatt. Die Missachtung der simplen Regel »erst denken, dann klicken« hat schon so manchem Benutzer ein Virus, einen Datenverlust oder eine hohe Handyrechnung beschert.

Bis Android 5 erscheint die Frage nach Genehmigungen bereits vor der Installation. Android 6 (und neuer) macht in dem Moment auf eine neue Berechtigung aufmerksam, wenn eine App sie anfordert und sie als potenziell gefährlich eingestuft ist. Ferner ist es möglich, eine solche Berechtigung später wieder zu entziehen. Aus Sicht des Entwicklers bedeutet das allerdings im Normalfall keinen Unterschied.

4.2.3 Ressourcen

Eine App besteht nicht nur aus Java-Klassen und dem Android-Manifest. Bildschirm-Layouts, Grafiken und Texte gehören ebenfalls dazu. Der Oberbegriff für solche Dateien lautet Ressourcen (engl. *resources*). In Ihrem Projekt *SagHallo* hat der Android-Wizard beim Anlegen einen Verzeichnisbaum *res* erzeugt, in dem sich alle Ressourcen befinden müssen.

Klappen Sie alle Knoten des Verzeichnisses *res* im Package Explorer auf (siehe Abbildung 4.8). Was Sie sehen, entspricht gleichnamigen Dateien auf Ihrer Festplatte, die Sie hier zum einfachen, direkten Zugriff vorfinden.

In den meisten Unterverzeichnissen geht es recht langweilig zu. Interessant ist das Verzeichnis *mipmap*. Darin findet sich das Launcher-Icon in Form von vier Bilddateien namens *ic_launcher.png* in verschiedenen Pixelauflösungen, einer runden Variante sowie XML-Dateien, die nur für solche Icons erforderlich sind, die Vorder- und Hintergrund separat darstellen möchten. Der Wizard hat unser Projekt mit einer solchen Konfiguration angelegt – Sie können aber auch auf die XMLs und die runden Versionen verzichten. Das jeweilige Android-System sucht sich unter den PNGs verschiedener Größe jeweils die Version aus, die am besten zur vorhandenen Bildschirmauflösung passt. Wir kommen auf dieses Thema später zurück.

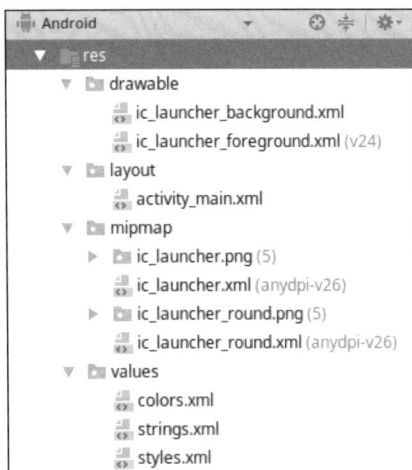

Abbildung 4.8 Im Ressourcenbaum des Projekts sind unterschiedliche Dateien einsortiert.

Sie können auf die Icons doppelklicken und sie innerhalb von AS anschauen oder außerhalb mit einem Grafikprogramm Ihrer Wahl bearbeiten. Aber Vorsicht: AS spielt Ihnen im Package Explorer einen Streich. Das sehen Sie, wenn Sie auf die Project-Ansicht umschalten oder mit dem Explorer direkt in das Projektverzeichnis schauen. In Wirklichkeit gibt es mehrere Ordner: *mipmap-mdpi*, *mipmap-hdpi*, *mipmap-xhdpi* und so weiter. In jedem liegt ein *ic_launcher.png* bzw. *ic_launcher_round.png* mit steigender Auflösung (48 × 48 Pixel bis 192 × 192 Pixel).

Statt des Präfixes *mipmap* kann man auch *drawable* verwenden. Das funktioniert genauso und steht auch so in den folgenden Kapiteln.

Sie finden außerdem ein Verzeichnis namens *drawable*, das für auflösungsunabhängige Grafiken bestimmt ist und darüber hinaus als Rückfalloption dient. Falls Ihre App der Einfachheit halber nur Grafiken in einer Auflösung bereitstellt, dann in diesem Ordner.

Diese Methode hat einen entscheidenden Vorteil, aber auch einen erheblichen Nachteil. Der Vorteil ist, dass Android-Geräte die für die vorhandene Auflösung nötigen Grafiken nicht selbst berechnen müssen (denn theoretisch genügt eine einzige Grafik). Auf schwach motorisierten Geräten ist das durchaus relevant. Der offensichtliche Nachteil: Sie müssen jede Grafik, die in Ihrer App vorkommen soll, in vielfacher Ausfertigung erzeugen.

Grafikdateien dürfen die Endungen *.png*, *.jpg* oder *.gif* besitzen. Alle Buchstaben müssen kleingeschrieben werden, Leerzeichen sind nicht erlaubt. Ich empfehle Ihnen für grafische Elemente (ausgenommen Fotos) das PNG-Format (*Portable Network Graphics*), weil es effektvolle Transparenzeffekte bei vertretbarer Größe ermöglicht. Passende Bilder können Sie mit allen gängigen Grafikprogrammen erzeugen. An kostenloser Software stehen beispielsweise *GIMP* (*www.gimp.org*) und *Inkscape* (*https://inkscape.org/de*) zur Verfügung. Für GIMP gibt es übrigens ein Plug-in, das die benötigten Icon-Auflösungen auf einen Schlag erzeugen kann (*https://github.com/ncornette/gimp-android-xdpi*).

Das Layout-Verzeichnis kennen Sie bereits: Hier liegt die Datei *activity_main.xml*, die den Bildschirmaufbau der App definiert. Darauf kommen wir später noch ausführlich zurück.

Schließlich gibt es ein Verzeichnis *values*, in dem unter anderem die Datei *strings.xml* liegt, die für alle Textausgaben zuständig ist. Wenn Ihre App mehrere Sprachen unterstützt, benötigen Sie eine *strings.xml* pro Sprache. Wie das genau funktioniert, erfahren Sie wenige Seiten später.

4.2.4 Generierte Dateien

Wenn Sie in einer App eine der Ressourcen wie Grafiken oder Layouts verwenden möchten, müssen Sie sie referenzieren. Sie benötigen also irgendein Identifikationsmerkmal, um Android mitzuteilen, welche Grafik Sie gerade benötigen.

Nun wäre eine naheliegende Möglichkeit, den Dateinamen zu verwenden. Nehmen wir an, Sie speichern eine Grafik unter dem Namen *mein_cabrio.png* und eine andere unter *tomate.png*. Dann könnten Sie die Grafik mit folgendem (fiktiven) Code darstellen:

```
bild_von_cabrio = loadImage("mein_cabrio.png");
bild_von_tomate = loadImage("tamote.png");
```

Diese Vorgehensweise hat einen entscheidenden Nachteil. Was passiert, wenn Sie sich beim Dateinamen vertippen? Wie Sie sehen, ist mir das in der zweiten Zeile bereits passiert. Verflixt.

Zunächst einmal würde nichts weiter passieren: AS akzeptiert Ihren Code, Java kompiliert ihn, die App startet, und Sie sehen an der erwarteten Stelle Ihr Cabrio, aber anstelle einer Tomate nur gähnende Leere – wenn Sie Glück haben. Wenn Sie Pech haben, produziert Ihre App einen ordentlichen Crash, der erst bei genauem Hinsehen die Ursache offenbart: einen Vertipper in einem String.

Da Vertippen genauso untrennbar zum Entwicklerleben gehört wie Kaffee- oder Teekochen, haben sich die Android-Macher eine Lösung ausgedacht, die Ihnen das Leben deutlich leichter macht. Sie sorgt dafür, dass Tippfehler sofort auffallen, rot unterstrichen werden und die App gar nicht erst kompiliert und gestartet wird. Die Fehlerbehebung geht auf diese Weise viel schneller. Es dauert nur Sekunden, da Sie nicht extra die App kompilieren, auf das Gerät laden und starten müssen – von der Suche nach dem Vertipper ganz abgesehen.

Das kann offensichtlich nur funktionieren, wenn aus dem Dateinamen irgendwie ein Java-Objekt wird, denn nur dann kann der Compiler beurteilen, ob ein Objekt dieses Namens existiert oder nicht. Woher aber kommt dieses Objekt?

Das erzeugt Android Studio automatisch. In früheren Versionen von Android Studio konnte man sich die Klasse mit dem simplen Namen R noch ansehen, inzwischen ist sie unauffindbar im Build-Prozess versteckt.

Die Klasse enthält Unmengen int-Konstanten, die etwa so aussehen:

```
public static final int activity_main=0x7f040016;
```

Diese Konstante, mit vollem Namen R.layout.activity_main, referenziert das Layout mit dem Dateinamen *activity_main.xml*. Der Hexadezimalwert variiert natürlich.

Jetzt verstehen Sie, warum die Methode onCreate() in Ihrer Activity folgende Zeile enthält:

```
setContentView(R.layout.activity_main);
```

Nach dem gleichen Prinzip referenzieren Sie später weitere Layouts, Grafiken oder Texte. Der Clou dabei ist: Es gibt nur *eine* Konstante für redundante Ressourcen. So referenziert `R.mipmap.ic_launcher` das Startscreen-Icon, und zwar unabhängig von der Bildschirmauflösung des Geräts. Und `R.string.app_name` referenziert den in der Datei *strings.xml* eingetragenen Namen der App in der auf dem Gerät aktuell eingestellten Sprache. Diese Methode erspart Ihnen Unmengen Fleißarbeit, sodass Sie sich auf das Wesentliche konzentrieren können.

> **Der Modifizierer »final«**
>
> Während Sie die Modifizierer `public` und `static` bereits kennen, sehen Sie in *R.java* zum ersten Mal einen weiteren Modifizierer, nämlich `final`. Dieser verhindert mehr als eine Zuweisung an das betreffende Attribut und wird daher gern für Konstanten verwendet, deren Wert sich ohnehin nie ändert.
>
> Theoretisch könnte man auf das `final` verzichten. Allerdings sind die Attribute in *R.java* alle `public`, sie dürften also prinzipiell von anderen Klassen verändert werden. Da Sie aber darauf vertrauen möchten, dass wirklich das Layout `main` angezeigt wird, wenn Sie es referenzieren, und nicht das Layout eines, sagen wir, Trojaners zum Klauen von Kreditkartennummern, ist es sicherer, ohnehin konstante Werte als `final` zu deklarieren.
>
> Nicht nur beim Programmablauf, sondern schon beim Kompilieren prüft Java die Verwendung eines `final`-Objekts und quittiert Zuweisungsversuche mit einem Fehler:
>
> ```
> final int konstante = 1;
> konstante=2; // Compilerfehler
> ```

Im Fall von Cabrio und Tomate erspart Ihnen der Mechanismus sogar die Fehlersuche. Denn wenn Sie sich bei einem Bezeichner vertippen, merken Sie das sofort:

```
image1 = R.drawable.mein_cabrio;
image2 = R.drawable.tamote; // wird rot unterstrichen
```

Mehr noch: Mit nahezu magischen Mitteln bietet AS Ihnen bereits beim Eintippen des ersten Buchstabens des Wortes »tomate« an, den Rest selbst zu vervollständigen. Wenn sich die Autovervollständigung nicht von allein öffnet, drücken Sie Strg + Leertaste, um sie aufzurufen.

> **Zur Erinnerung: Kommentare**
>
> Wenn Sie guten Java-Programmcode schreiben, kann jeder andere Programmierer ihn ohne Weiteres lesen und seine Bedeutung verstehen – nicht wahr?
>
> Das ist ein weitverbreiteter Irrtum.

> In der Realität verfügt nicht jeder Entwickler über den gleichen Ausbildungsstand. Manchmal würde er etwas selbst ganz anders programmieren, oder er hat Tomaten auf den Augen und braucht einen Denkanstoß, um Ihren Code zu erfassen. Deshalb sind Kommentare im Quelltext sehr wichtig. Kommentare schreiben Sie hinter zwei Schrägstriche, wenn sie nicht länger als eine Zeile sind:
>
> ```
> Auto c = new Auto(); // c bedeutet Cabrio
> ```
>
> Verwenden Sie Schrägstriche und Sterne für Kommentare, die länger sind als eine Zeile:
>
> ```
> class Auto {
> /* Diese Klasse stellt ein Auto dar.
> Derzeit ist sie unfertig. */
> }
> ```
>
> Wichtig ist aber nicht nur, *wie* Sie Kommentare schreiben, sondern auch, *was* Sie kommentieren. Das Cabrio-Beispiel stellt einen wirklich überflüssigen Kommentar dar: Hätte der Programmierer sein Objekt einfach `cabrio` genannt statt bloß `c`, wäre der Kommentar überflüssig und auch der folgende Programmcode sicher verständlicher. Im zweiten Beispiel ist immerhin die zweite Zeile relevant, weil sie einem Leser die Frage beantwortet, warum die Klasse so leer daherkommt.
>
> Die Faustregel lautet: Kommentieren Sie nur dort, wo selbst der selbsterklärendste Programmcode nicht auf Anhieb verständlich ist. Ansonsten schreiben Sie einfach selbsterklärenden Programmcode!

Beachten Sie, dass die Dateiendungen grundsätzlich weggelassen werden. Daraus folgt, dass Sie keine zwei gleichnamigen Bilder wie z. B. *tomate.png* und *tomate.jpg* verwenden können. Aber keine Sorge: Wenn Sie das versuchen, macht Android Studio Sie in freundlichem Rot darauf aufmerksam.

4.2.5 Die Build-Skripte

Um aus Ihrem Programmcode eine App zu machen, genügt es bei einem komplexen System wie Android nicht, einfach den Java-Compiler aufzurufen. Es sind viele zusätzliche Arbeitsschritte nötig, um Code zu übersetzen, zu optimieren, digital zu signieren und gemeinsam mit den Ressourcen in ein APK zu packen. Um diese Aufgaben kümmern sich die Build Tools. Dahinter steckt ein Programm, das auf den Namen Gradle hört. Sie steuern Gradle mit Skriptdateien, die alle den Namen build.gradle tragen. Es gibt eine zentrale Datei build.gradle, die im Projektverzeichnis liegt, sowie eine im Modul app. (Projekte können mehrere Module haben, aber im Moment begnügen wir uns mit einem.)

Grundsätzlich kann man fast alle Einstellungen für den Buildprozess auch im Dialog FILE • PROJECT STRUCTURE vornehmen (siehe Abbildung 4.9). Allerdings gilt in diesem Fall das alte Sprichwort »Kenne deine Feinde«. Das Herumfuhrwerken in der *gradle*-Datei ist vielleicht nicht immer der größte Spaß, erleichtert aber das Verständnis für den Build-Prozess.

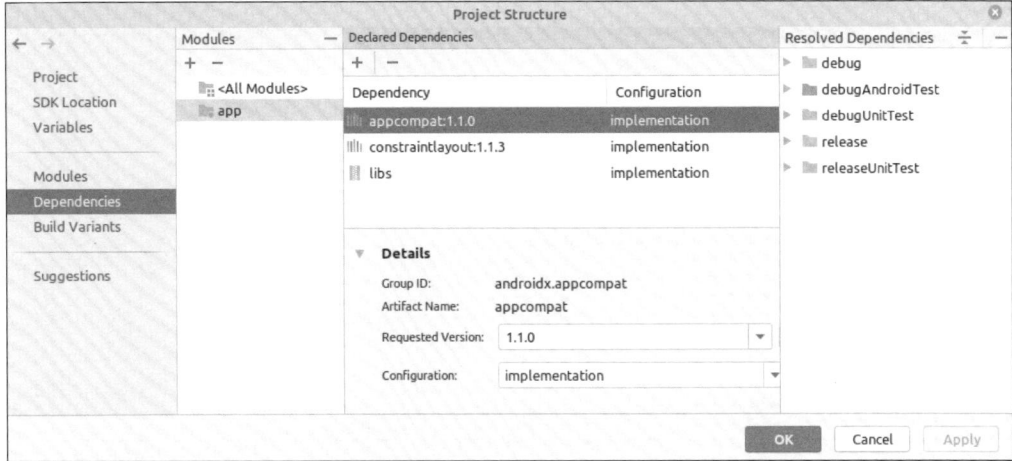

Abbildung 4.9 Der Projektstruktur-Dialog ist das Fenster zur Build-Steuerung.

Für die meisten Apps, die dieses Buch beschreibt, müssen Sie an den vom Wizard generierten Skriptdateien keine Änderungen vornehmen. Aber Sie sollten sie gesehen haben, denn spätestens beim nächsten größeren Update von Android Studio ändert sich irgendwas am Build-System, dessen Entwicklung keineswegs abgeschlossen ist. Öffnen Sie daher zunächst das Gradle-Skript des Projekts (siehe Abbildung 4.10).

Die Gradle-Syntax erinnert mit ihren geschweiften Klammern an Java. Sie sehen eine hierarchische Anordnung von Elementen, die intuitiv verständlich ist: So bezieht Gradle alle eventuell benötigten Zusatzmodule aus einem der beiden Repositories namens *jcenter* oder *google*. Gemeint ist damit jeweils ein bestimmter Webserver (*https://jcenter.bintray.com* bzw. *https://maven.google.com*), der alle möglichen Open-Source-Bibliotheken zum Download bereithält. Stellen Sie sich *Maven-Repositories* wie monumentale Bibliotheken für Programmcode vor, sortiert nach Paketnamen und Versionsnummern.

Der zweite Eintrag im Build-Skript referenziert denn auch eine solche Bibliothek: die `Android Build Tools`, im Screenshot in Version 4.0.0 – Updates von Android Studio empfehlen Ihnen regelmäßig, diese Versionsnummer zu erhöhen. Beantworten Sie entsprechende Fragen einfach mit Ja.

```
activity_main.xml    MainActivity.java    AndroidManifest.xml    build.gradle (SagHallo)
1   // Top-level build file where you can add configuration options common to all sub-projects/modules.
2   buildscript {
3       repositories {
4           google()
5           jcenter()
6       }
7       dependencies {
8           classpath "com.android.tools.build:gradle:4.0.0"
9
10          // NOTE: Do not place your application dependencies here; they belong
11          // in the individual module build.gradle files
12      }
13  }
14
15  allprojects {
16      repositories {
17          google()
18          jcenter()
19      }
20  }
21
22  task clean(type: Delete) {
23      delete rootProject.buildDir
24  }
```

Abbildung 4.10 Das Projekt-Build-Skript definiert globale Einstellungen.

Eine *Dependency* ist eine Bibliothek, die für den Build-Prozess erforderlich ist und automatisch heruntergeladen wird. Das passiert nur einmal, weil Gradle die Bibliotheken auf Ihrer Festplatte zwischenspeichert – und zwar dauerhaft, für jede neue Version. Aus diesem Grund müssen Sie damit rechnen, dass der Platzbedarf für ein Projekt nach und nach ansteigt.

Der letzte Eintrag im Build-Skript legt fest, dass auch alle Unterprojekte *jcenter* und *google* als Repository verwenden sollen. Beachten Sie den feinen Unterschied: Der erste repositories-Eintrag war nur für den Build-Prozess und die zugehörigen Tools zuständig. Der zweite ist für Ihre eigentliche App. Welche Dependencies diese benötigt, sehen Sie im zweiten Build-Skript (siehe Abbildung 4.11).

Von großer Bedeutung sind die Android-spezifischen Anweisungen in dieser Datei. Sie legen fest, welche SDK-Version für den Kompiliervorgang verwendet wird und welche Version der Build Tools. Normalerweise tragen Sie hier die Nummern der mit dem SDK Manager heruntergeladenen Versionen ein. AS weist Sie darauf hin, falls es etwas zu aktualisieren gibt.

In der defaultConfig steht der Package-Name der App, der identisch ist mit der App-ID in Google Play. Hier finden Sie die im Wizard eingestellte Mindestversion von Android wieder, außerdem die `targetSdkVersion`, die normalerweise der neuesten SDK-Version entspricht.

```
activity_main.xml    MainActivity.java    AndroidManifest.xml
         build.gradle (SagHallo)               build.gradle (:app)
1  apply plugin: 'com.android.application'
2
3  android {
4      compileSdkVersion 29
5      buildToolsVersion "29.0.3"
6
7      defaultConfig {
8          applicationId "de.androidnewcomer.saghallo"
9          minSdkVersion 15
10         targetSdkVersion 29
11         versionCode 1
12         versionName "1.0"
13
14         testInstrumentationRunner "androidx.test.runner.AndroidJUnitRunner"
15     }
16
17     buildTypes {
18         release {
19             minifyEnabled false
20             proguardFiles getDefaultProguardFile('proguard-android-optimize.txt'), 'proguard-rules.pro'
21         }
22     }
23 }
24
25 dependencies {
26     implementation fileTree(dir: "libs", include: ["*.jar"])
27     implementation 'androidx.appcompat:appcompat:1.1.0'
28     implementation 'androidx.constraintlayout:constraintlayout:1.1.3'
29     testImplementation 'junit:junit:4.12'
30     androidTestImplementation 'androidx.test.ext:junit:1.1.1'
31     androidTestImplementation 'androidx.test.espresso:espresso-core:3.2.0'
32
33 }
```

Abbildung 4.11 Das Build-Skript des »app«-Moduls konfiguriert die eigentliche App.

Die Einträge `versionCode` und `versionName` landen später im APK. Jede App besitzt einen (numerischen) *Versionscode*. Zusätzlich haben die Android-Erfinder einen *Versionsnamen* ermöglicht, der nicht nur Ziffern oder Buchstaben enthalten kann, sondern auch etwas völlig anderes als den Versionscode.

Wenn Sie Ihre Apps später in Google Play veröffentlichen, spielt der Versionscode eine entscheidende Rolle. Sie können nämlich immer nur dann eine neue Variante Ihrer App veröffentlichen, wenn diese einen höheren Versionscode hat als die vorherige. Erhöhen Sie also den Code immer mindestens um 1, wenn Sie eine neue Veröffentlichung planen, selbst wenn Sie nur einen kleinen Fehler behoben haben.

Üblicherweise sind Versionsnummern aber keine einfachen Zahlen, sondern enthalten mindestens einen Dezimalpunkt, etwa 1.0 oder 3.0.1. Solche Nummern können Sie nicht als Versionscode verwenden, weil dort weder Punkt noch Komma zulässig ist.

Wenn Sie die Punkte einfach weglassen, erhalten Sie jedoch sinnvolle Versionscodes. Aus Version 0.01 wird 001 (also 1), 0.99 wird zu 99, und Version 1.00 erhält den Code 100. Sie können sogar jederzeit von drei- auf vierstellige Codes umsteigen, da 1003 (Version 1.003) größer ist als 100 (Version 1.00). Nur umgekehrt funktioniert das freilich nicht.

Der Versionsname ist ein beliebiger Text, den Google Play dem Benutzer anzeigt. Geben Sie hier dasselbe ein wie beim Code, ergänzen Sie nur noch die Punkte. Das ist am einfachsten und vermeidet Verwirrung.

Die Konfiguration `buildTypes` übergehen wir bis auf Weiteres, da sie erst benötigt wird, wenn Sie Ihre App veröffentlichen wollen.

Schließlich finden Sie am Schluss der Datei die Konfiguration der `dependencies`: Die erste Zeile legt fest, dass alle auf *.jar* endenden Dateien im Verzeichnis *libs* Teil des Projekts sein sollen – also Java-Bibliotheken, die Sie in dieses Verzeichnis kopieren. Üblicherweise bleibt es aber leer, weil Sie zu verwendende Bibliotheken lieber direkt aus einem Repository beziehen. Genau das passiert in der nächsten Zeile. Die Schreibweise ist etwas gewöhnungsbedürftig. Der Parameter besteht aus drei durch Doppelpunkte getrennten Abschnitten. Der erste ist der Package-Name der Bibliothek, es folgen deren genauer Name und schließlich die gewünschte Versionsnummer. Gemeint ist im Beispiel also die Bibliothek *constraint-layout* im Paket *com.android.support.constraint* in Version 1.1.3 (die unter anderem die Klasse `ConstraintLayout` enthält).

Die letzten drei Dependencies sind nur für Unit-Tests erforderlich, die wir in diesem Buch übergehen.

Die fortgeschrittenen Beispiele in diesem Buch erfordern zusätzliche Abhängigkeiten, die Sie dann an dieser Stelle eintragen müssen. Ich werde Sie darauf jeweils im Detail hinweisen.

Im Build-Skript können Sie außerdem Java-8-Syntax freischalten. Fügen Sie einfach ein paar Zeilen hinzu:

```
android {
  ...
  compileOptions {
    sourceCompatibility JavaVersion.VERSION_1_8
    targetCompatibility JavaVersion.VERSION_1_8
  }
}
```

4.3 Benutzeroberflächen bauen

Um sich diese Tipparbeit zu sparen, können Sie dieselbe Einstellung auch über das Menü vornehmen: Wählen Sie unter File • Project Structure aus, und stellen Sie für das app-Modul für Source/Target Compatibility 1.8 ein.

4.3 Benutzeroberflächen bauen

Zugegebenermaßen sieht Ihre erste App nicht so beeindruckend aus wie Angry Birds oder Google Maps. Allerdings haben wir uns bisher auf die Sprachausgabe konzentriert und nicht auf die Bildschirmdarstellung.

Sie ahnen bereits, dass Sie einen Blick in die Ressourcen des Projekts werfen müssen, um mehr über die Gestaltung von Benutzeroberflächen herauszufinden. Immerhin hat Ihre *SagHallo*-App bereits eine – nur ist diese weiß, und sie gibt einen relativ sinnlosen Spruch aus.

4.3.1 Layout bearbeiten

Öffnen Sie im Package Explorer die Datei *activity_main.xml* im Verzeichnis *layout* mit einem Doppelklick. Es öffnet sich der Layout-Editor, der (manchmal nach kurzer Ladezeit) das Layout und eine Reihe von Bedienelementen darum herum anzeigt (siehe Abbildung 4.12).

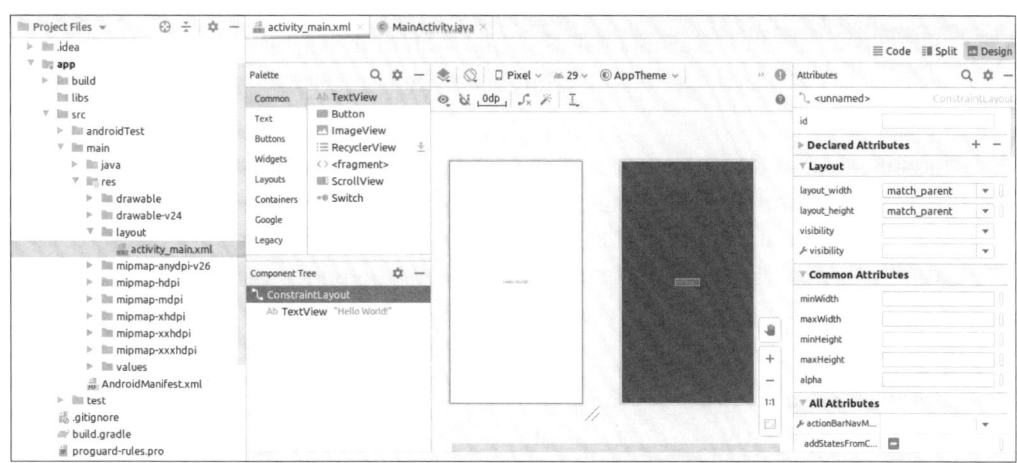

Abbildung 4.12 Der Layout-Editor zeigt die vorgefertigte »activity_main.xml« an.

Im mittleren Teil des Arbeitsbereichs finden Sie einen grafischen Layout-Editor, eingerahmt von einer Palette mit den verfügbaren Layouts und Widgets (Bedienelementen) und der Baumstruktur des Layouts auf der linken Seite sowie den ATTRIBUTES (Eigenschaften des aktiven Widgets) auf der rechten. Schalten Sie den Modus auf DESIGN um, um dieselbe Ansicht zu erhalten wie in der obigen Abbildung.

Wie Sie sehen, hat der Wizard ein `ConstraintLayout` erzeugt, in dem eine `TextView` mit dem Text »Hello World!« liegt.

Warum aber zeigt Ihre App genau dieses Layout nach dem Start an? Sie ahnen, dass die App das nicht mit Telepathie schafft, sondern ganz profan die passende Methode aufrufen muss. Rufen Sie sich eine bestimmte Zeile aus der `MainActivity` in Erinnerung:

```
setContentView(R.layout.activity_main);
```

Im Zusammenhang mit dem letzten Abschnitt über die generierte Klasse `R` erklärt sich diese Zeile jetzt fast von selbst: Als Ansicht (View) für die `MainActivity` wird hier die Datei *activity_main.xml* im Verzeichnis *layout* festgelegt. Beachten Sie, dass wie bei Grafiken auch hier die Dateiendung *.xml* entfällt.

Dass hinter `R.layout.activity_main` irgendeine Hexadezimalzahl steckt, muss uns nicht weiter interessieren. Wenn Sie beispielsweise eine weitere Layout-Datei anlegen und sie *my_nice_view.xml* nennen, könnten Sie sich diese mit einer einfachen Änderung anstelle der langweiligen *activity_main.xml* anzeigen lassen:

```
setContentView(R.layout.my_nice_view);
```

Beim Speichern Ihres Layouts hat das Build-System in der Klasse `R` das Attribut `layout.my_nice_view` erzeugt, und zwar mit einem anderen Hexadezimalwert als bei `layout.activity_main`.

Sie ahnen schon, dass Sie auf diese Weise zwischen verschiedenen Bildschirmdarstellungen hin- und herschalten können, allerdings benötigen wir diese Funktion erst später. Lassen Sie uns zuerst einen genaueren Blick auf die Möglichkeiten des Layout-Editors werfen. Es ist wichtig, einen Überblick über die existierenden visuellen Komponenten zu erhalten, damit Sie wissen, wie Sie eine Benutzeroberfläche zusammenstellen können.

Klicken Sie sich durch die verschiedenen Rubriken in der Palette links von der Vorschau. Sie sehen da zunächst LAYOUTS, dann die WIDGETS, also Eingabeelemente wie `Button` und `CheckBox`, aber auch `ProgressBar` und eine einfache `TextView` (es wird Sie nicht überraschen, dass der graue »Hello World!«-Text in der Vorschau eine solche `TextView` ist). All diese Widgets haben Sie schon an allen möglichen Stellen in Android-Apps kennengelernt. Hier warten sie darauf, in ein Layout eingebaut zu werden.

Sie haben sicher noch im Hinterkopf, dass unser momentanes Ziel darin besteht, der Sprachausgabe-App ein Texteingabefeld zu verpassen, damit Sie nicht für jede Änderung des zu sprechenden Satzes das ganze Programm neu übersetzen müssen. Leider finden Sie das gewünschte Eingabefeld nicht in der Rubrik WIDGETS – scrollen Sie zu TEXT, um es zu sehen.

Dort bietet Ihnen der Editor eine ganze Reihe unterschiedlicher Textfelder (EDITTEXT) an, z. B. solche, in die der Benutzer ausschließlich Zahlen eingeben kann (NUMBER), Passwortfelder oder Felder für E-Mail-Adressen. Die Darstellung dieser Felder unterscheidet sich in der App nur geringfügig, aber entscheidend ist: Passwortfelder verstecken Ihre Eingaben durch Sternchen, bei E-Mail-Adressfeldern bietet die eingeblendete Bildschirmtastatur auf jeden Fall das @-Zeichen an.

Für die Sprachausgabe-Eingabe genügt das einfachste Textfeld namens PLAIN TEXT, zu erkennen am Symbol ABC. Ziehen Sie es mit der Maus aus der Palette hinüber in die Vorschau, sodass es ein Stück unterhalb des vorhandenen Standardsatzes liegt. Passen Sie dann die Breite an, damit das Feld den ganzen Bildschirm einnimmt, indem Sie an dem rechten runden Anfasser (es erscheint der Tooltipp CREATE CONNECTION) ziehen, nicht an der Kante (dort erscheint RESIZE VIEW). Ziehen Sie den eingeblendeten Pfeil bis zur rechten Kante des Layouts, und wiederholen Sie dasselbe auf der linken Seite. Stellen Sie dann rechts das Attribut `layout_width` auf `0dp` um. Dadurch nimmt das Textfeld die gesamte Bildschirmbreite ein. Stellen Sie sicher, dass das Attribut `inputType` auf `text` steht, und entfernen Sie den Inhalt des Attributs `text`, das den angezeigten Vorgabetext definiert. Schließlich ziehen Sie den runden oberen Anfasser zur unteren Kante des Schriftzugs »Hello World!«. Damit legen Sie ein *Constraint* (eine *Einschränkung*) fest, das das Textfeld relativ zur oberen `TextView` positioniert.

Um die Sprachausgabe auszulösen, fehlt noch ein Button. Also öffnen Sie in der Palette die Rubrik BUTTONS. Ziehen Sie einen Button hinüber in die Vorschau, und legen Sie ihn unterhalb des Textfelds ab. Stellen Sie positionierende Constraints ein, indem Sie auch hier den linken und rechten Anfasser mit dem jeweiligen Layout-Rand verbinden und den oberen Anfasser mit der unteren Kante des Textfelds. Wenn Sie jetzt die `TextView` »Hello World!« einfach ein Stück nach oben verschieben, bewegen sich Textfeld und Button automatisch mit (siehe Abbildung 4.13).

Manchmal ist der Layout-Editor etwas fummelig, aber zum Glück können Sie das Layout einfach heranzoomen (mit Toolbar-Icons oder Strg + Mausrad). Probieren Sie die Auswirkungen unterschiedlicher Constraints aus. Die Vorschau hilft Ihnen sehr gut dabei, die Funktionsweise zu verstehen.

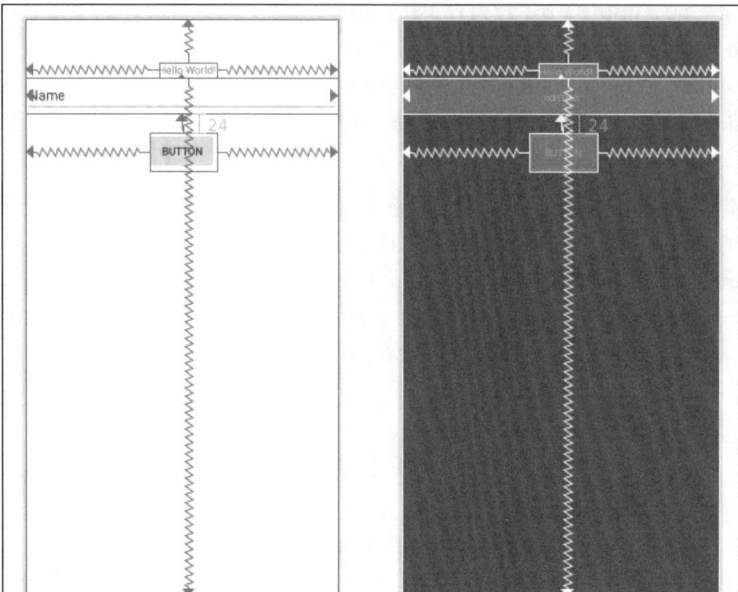

Abbildung 4.13 Textfeld und Button bereichern das Layout.

Das neue »ConstraintLayout«

Der Wizard hat das Gerüst Ihrer App standardmäßig mit einem `ConstraintLayout` erzeugt. Dieses ist eine relativ neue Erfindung, die in Android Studio 3 erstmals zu besichtigen ist. Die Bibliothek `com.android.support.constraint:constraint-layout` implementiert dieses Layout, das wohlgemerkt nicht zum Standardumfang von Android gehört. Da die Bibliothek kompatibel bis hinunter zu Android 2.3 (SDK 9) ist, können Sie sie guten Gewissens für alle Projekte einsetzen.

Das Layout positioniert Widgets entsprechend den Constraints, mit denen Sie Layout-Beziehungen zwischen den Widgets definieren. Dies können Abstände oder eine Ausrichtung an einer gemeinsamen Kante sein.

Das `ConstraintLayout` hat unbestreitbare Vorteile, wenn es darum geht, auf allen möglichen, verschieden großen Bildschirmen ein einheitliches und ansehnliches *User Interface* (UI) zu gestalten. Allerdings kann man sich beim Constraint-Gefummel an komplexen UIs leicht Fehler und Warnungen in Form widersprüchlicher Constraints einhandeln.

In den meisten Fällen sind Sie auch mit anderen bewährten Layouts wie `LinearLayout`, `FrameLayout` oder `RelativeLayout` gut bedient, die in den weiteren Beispielen in diesem Buch zum Einsatz kommen. Die Arbeit mit Layout-XML statt im mausbasierten Editor ist außerdem viel einfacher schriftlich zu erklären, deshalb ziehe ich sie hier vor.

Speichern Sie Ihre Änderungen mit [Strg] + [S]. Sie können die App jetzt noch einmal starten, um das neue Layout auf dem Handy zu begutachten. Zwar können Sie einen beliebigen Text in das neue Textfeld eingeben, aber der Button tut rein gar nichts – kein Wunder, wir haben ihm auch noch nichts dergleichen aufgetragen. Das heben wir uns für den nächsten Abschnitt auf. Lassen Sie uns zunächst die im Moment recht unpassende Beschriftung ändern.

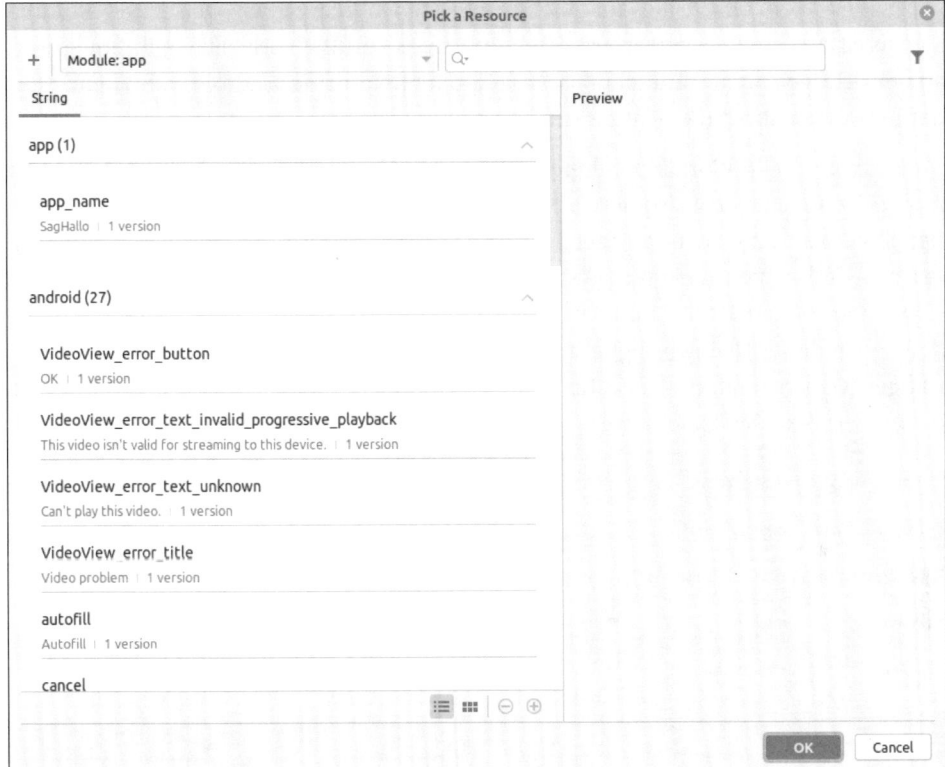

Abbildung 4.14 Der Resource Chooser ermöglicht Ihnen, einen vorhandenen String auszuwählen oder einen neuen zu erzeugen.

Klicken Sie mit der linken Maustaste auf die TextView »HELLO WORLD!«, und suchen Sie rechts unter ATTRIBUTES das Attribut TEXT. Klicken Sie auf den schmalen Button, der rechts neben dem Eingabefeld zu sehen ist. Sie gelangen damit in den *Resource Chooser* (siehe Abbildung 4.14).

Vielleicht haben Sie erwartet, einfach den sichtbaren Text ändern zu können, aber die Sache gestaltet sich ein klein wenig komplizierter.

4.3.2 String-Ressourcen

Immer wenn es um Texte in Benutzeroberflächen geht, kommen die String-Ressourcen ins Spiel. Denn der darzustellende Text steht nicht direkt in der Layout-Datei, sondern anderswo – im Layout befindet sich nur ein Verweis. Das hat den Vorteil, dass identische Texte in der App nicht mehrfach vorhanden sind, sondern nur einmal. Es existiert bloß überall, wo der Text benötigt wird, der gleiche Verweis. Der Vorteil ist die leichte Übersetzbarkeit, denn alle Strings für eine Sprache stehen in einer einzigen Datei. Schicken Sie diese Datei einem Übersetzer, speichern Sie das Resultat zusätzlich in Ihrem Projekt an der richtigen Stelle, und schon ist Ihre App mehrsprachig. Android wählt beim Start der App automatisch die richtige String-Datei und löst die Verweise korrekt auf.

Im Fall von »Hello World!« fehlt ein solcher Verweis – der Text ist ganz entgegen der Android-Konvention hartcodiert. Lassen Sie uns für die richtige Beschriftung also einen neuen Verweis samt String anlegen. Klicken Sie links oben auf den Button mit dem Plus-Zeichen, und wählen Sie NEW STRING VALUE. Es erscheint ein Dialog, der Ihnen beim Anlegen eines neuen Strings hilft. Das wirkt auf den ersten Blick komplizierter, als es ist, denn auch dieser Dialog bringt einige Funktionen mit, die Sie im Augenblick nicht benötigen. Geben Sie in das erste Textfeld den Namen des neuen Verweises ein und darunter den Text, der später angezeigt werden soll, so wie in Abbildung 4.15.

Abbildung 4.15 Ein neuer Android-String erblickt das Licht der App.

Sobald Sie beide Fenster nacheinander mit dem OK-Button geschlossen haben, gelangen Sie zurück zum Layout-Editor, und in der Vorschau erscheint der neue Text.

Wiederholen Sie die Prozedur für den hinzugefügten Button. Erzeugen Sie einen weiteren String wie »Sag es« mit einem Verweis namens sag_es. Als Verweis können Sie nur gültige Java-Bezeichner eingeben.

Wenn Sie Ihre Arbeit mit ⌈Strg⌋ + ⌈S⌋ gespeichert haben, können Sie die App ein weiteres Mal starten, um sich davon zu überzeugen, dass sie ausschaut wie erwartet.

Doch was hat Android Studio im Hintergrund alles getan, während Sie an diversen Dialogen hantiert haben? Um diese Frage zu klären, öffnen Sie erneut die generierte Datei *R.java*. Sie finden jetzt eine ganze Reihe neuer Einträge:

```
public final class R {
  ...
  public static final class id {
    public static final int button=0x7f080002;
    public static final int editText=0x7f080001;
  }
  ...
  public static final class string {
    public static final int beschriftung=0x7f050003;
    public static final int sag_es=0x7f050004;
  }
  ...
}
```

Sie sehen zunächst, dass die beiden neu eingefügten visuellen Komponenten je eine id-Konstante erhalten haben. Jede Komponente, die später im Programmcode in irgendeiner Weise verwendet werden soll, benötigt eine ID. Die Beschriftung hatte von Anfang an keine ID, und wir haben ihr keine gegeben, allerdings ist es auch unwahrscheinlich, dass wir eine brauchen. Die IDs des Buttons (button) und des Eingabefelds (editText) werden Sie aber auf jeden Fall demnächst verwenden.

Etwas weiter unten sind zwei String-Konstanten hinzugekommen. Das sind genau die beiden neuen Verweise, die Sie gerade mit dem Resource Chooser erzeugt haben. Sie sehen, dass diese Verweise wiederum nichts anderes sind als Zahlencodes, um deren genauen Wert Sie sich nicht weiter kümmern müssen.

Wo aber sind die eigentlichen Texte versteckt? Suchen Sie die Datei *strings.xml* im Verzeichnis *res/values*. Öffnen Sie diese Datei, und Sie erhalten eine Liste der existierenden String-Verweise. Sie können jeden der Verweise direkt im XML-Code ändern oder den Übersetzungseditor verwenden (siehe Abbildung 4.16).

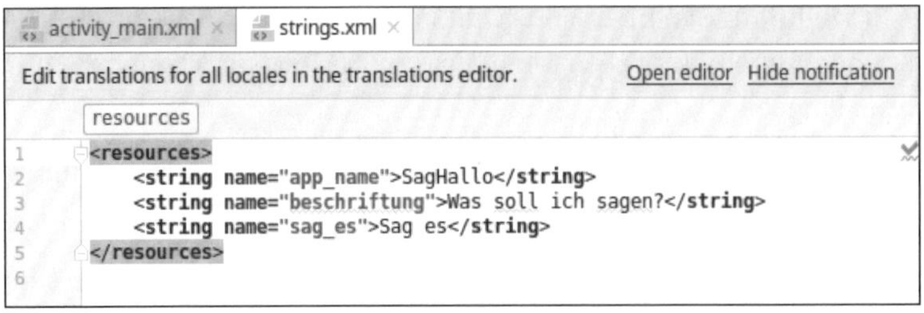

```
activity_main.xml ×    strings.xml ×
Edit translations for all locales in the translations editor.    Open editor  Hide notification
     resources
1    <resources>
2        <string name="app_name">SagHallo</string>
3        <string name="beschriftung">Was soll ich sagen?</string>
4        <string name="sag_es">Sag es</string>
5    </resources>
6
```

Abbildung 4.16 Die Strings sind in der Datei »strings.xml« versteckt.

Bevor Sie jetzt dem Button beibringen, für die gewünschte Sprachausgabe zu sorgen, begleiten Sie mich auf eine Besichtigungstour durch die visuellen Komponenten, die Android anbietet.

4.3.3 Layout-Komponenten

Bislang haben Sie dem Layout *activity_main.xml* zwei visuelle Komponenten hinzugefügt. Die Positionen, die Ihre insgesamt drei Komponenten (TextView, EditText und Button) auf dem Screen einnehmen, erinnern an eine Lasagne: Sie stehen in Schichten übereinander, der Button ist ganz unten, und der Schriftzug »Was soll ich sagen?« bildet ganz oben den Käse.

Kehren Sie noch einmal zum Layout zurück, genauer gesagt: zur XML-Ansicht. Klicken Sie dazu unterhalb des visuellen Editors auf die Registerkarte TEXT. Erwartungsgemäß werden Sie von einem recht umfangreichen XML-Code begrüßt, der mit einem Knoten namens android.support.constraint.ConstraintLayout beginnt. In den darunter zu findenden Knoten finden Sie die eingefügten Widgets mit ihren Attributen.

Wie schon weiter oben erwähnt, ist das ConstraintLayout eine recht neue Erfindung. Es geht auch einfacher!

Ändern Sie einfach den ersten Knoten in LinearLayout (ohne android.irgendwas davor). Fügen Sie innerhalb der spitzen Klammer folgendes Attribut hinzu:

```
android:orientation="vertical"
```

Selbstverständlich unterstützt AS Sie auch hier mit der automatischen Syntaxvervollständigung. Löschen Sie anschließend der Übersicht halber die vom LinearLayout nicht benötigten Attribute im gesamten XML, also alles, was mit app:layout_constraint anfängt.

Die Anordnung der Widgets geschieht jetzt im LinearLayout einfach vertikal in der Reihenfolge, wie sie im XML stehen. Dabei werden die Randangaben beachtet, die in den verbliebenen Attributen layout_margin… stehen. Allerdings sind die Widgets jetzt nicht mehr horizontal zentriert, was ihnen das Preview-Fenster sofort zeigt.

Schalten Sie zur Abwechslung ruhig wieder in den Design-Modus um. Wählen Sie den Button aus, und schalten Sie dann das ATTRIBUTES-Fenster mit dem Toolbar-Icon mit den zwei Pfeilen auf die Ansicht VIEW ALL ATTRIBUTES um. Das Attribut für die Ausrichtung versteckt sich dort unter dem Namen layout_gravity. Klicken Sie in den leeren Bereich am linken Rand des Eintrags, um ein Sternchen hervorzuzaubern, das dafür sorgt, dass das Attribut künftig in der reduzierten ATTRIBUTES-Ansicht als Favorit erscheint. Wählen Sie center_horizontal aus, um den Button zu zentrieren (siehe Abbildung 4.17).

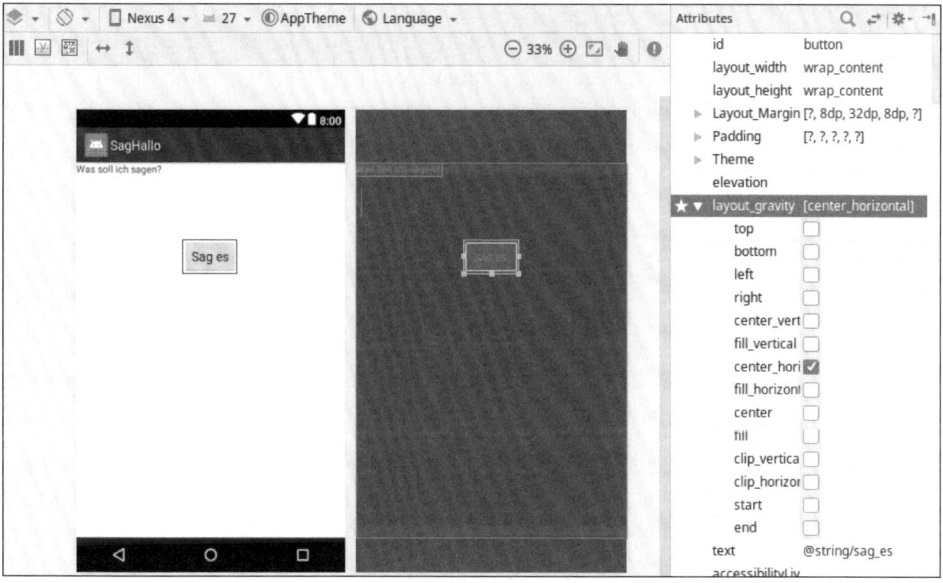

Abbildung 4.17 Die »Attributes«-View ist die Schaltzentrale der Layout-Komponenten. Hier können Sie beispielsweise die Ausrichtung der Elemente einstellen.

> **Links, rechts, zentriert …**
>
> Sie können die Ausrichtung von Komponenten mit der layout_gravity-Eigenschaft eines Layouts unabhängig voneinander horizontal und vertikal einstellen. Wie Sie sich denken können, bewirkt center eine horizontal und vertikal zentrierte Anordnung, die allerdings nur in FrameLayouts Sinn ergibt.
>
> Abgesehen vom Standard left gibt es natürlich right, außerdem top und bottom. Zudem gibt es fill_horizontal und fill_vertical – diese Werte benötigen Sie üblicherweise aber nicht.

Das Resultat können Sie natürlich gleich auf dem Handy ausprobieren, indem Sie die App einmal mehr starten.

Um komplexe Layouts zu basteln, werden Sie später haufenweise verschiedene Layouts ineinander verschachteln oder das ConstraintLayout verwenden. Halten Sie sich vor Augen, warum Sie hier nicht mit numerischen Koordinaten arbeiten, um Komponenten zu positionieren: Android-Geräte haben unterschiedlich hohe Auflösungen, und Ihre App soll möglichst ohne spezielle Vorkehrungen auf möglichst vielen Geräten akzeptabel aussehen – noch dazu im Hochkant- und Breitbildformat.

Vorschauvarianten

Sie haben sicher bereits die zahlreichen Drop-down-Menüs oberhalb des Layout-Editors bemerkt. Die gleichen Bedienelemente finden Sie unter PREVIEW, wenn Sie im XML-Modus arbeiten. Dabei handelt es sich um eine vereinfachte Simulation verschiedener Gerätedisplays.

Das erste Drop-down-Menü schaltet eine Blueprint-Ansicht hinzu (oder ab), die alle Widgets transparent macht und nur Ränder zeichnet.

Das zweite Drop-down-Menü schaltet zwischen Hochkant- und Breitbildansicht um (PORTRAIT/LANDSCAPE). Oft haben Sie keine Chance, ein anspruchsvolleres Layout für beide Modi ansehnlich zu gestalten. Daher müssen Sie entweder zwei separate Layout-Dateien erzeugen oder Android im Manifest befehlen, eine Activity ausschließlich in einem der beiden Modi zu betreiben.

Das dritte Drop-down-Menü schaltet zwischen verschiedenen Gerätetypen bzw. deren Displays um. Wenn Sie hier verbreitete Telefone auswählen, können Sie sofort prüfen, wie Ihre App darauf aussieht. Versäumen Sie nicht, Ihre Layouts schon hier auf kleinen Screens (3,7 Zoll, Nexus One) zu begutachten, wenn Sie ein möglichst breites Publikum erreichen wollen – wenn Sie ungünstig gestalten, kann es leicht passieren, dass auf so kleinen Displays manche Komponenten gar nicht sichtbar sind! Im schlimmsten Fall wird Ihre App dann unbenutzbar.

Spielen Sie mit den anderen Drop-downs; beachten Sie dabei auch die Möglichkeit, hier die Lokalisierung (LOCALE) der Vorschau umzuschalten (Sie müssen das PREVIEW-Fenster möglicherweise verbreitern, um dieses Drop-down zu sehen). So können Sie prüfen, ob Strings in der richtigen Sprache erscheinen.

Nutzen Sie die Vorschaukonfiguration, damit Sie nicht für alle möglichen Kombinationen virtuelle Geräte erstellen müssen, denn der Test in zig Emulatoren dauert natürlich viel länger als die Umschaltung hier in der Vorschau.

Werfen Sie in der Palette einen Blick in die LAYOUTS-Rubrik. Neben dem `RelativeLayout` sowie den horizontalen und den vertikalen `LinearLayout`s finden Sie hier noch andere Layout-Komponenten; allerdings ist das `LinearLayout` bei Weitem das wichtigste. Auf die anderen gehe ich jeweils ein, wenn sie benötigt werden.

4.3.4 Weitere visuelle Komponenten

Hinter den noch nicht angetasteten Rubriken der Palette verbirgt sich eine Reihe spannender und mächtiger Komponenten. Im Detail werden wir sie dort besprechen, wo sie zum ersten Mal benötigt werden. Für den Moment genügt ein kurzer Überblick:

- `ListView`: Immer wenn Sie mit dem Finger durch eine Liste gleichartiger Komponenten scrollen, haben Sie eine `ListView` vor sich.
- `ScrollView`/`HorizontalScrollView`: Nicht genug Platz auf dem Screen? Die `ScrollView` bietet einen scrollbaren Bereich beliebiger Höhe, den Sie meist mit einem vertikalen `LinearLayout` ausfüllen, weil die `ScrollView` selbst nur ein einziges Element enthalten darf. Die `HorizontalScrollView` funktioniert analog.
- `WebView`: Zeigen Sie eine Webseite ohne externen Browser direkt in Ihrer App, indem Sie eine `WebView` einbauen.
- `ImageView`: Bilder beleben jede App. Die `ImageView` zeigt Bilder aus den Ressourcen oder anderen Quellen an.
- `ImageButton`: Verschönern Sie Buttons, indem Sie mit `ImageButton` Text und Bild kombinieren.
- `VideoView`: Vermutlich haben Sie ohnehin die Absicht, für Ihr nächstes Game einen Trailer zu produzieren. Sie können ihn mit der `VideoView` ins Spiel einbinden.
- `TimePicker`/`DatePicker`: Apps, die mit Zeit oder Datum hantieren, freuen sich, dass Android fertige Komponenten zur Verfügung stellt, die sich auch mit Tricks wie Schaltjahren und Sommerzeit bestens auskennen.
- `SurfaceView`/`TextureView`: Unter den zahlreichen Komponenten, die in der Rubrik mit dem vielversprechenden Namen EXPERT auf ihre Verwendung warten, nenne ich zunächst die `TextureView`, weil sie unter anderem dazu dienen kann, ein Live-Bild von der eingebauten Kamera darzustellen. Wir werden später in diesem Buch darauf zurückkommen.
- `MapView`: Diese View bettet eine Google-Maps-Karte ein. Die Nutzung ist nicht ganz trivial, daher werden wir in einem späteren Beispiel eine andere Lösung wählen.

Soweit die verfügbaren Komponenten nicht in diesem Buch besprochen werden, finden Sie mehr oder weniger ausführliche Beschreibungen in der Dokumentation unter der Adresse *http://developer.android.com* sowie Beispiele im Android SDK.

4.4 Buttons mit Funktion

Sie haben ein ansehnliches Layout gebastelt und so den ersten Schritt getan, damit die Sprachausgabe-App nicht immer bloß dasselbe sagt. Lediglich der neue Button tut noch nicht, was er soll. Es wird Zeit, dies zu ändern.

4.4.1 Der »OnClickListener«

Öffnen Sie erneut die Datei *MainActivity.java*, denn ohne Java-Code können wir den Sprech-Button nicht zur Mitarbeit überreden. Halten Sie sich die nötige Änderung im Ablauf der App vor Augen: Bisher initialisiert die App beim Starten die Sprachausgabe und spricht sofort danach den festgelegten Text.

Die gewünschte neue Verhaltensweise sieht wie folgt aus:

1. Sprachausgabe initialisieren
2. darauf warten, dass der Benutzer den Button anklickt
3. den Text aus dem Eingabefeld sprechen

Der zweite Schritt ist hierbei der entscheidende, denn die App selbst bestimmt nicht mehr, *wann* die Sprachausgabe erfolgt – der Benutzer tut das. Aber wie erfährt die App, dass der Benutzer gerade auf den Button klickt?

Erinnern Sie sich an die Funktionsweise der Sprachausgabe-Engine: Sie teilt der App mit, wann sie mit der Initialisierung fertig ist, denn erst dann darf die Methode speak() aufgerufen werden. Dazu haben Sie eine Methode onInit() in die MainActivity eingebaut, die von der Sprachausgabe-Engine im richtigen Moment aufgerufen wurde.

Das Warten auf den Knopfdruck funktioniert analog: Sie teilen dem Button mit, dass er einen OnClickListener verwenden soll. Dabei handelt es sich um ein Interface, das die MainActivity implementieren muss. Dazu erklärt die Klasse MainActivity, dass sie das Interface OnClickListener implementiert:

```
public class MainActivity extends AppCompatActivity implements OnInitListener,
OnClickListener {
...
}
```

Dabei hakt AS diesmal bei Ihnen nach, weil es zwei Interfaces gibt, die OnClickListener heißen. Wählen Sie android.view.View.OnClickListener.

4.4.2 Den »Listener« implementieren

Das Interface `OnClickListener` definiert eine Methode namens `onClick()`, die Ihre Klasse `MainActivity` jetzt implementieren muss, um der `implements`-Erklärung zu genügen. Verschieben Sie die Zeilen mit der Sprachausgabe aus der `onInit()`-Methode in die neue `onClick()`-Methode:

```
@Override
public void onClick(View v) {
  tts.speak("Hallo!", TextToSpeech.QUEUE_FLUSH, null);
}
```

Prüfen Sie an dieser Stelle, ob AS keine Stellen rot markiert. Ansonsten ist der Code nicht kompilierbar, weil Sie irgendwo einen Fehler eingebaut haben.

> **Zur Erinnerung: Interfaces**
>
> Indem die Klasse `MainActivity` sagt, dass sie `OnClickListener` implementiert, verpflichtet sie sich dazu, die nötige Methode `onClick()` anzubieten. Das ähnelt abstrakten Methoden in einer Basisklasse, allerdings kann eine Klasse nur von einer Basisklasse erben, aber beliebig viele Interfaces implementieren.
>
> Stellen Sie sich Interfaces wie Steckverbindungen an Ihrem Rechner vor: Wenn der PC über keinen HDMI-Ausgang verfügt, implementiert er das betreffende Interface nicht, und Sie können keinen HD-Fernseher anschließen. Die Methode »Stelle Film auf meinem Fernseher dar« ist im Rechner nicht implementiert.

Als Nächstes müssen Sie dem Button befehlen, dass er die laufende `MainActivity` als seinen `OnClickListener` verwendet, denn sonst passiert beim Knopfdruck immer noch nichts. Überlegen Sie, wo die richtige Stelle ist, um diese Verknüpfung herzustellen. In der Methode `onCreate()`? Nein, denn besonders schnelle Benutzer könnten dann den Button antippen, bevor die Sprachausgabe initialisiert ist. Der richtige Ort ist also die `onInit()`-Methode. Dort holen Sie sich zuerst eine Referenz auf den Button anhand seiner ID, die `button` lautet:

```
Button button = findViewById(R.id.button);
```

Die überaus häufig verwendete Methode `findViewById()` entstammt der Basisklasse `Activity` und beschafft Ihnen eine Referenz auf eine gewünschte Komponente anhand von deren Konstante aus der automatisch generierten Klasse `R.java`. Dazu durchsucht die Methode das aktuelle Layout, das mit `setContentView()` festgelegt wurde. Beachten Sie daher, dass Sie `findViewById()` nie vor `setContentView()` aufrufen dürfen.

Vorsicht: Wenn die Methode nichts Passendes findet, knallt es. Glücklicherweise kann dank der generierten Datei *R.java*, die Ihnen die Konstante namens R.id.button zur Verfügung stellt, in diesem Fall nichts schiefgehen. Später werden Sie aber in manchen Fällen genauer darauf achten müssen, hier keine ID von nicht vorhandenen Komponenten zu übergeben.

Da die Rückgabe von findViewById() generisch als T extends View definiert ist, müssen Sie an dieser Stelle keinen Cast anwenden, wie es noch in früheren Android SDKs der Fall war. Sie haben bestimmt schon längst auf die Glühbirne geklickt, um die Klasse Button automatisch zu importieren, stimmt's? Befehlen Sie dem Objekt button nun in der folgenden Zeile, die laufende Activity als OnClickListener-Implementierung zu verwenden:

```
button.setOnClickListener(this);
```

Sie erinnern sich, dass das Schlüsselwort this immer eine Referenz auf das Objekt enthält, in dessen Kontext sich eine Methode befindet – in diesem Fall auf die laufende Activity, die die nötige Schnittstelle ja zur Verfügung stellt. Daher passt this als Parameter der Klasse OnClickListener. Die Methode onInit() ist damit fertig und sieht in ihrer ganzen Schönheit wie folgt aus:

```
@Override
public void onInit(int arg0) {
    tts.setLanguage(Locale.GERMAN);
    Button button = findViewById(R.id.button);
    button.setOnClickListener(this);
}
```

Nun fehlt nur noch eine Kleinigkeit: Anstelle des fest eingebauten Strings "Hallo!" soll die onClick()-Methode den Inhalt des Eingabefelds verwenden. Um an den Inhalt des Feldes zu kommen, benötigen Sie zunächst eine Referenz auf das Eingabefeld selbst. Das funktioniert ähnlich wie beim Button:

```
EditText editText = findViewById(R.id.editText);
```

Content Assist

Sie werden beim Eintippen feststellen, dass das neunmalkluge AS oft schon nach einem Buchstaben errät, was Sie wollen. In Wirklichkeit müssen Sie anstelle von findViewById lediglich bis zum ersten »V« tippen – AS weiß, dass es nur eine an dieser Stelle verfügbare Funktion gibt, deren Name mit »findV« beginnt, und ergänzt den Rest automatisch. Sie müssen nur noch den Vorschlag mit ⏎ akzeptieren.

Das gilt auch für den Parameter in Klammern: Sie erinnern sich nicht mehr genau, wie die ID der EditText-Komponente heißt? Kein Problem, tippen Sie lediglich »R.id.« ein. AS bietet Ihnen die verfügbaren Konstanten zur Auswahl an, und Sie wählen mit den Pfeiltasten und ⏎ die gewünschte aus.

Sie sehen: Content Assist spart Ihnen viele Tastendrücke, wenn Sie sich einmal daran gewöhnt haben.

Der letzte Schritt: Ersetzen Sie "Hallo!" durch den Inhalt des Eingabefelds. Den ermittelt die Methode editText.getText(). Leider handelt es sich nicht um ein String-Objekt, das sich die speak()-Methode wünscht, sondern um ein *Editable*, dessen genaue Eigenschaften uns aber nicht interessieren. Das Editable wiederum besitzt eine Methode toString(), deren Name bereits verrät, was sie kann.

Der Einfachheit halber verketten Sie die Methodenaufrufe und reichen das Resultat an die Sprachausgabe weiter. Die onClick()-Methode ist damit fertig:

```
@Override
public void onClick(View view) {
   EditText editText = (EditText) findViewById(R.id.editText1);
   tts.speak(editText.getText().toString(),
      TextToSpeech.QUEUE_FLUSH, null);
}
```

Wenn AS jetzt nichts zu meckern hat, also keine roten Markierungen erscheinen, schließen Sie Ihr Handy an, und starten Sie die App mit ⇧ + F10 .

Viel Spaß beim Testen!

> **Die Methoden-Referenzen von Java 8**
>
> Ab AS 3.0 dürfen Sie Sprachelemente von Java 8 verwenden, wenn Sie sie in der *build.gradle* freigeschaltet haben.
>
> So können Sie beispielsweise *Method References* verwenden, um Funktionen als Parameter zu übergeben (unten fett gedruckt). Das spart gerade in parallelisierten oder ereignisgesteuerten Abläufen eine Menge umständlichen Code. Auch OnClickListener lassen sich übersichtlicher schreiben, etwa so:
>
> findViewById(R.id.button).setOnClickListener(**this::onSpeakClicked**);
> ...
> protected void onSpeakClicked(View v) {

```
EditText editText = findViewById(R.id.editText);
tts.speak(editText.getText().toString(), TextToSpeech.QUEUE_FLUSH, null);
}
```

Tippt der Benutzer auf den Button mit der ID R.id.button, wird die Funktion onSpeakClicked() aufgerufen, die dazu lediglich dieselben Parameter akzeptieren muss wie die onClick()-Funktion des Interface OnClickListener. Die MainActivity muss also nicht mehr den OnClickListener implementieren.

Ich werde Ihnen in diesem Buch gelegentlich Java-8-Sprachelemente empfehlen, wenn es der Übersichtlichkeit des Codes dient.

4.5 Eine App installieren

Bisher haben Sie einen sehr einfachen Weg gewählt, um Ihre App auf dem Handy zu installieren. AS hat Ihnen die Arbeit abgenommen. Wie aber können Sie die App einem Freund geben, der kein Entwicklungssystem hat? Was ist der saubere Weg, eine App weiterzugeben?

4.5.1 Installieren per USB

Da AS die APK-Datei auf das Handy hochlädt, muss sie sich irgendwo auf Ihrer Festplatte befinden. In der Tat finden Sie sie im Unterordner *app/build/outputs/apk/debug* innerhalb Ihres Projektverzeichnisses. Diese Datei können Sie nach Belieben an eine andere Stelle kopieren, per E-Mail an Freunde verschicken oder irgendwo zum Download bereitstellen.

Kopieren Sie die Datei beispielsweise auf die SD-Karte Ihres Handys, indem Sie die Karte per Kartenleser mit Ihrem PC verbinden. Falls Sie ein passendes Datenkabel haben, können Sie die meisten Geräte als externe Datenträger an Ihren PC stöpseln und die APK-Datei darauf kopieren.

Auf dem Handy müssen Sie schließlich nur noch die APK-Datei öffnen. Falls Sie in den Android-Einstellungen die Installation aus beliebigen Quellen erlaubt haben, geht der Rest nach einer Bestätigung per OK-Button automatisch.

Dateimanager
Zahlreiche Android-Smartphones werden vom Hersteller nicht mit einem Dateimanager ausgeliefert. Den benötigen Sie aber, um beispielsweise eine APK-Datei auf der SD-Karte auszuwählen und zu öffnen.

> Aus diesem Grund bietet Google Play eine ganze Reihe kostenloser Dateimanager an. Beliebt ist beispielsweise der *Astro-Datei-Manager*, dessen Gratisversion allerdings Anzeigen einblendet. Werbefreie Alternativen hören auf schlichte Namen wie *Amaze File Manager* oder *ES Explorer* und sind deshalb in Google Play nicht allzu leicht zu finden.
>
> Und behalten Sie im Hinterkopf, Ihre eigenen Apps immer mit individuellen Namen zu versehen, damit jemand, der danach sucht, sie auch sofort findet.

4.5.2 Installieren mit ADB

Falls Sie eine Vorliebe für die Arbeit an der Kommandozeile haben, bietet Ihnen das Android SDK ein mächtiges Instrument: die *Android Debug Bridge*, kurz ADB.

Probieren Sie als Erstes aus, ob die ADB korrekt funktioniert, indem Sie ein Terminal (unter Windows: Eingabeaufforderung bzw. PowerShell) öffnen und »adb« eintippen, gefolgt von ↵. Falls dann keine ausführliche Bedienungsanleitung erscheint, müssen Sie dafür sorgen, dass Ihr System die ADB findet. Unter Windows müssen Sie den Ordner *platform-tools* in Ihrem Android-SDK-Verzeichnis zur Path-Variablen hinzufügen.

Wenn Sie die ADB zur Mitarbeit überredet haben, starten Sie einen Emulator oder verbinden Sie Ihr Android-Gerät per USB, und versuchen Sie als Nächstes:

```
adb devices
```

Sie erhalten eine Liste der angeschlossenen Geräte, die Sie nunmehr mit der ADB kontrollieren können. Die Gerätenamen sind erwartungsgemäß dieselben, die Sie auch in Android Studio sehen können, wenn Sie die Geräteansicht öffnen – im Grunde tut AS nichts anderes als Sie: Es ruft im Hintergrund die ADB auf.

Wechseln Sie als Nächstes mit dem Befehl `cd <Verzeichnis>` in Ihr Projektverzeichnis. Rufen Sie dann Folgendes auf:

```
adb install app/build/outputs/apk/debug/app-debug.apk
```

Falls Sie die Fehlermeldung »already exists« erhalten, haben Sie etwas über die Android-Versionsverwaltung gelernt: Zwei APKs mit gleichem Versionscode werden als identisch behandelt – folglich hält Android die Installation für überflüssig. Ergänzen Sie einfach den Parameter `-r`, um diese Beschränkung zu umgehen:

```
adb install -r app/build/outputs/apk/debug/app-debug.apk
```

Falls Ihre App über Einstellungen oder andere Daten verfügt (was bei *SagHallo* nicht der Fall ist), bleiben diese erhalten.

Wenn Sie Ihre App deinstallieren möchten, verwenden Sie:

```
adb uninstall de.androidnewcomer.saghallo
```

Da es Android nach erfolgter Installation piepegal ist, wie die verwendete APK-Datei hieß, müssen Sie die gewünschte App jetzt anhand ihres individuellen Paketnamens identifizieren.

Vorsicht: Dieser Befehl löscht eventuell vorhandene Daten der App, genau wie die Deinstallation über die Android-App-Verwaltung direkt am Gerät. Um die Daten zu behalten, ergänzen Sie den Parameter -k:

```
adb uninstall -k de.androidnewcomer.saghallo
```

Natürlich kann die ADB noch viel mehr. Das meiste davon lässt sich bequemer über AS und das ADT erledigen, aber nicht alles. Ich werde noch darauf zurückkommen.

4.5.3 Drahtlos installieren

Streng genommen kommt es einer Beleidigung nahe, ein Smartphone, dessen Domäne die drahtlose Kommunikation ist, mit einem Kabel zu belästigen. Wenn Ihr PC und Ihr Handy über WLAN im selben lokalen Netzwerk angemeldet sind, können Sie beispielsweise das Verzeichnis *app/build/outputs/debug/apk* freigeben. Auf eine solche Windows-Ordnerfreigabe kann ein Smartphone mittels SMB-Protokoll zugreifen. Verwenden Sie dazu eine App wie den *SharesFinder* oder *AndSMB*.

Falls Sie auf Ihrem PC einen Webserver wie Apache betreiben, können Sie das Verzeichnis *apk* unter einer bestimmten URL einbinden oder das APK in einen vom Webserver erreichbaren Ordner kopieren. Dann können Sie den Browser Ihres Handys auf die richtige URL richten, um das APK herunterzuladen und zu installieren. Die Installation und den Betrieb eines lokalen Webservers zu erläutern, würde den Rahmen dieses Kapitels freilich sprengen. Wenn Sie keinen solchen Webserver auf Ihrem PC haben, gibt es aber noch mindestens zwei weitere Optionen.

Falls Sie über eigenen Webspace, z. B. eine private Homepage, verfügen, können Sie das APK einfach dorthin hochladen. Sie müssen nicht einmal einen Link auf das APK hinterlegen; es genügt, wenn Sie es vom Handy aus mit der direkten URL (z. B. *http://meine-homepage.de/app-debug.apk*) herunterladen. Dies hat im Gegensatz zu den zuvor genannten Methoden sogar den Vorteil, dass es auch dann funktioniert, wenn sich Ihr

Android nicht im selben Netzwerk befindet wie Ihr PC, denn in diesem Fall werden die Daten über das Internet übertragen – egal ob per LAN, WLAN oder Mobilfunk.

Eine weitere Alternative ist ein Cloud-Dienstleister wie z. B. Google Cloud oder Dropbox (*http://dropbox.com*). Dort bekommen Sie kostenlosen Speicher, der permanent über das Netz mit einem bestimmten Verzeichnis auf Ihrer Festplatte synchronisiert wird. Sie können Ihr APK einfach in diesen Ordner legen, einen Moment warten und die Datei vom Smartphone aus herunterladen – denn selbstverständlich gibt es für Android eine Dropbox-App.

Wenn Ihnen all das noch nicht reicht, schicken Sie das APK einfach als Anhang einer E-Mail an sich selbst (oder einen Freund). Auch über Whatsapp lässt sich Ihre App verschicken und dann installieren.

Bevor Sie sich darüber freuen, wie einfach der Umgang mit der APK-Datei ist, verrate ich Ihnen den Haken an der Sache: Diese APK-Datei ist mit einem Debug-Zertifikat digital signiert. Google Play verlangt allerdings, dass Apps mit einem anderen als einem Debug-Zertifikat signiert werden. Bevor Sie also Ihre App in Google Play veröffentlichen können, müssen Sie noch eine kleine Hürde überwinden. Darauf komme ich in Abschnitt 12.1.1, »Zertifikat erstellen«, zurück.

> **Das Verfallsdatum des Debug-Zertifikats**
>
> Falls Sie schon einmal mit digitalen Zertifikaten zu tun hatten – sie kommen ja nicht nur in der Android-Entwicklung vor –, wissen Sie, dass in jedes Zertifikat ein Gültigkeitszeitraum eincodiert ist. Einfach ausgedrückt: Jedes Zertifikat verfällt an einem bestimmten Tag zu einer bestimmten Uhrzeit.
>
> Das gilt auch für das Debug-Zertifikat Ihrer Entwicklungsumgebung. Da es automatisch erzeugt wird, haben Sie leider keinen Einfluss darauf, wie lange es gültig ist. Der Standard war früher nur ein Jahr, inzwischen hat Google die Laufzeit glücklicherweise verlängert.
>
> Um das Verfallsdatum Ihres Zertifikats zu ermitteln, laden Sie am besten ein kleines Java-Programm namens *KeyToolUI* (*http://code.google.com/p/keytool-iui*) herunter. Es lässt sich direkt von der Webseite per *Java Web Start* in Gang bringen.
>
> Wählen Sie im Menü View • File • Keystore • JKS Keystore aus, und öffnen Sie die Datei *debug.keystore* auf Ihrem Rechner. Sie finden sie unter Windows im Verzeichnis *Benutzer\(Ihr Benutzername)\.android* und unter Linux im Ordner *~/.android*.
>
> Das streng geheime Passwort lautet *android*.
>
> Der Keystore enthält erwartungsgemäß nur einen Eintrag, nämlich *androiddebugkey*. Klicken Sie mit der rechten Maustaste, und wählen Sie View Certificate Chain, um sich die

Details des Debug-Zertifikats anzusehen (siehe Abbildung 4.18). Eines davon ist das Verfallsdatum (Valid Until).

Tragen Sie sich den Termin im Kalender ein: An diesem Tag werden Sie ein neues Debug-Zertifikat benötigen. Löschen Sie dazu einfach die Datei *debug.keystore*. Das AS erzeugt automatisch eine neue.

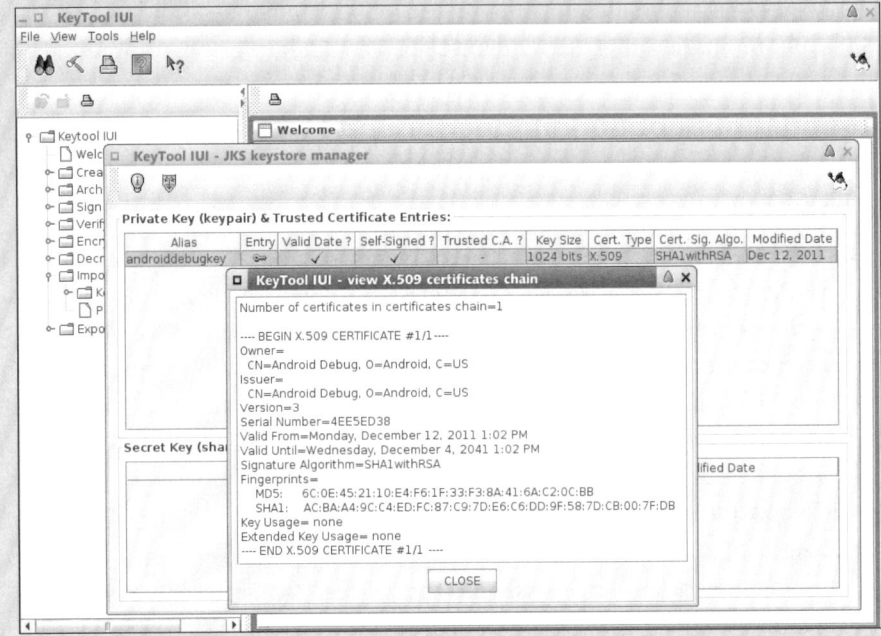

Abbildung 4.18 Die Details des Debug-Zertifikats verraten Ihnen, wann es abläuft – dieses hier ist allerdings ein vergleichsweise langlebiges Exemplar.

Zwei Zertifikate, eine App?

Zur Sicherheit erlaubt Android nicht, eine App, die mit Zertifikat A signiert ist, mit einer identischen App (d. h. mit dem gleichen Paketnamen) zu überschreiben, die mit Zertifikat B signiert ist. Falls Sie also Ihre App mit Debug-Zertifikat installiert haben, können Sie sie nicht mit jener überschreiben, die Sie mit Ihrem endgültigen Zertifikat signiert haben. Sie müssen die App vorher deinstallieren.

Dasselbe Problem tritt sogar mit zwei verschiedenen Debug-Zertifikaten auf. Falls Sie mit zwei AS-Installationen auf zwei Rechnern arbeiten, kann die vom ersten AS erzeugte APK-Datei nicht mit der aus dem anderen überschrieben werden, weil jede beim ersten Benutzen ein eigenes Debug-Zertifikat generiert hat.

Kapitel 5
Ein Spiel entwickeln

»Eigentlich mag ich gar keine Pixel.«
Pac-Man

Wenn Sie gelegentlich mit öffentlichen Verkehrsmitteln unterwegs sind, wird Ihnen die hohe Anzahl der Pendler aufgefallen sein, die konzentriert auf ihr Handy starren, anstatt die schöne Aussicht zu genießen. Manch einer chattet, liest seine E-Mails oder ist in irgendeinem sozialen Netzwerk unterwegs, andere mögen tatsächlich noch etwas Antikes wie eine SMS verfassen – aber eine ganze Reihe Menschen nutzt die Zeit im Zug, um zu spielen. Smartphones machen es möglich.

Nicht nur dem Anwender, sondern auch dem Entwickler machen Spiele mehr Spaß. Aus diesem Grund lernen Sie die weiteren Schritte der Android-Programmierung anhand eines Spiels.

Wir beginnen mit einem recht simplen Game, aber in jedem Kapitel fügen Sie weitere Funktionen hinzu, bis das Resultat Ihre Mitmenschen in Staunen versetzt – jedenfalls wenn sie hören, dass Sie es programmiert haben, obwohl Sie vor ein paar Tagen vielleicht noch gar kein Java konnten.

5.1 Wie viele Stechmücken kann man in einer Minute fangen?

Gehören Sie ebenfalls zu den bevorzugten Getränken der Insektenfamilie namens Culicidae? Meine Frau hat gut reden, wenn ich mitten in der Nacht das Licht anschalte, um auf die Jagd nach einem summenden Vampir zu gehen: *Ihr* Blut schmeckt den Mistviechern ja nicht.

Es wird Zeit für eine fürchterliche Rache. Millionen Mücken sollen künftig zerquetscht werden, um der Gerechtigkeit Genüge zu tun. Und zwar auf den Bildschirmen Ihrer Handys, liebe Leser. Gut, die Mücken sind nicht echt, die App ist nur ein Spiel. Aber es verschafft mir Genugtuung.

5.1.1 Der Plan

Wie soll das Spiel funktionieren? Stellen Sie sich vor, dass Sie auf dem Handybildschirm kleine Bilder von Mücken sehen. Sie tauchen auf und verschwinden, und es sind viele. Treffen Sie eine mit dem Finger, bevor sie verschwindet, erhalten Sie einen Punkt. Sobald Sie eine geforderte Anzahl an Punkten erreicht haben, ist die Runde vorbei – spätestens aber nach einer Minute. In dem Fall heißt es »Game Over«: Sie haben verloren. Ansonsten geht das Spiel mit der nächsten, schwierigeren Runde weiter.

Vermutlich haben Sie jetzt eine ganze Menge Ideen: Die Mücken könnten sich bewegen, man könnte einen Highscore speichern, oder jedes zerquetschte Insekt könnte ein lustiges Geräusch von sich geben. Solche Ideen sind wunderbar – machen Sie sich Notizen für später. Denn die Grundversion des Spiels zu bauen, ist als erster Schritt Herausforderung genug. Halten Sie sich vor Augen, welche Elemente und Fähigkeiten die Mücken-App haben muss:

- zwei verschiedene Layouts: einen Startbildschirm und das eigentliche Spiel
- Bilder von Mücken an zufälligen Stellen anzeigen und verschwinden lassen
- den berührungsempfindlichen Bildschirm verwenden, um festzustellen, ob der Spieler eine Mücke getroffen hat
- eine Zeitanzeige rückwärts laufen lassen bis zum »Game Over«

Das klingt überschaubar, nicht wahr? Es ist eine wichtige Regel für Projekte in der Informationstechnologie, größere Aufgaben in kleinere zu unterteilen und diese der Reihe nach anzugehen. Nehmen Sie sich am Anfang nie zu viel vor, denn kleine Schritte bringen schneller Erfolge, und Sie verlieren nicht so leicht den Überblick. Bereit? Möge die Jagd beginnen.

5.1.2 Das Projekt erzeugen

Als ersten Schritt legen Sie in Android Studio ein neues Android-Projekt an, indem Sie die gleichen Schritte durchführen wie zu Anfang des letzten Kapitels.

Nennen Sie das Projekt nicht *Mückenmassaker*, denn ein Umlaut ist an dieser Stelle unerwünscht. *Mueckenmassaker* oder – falls es Ihnen aus irgendeinem Grund lieber sein sollte – *Mueckenfang* funktioniert (siehe Abbildung 5.1).

Verwenden Sie als MINIMUM SDK VERSION die API 15, also Android 4.0.3, es sei denn, Sie haben ein älteres Smartphone, und lassen Sie sich für den Anfang eine leere Activity namens `MueckenfangActivity` sowie ein Layout namens `main` erstellen. Achten Sie darauf, die Abwärtskompatibilität beim Erzeugen der Activity auszuschalten, um denselben Ausgangscode zu erhalten wie ich.

5.1 Wie viele Stechmücken kann man in einer Minute fangen?

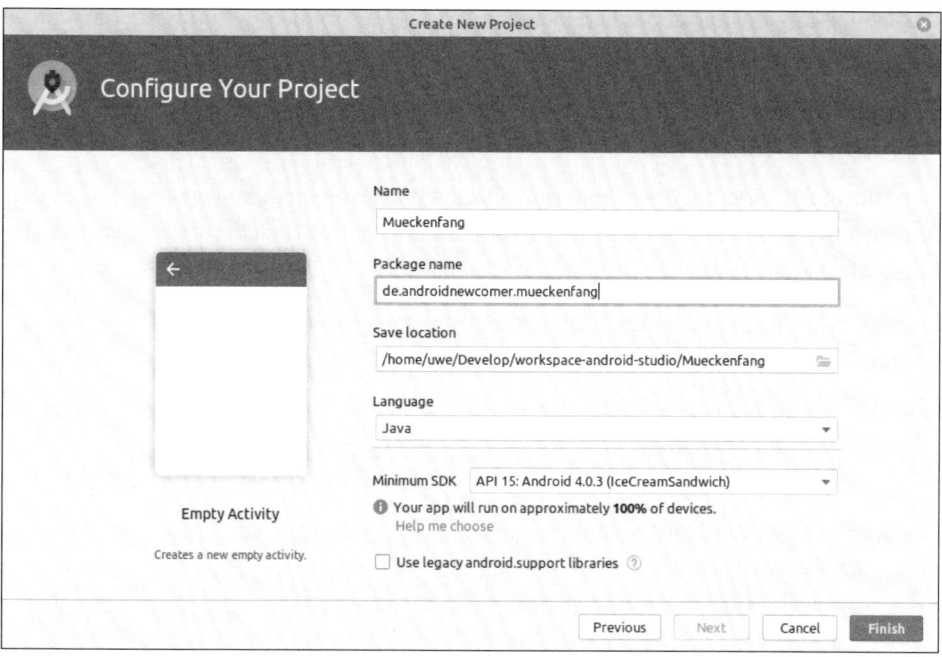

Abbildung 5.1 Der Mückenfang beginnt, bloß ohne Umlaute. Gehen Sie beim Wizard so vor wie im letzten Kapitel.

Werfen Sie einen Blick auf die Dateien, die der Wizard erzeugt hat. Wie schon bei Ihrer ersten App finden Sie den Quellcode Ihrer Activity, das Android-Manifest und Standard-Icons unter *res/mipmap*. Alles andere ist bis auf Weiteres uninteressant.

Nun sieht Ihre Mueckenfang-Klasse anfangs wie folgt aus:

```
package de.androidnewcomer.mueckenfang;

import ...

public class MueckenfangActivity extends AppCompatActivity {
    @Override
    protected void onCreate(Bundle savedInstanceState) {
        super.onCreate(savedInstanceState);
        setContentView(R.layout.main);
    }
}
```

Das ist der karge Anfang. Denken Sie daran zurück, wenn Sie die App fertig haben und die ersten Mücken erlegen!

5.1.3 Layouts vorbereiten

Der Android-Wizard hat unter anderem eine Layout-Datei *main.xml* erzeugt. Dieses Layout wird später den Startbildschirm des Spiels definieren. Zunächst aber ändern Sie das `ConstraintLayout` in ein vertikales `LinearLayout`:

```
<LinearLayout xmlns:android="http://schemas.android.com/apk/res/android"
  xmlns:tools="http://schemas.android.com/tools"
  android:layout_width="match_parent"
  android:orientation="vertical"
  android:layout_height="match_parent" tools:context=".MueckenfangActivity">
  <TextView android:text="@string/hello_world"
    android:layout_width="wrap_content"
    android:layout_height="wrap_content" />
</LinearLayout>
```

Die Dependency `constraint-layout` können Sie aus dem Build-Skript unter *app/build.gradle* entfernen. Öffnen Sie das Layout *main.xml*, und fügen Sie einen Button mit der Aufschrift START hinzu (siehe Abschnitt 4.3, »Benutzeroberflächen bauen«). Da Sie dabei ohnehin die *strings.xml* bearbeiten müssen, ändern Sie den »Hello World«-Text in »Willkommen beim Mückenfang«. Falls AS Probleme mit der Design-Ansicht hat, starten Sie es mit FILE • INVALIDATE CACHES AND RESTART neu. Bei frisch angelegten Projekten ist das leider manchmal nötig.

5.1.4 Die »GameActivity«

Aus dem Spielkonzept geht hervor, dass Sie zwei Screens benötigen: Zunächst den Hauptbildschirm, der den Spieler begrüßt, ihm vielleicht das Spiel erklärt und natürlich einen START-Button bietet. Verwenden Sie die vom Wizard erzeugte `MueckenfangActivity` als Basis dafür, denn diese Activity ist im Android-Manifest bereits als Start-Activity definiert. Das ist genau das gewünschte Verhalten: Wenn der Spieler das App-Icon antippt, gelangt er in den Hauptbildschirm.

Der zweite Screen wird das eigentliche Spiel darstellen. Dazu benötigen Sie eine zweite Activity, für die sich der Name `GameActivity` anbietet. Wählen Sie im Menü FILE • NEW • ACTIVITY • EMPTY ACTIVITY und lassen Sie das Layout *game.xml* gleich mit erzeugen.

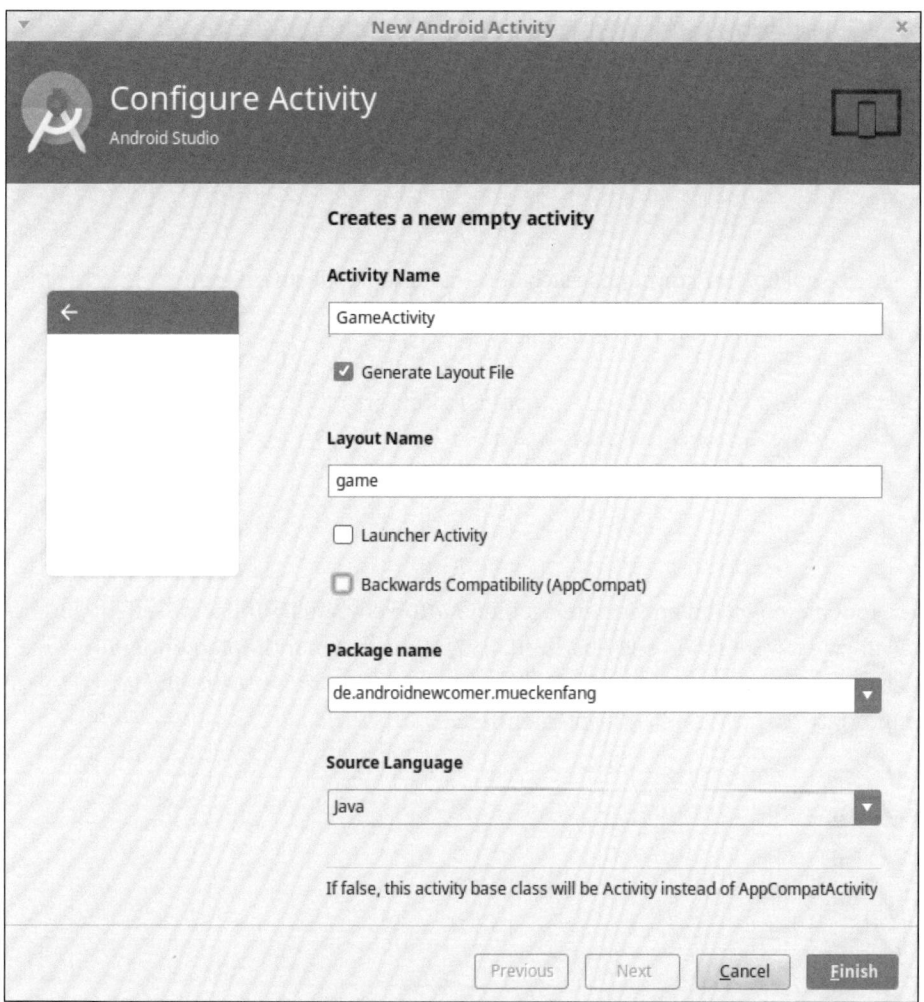

Abbildung 5.2 Erzeugen Sie eine neue Activity namens »GameActivity«.

Backwards Compatibility

Der Wizard zum Erzeugen einer neuen Activity zeigt Ihnen eine Checkbox, die mit BACK-WARDS COMPATIBILITY beschriftet ist. Wenn Sie diese anschalten, erbt die erzeugte Klasse von AppCompatActivity statt von Activity, genau wie die MainActivity, die vom New-Project-Wizard erzeugt wird. Unsere Beispiel-Apps benötigen die Rückwärtskompatibilität nicht, da sie keine dafür kritischen Funktionen verwenden. Trotzdem verwenden alle Klassen die AppCompatActivity, weil dies ohnehin für die erste vom New-Project-Wizard erzeugte Activity seit AS 3.3 unvermeidbar ist.

Beachten Sie, dass die `AppCompatActivity` in der *build.gradle* einen passenden Dependency-Eintrag benötigt, den der Wizard automatisch hinzufügt:

```
dependencies {
  ...
    implementation 'com.android.support:appcompat-v7:28.0.0'
}
```

Im neuen Codefenster können Sie sich den erzeugten Code anschauen:

```
public class GameActivity extends AppCompatActivity {
  @Override
  protected void onCreate(Bundle savedInstanceState) {
    super.onCreate(savedInstanceState);
    setContentView(R.layout.game);
  }
}
```

Im Layout *main.xml* haben Sie bereits einen Button eingefügt, und wie Sie den Klick behandeln, wissen Sie schon aus Abschnitt 4.4.2, »Den ›Listener‹ implementieren«. Fügen Sie also eine Methode `onClick()` in die Klasse `MueckenfangActivity` ein, und lassen Sie sie das Interface `OnClickListener` implementieren:

```
public class MueckenfangActivity extends AppCompatActivity implements
OnClickListener {
    ...
    @Override
    public void onClick(View v) {
    }
}
```

Sorgen Sie nun dafür, dass diese Methode die `GameActivity` startet, indem Sie darin die Methode `startActivity()` aufrufen:

```
startActivity(new Intent(this, GameActivity.class));
```

Diese Zeile wirkt nur auf den ersten Blick etwas unübersichtlich. Das `Intent`-Objekt, das Sie als Parameter übergeben müssen, definiert, welche Klasse Android für die zu startende Activity verwenden soll. Mit solchen `Intent`-Objekten lässt sich noch eine ganze Menge mehr anstellen – ich werde später darauf zurückkommen.

Beachten Sie, dass dieser Aufruf zwar die GameActivity startet, aber die aktuelle Activity *nicht beendet*. Sie können daher später mit der Zurück-Taste am Gerät von der GameActivity in die MueckenfangActivity zurückkehren. Es gibt durchaus die Möglichkeit, eine Activity zu beenden (mit der Methode finish()), allerdings ist das Standardverhalten im Sinne unseres Spiels.

Verbinden Sie als Nächstes in der onCreate()-Methode den Button mit der Activity (siehe ebenfalls Abschnitt 4.4.2):

```
Button button = findViewById(R.id.button);
button.setOnClickListener(this);
```

Auf diese Weise ist die Activity als OnClickListener beim Button angemeldet. Wird der Button gedrückt, führt Android die onClick()-Methode in der MueckenfangActivity aus.

Der Code der MueckenfangActivity sieht damit wie folgt aus:

```
package de.androidnewcomer.mueckenfang;
import android.support.v7.app.AppCompatActivity;
import android.content.Intent;
import android.os.Bundle;
import android.view.View;
import android.view.View.OnClickListener;
import android.widget.Button;

public class MueckenfangActivity extends AppCompatActivity implements
OnClickListener {
    @Override
    public void onCreate(Bundle savedInstanceState) {
        super.onCreate(savedInstanceState);
        setContentView(R.layout.main);
        Button button = findViewById(R.id.button);
        button.setOnClickListener(this);
    }

    @Override
    public void onClick(View v) {
        startActivity(new Intent(this,GameActivity.class));
    }
}
```

Werfen Sie zum Schluss einen Blick ins Android-Manifest, wo der New-Activity-Wizard Ihre neue Activity bereits angemeldet hat:

```
<activity android:name=".GameActivity" />
```

Prüfen Sie, ob Tippfehler irgendwo rote Fehlersymbole verursachen. Ist dies nicht der Fall, starten Sie die App mit einem Rechtsklick auf das Projekt und dem Befehl RUN AS ... ANDROID APPLICATION – entweder im Emulator oder auf einem angeschlossenen Smartphone. Falls doch Fehler auftreten, blättern Sie zu Abschnitt 3.6, »Fehlersuche«, zurück, und vergleichen Sie den Code im Buch mit Ihrem eigenen. Denken Sie daran, dass auch unscheinbare Dinge wie ein Komma, das eigentlich ein Punkt sein soll (oder umgekehrt), zu Fehlern führen.

Bislang ist von einem Spiel nichts zu sehen: Sie können mit dem START-Button zum leeren Game-Screen wechseln und mit der ZURÜCK-Taste wieder zurück. Es wird Zeit, die Leere der vorgefertigten Layouts gegen etwas Ansehnlicheres auszutauschen: Grafiken.

5.2 Grafiken einbinden

Die grafischen Elemente der ersten Version der Mückenjagd sind überschaubar: Sie benötigen offensichtlich ein Bild von einer Mücke.

5.2.1 Die Mücke und der Rest der Welt

Je nach Zeichentalent oder Ihrer Geduld, Insekten mit Makroobjektiven aufzulauern, können Sie unterschiedliche Grafiken verwenden. Kommen Sie bitte nicht auf die Idee, das nächstbeste Bild aus der Google-Bildersuche zu kopieren: Die Bilder sind fast immer urheberrechtlich geschützt. Für die Mückenjagd ist das weniger relevant, weil Sie diese kaum in Google Play veröffentlichen werden, aber bei Ihren eigenen Spielideen müssen Sie in dieser Hinsicht vorsichtig sein.

Wenn Sie Ihr Zeichentalent ausprobieren wollen, empfehle ich Ihnen das Vektorgrafikprogramm Inkscape (*https://inkscape.org/de/*), das für alle Betriebssysteme frei verfügbar ist. Mit wenigen Mausklicks zeichnen Sie die wesentlichen Körperteile des fraglichen Insekts (siehe Abbildung 5.3).

Speichern Sie die Grafik nicht nur im Vektorformat SVG, sondern exportieren Sie sie auch als PNG in einer Auflösung von etwa 50 × 50 Pixeln. Alternativ können Sie meinen Entwurf verwenden, den Sie im Download-Angebot (*www.rheinwerk-verlag.de/5168*) in *projekte/Mueckenfang1/verschiedenes* finden. Übrigens empfehle ich Ihnen, für nebenbei anfallende Dateien wie die Vektordatei einen Ordner *verschiedenes* im Projektverzeichnis zu erstellen. So haben Sie immer alle relevanten Dateien griffbereit.

Speichern Sie die Pixeldatei *muecke.png* (ohne Umlaute!) im Verzeichnis *drawable*. Wir verwenden zunächst nicht die auflösungsabhängigen *mipmap*-Verzeichnisse.

Duplizieren Sie die Datei *muecke.png*, und nennen Sie die Kopie *icon.png*. Wir werden sie später als Launcher-Icon verwenden.

Mücken zu fangen, macht auf einem einfarbigen Bildschirm wenig Spaß. Natürlich könnten Sie auch für den Hintergrund eine Zeichnung verwenden. Alternativ schießen Sie einfach ein Foto mit der ins Handy eingebauten Kamera (hochkant). Skalieren Sie das Foto auf 640 Pixel Breite und 800 oder 854 Pixel Höhe (je nach Seitenverhältnis Ihrer Kamera und Auflösung Ihres Handybildschirms). Speichern Sie das Bild als *hintergrund.jpg* im *drawable*-Verzeichnis.

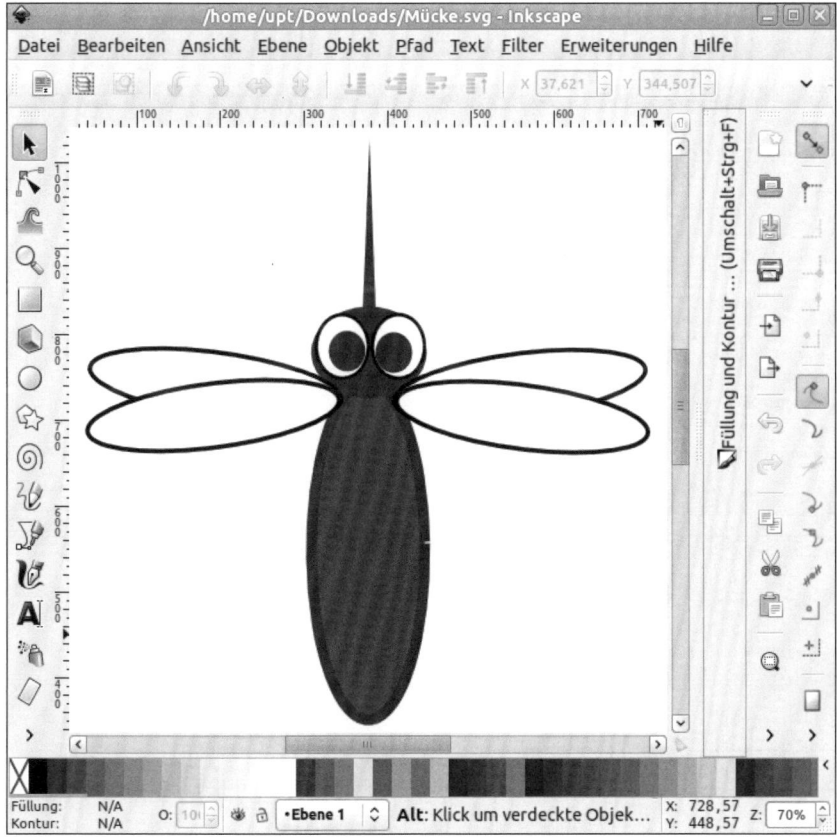

Abbildung 5.3 Entwerfen Sie Ihre Mücke z. B. mit Inkscape, wenn Sie mit dem Makroobjektiv keinen Erfolg haben.

5.2.2 Grafiken einbinden

Nun sind die Hintergrundgrafik sowie die Mücke Teil Ihres Projekts. Im nächsten Schritt bauen Sie die Bilder in die Layouts ein. Beginnen Sie mit der Datei *main.xml*: Öffnen Sie das Layout, und klicken Sie mit der linken Maustaste auf das LinearLayout. Suchen Sie unter ATTRIBUTES (nach einem Klick auf VIEW ALL ATTRIBUTES) BACKGROUND, und es erscheint ein Auswahldialog, der unter anderem die dem Projekt bekannten DRAWABLE-Ressourcen auflistet (siehe Abbildung 5.4). Das sind ziemlich viele, weil Android eine Menge Standardressourcen bereitstellt.

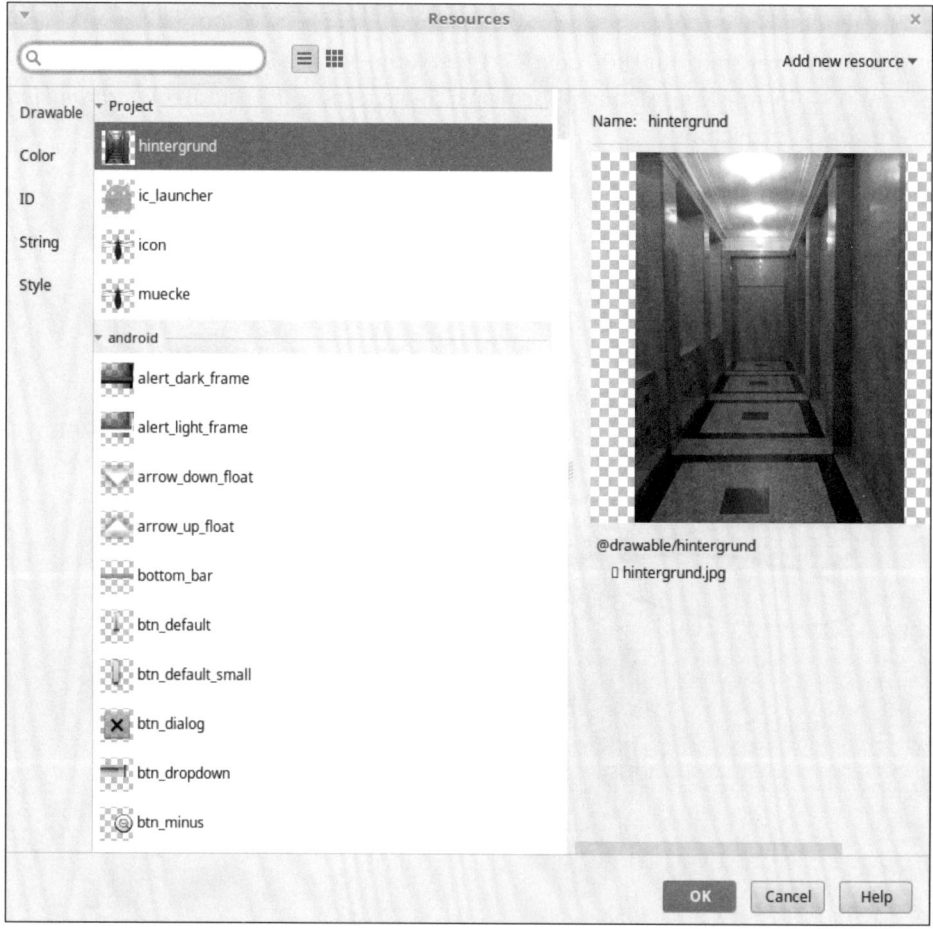

Abbildung 5.4 Im »Reference Chooser« wählen Sie die richtige Grafik aus.

In diesem Fall ist HINTERGRUND offensichtlich die richtige Wahl. Fertig: In der Vorschau ist Ihr Foto zu sehen.

Fügen Sie als Nächstes aus der Palette eine ImageView zwischen TextView und dem Start-Button ein. Suchen Sie das Attribut src, und wählen Sie die Mücke aus. Verschönern Sie den Bildschirm weiter, indem Sie die Breite der TextView auf wrap_content ändern und als textSize den Wert 24sp eintippen. Dabei steht sp für *scale-independent pixels*. Diese Einheit sorgt dafür, dass die Schrift auf allen Geräten im Verhältnis zu anderen Elementen gleich groß ist – egal wie hoch die physikalische Auflösung des Bildschirms ist. Außerdem wird die vom Benutzer gewählte Font-Größe berücksichtigt. Ändern Sie die textColor auf eine beliebige Farbe, die sich von Ihrem Hintergrundbild gut abhebt. Versehen Sie schließlich die ImageView mit einem allseitigen Padding (Innenrand) von etwa 20dp, um Abstand zwischen der Mücke und den restlichen Elementen zu schaffen.

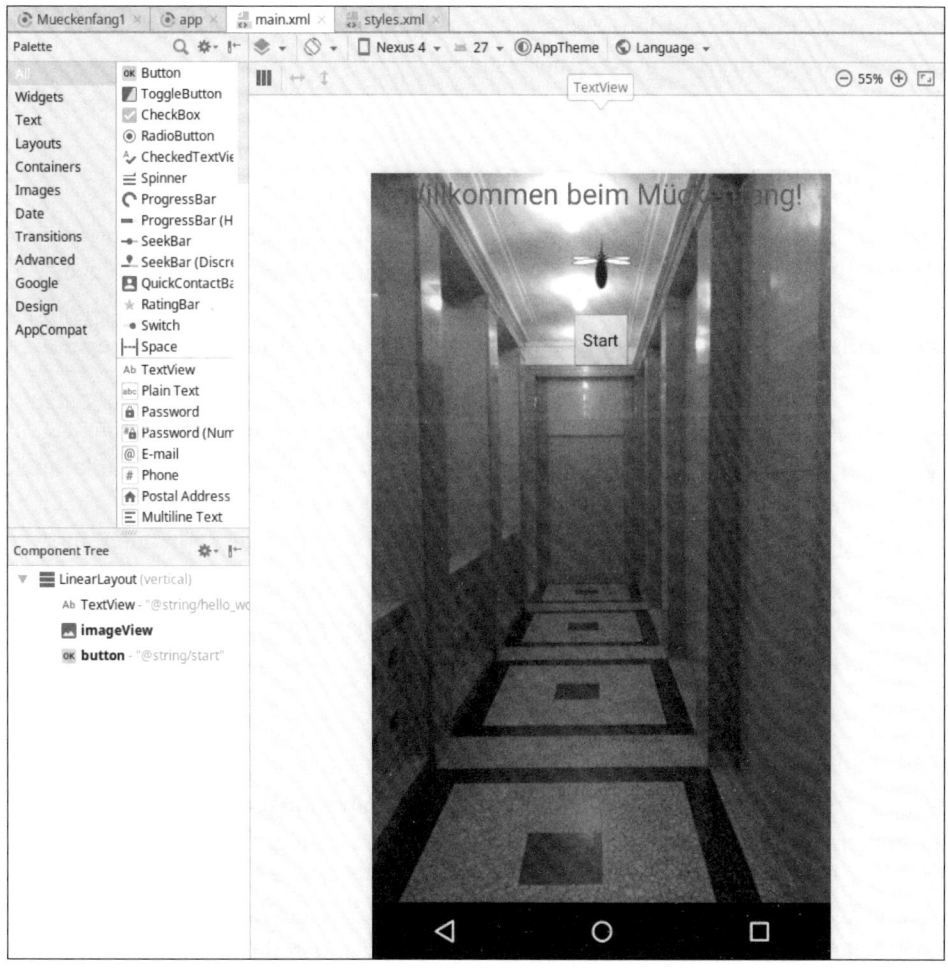

Abbildung 5.5 Basteln Sie bitte ein hübscheres Startscreen-Layout als ich.

Der Standardbildschirm hat eine Breite von 320 dp-Bildpunkten, daher ergibt ein Rand von 20 ein brauchbares Erscheinungsbild. Die Einheit dp steht für *device-independent pixels* und ähnelt der Einheit sp, berücksichtigt allerdings nicht die benutzerspezifische Font-Größe. Folglich verwenden Sie sp immer bei TextSize-Angaben und dp bei allen anderen. All diese Einstellungen nehmen Sie entweder über die ATTRIBUTES-View oder direkt im XML-Code vor. Experimentieren Sie mit den verschiedenen Einstellungen, bis Ihnen der Screen gefällt (siehe Abbildung 5.5).

Zum Schluss ordnen Sie dem Layout *game.xml* ebenfalls Ihr Hintergrundbild zu. Wenn Sie möchten, können Sie natürlich zwei verschiedene Bilder verwenden, die Sie mit unterschiedlichen Dateinamen versehen.

Probieren Sie Ihre App auf dem Handy aus, und kochen Sie sich frischen Kaffee oder Tee, bevor die Arbeit am eigentlichen Spiel beginnt.

5.3 Die Game Engine

Vielleicht spielen Sie gelegentlich Brettspiele – egal ob Schach, Siedler von Catan oder Monopoly: Alle Spiele haben eine wichtige Gemeinsamkeit, nämlich die Spielregeln. Üblicherweise sind diese in Schriftform beigelegt, oder alle Teilnehmer haben sie im Kopf, weil sie übersichtlich und leicht zu behalten sind (im Fall von Schach). Ohne Regeln wäre ein Spiel sinnlos.

Bei Brettspielen sind die Mitspieler selbst dafür zuständig, auf die Einhaltung der Regeln zu achten. Bei Computerspielen funktioniert das nicht, weil ein Teil der Spielfunktionen (manchmal sogar die Mitspieler) aus Software besteht. Deshalb ist es von entscheidender Bedeutung, dass die Spielregeln vollständig im Programmcode vorhanden sind.

Da der Computer üblicherweise auch noch die Darstellung der Spielutensilien übernimmt, ist es nötig, die Regeln und die Bildschirmausgabe zu koppeln. Um all das kümmert sich eine Game Engine.

5.3.1 Aufbau einer Game Engine

Auf den ersten Blick mag es sinnvoll erscheinen, die Game Engine als eigene Java-Klasse zu implementieren. Je nach Komplexität eines Spiels genügt allerdings eine einzige Klasse nicht – Sie benötigen ein ganzes Package. Bei einfachen Android-Spielen wie der Mückenjagd, die noch dazu sehr eng an die grafische Darstellung gebunden sind, ist es oft möglich, die Game Engine in einer Activity-Klasse unterzubringen. In unserem Fall wäre das die Klasse GameActivity.

Welche Komponenten benötigt eine Game Engine? Überlegen Sie zunächst, welche Attribute nötig sind, um den jeweils aktuellen Zustand des Spiels zu beschreiben:

- Nummer der laufenden Runde (beginnend mit 1)
- Anzahl zu fangender Mücken in der laufenden Runde
- Anzahl schon gefangener Mücken in der laufenden Runde
- Anzahl erzielter Punkte
- verbleibende Zeit für die laufende Runde (zu Beginn jeder Runde, beginnend bei 60 Sekunden)

Halten Sie sich vor Augen, dass Sie vermutlich jedes dieser Attribute in Ihrer Klasse wiederfinden werden.

Schließlich überlegen Sie, welche Methoden erforderlich sind, um Spielereignisse und Aktionen des Spielers auszuführen:

- ein neues Spiel starten
- eine neue Runde starten
- den Bildschirm aktualisieren
- die verbleibende Zeit herunterzählen
- prüfen, ob das Spiel vorbei ist
- eine Mücke anzeigen
- eine Mücke verschwinden lassen
- das Treffen einer Mücke mit dem Finger verarbeiten
- »Game Over«

Sie können sich schon denken, dass für jeden Punkt in dieser Liste eine Methode in Ihrer Game Engine erforderlich ist. Auf den ersten Blick sieht das nach einer ganzen Menge Arbeit für ein so einfaches Spiel aus, und damit liegen Sie nicht ganz falsch.

Bedenken Sie jedoch, dass Ihrem Spielcomputer selbst die simpelsten und selbstverständlichsten Regeln (»treffe ich eine Mücke, verschwindet sie, und ich erhalte einen Punkt«) fremd sind. Sie müssen jede Kleinigkeit explizit programmieren. Dass Sie sich zum jetzigen Zeitpunkt bereits eine Menge Gedanken gemacht haben, wird Ihnen beim Programmieren viel Zeit sparen. Denn die meisten Programmzeilen werden sich fast von allein ergeben. Lassen Sie uns zunächst aufschlüsseln, was in jeder der Methoden geschehen muss.

5.3.2 Ein neues Spiel starten

Die Methode zum Start eines neuen Spiels wird offensichtlich aufgerufen, wenn der Benutzer auf den START-Button drückt. Überlegen Sie, welche Attribute gesetzt werden müssen:

- laufende Runde = 0 (Sie werden gleich sehen, warum wir 0 verwenden und nicht 1)
- Anzahl erzielter Punkte = 0
- eine neue Runde starten

Beachten Sie, dass »eine neue Runde starten« für jede Runde gleichermaßen funktionieren soll. Es gibt keine separate Methode »erste Runde starten«. Folglich sieht die Methode zum Starten eines neuen Spiels sehr übersichtlich aus:

```
private void spielStarten() {
    spielLaeuft = true;
    runde = 0;
    punkte = 0;
    starteRunde();
}
```

Abgesehen von `spielLaeuft` entsprechen die Zeilen genau den oben aufgezählten Dingen, die wir erledigen müssen. Aufgerufen wird die Methode am Ende von `onCreate()`, also ziemlich genau dann, wenn die Activity auf dem Bildschirm erscheint.

Sie vermissen vielleicht die anderen Attribute. Aber um die kümmert sich die nächste Methode. Überlegen Sie immer genau, an welcher Stelle eine Aktion auszuführen ist. Oft können Sie so redundanten Programmcode vermeiden. Beispielsweise wäre es nicht falsch, in dieser Methode die Anzahl schon gefangener Mücken auf 0 zu setzen. Da dies aber in jeder Runde geschehen muss und nicht bloß am Anfang des Spiels, genügt es, den Code in die Rundenstart-Methode zu schreiben. Und zu der kommen wir als Nächstes.

5.3.3 Eine Runde starten

Welche Aktionen sind beim Start einer Runde nötig? Beachten Sie, dass diese Methode sowohl für die *erste* als auch für *jede weitere* Runde funktionieren muss, und zwar möglichst ohne komplizierte Spezialbehandlung:

- Nummer der laufenden Runde um 1 erhöhen (Jetzt verstehen Sie, warum dieses Attribut beim Spielstart auf 0 gesetzt wird, nicht wahr? Halten Sie sich vor Augen, dass diese einfache Zeile dank dieses Tricks in jeder weiteren Runde gleichermaßen funktioniert!)

- Anzahl der zu fangenden Mücken in dieser Runde auf einen bestimmten Wert setzen, der in jeder Runde immer größer wird, zum Beispiel: 10, 20, 30 ..., also das Zehnfache der Nummer der Runde
- Anzahl der schon gefangenen Mücken in dieser Runde = 0
- verbleibende Zeit für die laufende Runde = 60 Sekunden
- den Bildschirm aktualisieren

Auch in dieser Methode finden Sie keine höhere Magie. Je komplizierter ein Spiel ist, umso kniffliger ist es allerdings, sich die richtigen Operationen zu überlegen. Manchmal liegen Sie mit Ihrem ersten Versuch daneben. Das macht nichts, denn im Gegensatz zu einem Brettspiel, das Sie vielleicht plötzlich mit Flughäfen anstelle von Bahnhöfen bedrucken müssten, bedarf es nur weniger Änderungen am Programmcode, um ein ganz unterschiedliches Verhalten des Spiels zu erreichen.

Die Methode wird wie folgt aussehen:

```
private void starteRunde() {
    runde = runde +1;
    muecken = runde * 10;
    gefangeneMuecken = 0;
    zeit = 60;
    bildschirmAktualisieren();
}
```

Sie sehen, dass diese Methode die erste ist, die mit dem Bildschirm interagiert. Werfen wir als Nächstes einen genaueren Blick darauf, was der Spieler zu sehen bekommt.

5.3.4 Den Bildschirm aktualisieren

Schließen Sie die Augen (oder starren Sie auf ein leeres Blatt Papier), um sich vorzustellen, wie der Spielbildschirm aussehen soll. Natürlich nimmt die Fläche, auf der die Mücken erscheinen, den größten Raum ein. Davon abgesehen möchte der Spieler aber ständig einige Informationen sehen können:

- aktuelle Punktzahl
- Nummer der aktuellen Runde
- Anzahl gefangener und noch zu fangender Mücken
- verbleibende Zeit

Entscheiden Sie für jede der Informationen, wie wichtig sie ist und welches der beste Weg ist, sie dem Spieler zu vermitteln. Beispielsweise ist eine numerische Anzeige der verbleibenden Zeit gut und schön, aber im Eifer des Spiels allein nicht günstig. Viel praktischer ist ein Balken, der immer kürzer wird, bis die Zeit abgelaufen ist.

Ähnliches gilt für die Anzahl zu fangender Mücken: In einem Spiel, in dem es auf Tempo ankommt, sollte der Spieler keine Ziffern ablesen müssen. Wählen Sie also auch hier einen zusätzlichen Balken: Sobald eine Mücke gefangen wird, verlängert sich der Balken, bis er bei erfolgreichem Beenden der Runde die volle Bildschirmbreite erreicht hat.

Für den Anfang positionieren wir beide Balken vor unserem geistigen Game-Design-Auge am unteren Bildschirmrand, aber in verschiedenen Farben. Die aktuelle Punktzahl und die laufende Runde können prima am oberen Rand in der linken und der rechten Ecke erscheinen. Die Aufgabe der Methode wird es also sein, die korrekten Zahlen in die Layout-Elemente einzutragen und die Länge der Balken richtig zu setzen. Schreiten Sie zur Tat, und fügen Sie die nötigen Elemente in das Layout *game.xml* ein.

Derzeit besteht das Layout lediglich aus einem `LinearLayout`-Element mit vertikaler Aufteilung. Das ist ein brauchbarer Ausgangspunkt, aber um das gewünschte Design zu erhalten, müssen Sie weitere Layout-Elemente verschachteln.

Die obere Punktleiste soll eine Anzeige links und eine rechts enthalten. Das entspricht zwei `TextView`-Elementen, wobei ein Element eine LAYOUT GRAVITY (nicht Gravity!) `left` erhält und das andere `right`. Verwenden Sie ein `FrameLayout`, um die beiden `TextViews` zu umschließen, ohne dass sie einander in die Quere kommen.

Ziehen Sie als Erstes ein `FrameLayout` aus der Palette. Es wird sich am oberen Rand des Bildschirms anordnen. Pflanzen Sie zwei `TextViews` mit großer Schrift (LARGE TEXT) hinein, ändern Sie deren IDs auf `points` bzw. `round`, und setzen Sie bei der einen das Attribut LAYOUT GRAVITY auf `right`. Sie müssen keine Strings für diese `TextViews` erzeugen, denn die richtigen Zahlenwerte schreibt die Methode BILDSCHIRM AKTUALISIEREN später einfach direkt hinein. Setzen Sie schließlich den TEXT STYLE auf `bold`.

Androids Wizard hat übrigens möglicherweise ein Padding in Ihr `LinearLayout` eingetragen. Sie merken das daran, dass Elemente innerhalb dieses Layouts Ränder auf allen Seiten erhalten. Sie können die Paddings einfach in der ATTRIBUTES-View entfernen.

Ändern Sie die Farbe des Textes, sodass sie zu Ihrem Bildschirmhintergrund passt. Dort können Sie als TEXT COLOR einfach einen Hexadezimalwert (wie in HTML) eintragen, beispielsweise `#00FF00` für Grün, `#FF0000` für Rot oder `#0000FF` für Blau.

Bevor Sie sich um die Balken kümmern können, die am unteren Ende des Bildschirms erscheinen sollen, steht das eigentliche Spielfeld auf dem Programm, weil das große

LinearLayout-Element seine Kindelemente vertikal übereinander anordnet. In der Reihenfolge von oben nach unten ist nach den Elementen am oberen Rand das Spielfeld an der Reihe.

Fügen Sie dafür dem Wurzel-LinearLayout ein FrameLayout aus der Rubrik LAYOUTS hinzu, und stellen Sie das Attribut LAYOUT WEIGHT auf den Wert 1 (Sie können dazu auch das Icon mit der stilisierten Waage verwenden). Verpassen Sie diesem Element die ID spielbereich, denn dort werden später die Mücken erscheinen.

Farbressourcen

Sie werden oft in Apps dieselbe Farbe an mehreren Stellen verwenden wollen. Was geschieht, wenn Sie feststellen, dass Pink doch nicht die richtige Wahl war? Sie müssen in jedem einzelnen Element den Farbwert ändern.

Auf den ersten Blick umständlicher, am Ende aber wesentlich effizienter ist der Weg über eine Datei mit Farbressourcen. Darin definieren Sie Platzhalter für Farben, die von Layout-Elementen referenziert werden. Ändern Sie die Farbe dann noch in der Farbendatei, und alle Elemente übernehmen das automatisch.

Erzeugen Sie eine neue Farbendatei, indem Sie im Package Explorer die rechte Maustaste drücken und NEW • ANDROID RESOURCE FILE wählen. Geben Sie darin als Dateiname *colors.xml* an, und wählen Sie bei RESOURCE TYPE und DIRECTORY NAME bitte *values* (nicht etwa COLOR!).

Im XML-Code können Sie nun leicht Farben hinzufügen. Jeder Eintrag besteht aus einem Platzhalternamen für eine Farbe und einem HTML-Farbwert in der folgenden Form:

```
<color name="textColor">#d0d0ff</color>
```

Beachten Sie, dass für Platzhalter die üblichen Regeln gelten: keine Leerzeichen, keine Umlaute oder Sonderzeichen. Lediglich Ziffern und der Unterstrich sind erlaubt. Am besten verwenden Sie nur Kleinbuchstaben (siehe Abbildung 5.6).

Noch ein Wort zu den HTML-Farbcodes: Darin stehen jeweils zwei hexadezimale Ziffern für eine der Grundfarben Rot, Grün oder Blau. Ich kann Ihnen hier das hexadezimale Zahlensystem nicht erklären, aber es gibt im Netz (z. B. bei *www.htmlcolor-picker.com*) und in Programmen wie Inkscape, GIMP oder Photoshop einfache Möglichkeiten, den HTML-Code einer Farbe zu ermitteln.

Grundsätzlich sind auch achtstellige Farbcodes erlaubt. Die beiden zusätzlichen Ziffern stehen vor den anderen sechs und bestimmen die Alpha-Transparenz, wobei 00 für Unsichtbarkeit und FF für Sichtbarkeit steht. Mittlere Werte wie 88 erzeugen einen hübschen halbtransparenten Effekt, ohne den heutzutage keine visuelle Präsentation auskommt (sehen Sie nur ein paar Minuten fern, dann wissen Sie, was ich meine).

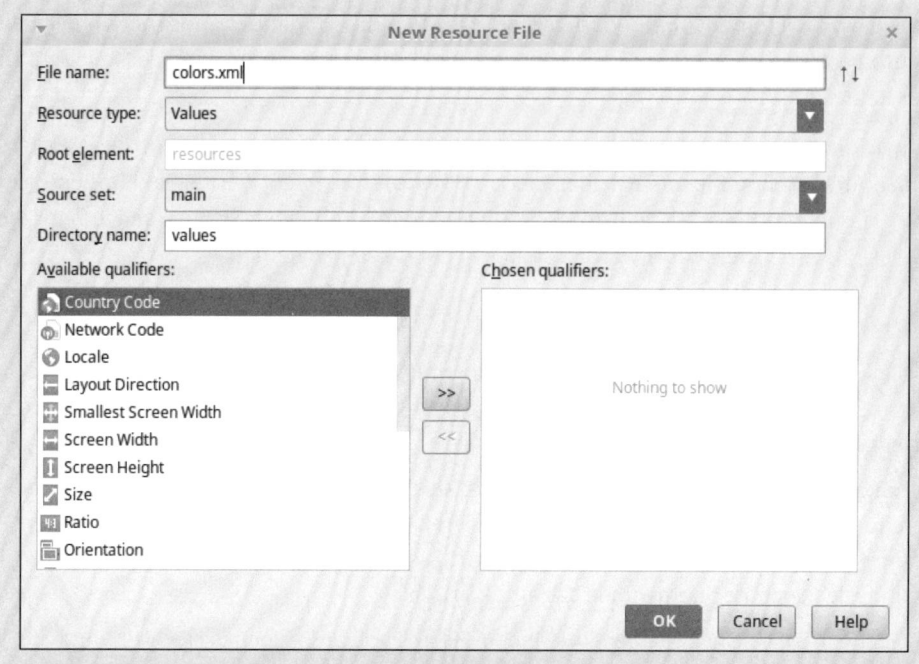

Abbildung 5.6 Erstellen Sie eine Resource-Datei für Farben.

Sobald Sie die Datei *colors.xml* gespeichert haben, stehen die eingetragenen Platzhalter im Resource Chooser zur Auswahl bereit, etwa wenn Sie ein Attribut wie Text Color ändern.

Kommen wir also zum unteren Bildschirmbereich. Dort positionieren Sie ein vertikales LinearLayout, das alle Balken und deren Beschriftungen übereinander darstellen wird. Setzen Sie zwei FrameLayouts hinein. Jedes erhält ein weiteres, inneres FrameLayout, das wir als Balken zweckentfremden (man könnte auch ein anderes Element verwenden). Stellen Sie die Attribute der inneren FrameLayouts wie folgt ein:

▶ Layout Gravity = center_vertical

▶ Layout Width = 50dp (diese Breite wird später vom Spiel verändert)

▶ Layout Height = 5dp

▶ Background = eine Farbe Ihrer Wahl

Legen Sie als ID des Balkens bar_hits bzw. bar_time fest.

Fügen Sie schließlich in jedes der beiden äußeren FrameLayouts eine TextView mit der Layout Gravity right ein, um einen Zahlenwert anzuzeigen. Setzen Sie deren IDs auf hits bzw. time, und verpassen Sie ihnen die passende Text Color.

Puh, geschafft: Wenn Ihr *game.xml*-Layout jetzt in etwa so aussieht wie meines (siehe Abbildung 5.7), können Sie den nächsten Schritt in Angriff nehmen.

Genug Layout-Gefummel – lassen Sie uns die Methode bildschirmAktualisieren() schreiben, die die Elemente mit den richtigen Werten füllt. Für die Punktzahl sieht das wie folgt aus:

```
private void bildschirmAktualisieren() {
    TextView tvPunkte = (TextView)findViewById(R.id.points);
    tvPunkte.setText(Integer.toString(punkte));
}
```

Wie üblich holen Sie sich also eine Referenz auf die betreffende View, in diesem Fall eine TextView. Deren Objektname (tvPunkte) ist beliebig; ich setze hier die Abkürzung tv der zugehörigen Klasse TextView davor, um nicht einem gleichnamigen Attribut in die Quere zu kommen.

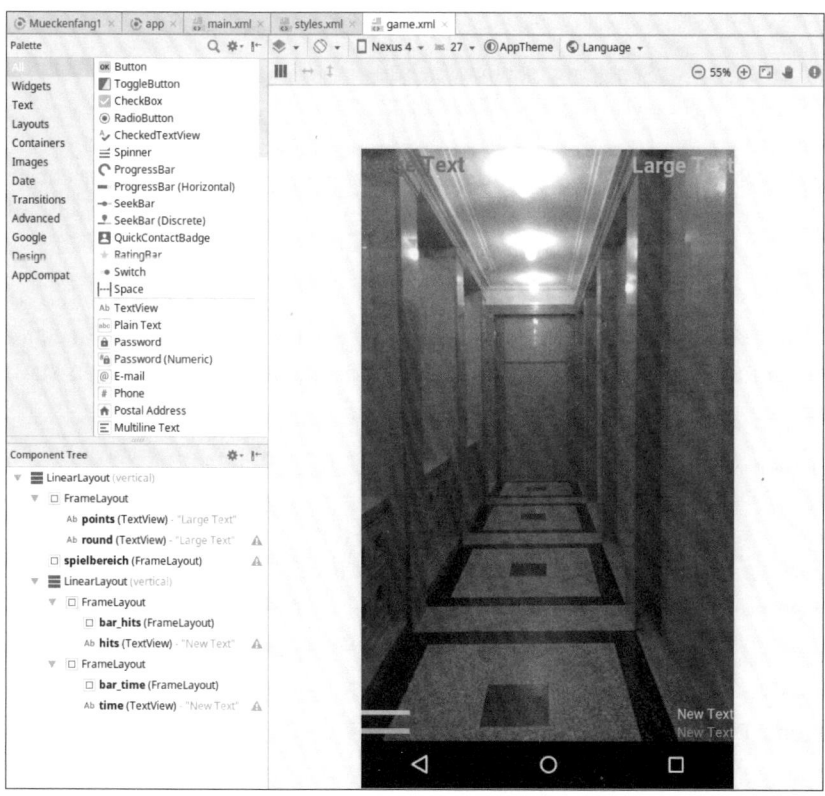

Abbildung 5.7 Achten Sie darauf, dass die Elemente in der »Component Tree«-View hierarchisch korrekt angeordnet sind.

Wichtig ist die explizite Umwandlung des `int`-Attributs `punkte` in einen String, denn eine `TextView` stellt immer Strings dar, selbst wenn diese nur aus Ziffern bestehen.

Füllen Sie in derselben Methode die Runde analog, indem Sie folgendermaßen weiterschreiben:

```
TextView tvRunde = (TextView)findViewById(R.id.round);
tvRunde.setText(Integer.toString(runde));
```

Die Zahl getroffener Mücken und die Restzeit funktionieren auf die gleiche Weise:

```
TextView tvTreffer = (TextView) findViewById(R.id.hits);
tvTreffer.setText(Integer.toString(gefangeneMuecken));
TextView tvZeit = (TextView) findViewById(R.id.time);
tvZeit.setText(Integer.toString(zeit));
```

Spannender werden die beiden Balken. Holen Sie sich zunächst die zugehörigen Objekte:

```
FrameLayout flTreffer = (FrameLayout)findViewById(R.id.bar_hits);
FrameLayout flZeit = (FrameLayout)findViewById(R.id.bar_time);
```

Offensichtlich besteht die Aufgabe jetzt darin, den beiden `FrameLayouts` die richtige Breite zu verpassen. Dazu müssen Sie allerdings ein wenig rechnen, denn die Maße sind in Bildschirmpixeln anzugeben, nicht in *device independant pixel* (`dp` oder `dip`) wie im Layout-Editor.

Um die Maße der Balken in Bildschirmpixeln zu ermitteln, müssen Sie die gewünschte dp-Breite mit der Pixeldichte des Bildschirms multiplizieren. Sie ermitteln diesen Maßstab aus dem `DisplayMetrics`-Objekt Ihrer App wie folgt:

```
massstab = getResources().getDisplayMetrics().density;
```

Da Sie diesen konstanten Wert an einer anderen Stelle noch einmal benötigen werden, schreiben Sie ihn am Ende der `onCreate()`-Methode in ein `private`-Attribut der Activity, das Sie in deren Kopfbereich hinzufügen:

```
private float massstab;
```

Kehren wir nun wieder zurück zur Methode `bildschirmAktualisieren()`:

Die Breite ist Teil der sogenannten Layout-Parameter der View. So holen Sie sich das zugehörige `LayoutParams`-Objekt:

```
LayoutParams lpTreffer = flTreffer.getLayoutParams();
```

Achten Sie beim Organisieren der Importe darauf, dass Sie an dieser Stelle nur View-Group.LayoutParams erwischen und keine der anderen existierenden Varianten.

Ändern Sie nun die Breite auf einen geeigneten Wert:

```
lpTreffer.width = Math.round( massstab * 300 *
  Math.min( gefangeneMuecken,muecken) / muecken );
```

Die statische Methode round() aus der Klasse Math liefert als Rückgabewert einen long, und das Resultat der Multiplikation des float massstab mit den anderen Werten ergibt wiederum einen float. Das Ergebnis hat immer den genauesten Typ, wenn Sie unterschiedliche Typen in eine Formel stecken. Math.min() ermittelt den kleineren der beiden Werte in Klammern und verhindert so, dass der Balken zu lang wird.

An der Formel in Klammern können Sie ablesen, dass der Balken anfangs die Länge 0 hat (weil gefangeneMuecken anfangs 0 ist), und wenn alle Mücken gefangen wurden, beträgt die Länge 300 dip. Da der ganze Bildschirm 320 dip Platz bietet, bleibt rechts noch genügend Raum für die numerische Anzeige.

> **Zur Erinnerung: statische Methoden**
>
> Methoden, die weder auf Attribute eines Objekts zugreifen noch auf andere Methoden, die das tun, funktionieren unabhängig von der Existenz des Objekts. Allein die Existenz der Klasse genügt.
>
> Sie können die Methode als static deklarieren und ohne vorhandenes Objekt verwenden – es genügt, anstelle eines Objektnamens den Klassennamen voranzusetzen.
>
> Häufigster Einsatzfall für statische Methoden sind Hilfsfunktionen, die mehrere Rechenschritte zusammenfassen und dabei nur auf einfache Eingabewerte angewiesen sind:
>
> ```
> class Math {
>    public static int min(int a, int b) {
>       if(a<b) {
>          return a;
>       }
>       return b;
>    }
> }
> ```
> So ähnlich könnte die Methode Math.min() implementiert sein.

Nun zum finalen Countdown: Bei 60 Sekunden Gesamtzeit pro Runde entspricht jede Sekunde 5 dip Balkenbreite (300 ÷ 60 = 5).

In Java-Code sieht das dann so aus:

```
LayoutParams lpZeit = flZeit.getLayoutParams();
lpZeit.width = Math.round( massstab * zeit * 300 / 60 );
```

(Ich habe absichtlich 300 / 60 statt 5 geschrieben; Sie werden später sehen, warum.)

Natürlich wollen Sie den Bildschirm nicht nur beim Start einer Runde aktualisieren, sondern mindestens jede Sekunde. Und das bringt uns zum nächsten Thema.

5.3.5 Die verbleibende Zeit herunterzählen

Wir werden später dafür sorgen, dass die Methode zum Herunterzählen der Zeit automatisch einmal pro Sekunde aufgerufen wird. Welche Aktionen muss diese Methode dann durchführen?

- die verbleibende Zeit um 1 verringern
- manchmal eine neue Mücke anzeigen
- falls eine Mücke lange genug angezeigt wurde, die Mücke entfernen
- den Bildschirm aktualisieren
- prüfen, ob die Runde vorbei ist
- prüfen, ob das Spiel vorbei ist

Hier geschieht eine ganze Menge mehr als nur der Ablauf eines Countdowns. Für das Anzeigen und Entfernen einer Mücke könnte man eine eigene Methode erfinden – das wäre nicht falsch, aber auch jene Methode müsste dann in regelmäßigen Abständen aufgerufen werden. Wir erledigen lieber alles an zentraler Stelle.

Nun bleiben noch zwei Details zu klären:

- Erstens: Wann verschwindet eine Mücke? Dazu werden wir jeder Mücke ihr »Geburtsdatum« mitgeben, um ihr »Alter« berechnen zu können. Überschreitet sie ein Alter von z. B. zwei Sekunden, fliegt sie satt und zufrieden mit dem Blut des Spielers fort.
- Zweitens: das »manchmal«. Wann genau muss eine neue Mücke erscheinen? Das ist die kniffligere Frage.

Die Mücken sollen nicht in kalkulierbaren Abständen, sondern zufällig erscheinen. Deshalb müssen wir mit Wahrscheinlichkeiten arbeiten. Wie groß ist also in jeder Sekunde die Wahrscheinlichkeit, dass wir eine Mücke anzeigen müssen?

Die Gesamtanzahl der Mücken geteilt durch die Dauer der Runde ist die gewünschte Wahrscheinlichkeit.

Überzeugen Sie sich anhand von vier Beispielen von der Richtigkeit dieser Überlegung:

- Bei zehn Mücken ist die Wahrscheinlichkeit 10/60, das ist ein Sechstel, also 16,7 %. Das entspricht der Wahrscheinlichkeit, mit einem sechsseitigen Würfel eine bestimmte Zahl zu werfen. Probieren Sie es aus: Würfeln Sie 60-mal. Sie werden ungefähr zehnmal sechs Augen werfen. Da unsere Methode jede Sekunde einmal aufgerufen wird, insgesamt also 60-mal, entspricht das genau unserem Ziel.
- Bei 20 Mücken ist die Wahrscheinlichkeit 20/60, also ein Drittel. Bei etwa jedem dritten Aufruf wird unsere Methode also eine Mücke erzeugen, das entspricht bei 60 Aufrufen den gewünschten 20 Stück.
- Bei 60 Mücken ist die Wahrscheinlichkeit 60/60, also 100 %. Bei jedem Aufruf wird eine Mücke erscheinen – macht 60 Stück.
- Bei 90 Mücken ist die »Wahrscheinlichkeit« 90/60, also 150 %. Wir müssen auf jeden Fall jede Sekunde eine Mücke zeigen und bei jedem zweiten Aufruf eine zweite.

Wie viele Mücken zeigen wir denn nun in jeder Runde an?

Auf diese Frage gibt es unterschiedliche Antworten, die eng mit dem Schwierigkeitsgrad des Spiels verknüpft sind. Nehmen wir zunächst den einfachsten Fall: Die Anzahl der Mücken, die der Spieler in einer Runde treffen muss, ist die vorgegebene Siegbedingung. Wir erlauben ihm Fehlschläge und zeigen daher 50 % mehr Mücken an, weil der Zufallsgenerator sonst manchmal nicht genug erzeugt.

Sie sehen, dass Sie beim Bau einer Game Engine um ein bisschen Mathematik nicht herumkommen. Gerade im Umgang mit dem Zufallsgenerator, der uns bevorsteht, ist außerdem große Vorsicht geboten, denn ein anständiges Gefühl für Wahrscheinlichkeiten liegt uns nicht in den Genen. Sonst würde nämlich kein Mensch Lotto spielen.

> **Spezialfälle**
>
> Ist Ihnen aufgefallen, dass eine Situation eintreten könnte, in der ein Spieler eine Runde unmöglich gewinnen kann, wenn die Mücken in immer gleichen Zeitintervallen erscheinen? Wenn beispielsweise erst fünf Mücken getroffen wurden, aber insgesamt zehn verlangt werden, wobei jedoch nur noch Zeit ist, um zwei anzuzeigen, ist die Runde unmöglich zu schaffen. Solche Sonderfälle können bei Spielregeln leicht auftreten, und manchmal dauert es eine Weile, bis man darauf kommt. Je früher man sich eine bessere Regel überlegt, desto besser.

> Es gibt zwei Möglichkeiten, mit dem genannten Fall umzugehen:
> - mehr Mücken anzeigen
> - sofortiges »Game Over«
>
> Solche Spezialfälle können Programmcode sehr kompliziert machen, und deshalb werden wir das für den Moment außen vor lassen. Wer nicht genug Mücken trifft, muss die Runde also zu Ende spielen, obwohl er vielleicht keine Chance mehr hat, sie zu gewinnen.

Greifen wir nun zum digitalen Würfel, einem sogenannten *Zufallsgenerator*. Auch dafür bietet Java selbstverständlich eine passende Klasse: Random.

Um einen Zufallsgenerator als privates Attribut einer Activity zu erzeugen, schreiben Sie einfach in den Kopfbereich der Klasse, wo schon die anderen Attribute deklariert werden:

```
private Random zufallsgenerator = new Random();
```

Ein solcher Generator ist nicht ganz so zufällig wie die Lottozahlen, aber für die meisten Zwecke ausreichend. Er liefert beispielsweise Kommazahlen von 0 bis 1 (aber nie genau 1), wenn man seine Methode nextFloat() aufruft:

```
float zufallszahl = zufallsgenerator.nextFloat();
```

Die Wahrscheinlichkeit, dass eine solche Zufallszahl kleiner als ein bestimmter Prozentwert ist, entspricht genau diesem Prozentwert.

Sprich: Die Bedingung zufallszahl < 0.5 trifft auf etwa 50 % der Zufallszahlen zu, zufallszahl < 1.0 immer (100 %) und zufallszahl < 0.0 nie (0 %). Das bedeutet für die neuen Mücken folgende einfache Bedingung:

```
if ( zufallszahl < muecken*1.5/60 ) {
    eineMueckeAnzeigen();
}
```

Die Multiplikation mit 1,5 entspricht der gewünschten Zugabe von 50 %, und die Division durch 60 ist die zeitliche Skalierung.

Hieraus können Sie sich ausrechnen, dass die Bedingung ab 60 / 1,5 gleich 40 Mücken immer erfüllt ist. Ab Runde 4 zeigen wir also schon in jeder Sekunde eine neue Mücke an.

In dem Fall müssen wir also manchmal zwei Mücken erzeugen! Schon wird es relativ kompliziert:

```
double wahrscheinlichkeit = muecken * 1.5f/60;
if ( wahrscheinlichkeit > 1 ) {
   eineMueckeAnzeigen();
   if ( zufallszahl < wahrscheinlichkeit - 1 ) {
      eineMueckeAnzeigen();
   }
} else {
   if ( zufallszahl < wahrscheinlichkeit ) {
      eineMueckeAnzeigen();
   }
}
```

Ist die berechnete »Wahrscheinlichkeit« größer als 1, wird zunächst auf jeden Fall eine Mücke angezeigt und dann mit um 1 verringerter Wahrscheinlichkeit eine weitere. Eine »Wahrscheinlichkeit« von 123 % erzeugt also eine Mücke plus in 23 % der Fälle eine weitere.

Die Methode sieht zunächst einmal wie folgt aus:

```
private void zeitHerunterzaehlen() {
   zeit = zeit -1;
   float zufallszahl = zufallsgenerator.nextFloat();
   double wahrscheinlichkeit = muecken * 1.5;
   if ( wahrscheinlichkeit > 1 ) {
      eineMueckeAnzeigen();
      if ( zufallszahl < wahrscheinlichkeit - 1 ) {
         eineMueckeAnzeigen();
      }
   } else {
      if ( zufallszahl < wahrscheinlichkeit ) {
         eineMueckeAnzeigen();
      }
   }
}
```

Ihnen wird auffallen, dass man bei verschachtelter Programmlogik leicht den Überblick verliert. Daher ist es wichtig, die Zeilen passend einzurücken. So können Sie mit einem Blick erkennen, welche Anweisungen zu welchem Programmzweig gehören.

Was fehlt noch?

Blättern Sie zurück zum Anfang des Kapitels, dort steht es: Mücken müssen verschwinden, der Bildschirm muss aktualisiert werden, und schließlich könnte die Runde oder das ganze Spiel vorbei sein.

Der besseren Übersicht halber erfinden Sie für all das jeweils eigene Methoden und rufen diese einfach am Ende von `zeitHerunterzaehlen()` der Reihe nach auf, sofern es nötig ist:

```
private void zeitHerunterzaehlen() {
    ...
    mueckenVerschwinden();
    bildschirmAktualisieren();
    if(!pruefeSpielende()) {
        pruefeRundenende();
    }
}
```

Das Ende der Methode sieht kompliziert aus – daher lenke ich Ihre Aufmerksamkeit zuerst auf die dortigen Zeilen.

Nur wenn das Spiel nicht ohnehin vorbei ist, müssen Sie prüfen, ob die Runde vorbei ist. Deshalb steht da `if(!pruefeSpielende())`, also »falls nicht Spiel beendet«.

Als Nächstes sind die neuen Methoden der Reihe nach mit Leben zu füllen.

5.3.6 Prüfen, ob das Spiel vorbei ist

Die Bedingung für »Game Over« ist ja nicht kompliziert: Wenn die Zeit in einer Runde abgelaufen ist und der Spieler nicht die geforderte Anzahl an Mücken erwischt hat, hat er verloren.

Wichtig ist dabei das Wörtchen *und*: Es handelt sich um eine Verknüpfung von zwei Bedingungen. Nur wenn beide erfüllt sind, darf eine Methode für »Game Over« aufgerufen werden.

> **Die Aussagenlogik des Herrn Boole**
>
> Anders als in der Umgangssprache ist die Bedeutung der Wörter *und* und *oder* in allen Programmiersprachen klar und einheitlich definiert. Da jede Aussage (»die Zeit ist abgelaufen«) nur zwei Wahrheitswerte annehmen kann (»wahr« und »falsch«), ist es leicht, alle infrage kommenden Kombinationen aufzuschreiben:
>
> ▶ wahr **und** wahr = wahr
> ▶ wahr **und** falsch = falsch

- falsch und wahr = falsch
- falsch und falsch = falsch

Bei *oder* sieht die Sache anders aus. Damit eine Oder-Aussage wahr ist, genügt es, wenn *eine der beiden* verknüpften Aussagen wahr ist. Auch wenn beide wahr sind, ist die Gesamtaussage wahr:

- wahr oder wahr = wahr
- wahr oder falsch = wahr
- falsch oder wahr = wahr
- falsch oder falsch = falsch

Ach ja, und der Vollständigkeit halber erwähne ich auch den *nicht*-Operator:

- nicht wahr = falsch
- nicht falsch = wahr

Die booleschen Operatoren schreibt man in Java mit doppelten &-Zeichen (*und*), doppelten |-Zeichen (*oder*) und einfachem Ausrufezeichen (*nicht*):

```
if ( zeit == 0 && gefangeneMuecken < muecken ) ...
```

Wie Sie in Kürze sehen werden, ist es sehr sinnvoll, wenn diese Methode ein Ergebnis zurückgibt:

```
private boolean pruefeSpielende() {
   if ( zeit == 0 && gefangeneMuecken < muecken ) {
      gameOver();
      return true;
   }
   return false;
}
```

Anstelle von void wird diese Methode mit dem Rückgabewert boolean definiert. Also muss sie auch passende Werte zurückgeben, und dazu dient das Schlüsselwort return, das den Ablauf der Methode sofort beendet und den angegebenen Wert an den aufrufenden Code zurückgibt. Falls das Spiel beendet ist, rufen wir also nicht nur die noch zu schreibende Methode gameOver() auf, sondern geben auch den Wahrheitswert true zurück – das Spiel ist beendet. Im anderen Fall ist das Ergebnis der Methode false: Das Spiel geht weiter. Beachten Sie, dass die letzte Zeile der Methode nicht ausgeführt wird, wenn die if-Bedingung erfüllt ist, und dass return true in den geschweiften Klammern die Methode vorzeitig verlässt.

Jetzt verstehen Sie auch, was am Ende von `zeitHerunterzaehlen()` geschieht:

```
if(!pruefeSpielende()) {
   pruefeRundenende();
}
```

Nur wenn das Spiel nicht beendet ist, wird überhaupt geprüft, ob die Runde zu Ende ist, denn sonst hätte das überhaupt keinen Sinn. Mehr noch: Es wäre falsch, eine neue Runde zu beginnen, denn genau das geschieht in `pruefeRundenende()`, wie Sie gleich sehen werden.

Kurz ist gut

Sie sehen, dass diese Methode sehr wenig Code enthält. Das ist eine gute Nachricht! Je weniger Programmzeilen eine Methode umfasst, desto weniger Fehler kann sie enthalten, desto leichter verstehen andere Programmierer sie (oder Sie selbst nach einigen Monaten), und desto schneller arbeitet die Java Runtime sie ab.

Als nützliche Regel hat sich eingebürgert, dass sich jede Methode *nur um eine Sache kümmern sollte*. In diesem Fall ist das die Prüfung auf das Spielende. Unterschätzen Sie nicht, wie wichtig es ist, immer den Überblick zu behalten!

Eine weitere Faustregel lautet: Wenn eine Methode nicht vollständig in Ihr Editor-Fenster passt, ist sie zu lang. Teilen Sie sie in mehrere Funktionen auf, oder lagern Sie einen Teil des Codes in eine eigene Methode aus – selbst wenn sie nur an dieser Stelle verwendet wird.

AS hilft Ihnen übrigens dabei. Wenn Sie Programmcode in eine eigene Methode auslagern wollen, markieren Sie ihn, klicken mit der rechten Maustaste und wählen Refactor • Extract • Method .... Daraufhin prüft AS, ob die Auslagerung möglich ist, und erlaubt Ihnen, einen Namen für die neue Methode sowie mögliche Parameter festzulegen.

Es gibt eine ganze Menge weiterer Unterstützung für das *Refactoring*, also Umbaumaßnahmen am Programmcode, die ich Ihnen jeweils bei passender Gelegenheit vorstellen werde.

5.3.7 Prüfen, ob eine Runde vorbei ist

Die Methode, die das Ende der Runde erkennt, funktioniert ähnlich wie jene, die das Ende des ganzen Spiels erkennt: Wenn genug Mücken gefangen wurden, beginnt eine neue Runde. Der Code sieht auf den ersten Blick sehr einfach aus:

```
private boolean pruefeRundenende() {
   if (gefangeneMuecken >= muecken) {
      starteRunde();
      return true;
   }
   return false;
}
```

Da wir davon ausgehen, dass diese Methode nur aufgerufen wird, wenn nicht ohnehin das ganze Spiel vorbei ist, genügt die `zeit`-Bedingung. Grundsätzlich wäre es nicht falsch, hier sicherheitshalber zu prüfen, ob der Spieler genug Mücken getroffen hat. Denn möglicherweise bauen Sie irgendwann das Spiel derart um, dass diese Methode auch unter anderen Umständen aufgerufen wird. Wir belassen es aber für den Moment bei der einfachsten Variante, um den Code übersichtlich zu halten.

Vielleicht fällt Ihnen auf, dass der Rückgabewert von `pruefeRundenende()` genau genommen gar nicht benötigt wird: `zeitHerunterzaehlen()` verwendet ihn überhaupt nicht. Aber was nicht ist, kann ja noch werden.

5.3.8 Eine Mücke anzeigen

Sie haben in das Layout *game.xml* bereits ein `FrameLayout`-Element eingefügt, in dem die Mücken erscheinen sollen. Das `FrameLayout` ist die einfachste Möglichkeit, Elemente an einer beliebigen Stelle innerhalb eines rechteckigen Bereichs zu positionieren. Jedes `FrameLayout`-Element kann nämlich eine beliebige Anzahl anderer Elemente enthalten, die beispielsweise alle relativ zur linken oberen Ecke des `FrameLayout` ausgerichtet werden. Fügen Sie probeweise im Layout-Editor eine `ImageView` hinzu, und verpassen Sie ihr Ihre Mücke als Bild sowie die Gravity LEFT und TOP. Sie sehen, dass die Mücke links oben erscheint.

Ändern Sie nun den linken Rand (MARGIN LEFT) auf `10dip`, und die Mücke rückt ein Stück nach rechts. Ähnlich funktioniert das für die Vertikale, indem Sie den oberen Rand ändern (MARGIN TOP). Entfernen Sie die Testmücke bitte wieder, bevor Sie weitermachen.

Aber Vorsicht: Die Mücken dürfen nicht außerhalb des Bildschirms landen. Sie müssen daher herausfinden, wie breit und wie hoch das `FrameLayout` ist, und die möglichen Werte für die Mückenpositionen entsprechend begrenzen. Der maximale linke Rand einer Mücke entspricht der Breite des `FrameLayout` abzüglich der Breite der Mücke. In der Vertikalen gilt dasselbe, wobei natürlich die Höhe zu berücksichtigen ist, nicht die Breite.

Höhe und Breite können Sie direkt beim Element erfragen. Sie holen sich also in der neuen Methode eineMueckeAnzeigen() zunächst das zugehörige FrameLayout-Objekt mit findViewById() und speichern es für die spätere Verwendung in einem ViewGroup-Attribut der Klasse, um wiederholte Aufrufe der folgenden Sorte zu vermeiden:

```
private ViewGroup spielbereich;
```

Und am Ende von onCreate() ergänzen Sie:

```
spielbereich = (ViewGroup)findViewById(R.id.spielbereich);
```

Zur Erinnerung: findViewById() funktioniert erst, nachdem setContentView() aufgerufen wurde. Ermitteln Sie nun in der Methode eineMueckeAnzeigen() zunächst Breite und Höhe in Bildschirmpixeln, indem Sie zwei sehr einfache Methoden der Android-Klasse View aufrufen:

```
int breite = spielbereich.getWidth();
int hoehe = spielbereich.getHeight();
```

Da View eine Elternklasse von FrameLayout ist (wie alle sichtbaren Bildschirmelemente), stehen deren public-Methoden getWidth() und getHeight() (unter anderem) auch im Objekt spielbereich zur Verfügung.

So viel zum Spielbereich, nun zur Mücke: Um die Maße der Mücke in Bildschirmpixeln zu ermitteln, müssen Sie die Originalmaße Ihrer Grafik noch mit der Pixeldichte des Bildschirms multiplizieren, weil Android alle Bilder automatisch hochskaliert, wenn der Bildschirm mehr als 320 Punkte breit ist.

Der Maßstab ist eine Kommazahl. Im Grunde möchten Sie sicher lieber mit ganzen Zahlen rechnen, also bauen Sie in die Berechnung der Mückengröße gleich eine Rundung mit ein:

```
int muecke_breite = Math.round(massstab*50);
int muecke_hoehe = Math.round(massstab*42);
```

50 und 42 sind die Breite und die Höhe meiner Mückengrafik *muecke.png*. Falls Ihre Mücke andere Maße hat, verwenden Sie natürlich Ihre eigenen.

Die statische Methode round(float value) aus der Klasse Math liefert als Rückgabewert einen int. Beachten Sie, dass es auch eine Methode round(double value) für Gleitkommazahlen höherer Genauigkeit gibt. Diese Version gibt jedoch einen long zurück, den man unter Umständen in einen int umwandeln muss, und zwar mittels Type-Casting.

> **Casting**
>
> Bei dieser Art von Casting sind keine Schönheiten am Start, sondern unterschiedliche primitive Typen oder Klassen, die einander zugewiesen werden sollen:
>
> ```
> long a = 100;
> int x = (int) a;
> ```
>
> Sie können Typen nur dann ineinander umwandeln, wenn sie passen. Versuchen Sie nicht, auf diese Weise einen String in eine TextView zu verwandeln – es wird schiefgehen, weil die Ausgangsklassen nicht kompatibel sind.
>
> Unterscheiden muss man hier zwischen:
>
> - Inkompatibilitäten, die schon beim Kompilieren auffallen und demzufolge von AS rot markiert werden, und
> - Inkompatibilitäten, die erst zur Laufzeit des Programms auftreten. In dem Fall bricht Java den Ablauf mit einer Exception ab.
>
> Führen Sie nur Castings durch, wenn Sie genau wissen, was Sie tun – oder wenn Sie einen Film drehen wollen.

Da die Mücken an zufälligen Orten erscheinen sollen, benötigen Sie einen Zufallsgenerator, der die nötigen Koordinaten erzeugt. Sie haben bereits einen für das zufällige Erscheinen von Mücken – wozu also einen neuen erzeugen?

Abhängig davon, was für Zufallszahlen Sie gerade benötigen, können Sie unterschiedliche Methoden aufrufen. Für die Position der Mücke benötigen Sie ganze Zahlen, die zwischen 0 und einem maximalen Wert liegen, nämlich der Breite des Spielfelds minus der Breite der Mücke (und analog für die Höhe). Verwenden Sie dazu die Methode nextInt():

```
int links = zufallsgenerator.nextInt( breite - muecke_breite );
int oben = zufallsgenerator.nextInt( hoehe - muecke_hoehe );
```

Damit liegen alle sachdienlichen Hinweise zum Positionieren der Mücke vor. Es wird Zeit, das eigentliche grafische Element zu erzeugen: die ImageView.

Bisher haben Sie alle Elemente erzeugt, indem Sie sie mithilfe des Layout-Editors in die Datei *game.xml* eingebaut haben. Natürlich tut Android beim Aufbau eines Screens nichts anderes, als anhand Ihrer Angaben bestimmte Objekte mit new zu erzeugen und Attribute zu setzen.

Was Android kann, können Sie schon lange! Also erzeugen Sie eine ImageView für die Mücke:

```
ImageView muecke = new ImageView(this);
```

Der Konstruktor der Klasse `ImageView` erwartet als Parameter einen `Context`. Da jede Activity von der abstrakten Basisklasse `Context` erbt, können Sie einfach `this` übergeben und müssen sich nicht für die Details interessieren.

Verpassen Sie dem Objekt `muecke` nun die richtige Grafik:

```
muecke.setImageResource(R.drawable.muecke);
```

Diese Zeile entspricht der Auswahl des darzustellenden Bildes durch einen Rechtsklick im Layout-Editor. Nutzen Sie die Gelegenheit, um den `OnClickListener` der Mücke zu setzen, und zwar auf die `GameActivity` selbst. Diese muss allerdings das `OnClickListener`-Interface implementieren, wie es auch die `MueckenfangActivity` tut:

```
public class GameActivity extends AppCompatActivity
  implements OnClickListener
```

Fügen Sie vorerst eine leere `onClick()`-Methode ein, um das `OnClickListener`-Interface zu bedienen:

```
@Override
public void onClick(View v) {
}
```

Verknüpfen Sie die neue Mücke mit dieser Methode:

```
muecke.setOnClickListener(this);
```

Damit reagiert die App auf eine Mückenberührung durch Aufruf der `onClick()`-Methode der Activity.

Wir sind fast fertig: Um die Mücke an der gewünschten Stelle anzuzeigen, müssen Sie ein `LayoutParams`-Objekt mit den richtigen Werten füllen. Erzeugen Sie also zunächst eines:

```
FrameLayout.LayoutParams params =
  new FrameLayout.LayoutParams(muecke_breite,muecke_hoehe);
```

Leider gibt es verschiedene Klassen namens `LayoutParams`, die alle in andere Klassen eingebettet sind. Weiter oben haben Sie bereits `LayoutParams` aus `ViewGroup` verwendet. Hier benötigen Sie `FrameLayout.LayoutParams`.

Setzen Sie nun den linken und den oberen Abstand, indem Sie die betreffenden Attribute des `LayoutParams`-Objekts füllen:

```
params.leftMargin = links;
params.topMargin = oben;
```

Schließlich setzen Sie die Gravitation auf links oben:

`params.gravity = 51;`

Jetzt fragen Sie sich zu Recht: Wie zum Geier soll ein Mensch auf diese 51 kommen? Die Antwort lautet: gar nicht. Schreiben Sie die Zeile lieber wie folgt:

`params.gravity = Gravity.TOP + Gravity.LEFT;`

Diese Version können Sie auf Anhieb lesen, sie macht aber genau dasselbe. Denn um unverständliche Zahlencodes wie die 51 zu vermeiden, definiert Android Konstanten, die Sie stattdessen verwenden sollten. `Gravity.TOP` hat den Wert 48, und `Gravity.LEFT` hat den Wert 3. Beides müssen Sie sich natürlich nicht merken, denn die Klasse `Gravity` hält ja die simplen Konstanten bereit.

Endlich ist es Zeit, die Mücke auf den Bildschirm zu verfrachten:

`spielbereich.addView(muecke,params);`

Dieser Aufruf der Methode `addView()` fügt dem `FrameLayout spielbereich` die gewünschte `ImageView muecke` mit der Mücke an der zufälligen Stelle hinzu.

Eine Kleinigkeit fehlt noch. Sie erinnern sich, dass wir in Abschnitt 5.3.5, »Die verbleibende Zeit herunterzählen«, beschlossen haben, der Mücke ihr »Geburtsdatum« mitzugeben. Das ist offenbar eine spezielle Anforderung unseres Spiels, daher ist kaum zu erwarten, dass die Klasse `ImageView` über eine Methode `setBirthdate()` verfügt, die wir verwenden können.

Aber die Macher von Android haben unseren Bedarf vorausgeahnt. Sie haben eine Möglichkeit geschaffen, einer View nahezu beliebige Objekte anzukleben, die später wieder ausgelesen werden können: *Tags*. Sie kennen Tags (dt. Aufkleber, Etiketten) vielleicht von Blogs, Fotoverwaltungen, etwas altmodischen Lebensmittelgeschäften oder anderen Anwendungen.

Um mehrere verschiedene Tags ankleben und später wieder unterscheiden zu können, müssen wir jeweils eine ID definieren. Das darf leider nicht irgendeine Zahl sein, sondern Android fordert einen applikationsspezifischen Wert, den Sie als Ressource definieren müssen.

Legen Sie dazu im Package-Explorer mit New • Values Resource File im Verzeichnis *values* eine neue Resource-Datei mit dem Namen *ids.xml* an. Fügen Sie der leeren Datei ein `Item`-Element hinzu. Geben Sie als Name »geburtsdatum« ein, und legen Sie als Typ `id` fest.

```
<resources>
    <item name="geburtsdatum" type="id"/>
</resources>
```

Diese ID finden Sie dank der Hintergrundarbeit des Android Resource Manager unter dem Bezeichner `R.id.geburtsdatum` wieder. Pappen Sie nun am Ende der Methode den Geburtsdatum-Aufkleber auf die Mücke:

```
muecke.setTag(R.id.geburtsdatum, new Date());
```

Achten Sie beim Organisieren der Importe darauf, dass Sie `java.util.Date` erwischen, nicht `java.sql.Date`. Immer wenn Sie ein Objekt dieser Klasse mit `new` erzeugen, merkt es sich das aktuelle Datum und die Uhrzeit. Später können Sie dieses `Date` mit dem dann aktuellen vergleichen, um zu entscheiden, ob die Mücke verschwinden muss. Womit wir beim nächsten Thema wären.

5.3.9 Eine Mücke verschwinden lassen

Genau wie das Hinzufügen einer Mücke erfolgt auch das Gegenteil abhängig von einer bestimmten Bedingung: Wenn eine Mücke lange genug auf dem Bildschirm zu sehen war, soll sie verschwinden.

Formulieren wir diese Bedingung etwas anders, indem wir berücksichtigen, dass jede Mücke ihr eigenes Geburtsdatum kennt: Wenn eine Mücke auf dem Bildschirm ist, deren Geburtsdatum länger zurückliegt als eine bestimmte Zeitspanne, soll sie verschwinden.

Sie sehen, dass die Verschwinden-Methode dazu alle Mücken auf dem Bildschirm in Betracht ziehen muss. Da Sie alle Mücken dem `spielbereich`-Objekt hinzugefügt haben, können Sie sich darauf verlassen, dass es Ihnen alle Mücken liefern kann, ohne dass Sie noch irgendwo sonst eine Liste speichern müssen.

Die Anzahl der Mücken ist beispielsweise:

```
spielbereich.getChildCount()
```

Der Name dieser Methode der Klasse `ViewGroup` (von der `FrameLayout` erbt) spiegelt die hierarchische Struktur der Views wider. Alle Views, die der Klasse `ViewGroup` hinzugefügt wurden, heißen *Kinder* (engl. *children*).

Die Kinder des Spielbereichs (also die Mücken) sind direkt über eine fortlaufende Nummer erreichbar:

```
spielbereich.getChildAt(nummer)
```

Beachten Sie, dass Programmierer fast immer bei 0 anfangen zu zählen, nicht bei 1, wie es die Sesamstraße lehrt. Die erste Mücke bekommen Sie also mit:

```
spielbereich.getChildAt(0)
```

Die Nummer der letzten Mücke ist folglich die Anzahl minus 1. Sie ahnen vielleicht schon, dass Sie eine Laufvariable vom Typ int benötigen, um alle Kinder des Spielbereichs zu erwischen. Diese Variable wird bei 0 beginnen und als Höchstwert die Anzahl minus 1 annehmen.

Um alle Mücken der Reihe nach zu betrachten, benötigen wir eine Programmierstrategie, um gewisse Codezeilen (die Altersprüfung) mehrfach zu durchlaufen. Ein solches Konstrukt heißt *Schleife* (engl. *loop*). Es gibt verschiedene Möglichkeiten, die gewünschte Schleife zu programmieren.

Wir benutzen in diesem Fall das folgende Schlüsselwort:

```
while(bedingung) {
   ...
}
```

In die runden Klammern schreiben Sie eine Bedingung. Solange diese Bedingung erfüllt ist (also den Wert true hat), wird der Code ausgeführt, der in den geschweiften Klammern steht. Immer wenn diese Kommandos ausgeführt wurden, kehrt die Ausführung zum while zurück und prüft erneut die Bedingung. Ist sie irgendwann false, wird der Schleifencode nicht noch einmal durchlaufen, sondern die Ausführung setzt dahinter wieder ein.

Schauen Sie sich die Schleife in Ruhe an:

```
int nummer = 0;
while(nummer < spielbereich.getChildCount() ) {
   ImageView muecke = (ImageView) spielbereich.getChildAt(nummer);
   nummer = nummer+1;
}
```

Achten Sie vor allem auf die while-Bedingung. Halten Sie sich vor Augen, dass sie wie gewünscht funktioniert, indem Sie im Kopf durchspielen, was passiert. Zunächst hat die Laufvariable nummer den Wert 0. Das ist kleiner als die Anzahl der Mücken, es sei denn, es gibt gerade keine. In dem Fall hat die Bedingung den Wert false, und die Schleife wird kein einziges Mal durchlaufen.

Gibt es Mücken, wird der Schleifencode ausgeführt. Die Methode `getChildAt(nummer)` wird die erste Mücke zurückgeben. Ähnlich wie schon bei der Verwendung von `findViewById()` müssen Sie auch hier den Rückgabewert explizit in eine `ImageView` umwandeln, weil Java an dieser Stelle nicht weiß, worum es sich bei dem Kind genau handelt – Sie schon.

Als derzeit letzte Zeile innerhalb der Schleife wird die Laufvariable um 1 erhöht. Zwar sieht diese Zeile aus Sicht eines Mathematikers fürchterlich falsch aus, aber wie Sie wissen, bedeutet das Zeichen = hier eine Zuweisung, keinen Vergleich.

Die Schleife zum Durchlaufen aller Mücken ist jetzt bereit. Fehlt also nur die Altersprüfung. Das Geburtsdatum einer Mücke können Sie wie folgt ermitteln:

```
Date geburtsdatum = (Date) muecke.getTag(R.id.geburtsdatum);
```

Abkürzungen

Eine Zeile wie die folgende lässt sich auf mehrere Arten schreiben:

```
nummer = nummer +1;
```

Da Programmierer bekanntlich faul sind, haben sie meist keine Lust, den Bezeichner zweimal hinzuschreiben, und tippen nur:

```
nummer += 1;
```

Analog existieren auch Operatoren zum Subtrahieren, Multiplizieren und Dividieren:

```
nummer -= 1;
nummer *= 2;
nummer /= 2;
```

Und das ist immer noch nicht kurz genug. Wenn eine `int`-Variable genau um 1 erhöht werden soll, können Sie auch schreiben:

```
nummer++;
```

Hierzu allerdings eine Warnung: Kürzerer Code ist nicht immer übersichtlicher. Gerade der ++-Operator wird gerne dermaßen in weitere Operationen verstrickt, dass man gewisse Nebenwirkungen übersieht. Wenn Sie Operatoren wie ++ oder -- verwenden möchten, schreiben Sie sie sicherheitshalber in eine eigene Zeile – es sei denn, Sie wissen, was Sie tun.

Auf diese Weise holen Sie das angeklebte Tag mit der ID `geburtsdatum` von der jeweiligen Mücke. Und da Sie die Tags höchstpersönlich aufgeklebt haben, wissen Sie, dass es sich um `Date`-Objekte handelt. Folglich können Sie gefahrlos das Casting anwenden.

Um jetzt nicht mit Tag, Monat, Jahr, Sekunden, Minuten, Stunden, Sommerzeit und Zeitzonen hantieren zu müssen (ja, so kompliziert ist unsere Zeitrechnung!), machen wir es uns einfach: Wir verwenden eine simple, wenngleich große Zahl, nämlich die Anzahl der Millisekunden seit dem 1.1.1970. Diesen auf den ersten Blick sinnlosen Wert können Sie leicht ermitteln, weil er ohnehin intern von Java zur Zeitrechnung eingesetzt wird:

```
geburtsdatum.getTime()
```

Wenn Sie diesen Wert von der aktuellen Zeit subtrahieren, erhalten Sie das Alter der Mücke in Millisekunden:

```
long alter = (new Date()).getTime() - geburtsdatum.getTime();
```

Da hier mit großen Zahlen hantiert wird, benötigen Sie den Datentyp long.

Jetzt können Sie sehr leicht prüfen, ob die Mücke zu alt ist und entfernt werden muss:

```
if(alter > HOECHSTALTER_MS) {
    ...
}
```

Sie sehen, dass ich HOECHSTALTER_MS in Großbuchstaben geschrieben habe, wie es typisch für Konstanten ist. Denn diesen Wert möchten Sie möglicherweise irgendwann einmal ändern, und dann wäre es ungünstig, irgendwo mitten im Code nach der betreffenden Zahl zu suchen. Die Konstante dagegen steht ganz oben in der Klasse und ist daher leicht zu finden. Nicht nur das: Der Name verrät ihre Bedeutung, in diesem Fall inklusive der Einheit. Denken Sie sich das _MS einmal weg: Erinnern Sie sich in ein paar Monaten noch daran, dass Sie hier einen Wert in Millisekunden und nicht in Sekunden oder Jahren eintragen müssen?

Setzen Sie die Konstante zunächst auf zwei Sekunden, also 2.000 Millisekunden:

```
private static final long HOECHSTALTER_MS = 2000;
```

Und was ist zu tun, wenn das Alter zu groß ist? Die View muecke muss vom spielbereich entfernt werden:

```
spielbereich.removeView(muecke);
```

Allerdings offenbart diese Anweisung eine kleine Lücke im bisherigen Code. Denn durch das Löschen einer View aus dem Spielbereich ändert sich sofort die Anzahl ihrer Kinder! Nicht nur das: Falls es eine weitere Mücke gibt, rückt sie in der numerischen Liste eins nach vorn. Würden wir jetzt einfach die Laufvariable nummer um 1 erhöhen, würde der nächste Schleifendurchlauf die *übernächste* Mücke erwischen und damit eine übersehen! Sie dürfen also nummer nur erhöhen, wenn Sie die aktuelle Mücke nicht entfernt haben – wenn sie also nicht alt genug war. Das ist genau der richtige Moment, um Ihnen das Schlüsselwort else näherzubringen:

```
if(alter > HOECHSTALTER_MS) {
   spielbereich.removeView(muecke);
} else {
   nummer++;
}
```

Hinter dem else steht ein weiterer durch geschweifte Klammern begrenzter Codeblock. Dieser wird genau dann und *nur* dann ausgeführt, wenn die if-Bedingung nicht wahr ist, sondern falsch.

Insgesamt sieht die Methode mueckenVerschwinden() also wie folgt aus:

```
private void mueckenVerschwinden() {
    int nummer=0;
    while(nummer < spielbereich.getChildCount()) {
        ImageView muecke =
            (ImageView)spielbereich.getChildAt(nummer);
        Date geburtsdatum =
            (Date)muecke.getTag(R.id.geburtsdatum);
        long alter =
            (new Date()).getTime() - geburtsdatum.getTime();
        if(alter > HOECHSTALTER_MS) {
            spielbereich.removeView(muecke);
        } else {
            nummer++;
        }
    }
}
```

Aufgerufen wird diese Methode in der Methode zeitHerunterzaehlen(). Schauen Sie nach, der Aufruf müsste schon dastehen. Nun wird es Zeit, sich um den Sinn des Spiels zu kümmern: Mücken zerquetschen.

5.3.10 Das Treffen einer Mücke mit dem Finger verarbeiten

Sie haben allen Mücken bereits den richtigen `OnClickListener` verpasst und eine leere Methode `onClick()` geschrieben. Nun gilt es, auf den Fingerdruck zu reagieren.

Überlegen Sie, was beim Treffen einer Mücke alles geschehen muss:

- die Anzahl getroffener Mücken um 1 erhöhen
- die Punktzahl erhöhen
- den Bildschirm aktualisieren
- die Mücke entfernen

Komplikationen sind hier nicht in Sicht – Sie wissen schon ganz genau, wie Sie das alles bewerkstelligen können. Vermutlich haben Sie die nötigen vier Zeilen schon eingetippt, während Sie diesen Satz lesen. Daher behellige ich Sie nur mit einem kleinen Hinweis: Spieler mögen es, viele Punkte zu bekommen. Deshalb lieben sie Flipperautomaten. Kommen Sie also nicht auf die Idee, für jede Mücke bloß einen Punkt zu verteilen – geben Sie dem Spieler gleich 100. Weder programmiertechnisch noch spieltechnisch macht es einen Unterschied – aber ein Highscore von 6.700 klingt einfach viel besser als einer von 67!

Auch das Entfernen von Mücken kennen Sie schon – und da Android der Methode `onClick()` die angeklickte View (also die Mücke) freundlicherweise als Parameter übergibt, sieht das Resultat wirklich übersichtlich aus:

```
public void onClick(View muecke) {
  gefangeneMuecken++;
  punkte += 100;
  bildschirmAktualisieren();
  spielbereich.removeView(muecke);
}
```

5.3.11 »Game Over«

Das war's! Aus und vorbei! Vor allem bedeutet das: Es dürften keine Mücken mehr erscheinen. Der weitere Aufruf der Countdown-Methode muss also unterbleiben. Außerdem zeigen wir dem Spieler den Schriftzug »Game Over« an. Wenn er die Zurück-Taste drückt, verschwindet der Schriftzug wieder.

Den Schriftzug werden wir mit einem Dialog realisieren. Das sind grafische Elemente, die im Vordergrund des aktuellen Bildschirms eingeblendet werden. Gleichzeitig setzen sie all diejenigen Elemente außer Kraft, die sie verdecken.

Ein solcher Dialog basiert auf einer Layout-Datei. Im vorliegenden Fall ist diese nicht sonderlich kompliziert: Sie besteht aus einem halbtransparenten Hintergrund und einem »Game Over«-Schriftzug.

Legen Sie also ein neues Layout unter dem Namen *gameover.xml* an. Erstellen Sie eine weitere Android-XML-Datei. Tragen Sie den Dateinamen *gameover.xml* ein, wählen Sie Layout als Resource-Typ und unten im Wizard FrameLayout als Wurzelelement. Ändern Sie das Property Background des FrameLayout, um es halbdurchsichtig zu machen. Ein passender Farbcode ist #88888888.

Fügen Sie dem FrameLayout eine TextView hinzu, der Sie einen neuen String mit dem Inhalt »Game Over« verpassen. Setzen Sie Layout Gravity auf center und die Schriftgröße auf 32sp, wählen Sie eine hübsche Text Color, und setzen Sie den Text Style auf bold (siehe Abbildung 5.8).

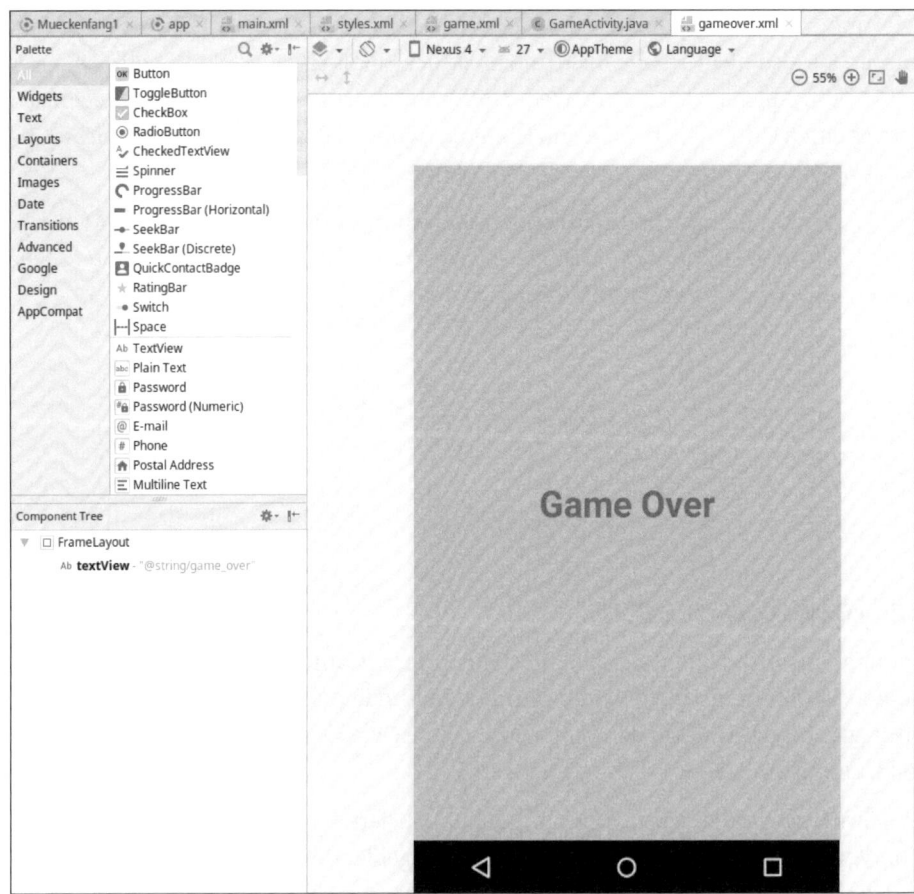

Abbildung 5.8 Die berühmten letzten Worte

Um diesen Dialog anzuzeigen, erzeugen Sie in der Methode `gameOver()` zunächst ein passendes `Dialog`-Objekt:

```
Dialog dialog = new Dialog(this, android.R.style
  .Theme_Translucent_NoTitleBar_Fullscreen);
```

Dabei müssen Sie einen Style angeben; in diesem Fall wählen wir einen ohne irgendwelche Ausschmückungen, die nur stören würden.

Damit dieser Dialog das richtige Layout anzeigt, verwenden Sie die altbekannte Methode `setContentView()`, nur eben nicht in Ihrer Activity, sondern im Dialog:

```
dialog.setContentView(R.layout.gameover);
```

Schließlich zeigen Sie den Dialog einfach an:

```
dialog.show();
```

Zuletzt definieren Sie das Spiel als beendet:

```
spielLaeuft = false;
```

Diese vier Zeilen sollen erst einmal genügen. Viel mehr über Dialoge erfahren Sie in Abschnitt 11.2, »Dialoge«.

Natürlich darf nach Ende des Spiels keine weitere Mücke auftauchen – vorbei ist vorbei.

Sie haben sicher bemerkt, dass ich Ihnen noch nicht verraten habe, wie Sie das Erscheinen weiterer Mücken unterbinden. Das hängt hauptsächlich damit zusammen, dass ich Ihnen auch noch nicht erklärt habe, wie Sie welche erscheinen lassen. Denn die zentrale Methode `zeitHerunterzaehlen()` wird ja überhaupt noch nicht aufgerufen.

Sie ahnen es schon: Dazu kommen wir als Nächstes.

5.3.12 Der Handler

Nein, in dieser Überschrift fehlen keine Pünktchen auf dem »a«. Gemeint ist der englische Begriff *Handler*, für den es keine Übersetzung gibt – jedenfalls keine, die verständlich machen würde, worum es sich eigentlich handelt. Deshalb müssen Sie sich wohl oder übel einfach den Begriff merken, und ich erkläre Ihnen jetzt, welches Mysterium sich dahinter verbirgt.

Halten Sie sich vor Augen, dass auf Ihrem Handy eine Menge Dinge quasi gleichzeitig passieren: Sie spielen ein Spiel, es erscheint eine neue E-Mail für Sie, die Bildschirmhelligkeit wird automatisch angepasst, und manchmal klingelt das Gerät sogar, weil jemand Sie anruft. Was aber tut das Android-System dabei am meisten? Warten, bis etwas geschieht.

Denn nicht nur Tastendrücke werden ereignisorientiert verarbeitet, sondern im Grunde alles. Das System wartet, bis etwas geschieht, und erledigt dann die zugehörige Aufgabe, um anschließend mit dem Warten fortzufahren.

In der Steinzeit der Computerprogrammierung (also vor 20 bis 30 Jahren) sah die Vorgehensweise meistens noch anders aus: Sobald man ein Programm startete, lief es, bis es fertig war, und kein anderes konnte währenddessen etwas anderes tun (ausgenommen solche mit Sondererlaubnis). Wenn ein Programm auf eine Benutzereingabe wartete, tat es das in einer tumben Endlosschleife. Während dieser nutzlos verschwendeten Zeit durfte kein anderes Programm aktiv werden. Dieses *Single Processing* ist längst auf dem Müllhaufen der Geschichte gelandet, genau wie Röhrenfernseher, Wählscheibentelefone und Joysticks (wobei ich Letzteres höchst beklagenswert finde).

Praktisch alle Systeme – egal ob Windows, Linux, Mac oder Android – erlauben heutzutage Multitasking. Dabei dürfen beliebig viele Programme (Tasks oder Processes) gleichzeitig laufen (siehe Abbildung 5.9), wobei sie die ganze Zeit fast nichts anderes tun, als zu *warten*.

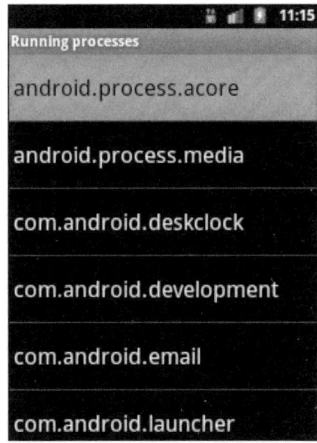

Abbildung 5.9 Die »Dev Tools« – eine App, die im Emulator vorinstalliert ist – zeigen Ihnen die laufenden Prozesse. Es gibt in Google Play auch eine Reihe von Apps, die das können.

In Android gibt es für jede App eine Ereigniswarteschlange (engl. *eventqueue*). Wenn mindestens ein Ereignis (engl. *event*) in der Warteschlange steht, für das eine App zuständig ist, erledigt sie baldmöglichst die damit verbundenen Aufgaben und schnappt sich danach das nächste Ereignis, falls vorhanden. Die Reaktion auf das Antippen des Bildschirms (onClick()) ist ein Beispiel dafür: Ihre App führt ein paar Programmzeilen aus und gibt die Kontrolle wieder ab. So wird keine Rechenzeit verschwendet.

Es ist wichtig, dass die Verarbeitung schnell geschieht, weil das System (genauer gesagt: die Benutzeroberfläche) erst danach weitere Aufgaben erledigen kann, die unterdessen in der Warteschlange gelandet sind. Bildlich gesprochen: Ihre App kann nicht ohne Weiteres an mehreren Stellen gleichzeitig sein.

Wenn Sie eine Methode schreiben würden, die eine mehrere Sekunden dauernde Berechnung durchführt, müsste Ihnen klar sein, dass in dieser Zeit das Antippen von Bedienelementen keine sichtbare Wirkung hat! Das ist ein derart unerwünschtes Verhalten, dass Android es gnadenlos bestraft. Sie haben vielleicht schon diese Dialoge gesehen, die Ihnen erklären, dass eine App nicht antwortet. Ich bin mir sicher, dass Sie in solchen Fällen schon oft entnervt den BEENDEN-Button gedrückt haben. Recht so: Es ist die verdiente Strafe für eine benutzerunfreundliche Programmierung.

Bis hierher habe ich Ihnen erklärt, dass Sie nicht einfach Folgendes schreiben können:

```
while(spielLaeuft) {
    zeitHerunterzaehlen();
    warteEineSekunde();
}
```

Dies ist nämlich ein Beispiel für blockierende Programmierung anno 1985.

Die Antwort auf die Frage, wie man so etwas denn nun im 21. Jahrhundert löst, führt uns zurück zum Handler. Der Handler erlaubt den Zugriff auf die aktuelle Ereigniswarteschlange Ihrer App. Sie können selbst Ereignisse erzeugen und in die Warteschlange stellen. Und der Clou an der Sache ist: Dabei können Sie eine zeitliche Verzögerung angeben! Auf diese Weise erzeugen Sie Ereignisse, die erst nach einer gewissen Zeit ausgeführt werden – z. B. den Aufruf von zeitHerunterzaehlen() nach einer Sekunde.

Und damit haben wir alle Bausteine zusammen:

- Beim Start der Runde stellen wir ein zeitHerunterzaehlen()-Ereignis in die Warteschlange (mit einer Sekunde Verzögerung).
- Am Ende von zeitHerunterzaehlen() stellen wir ein weiteres zeitHerunterzaehlen()-Ereignis in die Warteschlange (mit einer Sekunde Verzögerung), falls nicht die Runde oder das Spiel zu Ende ist.

Wie sieht nun das Ereignis genau aus? Lassen Sie uns ein Ereignis bauen, das einen Verweis auf den auszuführenden Programmcode enthält (nämlich zeitHerunterzaehlen()).

Das Stichwort für diese elegante Lösung heißt *Runnable*. Dahinter verbirgt sich zunächst einmal lediglich ein sehr einfaches Java-Interface:

```
public interface Runnable {
   public void run();
}
```

Klassen, die dieses Interface implementieren, müssen also eine Methode namens run() besitzen. Damit wird die Klasse ausführbar (engl. runnable). Wenn Sie Ihrer Activity dieses Interface (und die run()-Methode) verpassen, können Sie mit dem Handler ein Ereignis erzeugen, das nach einer Sekunde genau diese run()-Methode aufruft.

Erzeugen Sie aber zuerst ein Klassenattribut mit dem Handler selbst, und zwar gleich bei der Deklaration, weil wir in der Activity immer nur genau eine Instanz benötigen:

```
private Handler handler = new Handler();
```

Lassen Sie die GameActivity das Interface Runnable implementieren:

```
public class GameActivity extends AppCompatActivity implements
   OnClickListener,Runnable;
```

Verwenden Sie den Handler, um am Ende von starteRunde() das Ereignis verzögert in die Warteschlange zu stellen:

```
private void starteRunde() {
   ...
   handler.postDelayed(this,1000);
}
```

Dabei verwenden Sie die Methode postDelayed() und übergeben ihr ein Runnable (nämlich die eigene Activity). Um was für eine Klasse es sich genau handelt, ist der Methode völlig egal: Sie interessiert sich nur für das Runnable, und sie wird auch nichts anderes tun, als dafür zu sorgen, dass die Methode run() aufgerufen wird. Das ähnelt dem Bestellen beim Pizzataxi: Welcher Pizzabäcker sich darum kümmert und wie er aussieht, ist relativ egal – Hauptsache, er liefert. Der zweite Parameter ist die gewünschte Verzögerung, in diesem Fall 1.000 Millisekunden, also eine Sekunde.

Schreiben Sie nun die simple Methode run():

```
@Override
public void run() {
   zeitHerunterzaehlen();
}
```

Diese Methode muss `public` sein, denn sie wird von außen (durch die Ereignisverwaltung) aufgerufen. In der Methode rufen Sie natürlich `zeitHerunterzaehlen()` auf, und an deren Ende erzeugen Sie das nächste Ereignis, wenn das Spiel nicht beendet ist:

```
private void zeitHerunterzaehlen() {
   ...
   handler.postDelayed(this, 1000);
}
```

> **Methodenreferenzen in Java 8**
>
> Wenn Sie Ihren Code nach Java-8-Standard schreiben, sieht dieselbe Stelle etwas einfacher aus:
>
> `handler.postDelayed(this::zeitHerunterzaehlen, 1000);`
>
> Die gesamte Runnable-Implementierung entfällt, da Sie einfach eine passende Methodenreferenz übergeben können.

Halten Sie sich vor Augen, was geschieht:

Beim Start der Runde wird ein Ereignis in die Warteschlange gestellt, das nach einer Sekunde verarbeitet wird und zum Aufruf Ihrer Methode `run()` in der Activity führt. Dann wird die Game Engine aktiv und zählt die Zeit herunter – mit allem, was dazugehört. Schließlich erzeugt sie das nächste Ereignis, und eine Sekunde später passiert das Gleiche noch mal.

Irgendwann aber muss die schönste Endlosschleife beendet werden, sonst würden immer mehr Mücken erscheinen, obwohl das Spiel längst vorbei ist. Die betreffenden Bedingungen kennen Sie bereits, und auch die Prüfmethoden sind schon darauf vorbereitet.

Sorgen Sie also dafür, dass nur dann ein weiteres Ereignis erzeugt wird, wenn nicht das Spiel oder die Runde beendet ist, indem Sie den `postDelayed()`-Aufruf verschieben:

```
if(!pruefeSpielende()) {
   if(!pruefeRundenende()) {
      handler.postDelayed(this, 1000);
   }
}
```

Diese ineinander verschachtelten if-Bedingungen sorgen für das gewünschte Verhalten: Wenn das Spiel nicht zu Ende ist, wird geprüft, ob die Runde zu Ende ist, und nur dann, wenn auch das nicht der Fall ist, geht das Spiel mit dem nächsten Ereignis weiter.

5.4 Der erste Mückenfang

Haben Sie den Code eingetippt und nachvollzogen? Alle eventuellen Tippfehler beseitigt? Wenn nicht, macht das auch nichts: Sie finden das fertige Projekt natürlich im Download-Angebot im dortigen *projekte*-Verzeichnis *Mueckenfang1*.

Es wird Zeit, das Spiel zu starten (siehe Abbildung 5.10)!

Abbildung 5.10 Möge die Jagd beginnen!

5.4.1 Retrospektive

Die ersten paar Spielrunden werden Ihnen eine ganze Reihe an Erkenntnissen bringen. Auf dem Emulator werden Sie ziemlich schnell feststellen, dass Sie mit der Maus relativ langsam sind. Hier zeigt sich der Unterschied zwischen den Welten: PC-Spiele müssen sinnvoll mit der Maus bedienbar sein, Android-Spiele mit Touchscreen und Konsolenspiele möglichst mit dem mitgelieferten Controller. Berücksichtigen Sie das, wenn Sie sich ein Spielkonzept überlegen.

Im Gegensatz zu anderen Apps kommt es bei Spielen nicht nur darauf an, dass sie fehlerfrei funktionieren. Sie müssen außerdem weitere Kriterien erfüllen:

- Spiele dürfen nicht zu schwer sein: Sie müssen leicht beginnen und langsam schwieriger werden.
- Spiele müssen sofort verständlich sein. Niemand nimmt sich die Zeit, eine Anleitung zu lesen. Anspruchsvollere Spiele müssen daher zwingend ein Tutorial enthalten, das den Spieler an die Hand nimmt.
- Spiele müssen Spaß machen.

Das ist alles leicht gesagt, und die Schlussfolgerung lautet: Sie müssen Spiele noch mehr testen als andere Apps. Geben Sie ein Spiel mehreren Spielern in die Hand: Leuten mit schnellen Fingern, aber auch Personen, die noch nie ein Smartphone in der Hand hatten. Beobachten Sie Ihre Tester, und ziehen Sie Rückschlüsse.

5.4.2 Feineinstellungen

Auch wenn Sie das Spiel nicht gleich komplett umschreiben können, an einigen Parametern können Sie leicht drehen.

Ist die Mückenjagd am Anfang zu einfach? Erscheinen so wenige Mücken, dass den Spielern langweilig wird?

Verdoppeln Sie die Anzahl der Mücken in der Methode `starteRunde()`:

```
muecken = runde * 20;
```

Aber Vorsicht, spätestens ab Runde vier werden Sie von einem Schwarm überfallen, dessen Sie kaum mehr Herr werden.

Ist der Sekundentakt zu langsam?

Nun, im Vergleich zu der Zeit, die Sie beispielsweise mit dem Lesen dieses Kapitels verbringen, ist eine Sekunde ziemlich kurz. Aber sie ist lang in Relation zum Aufbau eines

Fernsehbilds (alle 20 Millisekunden) oder zu der zeitlichen Auflösung, die unser Spiel maximal erreichen kann (1 Millisekunde).

Wir sind nicht auf den Sekundenrhythmus festgelegt. Um den Spielablauf zu verbessern, ändern Sie probeweise die Zeitscheibe (also das zeitliche Intervall unserer Game Engine) von einer ganzen auf eine Zehntelsekunde (100 ms).

Das ist gar nicht so kompliziert, denn Sie müssen dazu nicht viel tun. Die Berechnungen bleiben gleich, lediglich die Anzahl der Zeitscheiben ändert sich von 60 auf 600 und demzufolge das Intervall für die Handler-Ereignisse von 1.000 auf 100. Um bequem alle Vorkommen dieser Werte ändern zu können, machen Sie sie zunächst zu Konstanten: Markieren Sie eine 1000 irgendwo in der GameActivity, und wählen Sie im Kontextmenü REFACTOR • EXTRACT CONSTANT (siehe Abbildung 5.11).

Auf diese Weise ersetzt AS alle Zahlen 1.000 durch eine einzige Konstante DELAY_MILLIS, deren Wert Sie dann leicht auf 100 ändern können. Verfahren Sie genauso mit der Zahl 60, indem Sie eine Konstante ZEITSCHEIBEN einführen und diese anschließend auf 600 setzen.

```
        if(zufallszahl<wahrscheinlichkeit){
            eineMueckeAnzeigen();
        }
    }
    mueckenVers   public static final int DELAY_MILLIS = 1000;
    bildschirm
    if(!pruefe    ☑ Replace all occurrences
    if(!pruefeR   ☐ Move to another class
        handler.postDelayed(this, DELAY_MILLIS);
    }                              DELAY_MILLIS
}                                  MILLIS
                                   INT
                                   Press Ctrl+Alt+C to show dialog with more options
private boolean pruefeRundenende() {
    if(gefangeneMuecken >= muecken) {
```

Abbildung 5.11 Lassen Sie AS alle vorkommenden Werte »1000« durch eine Konstante ersetzen, indem Sie das erste Häkchen setzen. Den vorgeschlagenen Bezeichner »DELAY_MILLIS« können Sie übernehmen.

Sie sehen jetzt übrigens, warum es sinnvoll war, bei der Berechnung der Länge des Zeitbalkens nicht durch 5 zu teilen, sondern 300 / 60 zu schreiben: Denn nur so kann die Zahl 60 durch die Konstante ZEITSCHEIBEN ersetzt werden. Sich die einfache Kopfrechenaufgabe 300 / 60 vom Computer abnehmen zu lassen, war im Nachhinein also eine gute Idee!

Natürlich möchten Sie weiterhin Sekunden beim Countdown anzeigen. Ändern Sie also in bildschirmAktualisieren() die Zeile, die die TextView R.id.time füllt, wie folgt:

tvZeit.setText(Integer.toString(zeit/(1000/DELAY_MILLIS)));

Damit nicht alle 100 Millisekunden neue Mücken erscheinen, müssen Sie eine kleine Änderung in der Methode zeitHerunterzaehlen() vornehmen. Sorgen Sie dafür, dass nur jedes zehnte Mal, also einmal pro Sekunde, Mücken hinzugefügt werden – oder besser: 1000/DELAY_MILLIS.

Dazu können Sie abfragen, ob zeit durch diesen Wert restlos teilbar ist. Verwenden Sie den Modulo-Operator %:

```
if(zeit % (1000/DELAY_MILLIS) == 0) {
}
```

Dieses if() gehört in zeitHerunterzaehlen() hinter die Zeile, in der zeit um 1 verringert wird, und die } gehört vor den Aufruf von mueckenVerschwinden().

So fühlt sich das Spiel glatter an.

5.4.3 Hintergrundbilder

Immer denselben Hintergrund anzustarren, wird Ihnen zu langweilig? Gehen Sie an die frische Luft, machen Sie einen Spaziergang, und fotografieren Sie die Gegend. Skalieren Sie die Bilder auf 640 × 854 Pixel, und speichern Sie sie unter Dateinamen mit fortlaufender Nummer im Verzeichnis *drawable*: *hintergrund1.jpg*, *hintergrund2.jpg* etc.

Erweitern Sie die Methode starteRunde() um die Anzeige des jeweiligen Hintergrunds. Verpassen Sie dazu dem äußersten LinearLayout im Game Layout die ID hintergrund.

Es gibt hier nur eine kleine Schwierigkeit: Sie können nicht einfach wie bisher die gewünschte Ressource mit R.drawable.hintergrund (plus Zahl) referenzieren, weil Sie sich nicht darauf verlassen können, dass der Android Resource Manager fortlaufende Zahlenwerte dafür vergibt. Aber es gibt noch eine weitere Möglichkeit, sich das gewünschte Bild zu holen:

```
int id = getResources().getIdentifier("hintergrund"+Integer.toString(runde),
  "drawable", this.getPackageName());
```

Da wir den richtigen Resource Identifier nicht kennen, holen wir ihn uns einfach anhand seines Namens, der aus "hintergrund" und der angehängten Rundenzahl besteht. Der zweite Parameter der Methode getIdentifier() ist der gewünschte Typ der Ressource, der dritte ist der Paketname Ihrer App. Setzen Sie nun das Bild in den Hintergrund, aber nur, wenn es existiert (vielleicht erreicht ein Spieler überraschend eine Runde, für die Sie kein Foto gemacht haben):

```
if(id>0) {
   LinearLayout l = (LinearLayout) findViewById(R.id.hintergrund);
   l.setBackgroundResource(id);
}
```

Bei der Gelegenheit schalten Sie das ganze Spiel in den Vollbildmodus um: Öffnen Sie das Android-Manifest, und geben Sie als THEME folgende magische Zeile ein:

`@android:style/Theme.NoTitleBar.Fullscreen`

Leider können Sie dies nicht mit dem BROWSE-Button auswählen, daher müssen Sie es eintippen.

5.4.4 Elefanten hinzufügen

Sie können ohne weitere Kenntnisse schon jetzt das Spiel um weitere Kniffe ergänzen. Wie wäre es z. B. mit einem gelegentlich erscheinenden Elefanten? Wer den antippt, bekommt gemeinerweise 1.000 Punkte abgezogen. Sie können dazu die Methode `eineMueckeAnzeigen()` ändern, indem Sie zufallsgesteuert manchmal anstelle der Mücke ein Bild von einem Elefanten hineinmogeln:

```
if(zufallsgenerator.nextFloat() < 0.05) {
   muecke.setImageResource(R.drawable.elefant);
   muecke.setTag(R.id.tier,ELEFANT);
} else {
   muecke.setImageResource(R.drawable.muecke);
}
```

Bei der gewählten Wahrscheinlichkeit von 0,05 erscheinen in 5 % aller Fälle Elefanten anstelle von Mücken. Um die Tiere voneinander zu unterscheiden, verwenden Sie einfach ein Tag. Dazu müssen Sie eine weitere ID in der Datei *ids.xml* anlegen, außerdem definieren Sie eine Konstante ELEFANT:

`private static final String ELEFANT = "ELEFANT";`

Der Inhalt des Strings ist egal, aber Sie sollten sich nicht selbst eine Falle stellen, indem Sie etwas anderes hinschreiben. Anstelle eines Strings können Sie auch ein beliebiges anderes Objekt verwenden, z. B. ein `Integer` mit dem Wert 1. Entscheidend ist nicht der Inhalt des Objekts ELEFANT, sondern nur seine persönliche Anwesenheit.

In der Methode `onClick()` müssen Sie nun prüfen, ob der Spieler eine Mücke oder einen Elefanten erwischt hat:

```
if(muecke.getTag(R.id.tier) == ELEFANT) {
   punkte -= 1000;
} else {
   gefangeneMuecken++;
   punkte += 100;
}
```

Natürlich zählt der Elefant nicht als Mücke, daher dürfen Sie gefangeneMuecken nur im else-Fall erhöhen.

Übrigens können Sie sich die Navigation im Code erleichtern, indem Sie die View namens STRUCTURE aktivieren. Sie finden dazu einen kleinen Button am Rand des AS-Fensters. Das hilfreiche Fensterchen zeigt Ihnen alle Methoden und Attribute an (siehe Abbildung 5.12).

Abbildung 5.12 Die »Structure«-View von AS stellt alle Elemente einer Klasse in einer Baumstruktur dar.

Experimentieren Sie mit den Icons: Mit dem orangefarbenen F (*f* wie *fields*) können Sie beispielsweise die Attribute ausblenden. Wie es sich gehört, verrät AS Ihnen mit einem kleinen Fähnchen, was ein Icon bewirkt, wenn Sie mit der Maus einen Moment lang darauf verharren. An den farbigen Symbolen vor den Bezeichnern können Sie erkennen, ob diese als public (grün) oder als private (rot) deklariert sind. Doppelklicken Sie auf einen Methodennamen oder ein Attribut, um an die betreffende Stelle im Code zu springen.

In weniger als 200 Zeilen Java-Code haben Sie ein einfaches Android-Spiel verwirklicht. Um die Fähigkeiten eines Smartphones richtig auszureizen, fehlt freilich noch einiges. Aber es kommen ja auch noch ein paar Kapitel ...

> **Neu in AS 4: Der Resource Manager**
>
> Eine der bedeutendsten Erweiterungen in Android Studio 4.0 ist der Resource Manager (siehe Abbildung 5.13).
>
>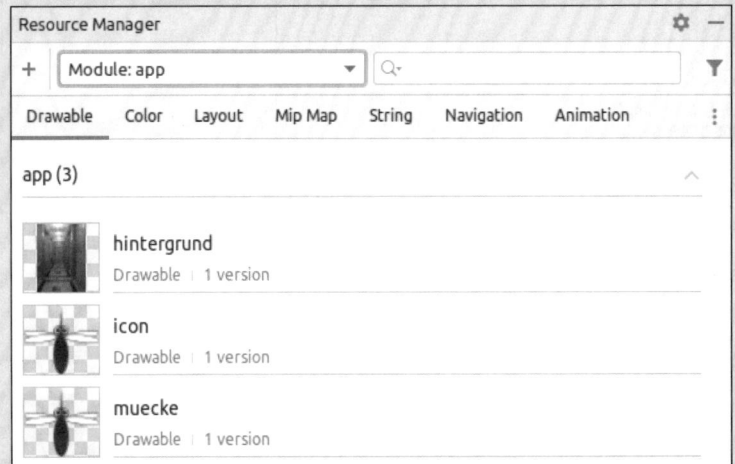
>
> **Abbildung 5.13** Der Resource Manager verschafft Ihnen bei komplexen Projekten den nötigen Überblick.
>
> Sie finden den Resource Manager normalerweise eingeklappt zu einer Lasche am Rand der Entwicklungsumgebung.
>
> Ressourcen wie Bilder, Layouts, Strings usw. zu verwalten, ist bisweilen etwas unübersichtlich. Der neue Resource Manager verbessert nicht nur die Übersicht, indem er kleine Vorschaubildchen anzeigt und über einen Filter verfügt, der die Suche in größeren Ressourcenbeständen vereinfacht. Er ermöglicht auch, mehrere Bilder auf einmal hinzuzufügen und anhand der Dateinamen in die richtigen Verzeichnisse zu sortieren.
>
> Gerade bei größeren Projekten wird Ihnen der Ressource Manager einiges an Zeit sparen.

Kapitel 6
Sound und Animation

»Ich glaube, ich habe was gehört.«
Unbekannter Abenteurer, der in einer Höhle
voller Dracheneier herumschleicht

Was wäre eine zünftige Weltraumschlacht ohne das Zischen von Laserstrahlen und das Wummern von Explosionen (siehe Abbildung 6.1)? Auch der berechtigte Hinweis auf die physikalische Gesetzmäßigkeit, laut der sich Schall im Vakuum des Weltraums nicht ausbreiten kann, ändert nichts an der unbestreitbaren Tatsache: Ein Spiel muss mit allen Sinnen genossen werden, und dazu gehört unzweifelhaft der Sound.

Abbildung 6.1 Alles andere als »Lautlos im Weltraum« ist »Galaxy of Fire 2«, ein Open Space Shooter mit starker 3-D-Grafik.

Glücklicherweise bietet Ihr Android-Smartphone nicht nur die nötigen Lautsprecher (oder Ohrhörer, wenn Sie freundlicherweise Rücksicht auf Ihre Umgebung nehmen), sondern auch einfach benutzbare Funktionen für Android-Entwickler.

Dann also an die Arbeit!

6.1 Sounds hinzufügen

Genau wie Grafiken sind Sounds aus technischer Sicht Ressourcen, die Sie in Form von Dateien Ihrem Projekt hinzufügen müssen. Also benötigen Sie zunächst die fraglichen Sounddateien. Falls Sie gerade keine Mücke samt passendem hochempfindlichem Mikrofon parat haben, machen Sie sich keine Sorgen: Sie können einen passenden Sound ohne Weiteres selbst erzeugen.

Wenn Sie diesen kreativen Schritt überspringen möchten, können Sie aber auch einfach die Sounds verwenden, die im Download-Angebot (*www.rheinwerk-verlag.de/5168*) im Projekt *Mueckenfang2* abgelegt sind.

6.1.1 Sounds erzeugen

Um den Mückenfang zu untermalen, benötigen wir offensichtlich ein passendes Summen. Um den Spieler aber nicht zu so nerven, wie es echte Mücken tun, spielen wir nur beim Auftauchen einer neuen Mücke ein zwei Sekunden langes Summen ab. Das beantwortet auch die Frage, wie sich ein Summen abschalten lässt, wenn eine Mücke erwischt wird. Das Summen soll zunächst anschwellen und dann schnell ausgeblendet werden. Möglicherweise haben Sie schon ein Mikrofon zur Hand genommen und angefangen, das Geräusch mit den Lippen zu imitieren. Das ist ein legitimer Weg, Spielsounds zu generieren; meist verfälscht man sie anschließend noch leicht, indem man die Tonhöhe verändert.

Ich möchte Ihnen aber einen rein technischen Weg zeigen, der ohne Mikrofon und Lippen auskommt. Dazu benötigen Sie ein ziemlich mächtiges Soundprogramm namens *Audacity* (*www.audacity.de*). Das ist glücklicherweise eine Open-Source-Software und läuft auf allen gängigen Betriebssystemen.

Installieren und starten Sie Audacity. Es begrüßt Sie mit einem leeren Fenster, einem umfangreichen Menü und zahllosen Bedienelementen, die Sie im Augenblick nicht benötigen.

Audacity verfügt über mehrere leicht bedienbare Tongeneratoren. Einen davon werden wir nun verwenden. Sie finden ihn im Menü unter ERZEUGEN • KLANG.

Hätten Sie gewusst, dass Mückenmännchen in einer anderen Frequenz summen als Weibchen? Da bekanntlich nur die Weibchen stechen, wäre es an dieser Stelle fatal, die falsche Frequenz zu wählen. Die richtige liegt bei rund 400 Hz, also 400 Flügelschlägen pro Sekunde. Natürlich ist der Summton kein reiner Sinus; der Einfachheit halber verwenden wir die SÄGEZAHN-Form. Nehmen Sie also im KLANG-GENERATOR die nötigen Einstellungen vor (siehe Abbildung 6.2), und lassen Sie das Geräusch erzeugen. Eine Dauer von zwei Sekunden genügt.

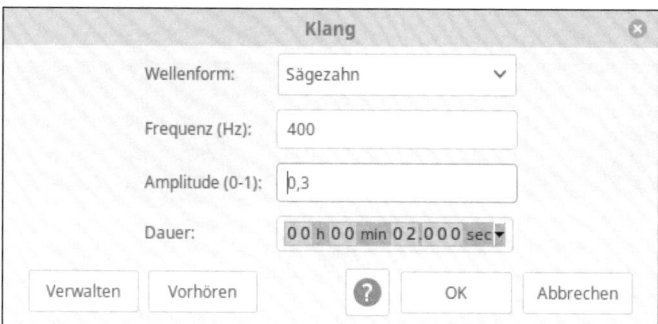

Abbildung 6.2 Erzeugen Sie mit Audacitys Tongenerator ein anschwellendes Mücken(weibchen)-Summen.

Sie können sich das generierte Summen anhören, indem Sie auf den Abspielen-Button mit dem grünen Dreieck klicken.

Um das Summen an- und abschwellen zu lassen, markieren Sie zunächst ungefähr das erste Viertel der Hüllkurve mit der Maus und wählen im Menü EFFEKT • EINBLENDEN, anschließend markieren Sie das letzte Viertel und wählen EFFEKT • AUSBLENDEN (siehe Abbildung 6.3).

Um das ganze Geräusch jetzt noch einmal zu hören, müssen Sie zunächst die gesamte Hüllkurve markieren (Strg + A). Exportieren Sie den Sound als OGG- oder MP3-Datei, indem Sie im Menü die Option DATEI • EXPORT wählen. Der korrekte Speicherort für die Sounddatei ist in Ihrem Projektverzeichnis der Pfad *res/raw*. Das OGG-Format hat gegenüber MP3 den Vorteil, dass keine lizenzpflichtigen externen Bibliotheken zum Erzeugen nötig sind. Android kann beides abspielen.

Legen Sie den Ordner *raw* an, wenn er noch nicht vorhanden ist. Achten Sie darauf, dass Sie – wie bei allen Resource-Dateien – keine Leerzeichen oder anderen Sonderzeichen verwenden. Ich empfehle Ihnen als Dateinamen *summen.mp3*.

Wenn Sie Lust haben, experimentieren Sie ein wenig mit Audacity. Vielleicht gelingt Ihnen ein noch authentischerer, beängstigenderer Mückensound!

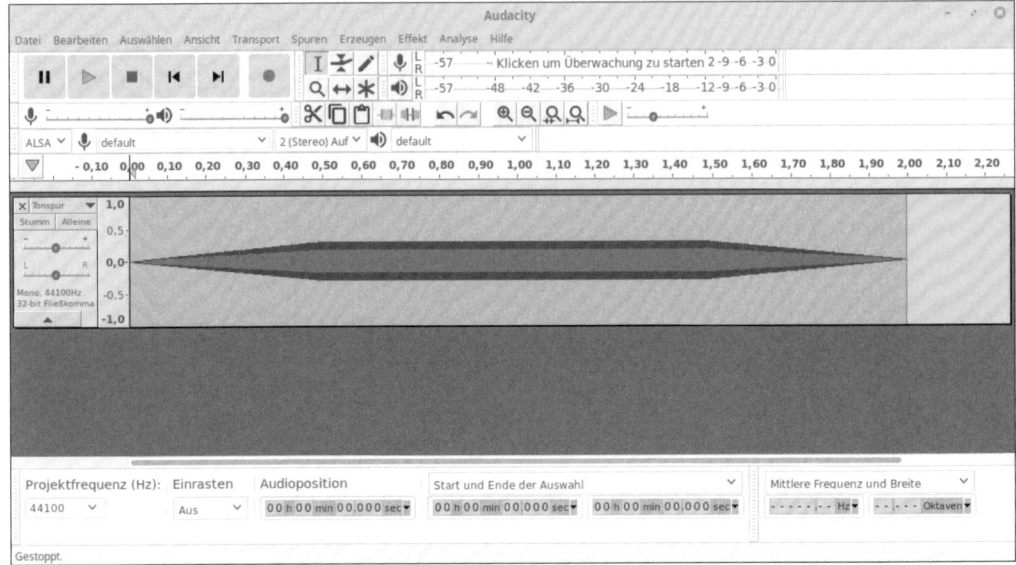

Abbildung 6.3 Blenden Sie das Summen im hinteren Viertel aus.

6.1.2 Sounds als Ressource

Sie haben das Mückengeräusch als OGG- oder MP3-Datei gespeichert. Android unterstützt allerdings noch eine Menge anderer Audioformate und darin unterschiedliche Abtastraten, Auflösungen und Kanäle.

Soundformate

Worin unterscheiden sich eigentlich Sounds?

Im Gegensatz zu einer Schallplatte oder einer Musikkassette speichert ein Computer Geräusche nicht analog ab, sondern digital. Das bedeutet, dass der Verlauf des Tonsignals regelmäßig abgetastet und in diskreten Ganzzahlwerten gespeichert wird (*Sampling*). Dieser Vorgang geschieht beispielsweise auch, wenn Sie in ein Handymikrofon sprechen.

Abhängig von der Anzahl verschiedener möglicher Lautstärkewerte und der Häufigkeit der Abtastung ergibt sich eine unterschiedliche Qualität – logischerweise erhalten Sie auch unterschiedlich große Dateien.

Eine Audio-CD hat beispielsweise eine Abtastrate von 44,1 kHz, also 44.100 Werten pro Sekunde. Die meisten Menschen stimmen der These zu, dass dies genügt, um keinen Unterschied zum analogen Original hören zu können (auch wenn manche audiophile Hi-Fi-Puristen an dieser Stelle sicher empört aufschreien).

> Die Auflösung beträgt bei einer Audio-CD 16 Bit je Kanal, das entspricht 65.536 unterschiedlichen Lautstärkewerten. Das summiert sich zu um die 700 MB Speicherbedarf für die 70 Minuten Musik, die maximal auf eine CD passen. Von Android unterstützte Dateiformate, die solche Audiodaten enthalten, sind PCM und WAV.
>
> Waren CDs vor einigen Jahren noch das Nonplusultra, finden die meisten Menschen sie heutzutage unhandlich und ziehen MP3-Player vor. Nicht nur die Abspielgeräte sind viel kleiner, sondern auch die Datenmengen: Der Trick besteht darin, die Daten nach dem Sampling zu komprimieren (im Fall des MP3-Formats mit je nach Kompressionsstärke hörbaren Verlusten). Es gibt noch weitere komprimierte Audioformate wie AAC und AAC+, die ebenfalls von Android unterstützt werden. An komprimierten Formaten unterstützt Android darüber hinaus AMR, FLAC und Ogg Vorbis.
>
> Hinzu kommt das MIDI-Format, das nicht direkt Geräusche enthält, sondern Noten – es ist dann die Aufgabe eines eingebauten Synthesizers, daraus Musik zu zaubern. Die Qualität hält sich allerdings in Grenzen.

Android Studio legt, gewohnt verlässlich, einen Bezeichner namens `R.raw.summen` an, anhand dessen Sie den Sound identifizieren, wenn Sie ihn abspielen wollen.

Natürlich können Sie mehrere Dateien im *raw*-Verzeichnis ablegen, aber achten Sie darauf, dass diese Dateien trotz unterschiedlicher Endungen auch verschiedene Dateinamen aufweisen müssen. Denn die Endungen schneidet der Resource Manager ab, und aus *summen.mp3* und *summen.ogg* würde zweimal `R.raw.summen` werden, was nicht funktionieren kann.

6.2 Sounds abspielen

Jetzt, da Sie Ihren ersten Sound ins Projekt eingefügt haben, müssen Sie ihn im richtigen Moment abspielen. Die richtige Stelle im Programmcode ist dafür zweifellos die Methode `eineMueckeAnzeigen()`.

Aber wie sorgen Sie dafür, dass das Summen im Lautsprecher ertönt?

6.2.1 Der MediaPlayer

Das Android-System stellt für jede technische Finesse Ihres Smartphones Klassen zur Verfügung, die den Zugriff darauf erlauben. Das ist beim Sound nicht anders. Die verantwortliche Klasse heißt `MediaPlayer`, und sie kann nicht nur Musik, sondern auch Videos abspielen. Es ist nicht ganz einfach, die Klasse `MediaPlayer` zu verwenden, denn sie verfügt über eine ganze Reihe an Methoden und kann eine Menge unterschiedlicher Zustände annehmen – ähnlich übrigens wie eine typische Game Engine. Das hängt beispielsweise damit zusammen, dass eine Sounddatei zunächst geöffnet werden muss, um sie abspielen zu können. Sie erinnern sich sicher an die Sprachausgabe, die ebenfalls eine Initialisierungsphase benötigte. Darüber hinaus kann eine Datei abgespielt werden, es gibt eine Pause-Option, und schließlich kommt die Darbietung zu einem Ende, wenn das letzte Sample zum Lautsprecher geschickt wurde.

Ich habe Ihnen die Zustände der Klasse `MediaPlayer` in der am häufigsten vorkommenden Reihenfolge aufgeschrieben:

- Idle (untätig)
- Initialized
- Preparing
- Prepared
- Started
- Paused
- Stopped
- PlaybackCompleted

Um von einem Zustand in den nächsten zu gelangen, müssen Sie jeweils eine Methode aufrufen. Da einige Vorgänge asynchron im Hintergrund ablaufen, können Sie sich von der Klasse `MediaPlayer` benachrichtigen lassen, wenn sie den gewünschten Folgezustand erreicht hat.

Wenn Sie's ganz genau wissen wollen ...

Freunde unübersichtlicher Pfeildiagramme finden ein komplettes Zustandsdiagramm des MediaPlayers in der offiziellen Android-Dokumentation:

http://developer.android.com/reference/android/media/MediaPlayer.html

Glücklicherweise ist der Anwendungsfall, lediglich ein Mückensummen abzuspielen, kein besonders komplizierter. Trotzdem müssen Sie zwei Spezialfälle beachten:

- Ein Sound soll abgespielt werden, obwohl der vorherige noch nicht beendet ist.
- Das Spiel wird beendet; das heißt, der Sound muss abgeschaltet werden.

Lassen Sie uns den Einsatz des MediaPlayers in mehreren Schritten in Angriff nehmen.

6.2.2 Den MediaPlayer initialisieren

Da Sie das MediaPlayer-Objekt während der ganzen Lebensdauer der Activity benötigen, legen Sie es als Attribut der Klasse GameActivity an:

```
private MediaPlayer mp;
```

Erzeugen Sie dann ein MediaPlayer-Objekt. Man könnte vermuten, dass das mit dem Schlüsselwort new vonstattengeht, aber es existiert eine hilfreiche statische Methode in der MediaPlayer-Klasse, die intern das new aufruft und weitere interne Initialisierungen für Sie erledigt. Das sieht dann so aus:

```
mp = MediaPlayer.create(this,R.raw.summen);
```

Hier können Sie direkt die gewünschte Resource-Referenz mitgeben. Die richtige Stelle, um das Objekt zu erzeugen, ist die onCreate()-Methode der GameActivity. Schreiben Sie die obige Zeile also dort hinein, und zwar vor den Aufruf von spielStarten().

Da Audiodaten relativ viel Speicher verbrauchen, ist es eine gute Idee, nicht erst das Auftauchen des Java-Entsorgungsunternehmens namens *Garbage Collector* abzuwarten, sondern selbst den Speicher freizugeben. Das hat offensichtlich spätestens dann zu geschehen, wenn die Activity beendet wird. Um diesen Moment zu erwischen, können Sie die Methode Activity.onDestroy() überschreiben, die das Android-System aufruft, wenn die Activity beendet wird:

```
@Override
protected void onDestroy() {
   mp.release();
   super.onDestroy();
}
```

Wie Sie sehen, räumt onDestroy() nicht nur den MediaPlayer auf. Die Methode muss auch zwingend zum Schluss (nicht am Anfang!) die Elternmethode super.onDestroy() aufrufen, da dort weitere Aufräumarbeiten erledigt werden.

6.2.3 Zurückspulen und Abspielen

Vielleicht hat die Syntaxvervollständigung Sie bereits darauf gebracht, wie die Methode heißt, um einen MediaPlayer zum Abspielen seines Sounds zu bringen. Ansonsten können Sie ja mal raten. Sie werden ziemlich schnell auf das hier kommen:

```
mp.start();
```

6 Sound und Animation

Schreiben Sie diese Zeile ans Ende der Methode `eineMueckeAnzeigen()`.

Allerdings ist es nicht damit getan, den Sound abzuspielen. Was passiert, wenn kurz vorher eine Mücke erschienen ist und deren Sound noch läuft?

Stellen Sie sich einen altmodischen Kassettenrekorder vor. Was müssten Sie tun, wenn gerade ein Lied abgespielt wird und Sie es von vorn abspielen möchten?

- falls das Gerät gerade etwas abspielt, anhalten
- zurückspulen
- starten

Das sähe in Java wie folgt aus:

```
if(mp.isPlaying()) {
    mp.pause();
}
mp.seekTo(0);
mp.start();
```

Sie können es so schreiben, allerdings klingt das manchmal etwas zerstückelt, weil der MediaPlayer mit der schnellen Abfolge der Befehle nicht hinterherkommt.

Die Methode zum Zurückspulen, `seekTo()`, funktioniert aber glücklicherweise auch während des Abspielens. Also können Sie die Abfrage des Abspielzustands weglassen:

```
mp.seekTo(0);
mp.start();
```

Positionieren Sie diese Zeilen am Ende von `eineMueckeAnzeigen()`, und probieren Sie das Spiel aus.

Sie werden feststellen, dass die Mücke weitersummt, selbst wenn Sie sie mit dem Finger zerquetschen. Da aber gerade der Sinn des Spiels darin liegt, die Nervensägen zum Schweigen zu bringen, lassen Sie den MediaPlayer beim Treffen einer Mücke am Ende der Methode `onClick()` pausieren:

```
mp.pause();
```

Beim regulären Verschwinden einer Mücke sollten Sie den MediaPlayer nicht anhalten, denn der Sound ist kürzer als die Verweilzeit der Mücke. Sie würden schlimmstenfalls den Auftauchsound einer anderen Mücke beenden.

Wenn Sie möchten, können Sie nun ein zweites Geräusch einbauen. Wie es klingt, wenn man eine Mücke zerquetscht, überlasse ich Ihrer Fantasie. Sie müssen lediglich für jeden Sound einen eigenen MediaPlayer erzeugen. Beachten Sie allerdings, dass das bei vielen Sounds eine Menge Speicher kostet, sodass Sie unter bestimmten Umständen besser einen einzelnen MediaPlayer recyceln und jeweils die nötige Audioressource so spät wie möglich laden. Leider müssen Sie dann aber mit einer gewissen Verzögerung rechnen. (Die systembedingt langsame Audioverarbeitung ist einer der großen Nachteile von Android.) Für Sounds, die exakt zum richtigen Zeitpunkt ertönen müssen, eignet sich diese Methode nicht. Beispielsweise beim Abspielen von Songs geht es aber gar nicht anders: Sie können schlecht für jedes Musikstück einen MediaPlayer erzeugen und initialisieren. Das würde viel zu viel Speicher verbrauchen.

6.3 Einfache Animationen

Android verfügt über ziemlich umfangreiche Funktionen, mit denen Sie auf einfache Weise grafische Objekte in Bewegung versetzen können. Damit können Sie zwar weder die hübsche Zauberin in einem Fantasy-Rollenspiel zum Tanzen bringen noch Mücken zum Fliegen, aber keine grafische Benutzeroberfläche kommt heute ohne diese kleinen Effekte aus, die Sie nur dann wahrnehmen, wenn sie fehlen: Buttons werden scheinbar in den Bildschirm gedrückt, Pfeile blinken, Bitte-warten-Icons rotieren, Bonuspunkte explodieren in buntem Feuerwerk. Solche Animationen definieren Sie in speziellen XML-Dateien, und im Programmcode starten Sie sie je nach Bedarf.

Grundsätzlich funktioniert jede Animation auf dieselbe Art: Ein bestimmter Parameter eines Objekts wird mit der Zeit allmählich verändert (siehe Abbildung 6.4). Dabei haben Sie eine Menge Freiheiten. Welche Parameter Sie auf diese Weise beeinflussen können, zeige ich Ihnen an einigen Beispielen.

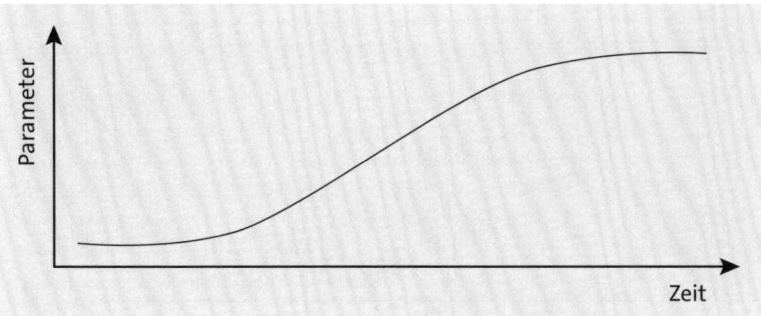

Abbildung 6.4 Bei einer Animation wird ein Parameter allmählich verändert. Je weicher die Kurve ist, desto mehr freut sich das Auge.

6.3.1 Views einblenden

Lassen Sie uns zunächst den Hauptbildschirm beim Starten des Spiels weich einblenden. Der Parameter, der dabei animiert wird, ist der Alpha-Wert. Ein Alpha-Wert von 1 bedeutet, dass ein Objekt sichtbar ist (das ist der Normalfall). Unsichtbar ist ein Objekt, wenn Alpha 0 ist. Bei Werten dazwischen ist das Objekt transparent: Je näher Alpha der 0 kommt, desto weniger ist davon zu sehen.

Wenn Sie also den Alpha-Wert langsam von 0 bis 1 ändern, beispielsweise im Laufe einer Sekunde, blenden Sie ein Objekt sanft ein. Wichtig ist, dass diese Änderung ruckelfrei geschieht, aber darum kümmert sich Android. Sie müssen nur die Animation definieren und beim Aufbau des Bildschirms starten.

Es wird Sie nicht wundern, dass eine Animationsdefinition eine Ressource ist und folglich in das Verzeichnis *res* gehört, genauer gesagt: in ein Unterverzeichnis namens *anim*. Legen Sie also ein solches Verzeichnis an, und benutzen Sie anschließend die übliche New-Funktion im Kontextmenü des Package Explorers, um eine neue Animation zu erstellen. Wählen Sie als Dateinamen *einblenden.xml*, und stellen Sie das Wurzelelement Alpha ein (siehe Abbildung 6.5).

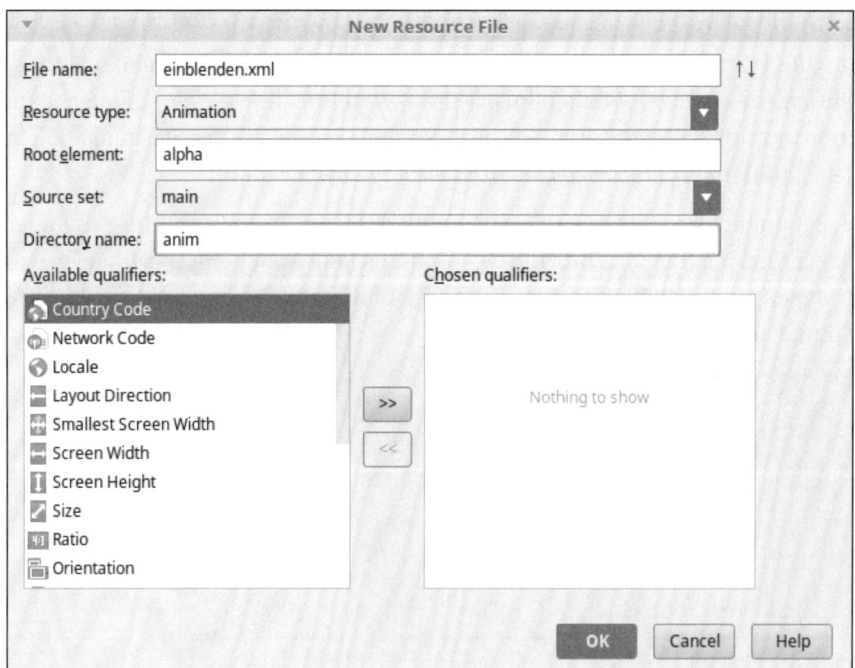

Abbildung 6.5 Der Wizard erstellt eine XML-Datei, die eine Animation beschreibt. Achten Sie darauf, das richtige Wurzelelement (»alpha«) zu wählen.

Erweitern Sie die erzeugte funktionslose Alpha-Animation wie folgt:

```xml
<?xml version="1.0" encoding="utf-8"?>
<alpha xmlns:android="http://schemas.android.com/apk/res/android"
    android:fromAlpha="0.0"
    android:toAlpha="1.0"
    android:duration="1000" ></alpha>
```

Dieser XML-Code beschreibt eine Animation, die ein Objekt einblendet. Drei Attribute innerhalb des `alpha`-Elements legen die gewünschten Parameter für die Animation fest. Da sind der Anfangswert (`android:fromAlpha`), der Endwert (`android:toAlpha`) und die Dauer (`android:duration`) in Millisekunden. Es gibt außerdem ein sogenanntes Namespace-Attribut (das mit dem `xmlns`), das immer gleich lautet. Es sorgt unter anderem dafür, dass Sie innerhalb dieses XML-Codes die Vorzüge der Syntaxvervollständigung von AS genießen können. Tippen Sie innerhalb der spitzen Klammern die Leertaste an, und sofort können Sie unter den erlaubten Attributen wählen. AS prüft Ihre Eingaben sogar auf akzeptable Werte zwischen den Anführungszeichen.

Höchste Zeit, die Animation auszuprobieren!

Zuerst laden Sie die Animation in der `onCreate()`-Methode der `MueckenfangActivity`:

```
animationEinblenden = AnimationUtils.loadAnimation(this, R.anim.einblenden);
```

Deklarieren Sie das nötige Attribut weiter oben in der Klasse, wo schon die restlichen Attribute versammelt sind. Am schnellsten geht das, indem Sie AS selbst den Fehler korrigieren lassen, der durch die fehlende Deklaration entsteht: Setzen Sie den Cursor auf den roten Bezeichnernamen, drücken Sie [Alt] + [⏎], und wählen Sie den zweiten Korrekturvorschlag (CREATE FIELD).

Die richtige Stelle, um die Animation zu starten, ist die `onResume()`-Methode, die immer aufgerufen wird, wenn die Activity erscheint. Das gilt im Gegensatz zu `onCreate()` auch, wenn das Handy nur kurz eingeschlafen ist und Sie es aufwecken oder wenn Sie mit der App-Auswahltaste (bzw. einem langen Druck auf HOME) zu Ihrer App wechseln.

Um die `onResume()`-Methode zu erzeugen, drücken Sie die rechte Maustaste und wählen GENERATE ..., anschließend OVERRIDE METHODS. AS blendet daraufhin eine Liste der Methoden der Basisklasse `AppCompatActivity` (und deren Basisklassen, insbesondere `Activity`) ein, die Sie ruhig überschreiben können. Suchen Sie `onResume()`, indem Sie die Buchstaben »resu« tippen. Die Markierung springt automatisch zur ersten passenden Methode. Bestätigen Sie mit [⏎], und AS ergänzt Ihren Code entsprechend (siehe Abbildung 6.6): Die neue Methode ruft einzig und allein die Elternmethode auf. Diese Zeile lassen Sie unangetastet. Schreiben Sie Ihren eigenen Code dahinter.

Holen Sie sich in der neuen Methode zunächst eine Referenz auf die Hintergrund-View. Da Sie diesem `LinearLayout` noch keine ID verpasst haben, nennen Sie es `wurzel`. Anschließend starten Sie die Animation:

```
View v = findViewById(R.id.wurzel);
v.startAnimation(animationEinblenden);
```

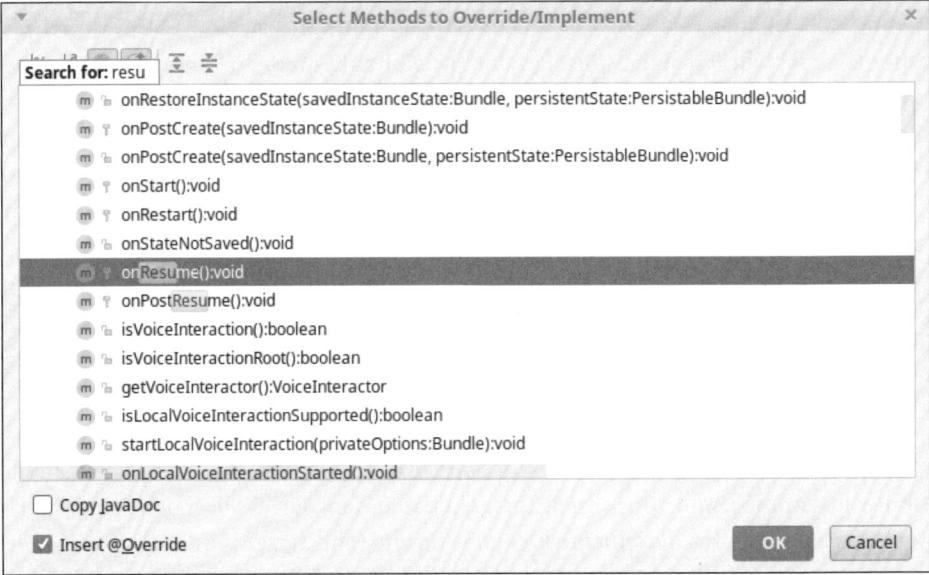

Abbildung 6.6 Mit der Schnellsuche finden Sie sofort die zu überschreibende Methode in der Basisklasse.

Da die Methode `startAnimation()` in der Basisklasse `View` definiert ist, ist es an dieser Stelle nicht erforderlich, das Resultat von `findViewById()` in `LinearLayout` zu casten. Probieren Sie es aus: Der Bildschirm wird jetzt beim Start weich eingeblendet.

Allerdings geschieht das möglicherweise nicht von einem schwarzen, sondern von einem weißen Bildschirm aus, abhängig vom Standard-Theme Ihres Geräts. Ändern Sie das Eltern-Theme in der Datei *styles.xml* auf `@android:style/Theme.NoTitleBar.Fullscreen`. Dieses Theme hat nicht nur einen schwarzen Hintergrund, sondern nimmt auch den ganzen Bildschirm ein. Das ist für ein Spiel sehr sinnvoll: Die Android-Nachrichtenleiste würde hier nur stören.

6.3.2 Wackelnde Buttons

Lassen Sie uns nun dem biederen Startbildschirm des Mückenfangs eine weitere sinnvolle Animation hinzufügen: Wenn der Benutzer auch nach zehn Sekunden den START-Button noch nicht gefunden hat, lassen wir ihn wackeln (den Button, nicht den Benutzer).

Erzeugen Sie eine neue Animations-XML-Datei namens *wackeln.xml*, diesmal mit dem Wurzelelement rotate. Eine Rotation beschreiben Sie, indem Sie den Anfangswinkel und den Endwinkel (in Grad) angeben:

```xml
<?xml version="1.0" encoding="utf-8"?>
<rotate xmlns:android="http://schemas.android.com/apk/res/android"
 android:fromDegrees="-20"
 android:toDegrees="20"
 android:duration="50"
/>
```

Laden Sie erneut die Animation in der onCreate()-Methode:

```
animationWackeln = AnimationUtils.loadAnimation(this, R.anim.wackeln);
```

Das zugehörige Attribut haben Sie bestimmt schon angelegt, ohne dass ich Ihnen erklären muss, wie das geht. Um die Animation zeitverzögert auszulösen, schreiben Sie eine neue private innere Klasse, die das Interface Runnable implementiert:

```java
private class WackleButton implements Runnable {
   @Override
   public void run() {
      startButton.startAnimation(animationWackeln);
   }
}
```

Legen Sie für den START-Button ein passendes Attribut an, das Sie in der onCreate()-Methode setzen:

```
startButton = (Button) findViewById(R.id.button);
```

Um das Runnable zeitverzögert zu starten, ist ein Handler erforderlich. Das kennen Sie schon von der GameActivity, sodass Sie den Handler ohne große Erklärung deklarieren können:

```
private Handler handler = new Handler();
```

Fehlt nur noch der zeitverzögerte Aufruf des Runnables WackleButton am Ende von onResume():

handler.postDelayed(new WackleButton(), 1000*10);

> **Lambdas statt Runnables in Java 8**
>
> Wenn Sie den obigen Code in Android Studio eintippen und für Ihr Projekt Java 8 eingeschaltet haben, erscheint Runnable ausgegraut und die schlaue Glühbirne bietet Ihnen an, den Code in einen Lambda-Ausdruck umzuwandeln. Das ist durchaus empfehlenswert, weil es den Code kürzer macht, aber für Java-Anfänger sind Lambdas oft etwas schwer zu verstehen. Sehen Sie sich den Code an, den AS erzeugt, wenn Sie der Glühbirne vertrauen:
>
> handler.postDelayed(
> **() -> {startButton.startAnimation(animationWackeln);}**, 1000*10);
>
> Der eigentliche Lambda-Ausdruck ist hier fett hervorgehoben. Er besteht immer aus einem Konstrukt ()->{}, wobei in den runden Klammern ein optionaler Parameter steht und in den geschweiften Klammern Code. Der Code entspricht einer Methode, die die Parameter in den runden Klammern entgegennimmt. Entspricht diese Methodendeklaration eindeutig dem Interface, das an dieser Stelle erwartet wird (hier: Runnable), so bildet der Lambda-Ausdruck implizit eine anonyme Implementierung dieses Interface. Sprich: Nach zehn Sekunden wird der Code in der geschweiften Klammer aufgerufen.
>
> Lambdas können also überall dort den Code abkürzen, wo sonst explizit eine Interface-Implementierung geschrieben werden müsste. Wenn Sie sich ein wenig in das Konzept hineingedacht haben, werden Sie es nicht mehr missen wollen.

Wenn Sie das Spiel jetzt starten und zehn Sekunden warten, wird der START-Button einmal kurz hin- und herzucken. Das ist noch längst nicht der gewünschte Effekt! Android dreht Views standardmäßig um ihre linke obere Ecke, nicht um die Mitte. Das können Sie ändern, indem Sie der Animationsdefinition zwei weitere Attribute hinzufügen:

android:pivotX="50%"
android:pivotY="50%"

Der *Pivotpunkt* ist in diesem Zusammenhang der Durchstoßpunkt der Achse, um die Android ein Objekt dreht. Er liegt genau in der Mitte des Buttons (siehe Abbildung 6.7).

Jetzt müssen Sie die Animation nur noch mehrfach hintereinander wiederholen:

android:repeatCount="10"

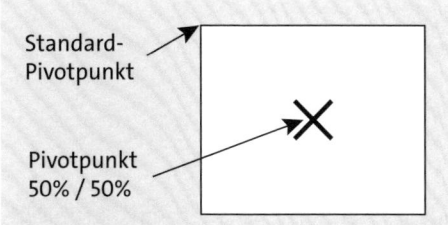

Abbildung 6.7 Um diesen Punkt dreht sich die Welt – zumindest der Button.

Augenblick, das ist noch nicht ganz alles! In dieser Form würde die Rotation zwar zehnmal ablaufen, aber immer nur von –20 ° nach +20°, also ein Stückchen von schräg links nach schräg rechts. Es fehlt der Rückweg!

Zum Glück können Sie Android leicht mitteilen, dass jeder zweite Durchlauf rückwärts stattfinden soll. Schreiben Sie einfach:

```
android:repeatMode="reverse"
```

Wenn Sie die App jetzt ausprobieren, funktioniert alles wie geplant.

Es gibt allerdings einen kleinen Nebeneffekt. Drücken Sie mal den START-Button, bevor er wackelt. Fangen Sie dann ein paar Mücken. Am Ende der Jagd kommen Sie zum Startbildschirm zurück, und was passiert? Der Button wackelt.

Warum tut er das? Weil der Handler immer noch existiert und bei nächster Gelegenheit das ihm anvertraute Runnable ausführt – in diesem Fall nach der Rückkehr auf den Startbildschirm und völlig unerwünscht.

Sie müssen beim Verlassen des Startbildschirms das verzögerte Runnable aus der Ereigniswarteschlange des Handlers löschen. Dazu müssen Sie es aber zunächst identifizieren können. Also deklarieren Sie es als privates Attribut der Activity:

```
private Runnable wackelnRunnable = new WackleButton();
```

In `onResume()` übergeben Sie jetzt dieses Objekt an den Handler:

```
handler.postDelayed(wackelnRunnable, 10000);
```

Und wenn die Activity vom Bildschirm verschwindet (also z. B. beim Start des Spiels), entfernen Sie das `wackelnRunnable` aus der Ereigniswarteschlange. Dazu müssen Sie die Methode `onPause()` der Activity überschreiben:

```
@Override
protected void onPause() {
   super.onPause();
   handler.removeCallbacks(wackelnRunnable);
}
```

Falls Sie das Button-Wackeln mit Java-8-Lambda implementiert haben, existiert natürlich kein `wackelnRunnable`. In dem Fall schreiben Sie an dieser Stelle einfach `handler.removeCallbacksAndMessages(null)`, um alle Callbacks loszuwerden.

Bei dieser Gelegenheit machen Sie dasselbe in der GameActivity: Verlässt der Spieler unverschämterweise den Bildschirm mitten im Spiel, sollte dieses nicht weiterlaufen. Sie müssen also in der GameActivity ebenfalls eine onPause()-Methode schreiben und die Warteschlange des Handlers leeren:

```
@Override
protected void onPause() {
   super.onPause();
   handler.removeCallbacks(this);
}
```

Da Sie in der GameActivity keine eigene Runnable-Klasse gebaut hatten, sondern die Activity selbst dazu verwenden, lautet der richtige Parameter beim Aufruf der Methode removeCallbacks() einfach this.

6.3.3 Interpolation

In Abbildung 6.4 habe ich Ihnen eine »weiche« Animation untergejubelt, die in den bisherigen Beispielen noch nicht zum Einsatz gekommen ist. Wie im Straßenverkehr gibt es mehr als eine Möglichkeit, von A nach B zu gelangen. Die einfachste Variante ist der gerade Weg – für eine Animation bedeutet das, die Werte zwischen dem Anfangs- und dem Endzustand durch Dreisatz auszurechnen. Dies ist die lineare Interpolation, die als Voreinstellung bei den vorangegangenen Animationen zum Einsatz kam.

Aber es sieht einfach »cooler« aus, wenn eine Animation sanft beginnt, dann etwas beschleunigt, um am Schluss wieder abzubremsen. Das ähnelt dem Stop-and-go-Verkehr, wenn Sie mit einem Auto an einer Kreuzung losfahren und vor der nächsten Ampel wieder abbremsen müssen. Die zugehörige Interpolation hört bei Android auf den einprägsamen Namen accelerate_decelerate_interpolator.

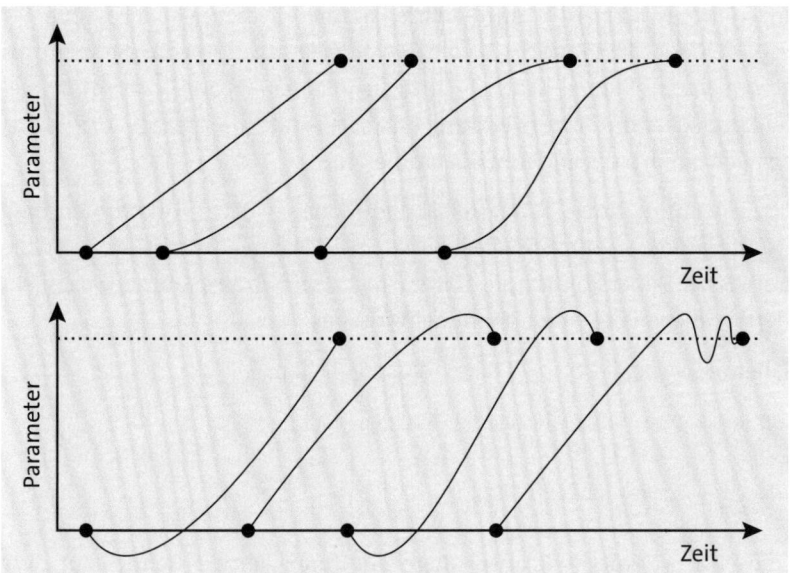

Abbildung 6.8 Androids Interpolator-Aufgebot – oben von links: »linear_interpolator«, »accelerate_interpolator«, »decelerate_interpolator«, »accelerate_decelerate_interpolator«. Unten von links: »anticipate_interpolator«, »overshoot_interpolator«, »anticipate_ overshoot_interpolator« und last, but not least »bounce_interpolator«

Es gibt eine ganze Reihe vordefinierter Interpolatoren (siehe Abbildung 6.8), theoretisch können Sie sogar einen eigenen schreiben.

Lassen Sie uns einen hübschen Interpolator ausprobieren: Was liegt näher, als beim Treffen einer Mücke diese mit einer kleinen Animation verschwinden zu lassen? Schreiben Sie zunächst das passende Animations-XML, und nennen Sie die Datei *treffer.xml*:

```xml
<?xml version="1.0" encoding="utf-8"?>
<scale xmlns:android="http://schemas.android.com/apk/res/android"
android:fromXScale="1"
android:toXScale="0"
android:fromYScale="1"
android:toYScale="0"
android:pivotX="50%"
android:pivotY="50%"
android:duration="250"
android:interpolator="@android:anim/accelerate_decelerate_interpolator"
/>
```

Neben `alpha` und `rotate` ist der dritte animierbare Parameter `scale`, also die Größe. Sie sehen leicht am XML-Code, dass innerhalb von 250 Millisekunden sowohl die Breite als auch die Höhe vom Maßstab (engl. scale) 1 (entsprechend 100 %) auf 0 zusammengequetscht werden, und zwar unter Verwendung von `accelerate_decelerate_interpolator`. (Sie können auch einfach die anderen ausprobieren.)

Aber Vorsicht! Da jede Animation eine Viertelsekunde dauert, wird es vorkommen, dass mehrere gleichzeitig laufen – wenn ein Spieler vor dem Ende einer Animation schon die nächste Mücke erwischt. Daher können Sie diesmal nicht ein einziges Animationsobjekt erzeugen, sondern brauchen bei jedem Treffer ein frisches.

Ergänzen Sie daher in `GameActivity.onClick()` folgende Zeilen:

```
Animation animationTreffer = AnimationUtils.loadAnimation(this,
    R.anim.treffer);
muecke.startAnimation(animationTreffer);
```

Wenn Sie sich die `onClick()`-Methode anschauen, fällt Ihnen ziemlich schnell auf, dass Sie, wie bisher üblich, an dieser Stelle die Mücke nicht mehr aus dem `spielbereich` entfernen können – dann würde man von der Animation rein gar nichts sehen. Entfernen Sie also die Zeile.

Aber irgendwie muss die Mücke ja verschwinden, und zwar genau dann, wenn die Animation vollständig abgespielt ist. Sie ahnen es sicher schon: Android teilt Ihnen auf Wunsch gerne mit, wann es so weit ist. Dazu müssen Sie lediglich einen `AnimationListener` anbieten. Sie brauchen also mal wieder eine private Klasse, und die sieht wie folgt aus:

```
private class MueckeAnimationListener implements AnimationListener {
    @Override
    public void onAnimationEnd(Animation animation) {
    }
    @Override
    public void onAnimationRepeat(Animation animation) {
    }
    @Override
    public void onAnimationStart(Animation animation) {
    }
}
```

Sie müssen zwar zwangsläufig alle drei Methoden der Schnittstelle `AnimationListener` implementieren, aber nur die erste benötigt tatsächlich Code. Es gibt dabei jedoch einen kleinen Haken: Die Methode onAnimationEnd() erfährt leider nicht, bei welcher Mücke die Animation beendet ist. Auch die Animation selbst lüftet dieses Geheimnis nicht – Sie müssen also wohl oder übel der Klasse MueckeAnimationListener eine Referenz auf die Mücke mitgeben. Eine Instanz der inneren Klasse merkt sich dann die Referenz und kann die richtige Mücke entfernen. Fügen Sie also der inneren Klasse ein Attribut muecke hinzu, und schreiben Sie der Einfachheit halber einen Konstruktor, der dieses Attribut als Parameter mitbekommt:

```
private class MueckeAnimationListener implements AnimationListener {
    private View muecke;
    public MueckeAnimationListener(View m) {
        muecke = m;
    }
    ...
}
```

Leider war das noch nicht die ganze Wahrheit. Wenn Sie jetzt in der Methode onAnimationEnd() die muecke einfach aus dem Spielbereich entfernen, knallt es früher oder später. Animation und Bildschirmaufbau sind nämlich nicht synchronisiert: Es kann passieren, dass Sie die Mücke entfernen, während Android gerade versucht, sie zu zeichnen. Das Resultat ist ein Crash der App. Deshalb müssen Sie den Umweg über den Handler gehen. Nur so ist gewährleistet, dass die View erst entfernt wird, wenn nichts mehr schiefgehen kann.

Um nicht noch eine innere Klasse mit Konstruktor zu bauen, zeige ich Ihnen jetzt, wie eine kurze und elegante, aber ein wenig unübersichtliche Variante aussieht:

```
@Override
public void onAnimationEnd(Animation animation) {
    handler.post(new Runnable() {
        @Override
        public void run() {
            spielbereich.removeView(muecke);
        }
    });
}
```

Wir übergeben hier der Methode handler.post() eine sogenannte *anonyme* innere Klasse (fett hervorgehoben). Sie heißt anonym, weil sie keinen Namen erhält und mit new ein (ebenfalls namenloses) Objekt erzeugt wird. Die anonyme Klasse implementiert das

Interface `Runnable`, und folglich müssen Sie dessen Methode `run()` implementieren. In dieser Methode darf endlich die Mücke völlig unfallfrei vom Bildschirm verschwinden.

Der große Vorteil: Das fragliche Objekt `muecke` ist der anonymen Klasse bekannt, weil sie eine innere Klasse von `MueckeAnimationListener` ist, die über die richtige Referenz verfügt.

Rein theoretisch hätten wir übrigens auch den `AnimationListener` als anonyme innere Klasse in der Methode `onClick()` verwirklichen können. Aber mit dem Runnable darin wären das zwei ineinander verschachtelte anonyme Klassen, und so elegant und kompakt der Code dann auch wird – der Übersicht dient das nicht.

Ich persönlich programmiere zwar manchmal so etwas, aber nur, weil ich hoffe, dass niemand außer mir den Code je lesen muss oder dass derjenige, der diesen Code eines Tages doch lesen muss, dann nicht bewaffnet ist.

Jetzt können Sie in `onClick()` einen Listener mit der angeklickten Mücke erzeugen und an die Animation hängen, bevor Sie `muecke.startAnimation()` aufrufen:

```
animationTreffer.setAnimationListener(new MueckeAnimationListener(muecke));
```

Bleibt noch eine Kleinigkeit: Was passiert, wenn der Spieler eine »verschwindende« Mücke noch einmal antippt? Derzeit würde das als weiterer Treffer gewertet werden – doppelte Punktzahl! Das darf natürlich nicht passieren.

Glücklicherweise ist die Bedingung sehr simpel: Wir müssen `onClicks` verhindern, wenn die fragliche Mücke gerade in eine Animation verwickelt ist. Also entfernen Sie einfach am Ende von `onClick()` den Listener von der Mücke, indem Sie ihn mit `null` überschreiben:

```
muecke.setOnClickListener(null);
```

Falls Sie den Mücken gerne auch beim Auftauchen eine Animation verpassen möchten, schaffen Sie das jetzt sicher ohne meine Hilfe. Denken Sie aber an drei Dinge:

- Es kann sein, dass mehrere Mücken gleichzeitig erscheinen – *ein* `Animation`-Attribut in der Klasse genügt also auch in diesem Fall nicht.
- Leider wird die Darstellung bei zu vielen gleichzeitig laufenden Animationen ruckeln. Übertreiben Sie es also nicht!
- Wenn Sie den Overshoot-Interpolator in Verbindung mit einer Vergrößerung von 0 auf 100 % verwenden, sieht das nicht wie eine Mücke aus, sondern wie eine Ente, die gerade von einem Tauchgang zurückkehrt.

6.4 Fliegende Mücken

Ist Ihnen das Spiel zu langweilig geworden? Es gibt nichts Schlimmeres, was einem Spiel passieren kann. Trotz Sound ist es einfach zu leicht, die Mücken zu treffen, es sei denn, es werden zu viele auf einmal.

Wenn Sie schon mal in der Realität auf Mückenjagd gegangen sind, werden Sie wissen, dass die Mistviecher selten an einem Ort sitzen bleiben. Was liegt also näher, als die Mücken auch in unserem Spiel in Bewegung zu versetzen?

Den Code zu diesem Abschnitt finden Sie im Download-Angebot unter dem Namen *Mueckenfang3*.

6.4.1 Grundgedanken zur Animation von Views

Bewegung ist, technisch betrachtet, nichts anderes als die ständige Änderung des Aufenthaltsorts. Sie müssen also lediglich in kurzen zeitlichen Abständen die Bildschirmkoordinaten einer Mücke verändern, um die Illusion einer Bewegung zu erzeugen.

Aber in welche Richtung und wie schnell soll sie sich bewegen?

6.4.2 Geschwindigkeit festlegen

Offensichtlich müssen Sie einmal zu Beginn eine Geschwindigkeit festlegen, die aus einem horizontalen und einem vertikalen Bestandteil besteht. So etwas nennen Physiker einen zweidimensionalen Vektor, aber für den Moment mögen die beiden Variablen einfach vx und vy heißen.

Damit nicht alle Mücken gleich schnell in die gleiche Richtung driften, müssen Sie jedem Tier seine eigene Geschwindigkeit mitgeben. Sie haben bereits eine Methode kennengelernt, um so etwas zu bewerkstelligen: Jeder Mücke wurde ihr Geburtsdatum als Tag aufgeklebt. Was liegt also näher, als die Geschwindigkeit auf die gleiche Weise einzubauen?

Fügen Sie dazu zunächst in die Datei *ids.xml* zwei neue Tag-IDs ein, die Sie »vx« und »vy« nennen:

```
<item name="vx" type="id" />
<item name="vy" type="id" />
```

Legen Sie die Werte für die Geschwindigkeit am Anfang von `eineMueckeAnzeigen()` mit dem Zufallsgenerator fest:

```
int vx = zufallsgenerator.nextInt(3)-1;
int vy = zufallsgenerator.nextInt(3)-1;
```

Da die Methode `nextInt()` Zufallszahlen zwischen 0 (inklusive) und dem übergebenen Parameter (exklusive) ausspuckt, erhalten wir auf diese Weise Geschwindigkeiten für die x- bzw. y-Richtung zwischen –1 und +1. Auch die 0 ist mit von der Partie, sodass sich einige Mücken nicht bewegen werden – im Schnitt eine von neun, weil es 3 × 3 = 9 Kombinationen gibt und nur eine den Stillstand bedeutet.

Diesen Fall sollten Sie ausschließen. Falls also sowohl `vx` als auch `vy` 0 sind, muss der Zufallsgenerator erneut ran – so lange, bis er etwas anderes als zwei Nullen generiert.

In Java sieht das so aus:

```
int vx;
int vy;
do {
   vx = zufallsgenerator.nextInt(3)-1;
   vy = zufallsgenerator.nextInt(3)-1;
} while(vx==0 && vy==0);
```

Hierbei handelt es sich um eine Schleife, deren Wiederholungsbedingung am Ende in den Klammern hinter `while()` steht. Der Inhalt der geschweiften Klammern wird so oft wiederholt, wie die Bedingung erfüllt ist, mindestens aber einmal durchlaufen. Da die Variablen `vx` und `vy` immer nur innerhalb des Codeblocks existieren, in dem sie deklariert sind, müssen wir sie vor die Schleife ziehen.

Die Geschwindigkeit muss noch mit dem Maßstab des Displays multipliziert werden, damit die Mücken auf hochauflösenden Geräten nicht langsamer sind:

```
vx = (int)Math.round(massstab*vx);
vy = (int)Math.round(massstab*vy);
```

Hängen Sie die Geschwindigkeit als Nächstes als Tags an die Mücke, genau wie das Geburtsdatum:

```
muecke.setTag(R.id.geburtsdatum, new Date());
muecke.setTag(R.id.vx, new Integer(vx));
muecke.setTag(R.id.vy, new Integer(vy));
```

Anschließend kümmern wir uns um den eigentlichen Bewegungsvorgang.

6.4.3 Mücken bewegen

Wir haben schon eine Methode, die in regelmäßigen zeitlichen Abständen aufgerufen wird: zeitHerunterzaehlen(). Es ist naheliegend, die Bewegung darin unterzubringen. Allerdings wäre es unschön, den gesamten Code dafür einfach in die Methode zu packen, weil sie dadurch zu lang und unübersichtlich würde. Schreiben Sie also eine neue Methode mueckenBewegen(). Rufen Sie sie in zeitHerunterzaehlen() auf, und zwar nach mueckenVerschwinden() – denn Mücken, die verschwunden sind, müssen wir nicht mehr bewegen. Umgekehrt ausgedrückt: Würden wir Mücken bewegen, die unmittelbar danach ohnehin verschwinden, hätten wir Rechenzeit verschwendet.

> **Wie Fehler zu Code werden**
>
> Ein beliebter Trick zum Vermeiden von Tipparbeit ist anwendbar, wenn es um das Schreiben neuer Methoden geht.
>
> Tippen Sie zuerst den Aufruf der neuen Methode ein. AS wird Ihnen die Zeile rot einfärben, weil es die Methode natürlich nicht kennt. Drücken Sie [Alt] + [↵] (oder klicken Sie mit der Maus auf das kleine rote Symbol am linken Rand des Editor-Fensters). Daraufhin verrät AS Ihnen nicht nur den genauen Fehler, sondern schlägt auch sofort vor, wie er zu beheben ist: indem man die Methode hinzufügt. Drücken Sie einfach [↵], um den Code automatisch zu erzeugen (siehe Abbildung 6.9).
>
>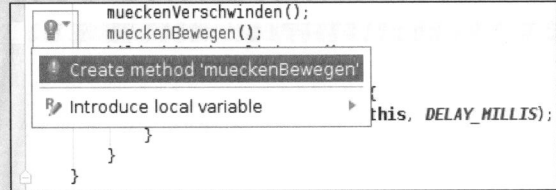

Abbildung 6.9 Aus einem Fehler wird dank »Alt + Enter« die gewünschte Methode.

Es liegt auf der Hand, dass wir in der Bewegen-Methode alle Mücken auf dem Spielfeld einmal betrachten müssen. Das kommt Ihnen bekannt vor? Richtig, in der Methode mueckenVerschwinden() geschieht genau dasselbe. Also klauen wir einen Teil des dortigen Codes:

```
private void mueckenBewegen() {
    int nummer=0;
    while(nummer < spielbereich.getChildCount()) {
        ImageView muecke = (ImageView) spielbereich.getChildAt(nummer);
        int vx = (Integer) muecke.getTag(R.id.vx);
        int vy = (Integer) muecke.getTag(R.id.vy);
```

```
            // und nun bewegen ...
            nummer++;
        }
    }
}
```

In der `while`-Schleife wird jede Mücke im `spielbereich` einmal herangezogen. Aus den Tags lesen wir die Geschwindigkeit ab. Da Java an dieser Stelle nicht wissen kann, welche Objekte an den Tags hängen, müssen Sie sie explizit in `Integer` umwandeln. Die Resultate können Sie mühelos Variablen vom nativen Typ `int` zuweisen.

Nun kommen wir endlich zur eigentlichen Bewegung! Werfen Sie noch einmal einen Blick auf die Stelle im Code, an der die Mücken positioniert werden:

```
FrameLayout.LayoutParams params = new FrameLayout.LayoutParams(
muecke_breite,muecke_hoehe);
params.leftMargin = links;
params.topMargin = oben;
params.gravity= Gravity.TOP + Gravity.LEFT;
spielbereich.addView(muecke,params);
```

Die Position der Mücke versteckt sich also in Form von rechtem und linkem Rand in den `LayoutParams`. Also können Sie die Mücke bewegen, indem Sie sich die aktuellen `LayoutParams` holen, die Ränder ändern und der Mücke die neuen Parameter verpassen:

```
FrameLayout.LayoutParams params = (android.widget.FrameLayout.
    LayoutParams) muecke.getLayoutParams();
params.leftMargin += vx;
params.topMargin += vy;
muecke.setLayoutParams(params);
```

Eine kleine Komplikation gibt es in der ersten Zeile dieses Codeblocks: Sie müssen die `LayoutParams`, die Ihnen die `getLayoutParams()`-Funktion zurückliefert, explizit umwandeln. Das ist vor allem deswegen unübersichtlich, weil beide Klassen `LayoutParams` heißen, sich aber in unterschiedlichen Packages befinden und noch dazu lokale Klassen anderer Klassen sind:

```
android.view.View.LayoutParams
android.widget.FrameLayout.LayoutParams
```

Die Funktion `View.getLayoutParams()` ist so deklariert, dass sie Ersteres zurückliefert. Sie aber wissen, dass es sich in Wirklichkeit um die zweite Version handelt (die von der ersten erbt), also können Sie sie umwandeln.

Probieren Sie das Spiel jetzt aus. Sind Ihnen die Mücken zu langsam? Nun, vielleicht sollten sie von Runde zu Runde immer schneller werden? Versuchen Sie ruhig mal Folgendes:

```
params.leftMargin += vx*runde;
params.topMargin += vy*runde;
```

In der ersten Runde bewegen sich die Mücken also mit einer Geschwindigkeit von 1, dann doppelt so schnell, dreimal so schnell etc.

Viel Spaß bei der Jagd mit eingeschaltetem Turbo!

6.4.4 Bilder laden

Auch wenn vermutlich keiner von uns Experte für das avionische Verhalten von Stechmücken ist: Dass die Viecher seitwärts fliegen, ist doch eher unwahrscheinlich. Die richtige Richtung ist: Rüssel voraus.

Leider können Sie nicht ohne Weiteres Android dazu bringen, die ImageViews, die die Mücken zeigen, zu drehen. Wir brauchen daher einen alternativen Plan. Wie wäre es, wenn für jede der acht Richtungen eine Bildressource zur Verfügung stünde? Dann müsste nur beim Festlegen der Richtung das richtige Bild geladen werden.

Welches Bild zu einer Flugrichtung gehört, sollte am besten aus dem Dateinamen hervorgehen. Schnappen Sie sich also ein Grafikprogramm Ihrer Wahl, laden Sie die Mücke, und speichern Sie gedrehte Kopien. Dazu eignen sich Programme wie Photoshop oder GIMP. Wenn Sie die Mücke als Vektorgrafik angelegt haben, exportieren Sie einfach für jede der acht Positionen eine Bitmap.

Benennen Sie die Bilder nach den Himmelsrichtungen, also *muecke_n.png* für die, die nach Norden bzw. oben fliegt, *muecke_so.png* für die nach Südosten bzw. rechts unten etc. (siehe Abbildung 6.10).

Wenn Sie sich die Arbeit sparen möchten, finden Sie die gedrehten Mücken natürlich auch im Download-Angebot im Projekt *Mueckenfang4*.

Diese Vorgehensweise bedeutet einen Kompromiss: Zwar ersparen Sie dem Smartphone die rechenintensive Drehung von Grafiken, dafür wird die App etwas mehr vom begrenzt verfügbaren Speicher verbrauchen. Es kommt in der App-Entwicklung oft darauf an, die verschiedenen Nachteile abzuwägen und den effizientesten Weg zu wählen. Glücklicherweise gehören Speicherverwaltungsprobleme von Bitmaps seit Android 4 der Vergangenheit an.

Abbildung 6.10 Achten Sie beim Drehen der Mücken darauf, dass Höhe und Breite jeweils gleich sind.

Sorgen Sie nun dafür, dass die jeweils richtige Mücke geladen wird. Es gibt mehrere Möglichkeiten, das zu tun – aber egal, welche man verwendet, ist es sicher eine gute Idee, das in einer eigenen Methode zu tun. Schreiben Sie also eine Methode setzeBild(), die als Parameter erstens die ImageView für die Mücke und zweitens die gewünschte Richtung erhält:

```
private void setzeBild(ImageView muecke, int vx, int vy) {
}
```

Rufen Sie die Methode in eineMueckeAnzeigen() auf, nachdem die Richtung bekannt ist, aber unmittelbar vor der Skalierung von vx und vy, denn die Werte –1 bis +1 lassen sich gleich besser auswerten:

```
setzeBild(muecke, vx, vy);
vx = (int)Math.round(massstab*vx);
vy = (int)Math.round(massstab*vy);
```

Sie müssen dazu ein wenig die Reihenfolge der Zeilen ändern: Die Bestimmung von vx und vy muss nach dem Erzeugen des Objekts muecke, aber vor dem Setzen der beiden zugehörigen Tags vx und vy geschehen.

Bislang wurde der Mücke das Standardbild *muecke.png* zugewiesen:

```
muecke.setImageResource(R.drawable.muecke);
```

Diese Zeile können Sie jetzt löschen.

Sicher ist Ihnen nicht entgangen, dass die eigentliche Methode setzeBild() bislang leer ist. Das Beste bewahrt man sich ja bekanntlich bis zum Schluss auf ...

Ich zeige Ihnen nun drei verschiedene Möglichkeiten, diese Methode zu schreiben. Anhand der eingesetzten Techniken lernen Sie wieder eine Menge über Java, und am Ende können Sie sich aussuchen, welche Variante Ihnen am besten gefällt. Denn oft haben Sie tatsächlich diese Entscheidungsfreiheit: Wenn Ausführungsgeschwindigkeit und Speicherbedarf keine Rolle spielen, ist die konkrete Implementierung Geschmackssache.

6.4.5 If-else-Abfragen

Es gibt eine überschaubare Anzahl verschiedener Richtungen: acht. Sie können daher einfach acht if-Abfragen implementieren:

```java
private void setzeBild(ImageView muecke, int vx, int vy) {
    if(vx==-1 && vy==-1)
        muecke.setImageResource(R.drawable.muecke_nw);
    if(vx==-1 && vy== 0)
        muecke.setImageResource(R.drawable.muecke_w );
    if(vx==-1 && vy==+1)
        muecke.setImageResource(R.drawable.muecke_sw);
    if(vx== 0 && vy==-1)
        muecke.setImageResource(R.drawable.muecke_n);
    if(vx== 0 && vy==+1)
        muecke.setImageResource(R.drawable.muecke_s);
    if(vx==+1 && vy==-1)
        muecke.setImageResource(R.drawable.muecke_no);
    if(vx==+1 && vy== 0)
        muecke.setImageResource(R.drawable.muecke_o);
    if(vx==+1 && vy==+1)
        muecke.setImageResource(R.drawable.muecke_so);
}
```

Diese Variante erfordert nicht viel Nachdenken – Sie müssen lediglich aufpassen, dass bei der jeweiligen Kombination aus vx und vy auch die richtige Grafik verwendet wird.

Wie Sie sehen, brauchen Sie hier für eine relativ einfache Aufgabe 16 Zeilen, und dabei habe ich schon diverse geschweifte Klammern weggelassen.

Hinzu kommt, dass Java beim Programmablauf jede if-Bedingung einmal prüft, obwohl wir wissen, dass nur eine einzige zutreffen kann. Um das zu umgehen, könnten Sie jede Abfrage um einen vorzeitigen Abbruch der Methode ergänzen:

```
if(vx==-1 && vy==-1) {
    muecke.setImageResource(R.drawable.muecke_nw);
    return;
}
```

Kürzer wird der Code dadurch aber auch nicht. Etwas eleganter sind eingestreute else-Verzweigungen:

```
if(vx==-1 && vy==-1)
    muecke.setImageResource(R.drawable.muecke_nw);
else if(vx==-1 && vy== 0)
    muecke.setImageResource(R.drawable.muecke_w );
else if(vx==-1 && vy==+1)
    muecke.setImageResource(R.drawable.muecke_sw);
else ...
```

Diese Variante erfordert ebenfalls nur den Durchlauf der if-Anweisungen bis zum »Treffer«. Das sind im schlimmsten Fall immer noch sieben Abfragen.

Glücklicherweise gibt es elegantere Lösungen.

6.4.6 Zweidimensionale Arrays

Sie haben bereits einfache Arrays primitiver Datentypen kennengelernt, und wenn ich Ihnen jetzt verrate, dass es auch zweidimensionale Arrays gibt, geht Ihnen möglicherweise ein Licht auf.

In einem zweidimensionalen Array lässt sich mühelos eine Tabelle wie die folgende ablegen:

R.drawable.muecke_nw_	R.drawable.muecke_n_	R.drawable.muecke_no_
R.drawable.muecke_w_		R.drawable.muecke_o_
R.drawable.muecke_sw_	R.drawable.muecke_s_	R.drawable.muecke_so_

In den Feldern dieser Tabelle stehen für die betreffende Richtung die IDs, die AS für das jeweilige Bild angelegt hat. Eine solche Tabelle kann in Form eines zweidimensionalen

Arrays in Java leicht als konstantes, wenngleich etwas unübersichtliches Attribut in einer Klasse angelegt werden:

```
private static final int MUECKEN_BILDER[][] = {
   {R.drawable.muecke_nw, R.drawable.muecke_n, R.drawable.muecke_no},
   {R.drawable.muecke_w,  R.drawable.muecke,   R.drawable.muecke_o},
   {R.drawable.muecke_sw, R.drawable.muecke_s, R.drawable.muecke_so} };
```

Als primitiven Datentyp verwendet dieses Array int, denn nichts anderes sind die Resource-IDs. Sie sehen, dass Sie für die initiale Zuweisung der horizontalen und vertikalen Dimension lediglich die geschweiften Klammern ineinander verschachteln müssen. Jede innere geschweifte Klammer enthält eine Zeile der obigen Mückentabelle.

Android Studio zeigt am linken Rand des Editor-Fensters sogar verkleinert die Mücken-Bildchen an, sodass Sie leicht sehen können, ob Sie die richtigen verwenden.

Jetzt müssen Sie nur noch passend zum Koordinatenpaar vx/vy das richtige Array-Element herausfinden. Sind z. B. vx und vy beide −1, benötigen Sie das Element links oben (es hat die Array-Indizes 0,0) und so weiter. Da die Geschwindigkeitswerte von −1 bis +1 gehen, der Array-Index aber jeweils von 0 bis 2, genügt es, zu vx und vy jeweils +1 zu addieren:

```
private void setzeBild(ImageView muecke, int vx, int vy) {
   muecke.setImageResource(MUECKEN_BILDER[vy+1][vx+1]);
}
```

Sie müssen hier den äußeren Index zuerst angeben, um die richtige Zeile der Tabelle zu erwischen, und im zweiten Klammerpaar die Spalte.

Voilà – Sie haben dasselbe Ziel wie im vorangegangenen Abschnitt erreicht, und das mit einer einzigen Zeile (zugegeben, zuzüglich der Deklaration des Arrays MUECKEN_BILDER)! Man kann sehr oft durch geschicktes Ablegen von Daten in Arrays umfangreiche if-Konstruktionen vermeiden und damit Rechenzeit sparen – selbst wenn es sich wie im vorliegenden Fall vermutlich nur um Nanosekunden handelt.

Die Frage, wie gut Daten organisiert sind, ist oft entscheidend für die Performance einer Anwendung. Unnötiges Suchen kostet stets Rechenleistung und damit Zeit und Energie. Auch Energiesparen ist eine Entwickler-Aufgabe!

Aber ist das Konstanten-Array eigentlich notwendig? Wieso haben wir denn den acht Mückenbildern sprechende Namen gegeben? Kann man diesen Umstand nicht ausnutzen?

Man kann.

6.4.7 Resource-IDs ermitteln

Bisher haben Sie die Ressource des Bildes anhand des vom Resource Manager erzeugten Bezeichners (z. B. R.drawable.muecke) identifiziert. Es gibt aber auch die Möglichkeit, die ID einer Ressource anhand des Namens (z. B. "muecke_nw") zu ermitteln (vielleicht erinnern Sie sich an Abschnitt 5.4.3, »Hintergrundbilder«):

```
int id = getResources().getIdentifier("muecke_nw",
    "drawable", this.getPackageName());
```

Die Methode getResources() ist in der Basisklasse Activity definiert (von der AppCompat-Activity letztlich erbt). Wir nutzen also eine in allen Activity-Objekten zur Verfügung stehende Funktion, um auf das Resources-Objekt der App zuzugreifen. Das wiederum stellt mit getIdentifier() eine Möglichkeit zur Verfügung, eine ID zu ermitteln. Sie brauchen als Parameter lediglich den Namen, den Typ und den Paketnamen der App zu übergeben.

Jetzt müssen Sie nur noch aus den Geschwindigkeitswerten vx und vy den passenden String ermitteln. Lassen Sie uns dafür erneut ein zweidimensionales Array verwenden:

```
private static final String HIMMELSRICHTUNGEN[][] = {
    {"nw", "n", "no"},
    {"w",  "",  "o" },
    {"sw", "s", "so"} };
```

Der Vorteil dieses Arrays ist, dass es nicht auf Mücken festgelegt ist, es würde sich auch für Elefanten verwenden lassen. Verallgemeinerung ist immer sinnvoll, weil Sie so später den Code wiederverwenden können.

Jetzt müssen Sie nur noch den Parameter für den Aufruf von getIdentifier() aus dem immer gleichen Teil "muecke_" und der richtigen Himmelsrichtung zusammensetzen. Letztere erhalten Sie, wenn Sie die Koordinaten als Indizes für das Array HIMMELSRICHTUNGEN[] verwenden:

```
"muecke_"+HIMMELSRICHTUNGEN[vy+1][vx+1]
```

Bleibt nur noch das eigentliche Setzen der ID des richtigen Bildes mit der Methode setImageResource(), und die Methode ist fertig:

```
private void setzeBild(ImageView muecke, int vx, int vy) {
    muecke.setImageResource(
        getResources().getIdentifier(
            "muecke_"+HIMMELSRICHTUNGEN[vy+1][vx+1],
            "drawable", this.getPackageName()
```

)
    );
}

Diese Implementierung ist möglicherweise die komplizierteste – und auf den ersten Blick für jemanden, der den Code nicht kennt, recht unverständlich. Sie ist dafür flexibel, weil sie sich prinzipiell auch auf Bilder anwenden lässt, die nicht "muecke_" heißen. Dafür ist diese Variante etwas langsamer als die vorangegangene, weil jedes Mal die Methode `getResources().getIdentifier()` aufgerufen wird und nicht nur das obligatorische `muecke.setImageResource()`.

Sie sehen an diesem Beispiel, dass es oft unterschiedliche Lösungen für Programmieraufgaben gibt, und jede hat ihre Vor- und Nachteile. Es ist Ihre Aufgabe als Entwickler, die jeweils beste zu wählen – oder aber, wenn das nicht eindeutig ist, nach Möglichkeit nicht die schlechteste.

6.4.8 Profiling

Um herauszufinden, wie effizient Ihr Code ist, bietet AS *Profiling* an. Darunter versteht man das Sichtbarmachen des Rechenaufwands zur Laufzeit der App. Sie starten den Profiling-Modus mit einem Klick auf das Tachometer-ähnliche Icon in der Symbolleiste.

AS startet die App daraufhin in einem speziellen Modus, der es ermöglicht, Prozessorlast, Speicherbedarf und Netzwerkauslastung grafisch zu betrachten (Abbildung 6.11).

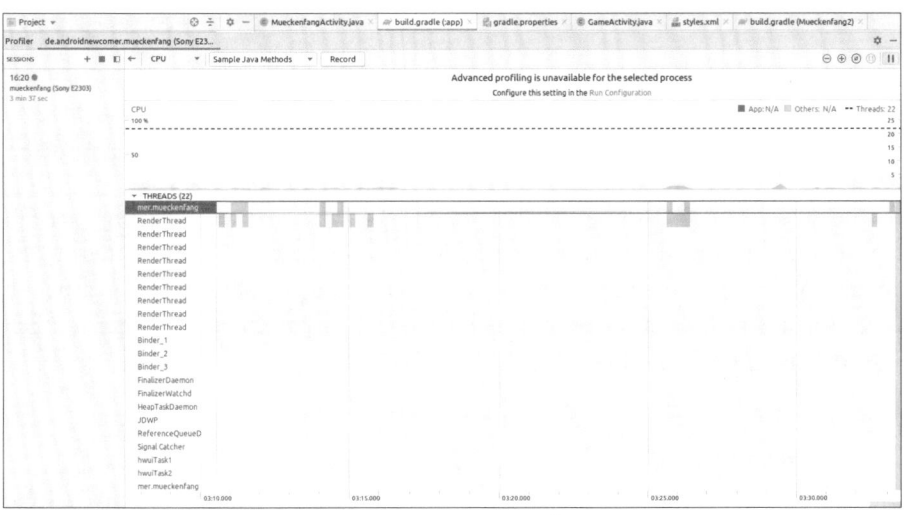

Abbildung 6.11 Der Mückenfang verbraucht nicht viel Rechenzeit – je kürzer die grünen Balken, umso besser.

Falls Sie feststellen, dass Ihre App auf Benutzereingaben träge reagiert oder sogar für merkliche Wärmeentwicklung sorgt, wird es Zeit, den Profiler anzuwerfen. Im Profiler tauchen lange Rechenvorgänge im CPU-Diagramm als lange, grüne Balken auf. Je mehr Rechenzeit Ihre App verbraucht, umso länger werden die Balken.

Sobald Sie herausgefunden haben, welche Bedienschritte zu diesen Belastungen führen, starten Sie eine Aufnahme der Funktionsaufrufe mit der Schaltfläche RECORD. Daraufhin sendet die App für jeden Funktionsaufruf eine Information an AS. Das verlangsamt Ihre App deutlich – deshalb ist es wichtig, vorher abzuschätzen, welche Nutzeraktivitäten kritisch sind. Sobald Sie die Aufnahme stoppen, präsentiert Ihnen AS umfangreiches Zahlenmaterial in Form der verbrauchten Zeit für jede aufgerufene Funktion, sowohl in der Summe als auch pro Aufruf (siehe Abbildung 6.12).

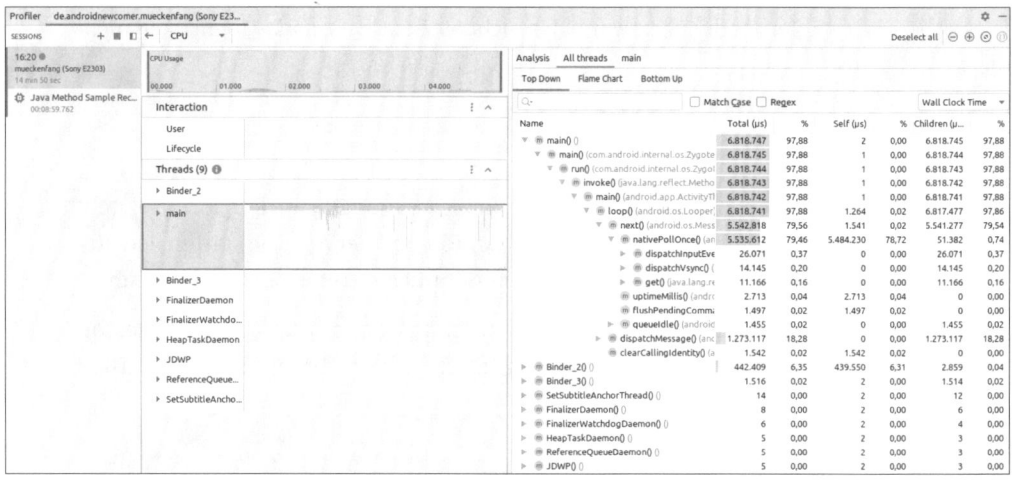

Abbildung 6.12 AS kennt den Zeitverbrauch für jede aufgerufene Funktion und stellt ihn tabellarisch und hierarchisch dar.

Halten Sie Ausschau nach Funktionen mit langen Laufzeiten in Ihrem eigenen Code. Oft finden Sie hier Hinweise auf Programmierfehler oder ineffiziente Implementierungen. Wenn Ihre App mit größeren Datenmengen oder aufwendigen Berechnungen arbeitet, werden Sie hier leicht die Schwachstellen entdecken, deren Beseitigung zu einer deutlich verbesserten Performance führt.

6.4.9 Retrospektive

In diesem Kapitel haben Sie Mücken das Summen und das Fliegen beigebracht. Gratulation, damit haben Sie für Spiele-Apps mit nicht zu anspruchsvollen Animationsbedürfnissen eine Menge Grundlagen gelernt. Nebenbei haben Sie zum ersten Mal mit zweidimensionalen Arrays hantiert.

Natürlich ist unser Mückenfang immer noch weit davon entfernt, ein atemberaubendes Spiel zu sein. Wie Sie sicher schon festgestellt haben, steckt der Teufel im Detail:

▶ Die diagonal fliegenden Mücken sind schneller ...
▶ ... und außerdem größer.

Während Sie das zweite Problem leicht in den Griff bekommen, indem Sie die Grafiken noch mal bearbeiten und die diagonalen Mücken etwas verkleinern, ist die Sache mit der Geschwindigkeit schon kniffliger. Was ist eigentlich die Ursache dafür?

Nun, die »horizontalen« Mücken legen pro Zeitscheibe einen Weg der Länge 1 zurück (skaliert mit der Bildschirmauflösung). Die »diagonalen« Mücken legen jedoch sowohl in horizontaler als auch in vertikaler Richtung die Länge 1 zurück.

Falls Sie sich an die Dreiecksformel von Pythagoras erinnern, können Sie leicht ausrechnen, dass die resultierende Entfernung nicht 1 ist, sondern Wurzel 2, also etwa 1,414. Damit sind die diagonalen Mücken glatte 41 % schneller als ihre Artgenossen (siehe Abbildung 6.13).

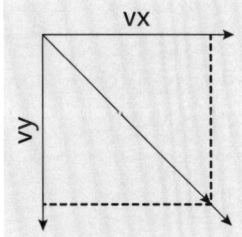

Abbildung 6.13 Die diagonalen Mücken sind zu schnell (langer diagonaler Pfeil). Sie dürfen in jeder Zeitscheibe eigentlich nur so weit kommen, wie die gestrichelten Linien zeigen.

Um diese Angelegenheit in den Griff zu bekommen, bleibt Ihnen nichts anderes übrig, als mit Kommazahlen zu arbeiten. Setzen Sie im Satz von Pythagoras die längste Seite gleich 1, verrät der nächstbeste Taschenrechner schnell, dass die horizontale und vertikale Seite je 0,707 lang sein müssen (siehe Abbildung 6.14). Die diagonalen Mücken dürfen folglich nur jeweils um 0,707 statt um eine ganze Einheit in jede Richtung verschoben werden.

Im Fall der diagonalen Bewegung müssen wir also sowohl vx als auch vy mit 0,707 multiplizieren – und dann ordentlich runden, denn auf einem niedrig aufgelösten Display könnte die Geschwindigkeit 0 werden, wenn man einfach nur die Kommastellen abschneidet.

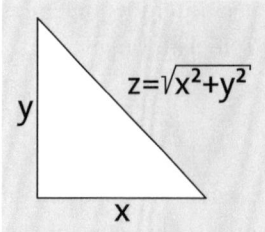

Abbildung 6.14 Hier verrät Pythagoras, wie man aus zwei Seiten eines rechtwinkligen Dreiecks die Länge der dritten Seite ausrechnen kann.

Als Bedingung für die diagonale Richtung schauen wir einfach nach, ob beide Geschwindigkeitskomponenten ungleich 0 sind, und setzen dann den nötigen Korrekturfaktor entsprechend, bevor die Werte als Tags an die Mücke geklebt werden:

```
double faktor = 1.0;
if(vx!=0 && vy!=0) {
    faktor = 0.70710678;
}
```

Die Rundung hatten wir ja schon in der Methode eineMueckeAnzeigen() stehen, dort müssen Sie, abgesehen von obigen Zeilen, also nur noch den faktor ergänzen:

```
vx = Math.round(massstab*vx*faktor);
vy = Math.round(massstab*vy*faktor);
```

Sie sehen mal wieder, dass man beim Programmieren von Spielen irgendwann nicht mehr um etwas Mathematik herumkommt. Vor allem Geometriekenntnisse können nicht schaden, denn meistens geht es um Bewegung, Entfernungen und Geschwindigkeiten. Sobald Kräfte wie Gravitation, Federn oder Raketenantriebe ins Spiel kommen, brauchen Sie nicht nur Mathematik, sondern auch noch Physik. Aber glücklicherweise kommen die Mücken auch ohne solche Kräfte klar. Sie wiegen ja so gut wie nichts.

Kapitel 7
Internetzugriff

*»Bitte Sie in diesen Formular eingeben PIN und
Nummer von Ihre Konto, bedankung vielmals!«
Anonym*

Allein spielen macht nur halb so viel Spaß. Sieht man sich den Erfolg von Spielen wie »World of Warcraft« an, ist es offensichtlich, dass das Internet ganz neue Spielerfahrungen ermöglicht. Bevor Sie jetzt versuchen, Mücken kreuz und quer durch das World Wide Web zu jagen, sollten wir uns eine überschaubare Anforderung ausdenken.

Wie wäre es, wenn sich unsere Mückenjäger miteinander messen könnten, indem sie ihre Rekorde miteinander vergleichen?

7.1 Highscores speichern

Bislang vergisst das Mückenspiel nach »Game Over« jede vorherige Runde. Grandiose Leistungen sollten jedoch nicht in Vergessenheit geraten – folglich brauchen Sie eine Highscore-Anzeige. Aber selbst nach Beenden des Spiels soll sich das Spiel den Rekord merken. Daher wird es nicht genügen, diesen in einem Attribut abzulegen. Natürlich stellt Android dafür einfach zu verwendende Hilfsmittel zur Verfügung.

7.1.1 Highscore anzeigen

Als Erstes benötigen Sie einen Ort, um den aktuellen Highscore anzuzeigen. Dazu eignet sich der Startbildschirm am besten. Fügen Sie diesem also einfach zwei `TextViews` hinzu. Der einen verpassen Sie einen neuen String mit dem Inhalt »Highscore« (oder »Rekord«, wenn Ihnen das lieber ist), der anderen die ID `highscore` (siehe Abbildung 7.1).

Um den Highscore darzustellen, wenn die Activity angezeigt wird, schreiben Sie ihn einfach in die richtige `TextView`:

7 Internetzugriff

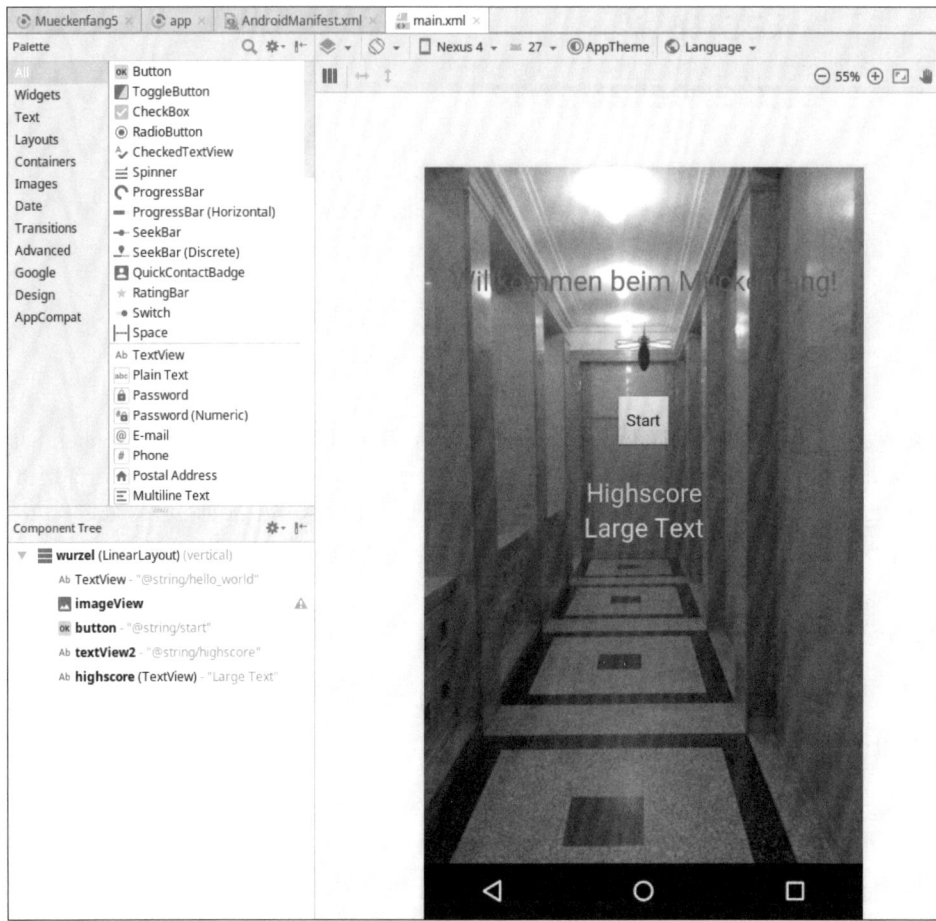

Abbildung 7.1 Fügen Sie zwei »TextViews« für die Anzeige des Highscores ein.

```
@Override
protected void onResume() {
    super.onResume();
    TextView tv = findViewById(R.id.highscore);
    tv.setText(Integer.toString(leseHighscore()));
}
```

onResume() wird von Android aufgerufen, wenn die Activity auf dem Bildschirm erscheint – also vor und auch nach dem Spiel.

Die Methode `leseHighscore()` legen Sie erst einmal als simplen Platzhalter an, damit AS aufhört, über ihr Fehlen zu schimpfen. Drücken Sie einfach ⎇ + ↵, um die Implementierung der Methode an AS zu delegieren, und geben Sie vorerst 0 zurück:

```
private int leseHighscore() {
   return 0;
}
```

Wenn die `MueckenfangActivity` den Highscore anzeigen soll, dann darf sie sich auch für dessen Verwaltung zuständig fühlen. Wie aber gelangt die erspielte Punktzahl am Ende des Spiels von der `GameActivity` in die `MueckenfangActivity`?

7.1.2 Activities mit Rückgabewert

Dazu muss die `GameActivity` einen Wert zurückgeben, was sie bisher nicht tut. Sie können sie jedoch leicht dazu verdonnern, indem Sie anstelle von `startActivity()` eine andere Methode verwenden:

```
startActivityForResult(new Intent(this,GameActivity.class),1);
```

Der `int`-Parameter mit dem beliebigen Wert 1 wird durchgereicht, wenn die `GameActivity` ihr Ergebnis zurückgibt. Sie tut das, indem sie dafür sorgt, dass die Methode `onActivityResult()` der `MueckenfangActivity` aufgerufen wird. In dieser Methode können Sie also die erspielte Punktzahl verarbeiten. Falls sie höher ist als der bisherige Highscore, speichern Sie die Punktzahl als neuen Highscore:

```
@Override
protected void onActivityResult(int requestCode, int resultCode,
Intent data) {
   super.onActivityResult(requestCode,resultCode,data);
   if(requestCode==1) {
      if(resultCode > leseHighscore()) {
         schreibeHighscore(resultCode);
      }
   }
}
```

Zur Sicherheit sollten Sie am Anfang überschriebener Methoden die Elternmethode aufrufen:

```
super.onActivityResult(requestCode,resultCode,data);
```

Die Methode `schreibeHighscore()` müssen wir natürlich noch implementieren. Lassen Sie AS zunächst wieder eine leere Methode erzeugen (`Alt` + `↵`):

```
private void schreibeHighscore(int highscore) {
}
```

Nun muss die `GameActivity` die Punktzahl als Ergebnis zurückgeben. Dazu dient die Methode `setResult()`. Rufen Sie sie in der Methode `gameOver()` auf, und übergeben Sie die erreichte Punktzahl:

```
private void gameOver() {
   setResult(punkte);
   ...
}
```

Auf diese Weise ist dafür gesorgt, dass `onActivityResult()` mit der Punktzahl aufgerufen wird. Bleibt noch eine Aufgabe: die Punktzahl permanent zu speichern und wieder zu laden.

7.1.3 Werte permanent speichern

Jede Android-App darf über einen Speicherbereich verfügen, der *Shared Preferences* heißt. Darin können Sie Zahlen, Strings oder andere primitive Datentypen unter beliebigen Schlüsselbegriffen speichern. Für Bilder, Sounds oder andere umfangreichere Daten ist hier allerdings kein Platz.

Die Shared Preferences bleiben erhalten, wenn Ihre App beendet wird; sogar ein Update auf eine neue Version überleben sie. Lediglich bei einer Deinstallation werden normalerweise auch die Shared Preferences gelöscht.

Sie können von verschiedenen Activities Ihrer App auf dieselben Daten zugreifen (daher »shared«). Holen Sie sich am Anfang von `schreibeHighscore()` eine Referenz auf den Datenspeicher, indem Sie die Methode `getSharedPreferences()` aufrufen:

```
SharedPreferences pref = getSharedPreferences("GAME", 0);
```

Dadurch dass Sie unterschiedliche `String`-Parameter übergeben, können Sie auf unabhängige Datenbereiche zugreifen, aber wir interessieren uns zunächst nur für einen und nennen ihn `"GAME"`.

Um einen Wert in den Datenbereich zu schreiben, benötigen Sie ein `Editor`-Objekt. Das holen Sie sich wie folgt:

```
SharedPreferences.Editor editor = pref.edit();
```

Der Editor schreibt schließlich den gewünschten Wert unter Angabe eines Schlüsselnamens in den zuvor gewählten Datenspeicher namens "GAME":

```
editor.putInt("HIGHSCORE", highscore);
```

Als letzten Schritt müssen Sie dem Editor sagen, dass Sie nichts weiter für ihn zu tun haben. Dann erst schreibt er die Daten endgültig:

```
editor.commit();
```

Damit können Sie jetzt die Methode zum Speichern des Highscores aus den vier Zeilen zusammenschrauben:

```
private void schreibeHighscore(int highscore) {
   SharedPreferences pref = getSharedPreferences("GAME", 0);
   SharedPreferences.Editor editor = pref.edit();
   editor.putInt("HIGHSCORE", highscore);
   editor.commit();
}
```

Das Lesen eines Wertes aus den Shared Preferences ist deutlich einfacher, weil der Umweg über das Editor-Objekt entfällt:

```
private int leseHighscore() {
   SharedPreferences pref = getSharedPreferences("GAME", 0);
   return pref.getInt("HIGHSCORE", 0);
}
```

Ahnen Sie, wozu der zweite Parameter in der Methode getInt() gut ist? Das ist der Vorgabewert, der zurückgegeben wird, falls unter dem Schlüssel "HIGHSCORE" noch nichts in den Shared Preferences abgelegt ist. Um diesen Sonderfall müssen Sie sich also überhaupt nicht weiter kümmern. Sehr praktisch, oder?

7.1.4 Rekordhalter verewigen

Natürlich können Sie auf ähnliche Weise dem erfolgreichen Spieler erlauben, seinen Namen zusammen mit seiner Punktzahl zu verewigen. Es ist ein Leichtes, den Namen als String in den Shared Preferences zu speichern.

Zunächst muss ein passendes Texteingabefeld her. Das kennen Sie schon von der *Sag-Hallo*-App. Packen Sie also einfach eines auf den Startbildschirm (*main.xml*), und verzieren Sie es mit einem freundlichen Text und einem SPEICHERN-Button. Da diese Elemente nur sichtbar sein sollen, wenn dem Spieler erlaubt wird, seinen Namen einzugeben, ist es eine gute Idee, sie alle drei in ein neues LinearLayout zu verschachteln. Indem wir später dieses Layout-Element sichtbar und unsichtbar schalten, müssen wir das nicht für jedes einzelne Element darin tun (siehe Abbildung 7.2).

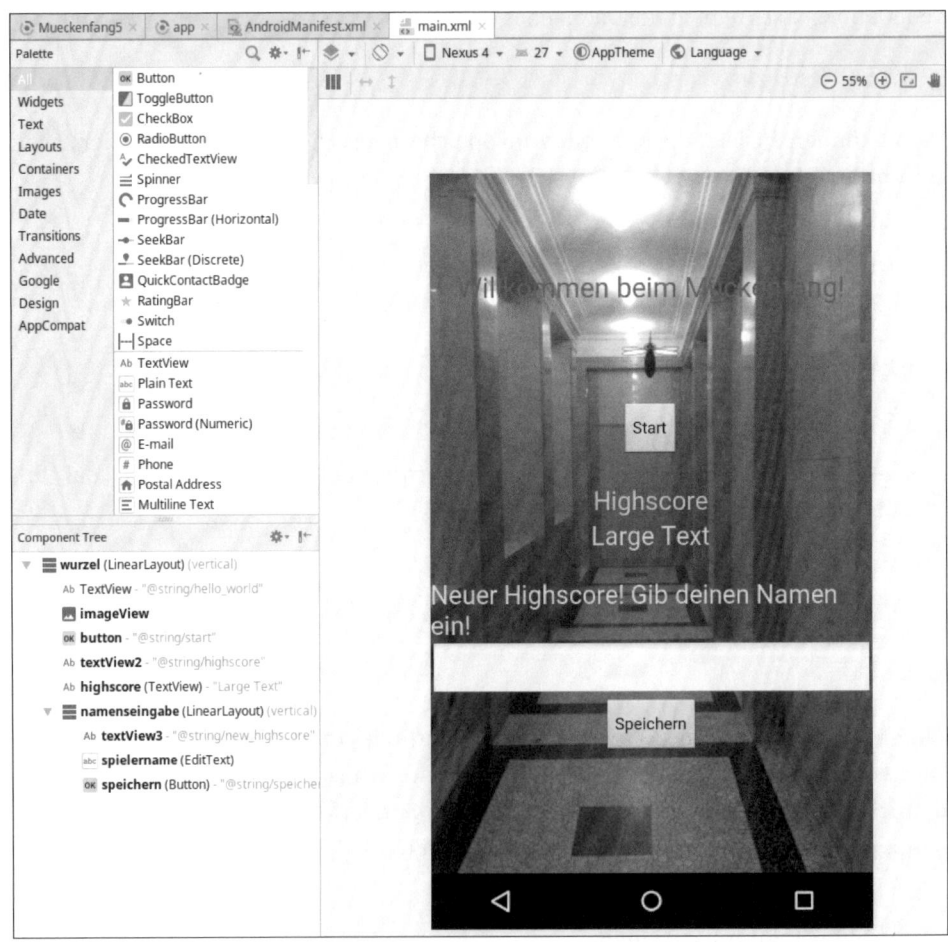

Abbildung 7.2 Positionieren Sie alle Elemente für die Namenseingabe in einem »LinearLayout«-Objekt.

Verpassen Sie dem LinearLayout die ID namenseingabe, dem EditText-Element die ID spielername und dem SPEICHERN-Button die ID speichern. Für die TextView, die den Spieler bittet, seinen Namen einzugeben, benötigen Sie keine spezielle ID, weil der Text statisch bleibt. Schreiben Sie ein paar freundliche Worte als neue String-Ressource in diese TextView, und versehen Sie den neuen Button auf ähnliche Weise mit einer geeigneten Aufschrift.

> **Die virtuelle Tastatur**
>
> Beim Benutzen unterschiedlicher Android-Apps wird Ihnen schon aufgefallen sein, dass es verschiedene Varianten der Bildschirmtastatur gibt: z. B. nur Ziffern oder eine eigene Taste für das @. Sie können die Tastatur bestimmen, indem Sie einem EditText-Element das Attribut inputType mitgeben. Mögliche Werte sind phone, number oder textEmailAddress.
>
> Es gibt auch textPersonName, was für den vorliegenden Fall naheliegend ist. Aber Vorsicht: Sie verhindern dadurch nicht, dass der Benutzer die Tastatur umschaltet und Sonderzeichen eingibt. Wenn Sie das auf jeden Fall verhindern möchten, beispielsweise weil Sie die Eingabe an einen Programmteil weiterreichen, der mit Sonderzeichen nicht klarkommt, müssen Sie dem EditText einen InputFilter mitgeben.
>
> Das könnte beispielsweise so aussehen:
>
> ```
> InputFilter filter = new InputFilter() {
>    public CharSequence filter(CharSequence source, int start, int end,
>       Spanned dest, int dstart, int dend) {
>       for(int i = start; i < end; i++) {
>          if (!Character.isLetter(source.charAt(i)) &&
>                source.charAt(i)!=' ') {
>             return "";
>          }
>       }
>       return null;
>    }
> }
> spielername.setFilters(new InputFilter[] { filter });
> ```
>
> Ein solcher Filter prüft bei jeder einzelnen Eingabe, ob ein Zeichen zulässig ist (im Beispiel auf Buchstaben und Leerzeichen). Falls ja, gibt die filter()-Methode null zurück, sonst einen leeren String.

Da das LinearLayout namenseingabe an verschiedenen Stellen sichtbar und unsichtbar geschaltet werden muss, gönnen Sie ihm ein privates Attribut als Referenz, das Sie in der Methode onCreate() initialisieren. Verfahren Sie genauso mit dem neuen Button, und verdrahten Sie seinen OnClickListener:

```
private LinearLayout namenseingabe;
private Button speichern;
public void onCreate(Bundle savedInstanceState) {
  super.onCreate(savedInstanceState);
  setContentView(R.layout.main);
  namenseingabe = (LinearLayout) findViewById(R.id.namenseingabe);
  speichern = (Button) findViewById(R.id.speichern);
  speichern.setOnClickListener(this);
  ...
}
```

Schalten Sie außerdem die Namenseingabe gleich hier zunächst einmal unsichtbar, denn das ist ja der Ausgangszustand:

```
namenseingabe.setVisibility(View.INVISIBLE);
```

> **Sichtbar oder gar nicht da**
>
> Es gibt für Android-Layout-Elemente zwei unterschiedliche Arten der Unsichtbarkeit:
>
> ▶ `View.INVISIBLE`: Das Element ist unsichtbar, verbraucht aber genauso viel Platz, als wäre es sichtbar.
> ▶ `View.GONE`: Das Element ist nicht nur unsichtbar, sondern verbraucht auch keinen Platz – als würde es gar nicht existieren.
>
> Wenn Sie `View.GONE` verwenden, müssen Sie bedenken, dass sich der Rest des Layouts verschieben kann. Probieren Sie daher im Layout-Editor genau aus, wie sich diese Art der Unsichtbarkeit auswirkt.

Sichtbar werden soll die Namenseingabe, wenn ein neuer Rekord erreicht wurde, also in `onActivityResult()`:

```
if(resultCode > leseHighscore()) {
  schreibeHighscore(resultCode);
  namenseingabe.setVisibility(View.VISIBLE);
}
```

Dass wir den Namen und den Rekord nicht gleichzeitig speichern, ist eine Ungenauigkeit, die wir in diesem Beispiel außer Acht lassen können.

Wenn der Benutzer seinen Namen eingegeben hat, wird er den SPEICHERN-Button drücken, was zum Aufruf Ihrer Methode `onClick()` führt. Diese startet im Moment lediglich das Spiel, weil sie sich nicht dafür interessiert, welcher Button gedrückt wurde – Kunststück, bisher gab es ja auch nur einen.

Welcher Button gedrückt wurde, erfahren Sie anhand seiner ID:

```
@Override
public void onClick(View v) {
   if(v.getId() == R.id.button) {
      startActivityForResult(new Intent(this, GameActivity.class),1);
   } else if(v.getId() == R.id.speichern) {
      schreibeHighscoreName();
   }
}
```

Ihnen fällt an dieser Stelle sicher auf, dass button jetzt kein besonders aussagekräftiger Name mehr ist; wenn Sie wollen, können Sie ihn ändern.

Die Methode zum Speichern des eingegebenen Namens setzen Sie aus den bereits bekannten Aufrufen von findViewById() und SharedPreferences zusammen:

```
private void schreibeHighscoreName() {
   EditText et = (EditText) findViewById(R.id.spielername);
   String name = et.getText().toString().trim();
   SharedPreferences pref = getSharedPreferences("GAME", 0);
   SharedPreferences.Editor editor = pref.edit();
   editor.putString("HIGHSCORE_NAME", name);
   editor.commit();
}
```

Wie Sie sehen, müssen Sie sich zunächst eine Referenz auf das Eingabefeld beschaffen, dann den Inhalt mit getText() auslesen (und mit trim() vorn und hinten Leerzeichen entfernen) und das Resultat schließlich auf die vom Highscore bekannte Weise in die Shared Preferences schreiben. Als Schlüssel verwenden wir "HIGHSCORE_NAME".

Um den Rekordhalter standesgemäß anzuzeigen, benötigen Sie eine Methode, die den Namen ausliest:

```
private String leseHighscoreName() {
   SharedPreferences pref = getSharedPreferences("GAME", 0);
   return pref.getString("HIGHSCORE_NAME", "");
}
```

Sorgen Sie nun noch dafür, dass der Besitzer des Highscores in `onResume()` angezeigt wird, aber nur, falls es überhaupt einen Highscore gibt. Schreiben Sie lieber eine eigene Methode dafür, die Sie in `onResume()` aufrufen – und auch in `onClick()` nach dem Speichern des Namens, damit gleich der richtige Rekordhalter erscheint:

```
private void highscoreAnzeigen() {
    int highscore = leseHighscore();
    if(highscore>0) {
        tv.setText(Integer.toString(highscore) + " von " +
        leseHighscoreName());
    } else {
        tv.setText("-");
    }
}
@Override
protected void onResume() {
    super.onResume();
    highscoreAnzeigen();
}
public void onClick(View v) {
    ...
    if(v.getId() == R.id.speichern) {
        schreibeHighscoreName();
        highscoreAnzeigen();
        namenseingabe.setVisibility(View.INVISIBLE);
    }
}
```

Wie Sie sehen, lassen wir außerdem nach dem Speichern des neuen Rekordhalters die gesamte Namenseingabe wieder verschwinden.

Kommen Sie bitte nicht auf die Idee, den Code von `highscoreAnzeigen()` in `onResume()` stehen zu lassen und von `onClick()` aus einfach `onResume()` aufzurufen. Mit etwas Glück funktioniert es, aber wahrscheinlicher ist ein Crash, der Sie für die unautorisierte Einmischung in die Mechanismen des Activity-Lebenszyklus bestraft.

Wenn kein Highscore existiert, ist `highscore` übrigens gleich 0, und wir geben einfach einen Strich aus. Stattdessen können Sie natürlich auch einen Text wie »noch kein Highscore vorhanden« anzeigen lassen.

Den gesamten Code dieser Mückenfang-Version finden Sie im Download-Angebot (*www.rheinwerk-verlag.de/5168*) als Projekt mit dem Namen *Mueckenfang5*.

> **Dynamische Texte übersetzbar machen**
>
> Sie wissen bereits, dass Sie Ihre App sehr leicht übersetzen können: Legen Sie einfach für die gewünschte Sprache eine eigene *strings.xml*-Datei an, und speichern Sie diese in einem Ordner namens *values_cc*, wobei *cc* das Sprachkürzel ist. Beispielsweise gehört die deutsche Sprachdatei in *values_de*, eine französische in *values_fr*.
>
> Was aber geschieht mit Strings, die fest im Programmcode stehen, weil ein Layout-Element dynamisch gefüllt wird? Im vorliegenden Fall ist das z. B. der String " von ". Die einfachste Lösung ist, für das eine Wörtchen eigene String-Ressourcen in die *strings.xml*-Dateien zu packen. Damit Ihnen Android den String automatisch aus der richtigen Sprachdatei holt, verwenden Sie lediglich die getResources()-Methode:
>
> getResources().getString(R.string.von)
>
> Übergeben Sie an getString() die richtige Resource-ID, und Sie müssen sich nur noch um die nötigen Leerzeichen kümmern:
>
> " " + getResources().getString(R.string.von) + " "
>
> Leerzeichen muss man glücklicherweise nicht übersetzen.

7.2 Bestenliste im Internet

Was ist schöner, als den eigenen Highscore zu bewundern? Ganz einfach: ihn im Internet mit anderen zu teilen. Am schönsten ist eine Liste der besten 100 Spieler, damit sich mehr Mückenfänger im Internet wiederfinden.

Grundsätzlich gibt es mehrere Möglichkeiten, eine Highscore-Liste anzubieten:

- mit den *Google Play Game Services*
- mit einem anderen Social-Gaming-Dienst wie *Swarm*, *Amazon Game Circle* etc.
- mit einem selbst gebauten Dienst

Der Nachteil der ersten beiden Optionen ist, dass Sie sich dort anmelden müssen (die Mitspieler zum Teil ebenfalls), dass Sie Nutzungsbedingungen beachten und Bibliotheken einbinden müssen. Sie begeben sich in eine Abhängigkeit und könnten ein böses Erwachen erleben: Zum Beispiel hat der Dienst *ScoreLoop* am 1. Dezember 2014 seinen Betrieb einfach komplett eingestellt.

Einen eigenen Dienst zu bauen, erfordert natürlich einen eigenen Server, eine Datenbank und nicht unerheblichen Implementierungsaufwand. Ihnen das zu erklären, würde so weit vom Kernthema dieses Buches wegführen, dass ich das nicht tun werde.

Stattdessen verrate ich Ihnen die Adresse eines einfachen Highscore-Dienstes, den ich vor einiger Zeit für ein Spiel gebaut habe und nicht mehr verwende. Anhand dieses Dienstes werden Sie in diesem Abschnitt lernen, wie eine Android-App auf das Internet zugreifen kann.

Die Adresse des Servers lautet:

https://myhighscoreserver.appspot.com/highscoreserver?game=mueckenfang

Beachten Sie, dass nicht verschlüsselte Adressen (also http: ohne s) in aktuellen Android-Versionen nicht ohne Weiteres verwendbar sind.

Leider kann ich Ihnen nicht garantieren, dass dieser Server permanent erreichbar ist oder auch ein paar Jahre nach dem Erscheinen dieses Buches noch funktionieren wird. Für den Fall, dass Sie eine Kopie des Dienstes auf einem eigenen Google-AppEngine-Konto laufen lassen wollen (nur damit funktioniert er), finden Sie das fertige Projekt auch im Download-Angebot.

Die Benutzung ist denkbar einfach: Die oben genannte Adresse ruft die aktuelle Highscore-Liste für das Spiel mit dem Namen *mueckenfang* ab. Sie können die Adresse in Ihrem Browser ausprobieren, aber schalten Sie unbedingt auf die Quellcodeansicht um, da der Dienst kein HTML erzeugt (meist `Strg` + `U`). Die Ausgabe sieht etwa so aus:

```
Wickie,4000000
Markus,2285800
Bernd,1200000
```

Sie sehen, dass jede Zeile aus dem Namen eines Spielers und seinem Highscore besteht. Um einen neuen Highscore einzutragen, rufen Sie den Dienst mit zwei zusätzlichen Parametern auf, nämlich `points` und `name`:

https://myhighscoreserver.appspot.com/highscoreserver?game=mueckenfang&points= 2000&name=Paul+Panther

Beachten Sie, dass Leerzeichen in URLs nicht erlaubt sind und durch +-Zeichen ersetzt werden müssen. Das Ergebnis des Aufrufs ist erneut die aktuelle Highscore-Liste – nur schließt sie diesmal Paul Panthers Punktzahl ein, die offensichtlich erfolgreich gespeichert wurde (wenn sie höher ist als die bisher beste).

Es gibt noch einen weiteren Parameter, nämlich `max`. Er legt die Anzahl der zurückgegebenen Einträge fest. Normalerweise erhalten Sie zehn Einträge zurück, mit einer Angabe wie `max=100` entsprechend mehr.

Mehr steckt nicht dahinter – jetzt ist es an der Zeit, den Dienst mit Ihrem Mückenfang-Spiel zu verbinden.

7.2.1 Die Internet-Erlaubnis

Um an die Highscores im Netz zu kommen, benötigt die App die Erlaubnis (engl. *permission*), auf das Internet zuzugreifen. Der Wunsch nach einer solchen Permission wird dem Benutzer vor der Installation einer App angezeigt – das haben Sie sicher schon selbst gesehen. Der Besitzer des Geräts muss einer App also explizit die Erlaubnis erteilen, kritische Funktionen zu verwenden. Im Fall des Internetzugriffs ist das besonders wichtig: Stellen Sie sich vor, eine an sich harmlose App, die augenscheinlich überhaupt keinen Internetzugriff benötigt, lädt heimlich im Hintergrund große Datenmengen herunter oder verschickt Spam im Auftrag zwielichtiger Gesellen!

Permissions werden im Android-Manifest Ihrer App verwaltet. Öffnen Sie also die Datei *AndroidManifest.xml*, und fügen Sie vor dem application-Knoten folgende Zeile ein:

```
<uses-permission android:name="ANDROID.PERMISSION.INTERNET"/>
```

Ab dem nächsten Start hat Ihre App die Erlaubnis, auf alle erreichbaren Ressourcen im Internet zuzugreifen – also auch auf den Highscore-Server.

7.2.2 Eine »ScrollView« für die Highscores

Sie benötigen im Layout einen Bereich für die Anzeige der Highscore-Liste. Da der Platz womöglich nicht für alle Einträge ausreicht, die Sie anzeigen möchten, benötigen Sie eine ScrollView.

Öffnen Sie daher zunächst das Layout *main.xml*, und fügen Sie im unteren Bereich eine ScrollView ein, die die Rekordliste anzeigen soll. Die ScrollView bekommt ein LinearLayout eingepflanzt – eine ScrollView darf nur ein Kindelement enthalten, wir brauchen aber zwei. In das LinearLayout (mit vertikaler Ausrichtung) packen Sie zwei TextViews: eine mit dem festen Inhalt »Highscores« und eine mit der ID highscores (siehe Abbildung 7.3).

Die ScrollView erhält die volle Bildschirmbreite (match_parent) und eine Höhe von 0dp sowie ein Gewicht (layout_weight) von 1, sodass die View den Bildschirm bis zum unteren Ende ausfüllt.

Setzen Sie für das LinearLayout als Breite match_parent und als Höhe wrap_content. Die beiden TextViews versehen Sie mit wrap_content als Größe. Da das LinearLayout seine Höhe nun nach seinen inneren TextViews ausrichtet, kann es größer werden als 100dp. In diesem Fall erlaubt die ScrollView das Verschieben ihres Inhalts mit dem Finger.

Jetzt ist ein passender Bildschirmbereich vorhanden. Sie können also darangehen, die Highscore-Liste aus dem Internet zu laden, zu formatieren und in der TextView namens highscore anzuzeigen.

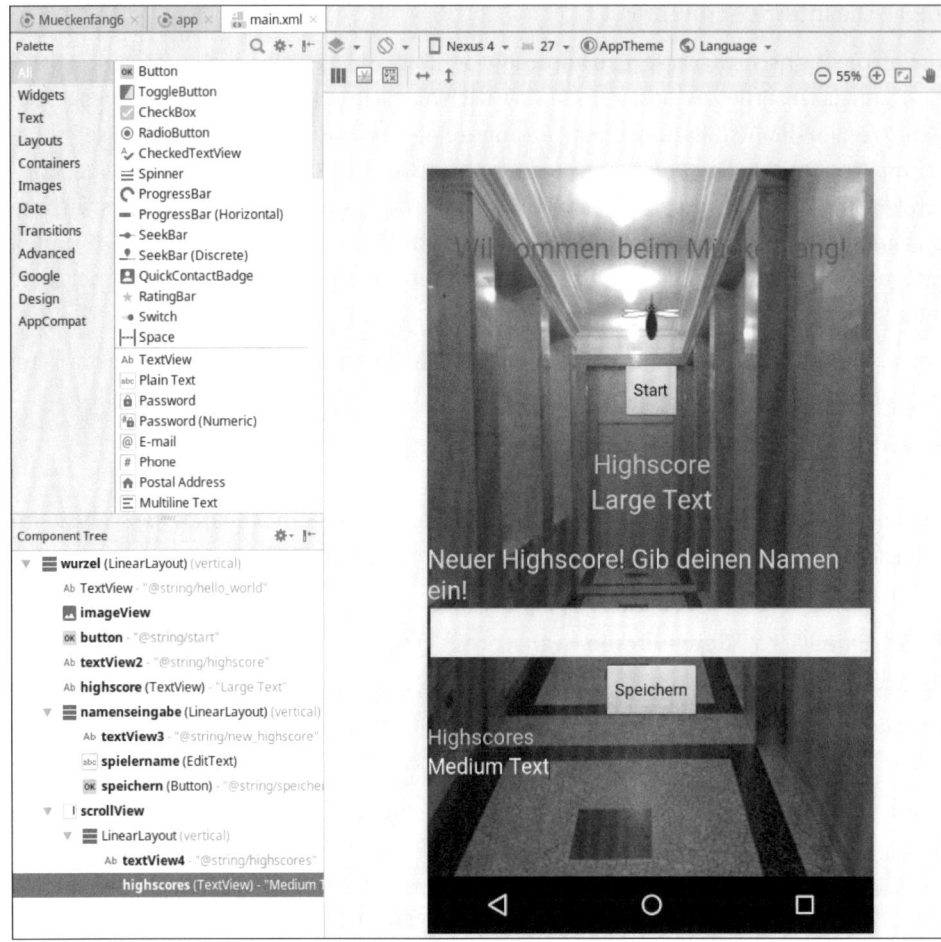

Abbildung 7.3 Fügen Sie Layout-Elemente ein, um die Highscores anzuzeigen.

7.2.3 Der HTTP-Client

Dies ist die Stelle, an der ich Sie mit einer elementaren Regel für Android-Apps bekannt machen muss:

Kein Internetzugriff im UI-Thread!

Wie Sie sich leicht vorstellen können, kann die Unterredung mit dem Highscore-Server die eine oder andere Sekunde in Anspruch nehmen. Deshalb dürfen Sie die zuständige Methode keinesfalls beispielsweise von onResume() aus aufrufen! Das würde die Benutzeroberfläche des Smartphones blockieren, bis der Server geantwortet hat – in einem Handynetz ist das ein inakzeptables Verhalten. Daher wird dieses Vorgehen von Android unterbunden, und Ihnen bleibt nichts anderes übrig, als das Laden der Highscores von der Benutzeroberfläche zu entkoppeln, indem Sie den Vorgang *in den Hintergrund verlagern*.

Glücklicherweise kann ein Smartphone mehrere Dinge quasi gleichzeitig tun, genau wie Ihr Desktop-Rechner oder Notebook. Sie müssen also dafür sorgen, dass die Benutzeroberfläche funktioniert und nebenbei etwas anderes passiert: in diesem Fall das Laden der Bestenliste aus dem Internet.

Das Zauberwort dafür lautet *Threads*. Denken Sie jetzt nicht an Garn und Fäden, sondern an Internetforen: Dort gibt es in der Regel eine ganze Menge Threads, und in jedem diskutieren verschiedene Leute über unterschiedliche Dinge. Dabei sind diese Threads unabhängig voneinander. Das heißt, wenn Sie den einen lesen, ist es ziemlich egal, was gerade im anderen passiert.

Etwa so funktionieren auch Threads in Java. Normalerweise läuft der Code Ihrer App in nur einem Thread, dem Vordergrund-Thread oder *UI-Thread* (UI = *User Interface*). Befehle in jedem Thread werden nacheinander verarbeitet, und wenn einer im UI-Thread etwas länger dauert, dann ist die Benutzeroberfläche so lange nicht benutzbar, weil sie keine Ereignisse entgegennehmen kann.

Sie können aber jederzeit einen zweiten, parallelen Thread starten und ihm die Aufgabe erteilen, bestimmten Code abzuarbeiten, der nicht mit der Benutzeroberfläche interagiert. Einen solchen Thread nennt man *Background-Thread* (Hintergrund-Thread). Der betreffende Code läuft also unsichtbar im Hintergrund (siehe Abbildung 7.4).

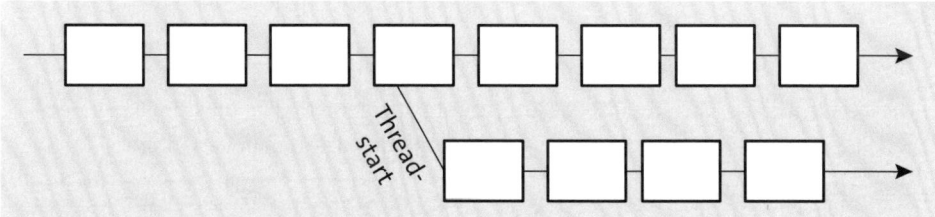

Abbildung 7.4 Wenn der Haupt-Thread (oben) einen zweiten Thread startet (unten), läuft dieser quasi parallel.

Wenn Sie einen Thread erzeugen, können Sie ihm ein Objekt übergeben, das das Interface Runnable implementiert. Sobald Sie den Thread starten, wird er die Methode run() im angegebenen Runnable aufrufen. Wenn die run()-Methode zurückkehrt, beendet sich der Thread selbst.

Wir werden jetzt also eine Methode schreiben, die mithilfe eines Runnables im Hintergrund den Highscore-Server aufruft.

Genau genommen bräuchten wir zwei Methoden: eine zum Abrufen der Highscores und eine, um einen neuen Highscore zu speichern. Aber diese Methoden unterscheiden sich nur darin, ob die Parameter name und points gesetzt sind. Ohnehin liefert auch das Speichern eines Highscores wiederum die ganze Liste zurück – Grund genug, nur eine Methode zu verwenden.

Fügen Sie dazu der Klasse MueckenfangActivity also eine neue Methode hinzu:

```
private void internetHighscores(final String name, final int points) {
}
```

Beachten Sie die Modifizierer final vor beiden Parametern. Sie sind erforderlich, damit die Werte gefahrlos von einer anonymen inneren Klasse verwendet werden können: final verhindert, dass der Wert des Parameters geändert wird.

Um Code im Hintergrund auszuführen, schreiben Sie Folgendes:

```
(new Thread(() -> {
    // im Hintergrund ausgeführter Code
})).start();
```

Diese umständlich wirkende Konstruktion erzeugt ein neues Thread-Objekt mit einem Lambda-Ausdruck () -> {} als Parameter, der den gewünschten Hintergrundcode ausführt. Gleichzeitig wird der Thread mit .start() ins Leben gerufen. Der innen stehende Code wird also *nach* diesen Zeilen ausgeführt, und zwar parallel zu allem, was da noch kommen mag.

> **Java 8: Lambda-Ausdrücke**
>
> Die in Java 8 eingeführten Lambda-Ausdrücke sparen eine Menge umständlicher Codezeilen. Vergleichen Sie den obigen Java-8-Code mit der klassischen Variante:
>
> ```
> (new Thread(new Runnable() {
>     @Override
>     public void run() {
>         // im Hintergrund ausgeführter Code
>     }
> })).start();
> ```
>
> Dieser Code erzeugt explizit eine anonyme Implementierung des Runnable-Interfaces und deklariert dessen Methode run(). Der Lambda-Ausdruck erspart Ihnen das, weil seine parameterlose Deklaration mit () -> zur Deklaration der run()-Methode passt. Das funktioniert immer, wenn diese Zuordnung eindeutig ist, also bei Interfaces, die nur eine Funktion definieren.

Kommen wir nun zum eigentlichen Code innerhalb des Lambda-Ausdrucks.

Setzen Sie zunächst die komplette URL zusammen:

```
URL url = new URL(HIGHSCORE_SERVER_BASE_URL
    + "?game=" + HIGHSCORESERVER_GAME_ID
    + "&name=" + URLEncoder.encode(name, "utf-8")
    + "&points=" + Integer.toString(points)
    + "&max=100");
```

Die zugehörigen Konstanten lauten:

```
private static final String HIGHSCORE_SERVER_BASE_URL
    = "https://myhighscoreserver.appspot.com/highscoreserver";
private static final String HIGHSCORESERVER_GAME_ID = "mueckenfang";
```

Falls Sie einen eigenen Highscore-Server verwenden, müssen Sie hier natürlich dessen URL eintragen. Wenn Sie sich nicht mit den anderen Lesern dieses Buches im Mückenfang messen möchten, wählen Sie eine andere game-Bezeichnung (ohne Leer- und Sonderzeichen).

Als Nächstes öffnen Sie eine Verbindung zum Server:

```
HttpURLConnection conn = (HttpURLConnection) url.openConnection();
```

Jetzt können Sie das Ergebnis auslesen. Es wird in einem *Stream* geliefert, also in einem Datenstrom.

Datenströme sind wichtige Elemente in der modernen Programmierung. Verwechseln Sie Streams nicht mit Dateien: Ein Stream hat beispielsweise keine definierte Länge. Denken Sie ans Live-Streaming der Fußball-WM im Internet: Wer weiß schon, ob es Verlängerung oder Elfmeterschießen gibt?

Aber auch jede Webseite ist ein Beispiel für einen Stream: Ein Browser kann bereits mit der Verarbeitung des HTML-Codes beginnen, wenn die Seite noch gar nicht vollständig aus dem Netz geladen wurde. Auf diese Weise kann er Seiten viel schneller darstellen, als wenn er warten müsste, bis alle Daten angekommen sind.

Ein Eingabe-Datenstrom (Klasse InputStream) verrät Ihnen also nur, ob (und wie viele) Daten-Bytes im Moment gelesen werden können (Methode available()), und erlaubt Ihnen, ein oder mehrere Bytes auszulesen (verschiedene read()-Methoden). Erst wenn der Stream definitiv beendet ist und keine Daten mehr eintrudeln werden, gibt die Methode available() eine 0 zurück und read() –1.

Wenn Sie wissen, dass der `InputStream` Textdaten enthält, verwenden Sie einen `InputStreamReader`, der aus den zunächst nutzlosen Bytes des Streams lesbare Zeichen macht. Der Reader muss dazu wissen, in welcher Zeichensatzcodierung die Textdaten vorliegen. Meist ist das heutzutage UTF-8, der Unicode-Zeichensatz, aber es kann auch sein, dass Ihnen ISO-8859-1 begegnet (der Windows-Zeichensatz). Wenn Sie selbst die Datenquelle geschrieben haben (wie den Highscore-Server), wissen Sie natürlich genau, welche Codierung er liefert. Ansonsten müssen Sie es herausfinden.

Der `InputStreamReader` kann leider weder zeilenweise lesen noch nach und nach die gesamte Antwort sammeln und dann als Komplettresultat zur Verfügung stellen. Also brauchen Sie einen weiteren Reader, nämlich den `BufferedReader`:

```
InputStreamReader input = new InputStreamReader(conn.getInputStream(), "UTF8" );
BufferedReader reader = new BufferedReader(input,2000);
List<String> highscoreList = new ArrayList<String>();
String line = reader.readLine();
while (line != null) {
   highscoreList.add(line);
   line = reader.readLine();
}
```

Anschließend können Sie aus der Liste mit einzelnen Highscores eine hübsche Ausgabe erzeugen – zum Beispiel mit HTML-Code, denn den versteht eine `TextView` ganz gut.

Schauen Sie sich die folgenden Zeilen an:

```
highscoresHtml = "";
for(String s : highscoreList) {
  highscoresHtml += "<b>"
    + s.replace(",", "</b> <font color='red'>")
    + "</font><img src='muecke'><br>";
}
```

Sie erinnern sich bestimmt, dass der Server die Highscores zeilenweise in der folgenden Form zurückgibt:

`Name,Highscore`

Die oben gezeigte `for`-Schleife geht alle Zeilen der Reihe nach durch. Dabei baut sie einen langen String `highscoresHtml` zusammen: Jeder Eintrag beginnt mit `<b>`, dem HTML-Code für Fettschrift. Anschließend wird es etwas trickreich: Das `s.replace()` ersetzt das Komma in der Highscore-Zeile durch `</b> <font color='red'>`. So endet die Fettschrift also hinter dem Namen, und danach folgt ein Tag, das die Schrift rot färbt. Schließlich wird das `font`-Tag geschlossen und ein Image-Tag angefügt.

Mit einem weiteren Trick können Sie als `src`-Attribut einfach den Namen eines Bildes in Ihrem `drawable`-Verzeichnis angeben (siehe Kasten).

Zunächst aber lassen Sie uns nur das gebaute HTML anzeigen.

> **HTML in »TextViews«**
>
> Dies ist nicht der richtige Ort, um Ihnen HTML in aller Ausführlichkeit beizubringen; Sie finden unzählige Hilfen im Netz und gute Bücher beim Verlag Ihres Vertrauens. Ohnehin unterstützt die `TextView` nur wenige HTML-Befehle, und die erklären sich fast von selbst:
>
> ```
> fett
> kursiv
> <u>unterstrichen</u>
> <font color="#RRGGBB">farbig</font>
> neue<br>Zeile
> <img src="bildname">
> ```
>
> Die Sache mit dem Bild erfordert eine Zusatzmaßnahme. Sie müssen der Methode `Html.fromHtml` ein Objekt mitgeben, das zu einer Bildquelle (`src`-Attribut im `img`-Tag) ein Drawable liefert.
>
> Das zugehörige Interface heißt `Html.ImageGetter`. Lassen Sie Ihre `MueckenfangActivity` dieses Interface implementieren, und schreiben Sie die nötige Methode `getDrawable()`:
>
> ```
> @Override
> public Drawable getDrawable(String name) {
>   int id = getResources().getIdentifier(name, "drawable",
>     this.getPackageName());
>   Drawable d = getResources().getDrawable(id);
>   d.setBounds(0, 0, 30, 30);
>   return d;
> }
> ```
>
> Dieser Code beschafft das passende Drawable anhand des angegebenen Namens aus Ihren Ressourcen. Der Aufruf `setBounds()` sorgt für eine hinreichend kleine Größe, sodass die kleinen Mücken zur Größe der Schriftart in der Highscore-Liste passen.

Leider hat der Hintergrund-Thread, in dem Sie sich gerade befinden, nicht das Recht, Elemente der Benutzeroberfläche zu verändern. Sie dürfen jetzt also nicht einfach `highscoresHtml` in die zugehörige `TextView` schreiben. Dies darf nur im UI-Thread geschehen. Glücklicherweise haben die Android-Entwickler damit gerechnet, dass wir dieses Bedürfnis haben. Deshalb gibt es die Methode runOnUiThread() in der Klasse Activity. Die erwartet wiederum ein Runnable-Objekt.

Schreiben Sie also mit einem weiteren Lambda-Ausdruck:

```
runOnUiThread(() -> {
   TextView tv = (TextView) findViewById(R.id.highscores);
   tv.setText(Html.fromHtml(highscoresHtml,
      MueckenfangActivity.this, null));
});
```

Um Komplikationen zu vermeiden, definieren Sie highscoresHtml als Attribut Ihrer Activity-Klasse.

Der Aufruf Html.fromHtml() ist notwendig, damit die TextView den HTML-Code versteht.

Android Studio markiert schon die ganze Zeit einige Codestellen rot, ohne dass Sie sich einer Schuld bewusst sind. Das liegt daran, dass bei einem Internetzugriff eine Menge schiefgehen kann: Der Server könnte offline oder umgezogen sein, oder Sie befinden sich schlicht in einem Funkloch. Solche Ausnahmefälle erzeugen Exceptions tief in den Eingeweiden der HttpUrlConnection. Der Code kann dann nicht mehr sinnvoll weitermachen, daher bricht er seine Arbeit ab und wirft Ihnen eine bestimmte Sorte Exceptions vor die Füße: eine *IOException* (»IO« steht für *Input* und *Output*).

Methoden wie url.openConnection() oder reader.readLine() verraten in ihrer Deklaration, dass sie eventuell IOExceptions auslösen (»werfen«), daher verlangt AS, dass Sie sich darum kümmern.

Grundsätzlich haben Sie zwei Möglichkeiten, solche Exceptions zu behandeln:

▶ Sie machen es genau wie die Methode, die die Exception auslöst: Sie brechen die Arbeit ab und reichen die Exception an die nächsthöhere Methode weiter. Dazu müssen Sie Ihre eigene Methode um dieselbe Exception-Deklaration erweitern wie die Methode, die die Exception auslöst: throws IOException. Die Programmierhilfe von AS bietet Ihnen diese Lösungsmöglichkeit an, wenn Sie [Alt] + [↵] drücken. Allerdings hilft Ihnen das im aktuellen Fall nicht, denn es würde das Problem nur verschieben: Irgendwo müssen Sie die Ausnahmesituation behandeln.

▶ Sie fangen die Exception. Dazu müssen Sie den »riskanten« Teil des Programmcodes mit einer try-catch-Konstruktion versehen. Innerhalb des catch-Blocks behandeln Sie dann die Ausnahmesituation.

Umgeben Sie also den fraglichen Code mit den folgenden Zeilen:

```
try {
  URL url = ...
  ...
} catch(IOException e) {
  highscoresHtml = "Fehler: " + e.getMessage();
}
runOnUiThread(...);
```

Wenn alles klappt, wird der Codeblock hinter try durchlaufen und der hinter catch nicht. Falls irgendwo im try-Block eine aufgerufene Methode eine IOException auslöst, bricht Java die Verarbeitung ab und macht im catch-Block weiter. In den runden Klammern hinter dem Schlüsselwort catch steht die Exception-Klasse, die behandelt wird. Sie müssen für jede möglicherweise erzeugte Exception-Klasse einen eigenen catch-Block einrichten, aber glücklicherweise genügt im Moment einer. Wir zeigen dem Spieler einfach einen Fehler an, indem wir anstelle der Highscore-Liste das Wort »Fehler« in das Attribut highscores schreiben.

Checked und unchecked Exceptions

Grundsätzlich sind Exceptions in Java nichts anderes als Objekte von Klassen, die von der Klasse Exception erben. Allerdings gibt es eine wichtige Gruppe von Ausnahmen, die von RuntimeException erben. Beispiele dafür sind die NullPointerException oder die IllegalArgumentException. Solche Exceptions nennt man *unchecked*, und sie werden weder mit dem Schlüsselwort throws deklariert noch mit catch gefangen – weil sie schlicht und einfach nie auftreten sollten. Natürlich tun sie das trotzdem: Aber dann müssen Sie als Programmierer ran und die Ursache beheben, die fast immer in einem Programmierfehler besteht. Es ist völlig sinnlos, eine solche Exception zu fangen und zu versuchen, weiterzumachen, als wäre nichts geschehen. Wenn eine unchecked Exception auftritt, wird Ihre App mit der bekannten Dialogbox »... wurde unerwartet beendet« geschlossen, und der Benutzer erhält die Möglichkeit, einen Fehlerbericht zu senden. Den finden Sie mitsamt der kompletten Stacktrace-Ausgabe der Exception in Ihrem App-Verwaltungsbereich bei Google Play.

Checked Exceptions – also z. B. IOExceptions oder ConnectionTimeoutExceptions – werden dagegen mit throws deklariert, und Java verlangt, dass Sie diese mit try-catch-Blöcken behandeln. Zeigen Sie dem Benutzer eine Fehlermeldung, oder versuchen Sie, die fehlgeschlagene Operation zu wiederholen (bloß bitte nicht endlos). Gerade bei Smartphones kann die Internetverbindung kurzzeitig abreißen, aber Sekunden später schon wieder zur Verfügung stehen.

> Wenn Sie sich entschließen, in einer Methode eine Exception mit try-catch zu behandeln, dann sollten Sie das auch tun. Ich habe schon unzählige leere catch-Blöcke gesehen – fügen Sie diesen keine weiteren hinzu!
>
> Zeigen Sie dem Benutzer einen Hinweis darauf, was schiefgegangen ist. Vielleicht kann er etwas unternehmen, beispielsweise den Schreibschutz von der SD-Karte entfernen oder Platz schaffen, wenn sie voll ist. Erzeugen Sie mindestens eine Ausgabe ins Systemprotokoll. Dann haben Sie im Fall des Falles immerhin einen Anhaltspunkt.

Jetzt müssen Sie nur noch die neue Methode an den richtigen Stellen aufrufen – einmal mit leeren Parametern beim Anzeigen des Bildschirms, also in onResume():

```
protected void onResume() {
  ...
  internetHighscores("",0);
}
```

Und einmal am Ende der onClick()-Behandlung des SPEICHERN-Buttons beim Erringen eines neuen Highscores. Dort müssen Sie den Namen und die Punktzahl wiederum mithilfe vorhandener Funktionen beschaffen:

```
internetHighscores(leseHighscoreName(), leseHighscore());
```

Probieren Sie das Spiel jetzt aus. Sie werden sehen, dass die Startseite sofort auftaucht, und mit kurzer Verzögerung erscheinen die Highscores.

So, dann versuchen Sie mal, in der Highscore-Liste möglichst weit nach oben zu kommen. Wenn Sie Ihren eigenen Server verwenden, ist das keine Herausforderung. Aber nehmen Sie mal meinen Highscore-Server – ohne zu schummeln natürlich!

> **Zu Risiken und Nebenwirkungen von Threads**
>
> Die Nebenläufigkeit von Threads ist nicht nur eine praktische Sache – sie ist aus der modernen Softwareentwicklung nicht mehr wegzudenken. Allerdings hinken die Programmiertechniken dieser Anforderung ein wenig hinterher. Sie haben bereits gesehen, dass es durchaus ein wenig umständlich ist, mit verschiedenen Threads zu arbeiten – und in Ihrer App sind es nur zwei, mit denen Sie hantieren müssen. Bei Webservern und Webapplikationen (wie dem Highscore-Servlet) ist aber jeder eingehende Request ein eigener Thread!
>
> Wenn eine Menge Threads zur selben Zeit eintreffen, kann es leicht passieren, dass zwei Threads gleichzeitig den gleichen Programmcode abarbeiten. Sie müssen sich sehr ge-

nau überlegen, welche Methoden oder Codeblöcke Sie vor solchem Mehrfachzugriff schützen sollten. Um das zu tun, müssen Sie Methoden mit dem Modifizierer `synchronized` versehen oder Code in `synchronized {}`-Blöcke packen.

So etwas kommt glücklicherweise in Android-Apps nur sehr selten vor, sodass Sie sich vorläufig nicht weiter den Kopf darüber zerbrechen müssen, warum ein Monster noch Schaden anrichtet, obwohl es in einem zweiten Thread schon längst tot ist.

Falls Ihnen die HTML-Anzeige der Highscore-Liste nicht sonderlich gefällt, werfen Sie einen Blick auf den nächsten Abschnitt, in dem ich eine weitere, oft verwendete Methode der Listendarstellung erkläre.

Den aktuellen Stand des Codes, also mit HTML-Highscore-Liste, finden Sie im Download-Angebot unter *Mueckenfang6*.

7.3 Listen mit Adaptern

Für lange Listen mit komplexem Inhalt ist eine einzige scrollfähige `TextView` mit HTML darin nicht besonders gut geeignet. Vor allem ältere Smartphones werden vom erhöhten Speicherbedarf oft überfordert. Denken Sie an eine Liste mit 1.000 statt 10 Rekordhaltern, und Sie ahnen vielleicht, was ich meine. Zudem sind simple `TextViews` damit überfordert, Tabellen mit ordentlich ausgerichteten Spalten anzuzeigen.

7.3.1 »ListViews«

Es gibt eine recht mächtige Alternative, nämlich `ListViews`. Eine `ListView` ist nichts anderes als ein scrollbarer Bereich, der eine gewisse Anzahl gleichartiger anderer Views enthält (die Listeneinträge). Der Clou an der Sache ist, dass diese Views wiederverwendet werden, wenn der Benutzer durch die Liste scrollt, und lediglich automatisch mit den jeweils passenden Inhalten versehen werden. Um Letzteres kümmert sich ein sogenannter *Adapter*. Das ist ein Objekt, das jedem logischen Eintrag einer Liste (etwa einem Highscore) ein Element der `ListView` zuordnet.

Auch Android selbst nutzt `ListViews` exzessiv, sei es in den Einstellungen, in Google Play oder in anderen Apps. Es kann also nicht allzu verkehrt sein, zu verstehen, wie diese praktische Einrichtung funktioniert. Daher bauen wir einen solchen Mechanismus jetzt in den Mückenfang ein. Das zugehörige Projekt im Download-Angebot trägt den Namen *Mueckenfang7*.

Schieben Sie die `TextView` mit dem Inhalt *Highscores* aus der `ScrollView` heraus, löschen Sie diese dann, und ersetzen Sie sie durch eine `ListView`, die ebenfalls eine Höhe von `0dp` und ein Gewicht von `1` erhält (siehe Abbildung 7.5).

Sie benötigen ein neues Layout, das einen einzelnen Listeneintrag repräsentiert. Stellen Sie sich vor, dass die `ListView` später dieses Layout für jeden Eintrag klont und der Reihe nach in ihrem Bildschirmbereich platziert.

Nennen Sie dieses Layout *toplist_element.xml*. Es basiert auf einem `FrameLayout` und erhält drei `TextViews` als Kindelemente. Die erste `TextView` erhält eine Breite von `50dp` und die ID `platz`. Dort werden wir die Platznummer anzeigen, beginnend bei 1. Die zweite `TextView` erhält die ID `name`. Verpassen Sie ihr einen linken Rand von `60dp` (`paddingLeft`), damit sie nicht mit dem Platz überlappt. Schließlich geben Sie der dritten `TextView` die ID `punkte` und eine `layout_gravity right`. Damit erscheint die Punktzahl rechtsbündig. Gestalten Sie nun Schriftgrößen, -farben und -stil nach Geschmack, und speichern Sie die Datei (siehe Abbildung 7.6).

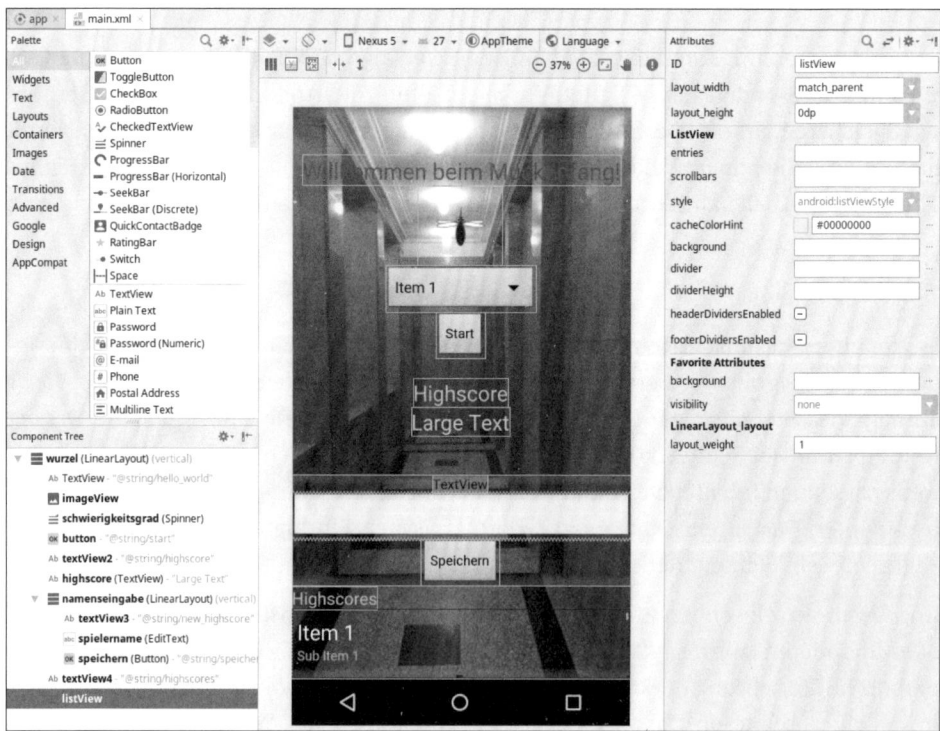

Abbildung 7.5 Ersetzen Sie die »ScrollView« aus der HTML-Version durch eine »ListView«.

7.3 Listen mit Adaptern

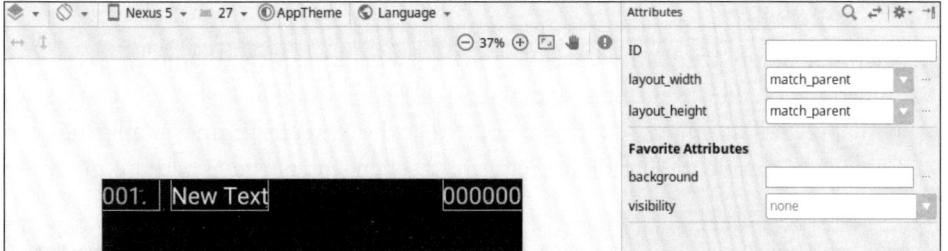

Abbildung 7.6 Das Layout für die Listeneinträge erhält keine Hintergrundgrafik.

> **»ListViews« auf Hintergrundfarbe hinweisen**
>
> Wenn Sie durch Listen scrollen, werden Sie bemerken, dass einige hübsche visuelle Effekte ohne Ihr Zutun zur Anwendung kommen: Einträge werden am oberen und unteren Rand sanft ausgeblendet, und das Ganze funktioniert auch ganz wunderbar, solange der Bildschirmhintergrund schwarz ist. Denn ListViews gehen stur davon aus, dass Sie keinen anderen als einen schwarzen Hintergrund verwenden, und setzen daher schwarze Farbe zum Ausblenden von Einträgen ein.
>
> Das sieht zwangsläufig hässlich aus, wenn der Hintergrund mal farbig oder weiß ist. Sie können die ListView aber darauf hinweisen, welche Farbe sich hinter ihr verbirgt – selbst herausfinden kann sie es leider nicht. Setzen Sie in der ListView das Attribut cacheColorHint auf #00000000, also komplett auf transparent, um unabhängig vom Hintergrund eine akzeptable Darstellung zu erhalten.

Kommen wir nun zur Ansteuerung der Liste in der MueckenfangActivity.

Erzeugen Sie zunächst ein Attribut für die ListView, und verbinden Sie sie in onCreate() mit dem zugehörigen Widget:

```
private ListView listView;
...
protected void onCreate(...) {
  ...
  listView = (ListView)findViewById(R.id.listView);
}
```

Statt die Highscores in HTML umzuwandeln, muss die Methode internetHighscores() sie jetzt in die ListView schreiben. Und dazu dient ein Adapter.

7.3.2 ArrayAdapter

Stellen Sie sich den *ArrayAdapter* als Vermittler zwischen der sichtbaren ListView und den Inhalten vor, die sie anzeigt. Im einfachsten Fall ist das eine Liste von Strings: Der ArrayAdapter erhält eine List<String> und stellt der ListView immer die Strings zur Verfügung, die gerade im scrollbaren Bereich zu sehen sind (siehe Abbildung 7.7).

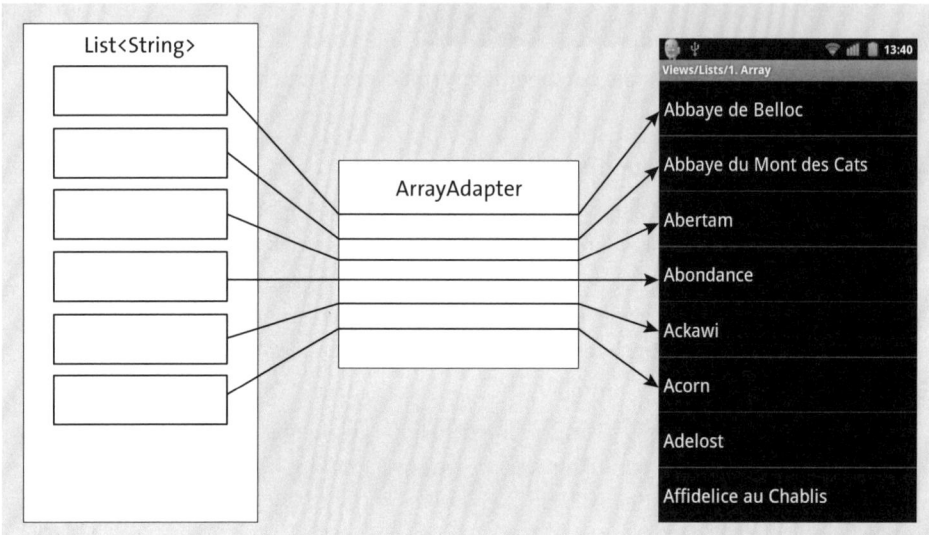

Abbildung 7.7 Der ArrayAdapter vermittelt die Elemente einer String-Liste an eine »ListView«.

Wenn sich der Inhalt des Arrays ändert, müssen Sie übrigens nur den Adapter benachrichtigen, und der sorgt dafür, dass die ListView aktualisiert wird.

Den Adapter implementieren wir als Erbe von ArrayAdapter<String>:

```
class ToplistAdapter extends ArrayAdapter<String> {
}
```

Sie benötigen einen Konstruktor, der als Parameter Context und einen int erhält. Es gibt auch andere Konstruktoren in der Basisklasse, die wir aber nicht brauchen.

```
public ToplistAdapter(Context context, int resource) {
  super(context, resource);
}
```

Es genügt, zwei Funktionen zu überschreiben:

```java
@Override
public int getCount() {
  return highscoreList.size();
}
@Override
public View getView(int position, View convertView, ViewGroup parent) {
  if(convertView==null) {
    convertView = getLayoutInflater()
      .inflate(R.layout.toplist_element,null);
  }
  TextView tvPlatz = (TextView) convertView.
      findViewById(R.id.platz);
  tvPlatz.setText(Integer.toString(position + 1) + ".");
  TextUtils.SimpleStringSplitter sss =
    new TextUtils.SimpleStringSplitter(',');
  sss.setString(highscoreList.get(position));
  TextView tvName = (TextView)
    convertView.findViewById(R.id.name);
  tvName.setText(sss.next());
  TextView tvPunkte = (TextView)
    convertView.findViewById(R.id.punkte);
  tvPunkte.setText(sss.next());
  return convertView;
}
```

Während die Methode `getCount()` nichts anderes tut, als der zuständigen `ListView` die Anzahl der verfügbaren Listeneinträge mitzuteilen, gibt es zur anderen Methode etwas mehr zu sagen.

Die Methode `getView()` erzeugt oder füllt die View, die eine Zeile in der Liste darstellt. Falls `convertView` nicht null ist, handelt es sich um eine Recycling-Maßnahme. Diese View-Hierarchie ist also lediglich mit dem richtigen Inhalt zu füllen: dem Highscore-Eintrag an der angegebenen `position`. Ansonsten muss die Methode den `LayoutInflater` heranziehen, um aus dem Layout `R.layout.toplist_element` eine neue View-Hierarchie zu erzeugen – und auch gleich zu füllen.

Dazu verwendet die Methode einen `SimpleStringSplitter`. Dieses Werkzeug erlaubt es, einen String anhand eines bestimmten Trennzeichens (hier: Komma) in mehrere Strings zu zerlegen. Auf diese Weise gewinnen wir aus dem Highscore-Eintrag, den der Server liefert, Name und Punktzahl separat. Diese werden genauso wie die Platzierung (`position` + 1) in die zuständigen `TextViews` geschrieben.

Deklarieren Sie den Adapter als Attribut der Activity, und initialisieren Sie dieses in onCreate():

```
private ToplistAdapter adapter;
...
  adapter = new ToplistAdapter(this,0);
  listView.setAdapter(adapter);
```

Schließlich benötigen Sie noch ein Array, das die Highscore-Einträge speichert:

```
private List<String> highscoreList = new ArrayList<String>();
```

Jetzt ist es leicht, die Methode internetHighscores() umzustellen. Werfen Sie den Aufbau des highscoreHtml raus, und verwenden Sie beim Lesen vom Server statt einer lokalen highscoreList das neue Attribut.

Anstatt die nicht mehr vorhandene highscores-TextView zu füllen, müssen Sie nach dem Herunterladen der Highscores nur noch dem Adapter mitteilen, dass sich der Inhalt des Arrays geändert hat:

```
adapter.notifyDataSetInvalidated();
```

Das ist schon alles. Diese Version sieht deutlich ordentlicher aus als die vorherige, nicht wahr?

7.3.3 Spinner und Adapter

Einen simplen ArrayAdapter können Sie nicht nur in ListViews verwenden, sondern beispielsweise auch in Auswahllisten. Um das zu zeigen, wollen wir es dem Spieler ermöglichen, einen Schwierigkeitsgrad zu wählen: leicht, mittel, schwer.

Fügen Sie eine View vom Typ Spinner in das Layout *main.xml* zwischen Mücke und START-Button ein, und geben Sie ihr die ID schwierigkeitsgrad. Setzen Sie eine Breite von 150dp, damit die View nicht allzu viel Platz einnimmt. Verpassen Sie der Klasse MueckenfangActivity ein neues Attribut, um die Referenz auf den neuen Spinner zu speichern:

```
private Spinner schwierigkeitsgrad;
```

An gleicher Stelle fügen Sie den ArrayAdapter hinzu:

```
private ArrayAdapter<String> schwierigkeitsgradAdapter;
```

Die Klasse `String` in den spitzen Klammern legt fest, dass der Adapter mit einem Array aus Strings arbeiten wird.

Füllen Sie die View-Referenz in `onCreate()`:

```
schwierigkeitsgrad = (Spinner) findViewById(R.id.schwierigkeitsgrad);
```

Erzeugen Sie als Nächstes den Adapter. Es gibt mehrere Konstruktoren, und wir verwenden den einfachsten:

```
schwierigkeitsgradAdapter = new ArrayAdapter<String>(this, android.
   R.layout.simple_spinner_item, new String[]
  {"leicht","mittel","schwer"} );
```

Der erste Parameter ist ein `Context`-Objekt, mit dem der Adapter arbeiten soll. Wird ein `Context` erwartet, übergeben Sie einfach immer die aktuelle Activity, in diesem Fall also `this`. Parameter Nummer zwei ist die ID des Layouts, das für jeden Eintrag verwendet wird. Dazu liefert Android bereits eine Version mit, die Sie mit `android.R.layout.simple_spinner_item` referenzieren, anstatt eine eigene zu bauen. Der letzte Parameter ist schließlich das String-Array mit den gewünschten Auswahloptionen.

Wenn Sie später den `Spinner` antippen, öffnet sich eine Liste mit den wählbaren Einträgen. Dafür gibt es ein eigenes Layout, das Sie dem Adapter mitteilen:

```
schwierigkeitsgradAdapter.setDropDownViewResource(android.R.layout
        .simple_spinner_dropdown_item);
```

Schließlich müssen Sie nur noch den `Spinner` mit seinem Adapter verheiraten:

```
schwierigkeitsgrad.setAdapter(schwierigkeitsgradAdapter);
```

Natürlich soll sich die Auswahl des Spielers auch irgendwie auswirken. Dazu müssen Sie zum Zeitpunkt des Spielstarts prüfen, welcher Eintrag in der View ausgewählt ist. Dann können Sie der `GameActivity` diesen Wert als Schwierigkeitsgrad mitgeben.

Bearbeiten Sie also den ersten if-Zweig in der Methode `onClick()`. Ermitteln Sie zunächst, welcher Schwierigkeitsgrad ausgewählt ist:

```
int s = schwierigkeitsgrad.getSelectedItemPosition();
```

Die aktuell ausgewählte Position beginnt immer bei 0. Im Fall von »leicht« wird die Variable s also den Wert 0 erhalten, bei »schwer« 2. Wie aber können Sie diese Zahl jetzt der `GameActivity` übergeben? Bisher wird sie an dieser Stelle wie folgt gestartet:

```
startActivityForResult(new Intent(this,GameActivity.class),1);
```

Ich werde Ihnen jetzt zeigen, wie Sie einem Intent zusätzliche Informationen anhängen. Der Übersicht halber müssen Sie dazu dem Intent eine eigene lokale Variable gönnen. Am einfachsten ist es, wenn Sie in AS `new Intent(this,GameActivity.class)` markieren und per Refactoring eine Variable einführen. Drücken Sie dazu [Alt] + [Strg] + [V] (oder wählen Sie im Kontextmenü REFACTOR • EXTRACT VARIABLE). AS schlägt Namen für die neue Variable vor. Wählen Sie einfach i oder `intent`.

Das Resultat des Refactorings sieht dann wie folgt aus:

```
Intent i = new Intent(this,GameActivity.class);
startActivityForResult(i,1);
```

Jetzt können Sie zwischen den beiden Zeilen eine weitere einfügen und ein sogenanntes *Extra* an den Intent hängen:

```
i.putExtra("schwierigkeitsgrad", s);
```

Extras bestehen immer aus einem Namen und einem Wert, in diesem Fall einem `int`. Sie können auch Strings oder beinahe beliebige andere Objekte anhängen. Auf diese Weise können Sie alle relevanten Daten an eine andere Activity übergeben.

Nun muss die `GameActivity` diesen Wert wieder aus dem Intent extrahieren, am besten in `onCreate()` vor `spielStarten()`:

```
schwierigkeitsgrad = getIntent().getIntExtra("schwierigkeitsgrad", 0);
```

Sie sehen, dass Sie abhängig vom Typ des mitgegebenen Extras die richtige Methode aufrufen und darüber hinaus den verwendeten Namen als ersten Parameter übergeben müssen. Die 0 als zweiter Parameter dient als Standardwert, falls aus irgendeinem Grund das Extra fehlen sollte.

Wie sich der Schwierigkeitsgrad auf das Spiel auswirkt, bleibt Ihnen überlassen. Beachten Sie jedoch, dass es für die schwerere Variante mehr Punkte geben muss, damit ein Obermückenfänger nicht auf der schweren Stufe viel weniger Punkte erspielt als ein Anfänger. Das ist eine Frage der Spielbalance – ein Thema, auf das wir hier nicht ausführlich eingehen können. Versuchen Sie es für den Anfang mit zwei simplen Eingriffen:

```
muecken = runde * (10 + schwierigkeitsgrad*10);
```

Dies ändert die Anzahl der Mücken in `starteRunde()` so, dass ein mutiger Jäger, der die schwierige Version wählt, praktisch in Runde 3 startet und dann auch noch jede dritte Runde überspringt.

Erhöhen Sie auf angemessene Weise die Punktzahl pro getroffene Mücke in `onClick()`:

```
punkte += 100 + schwierigkeitsgrad*100;
```

Der Experte erhält also gleich dreimal so viele Punkte für jede getroffene Mücke, nämlich 300. Im mittleren Schwierigkeitsgrad ist jede Mücke immerhin 200 Punkte wert. Nur wenn `schwierigkeitsgrad` gleich 0 ist, bleibt es bei den 100 Punkten.

Sie sehen, dass die sinnvolle Verarbeitung einer `Spinner`-View fast mehr Aufwand bedeutet als deren Darstellung selbst.

Damit sind wir am Ende eines Abschnitts, der nicht ganz unkompliziert war – aber ohne Listen kommen die wenigsten Apps aus, und wenn Sie wissen, wie die Adapter funktionieren, sind sie schnell gebaut.

In diesem Kapitel haben Sie eine Menge Techniken kennengelernt. Sie haben gesehen, dass die App-Entwicklung ein weites Feld ist und sich oftmals auf Nebenschauplätzen abspielt. Allerdings können Sie ja mal die bisher produzierten Programmzeilen zählen (es sind etwas über 500). Wenn Sie jetzt subtrahieren, was AS Ihnen dank automatischer Codeerzeugung abgenommen hat, werden Sie feststellen, dass Sie wirklich nicht viel programmieren müssen, um zu interessanten Ergebnissen zu kommen – das nötige Gewusst-wie genügt.

Zur Erinnerung: Sie finden den Code der hier beschriebenen Mückenfang-Version im Download-Angebot unter dem Projekt *Mueckenfang7*.

Kapitel 8
Kamera und Augmented Reality

»Ich sehe was, was du nicht siehst, und das ist ... infrarot.«
Unfair spielende Digicam

Digicams sind bloß für Schnappschüsse gut, und die klitzekleinen Linsen, die in Smartphones üblicherweise verbaut sind, beschränken Aufnahmebedingungen und Bildqualität? Entscheidend ist, was man mit dem aufgenommenen Bild anstellt. Moderne Apps erkennen beispielsweise Barcodes auf Produktverpackungen, andere können die Fotos aussehen lassen wie 70er-Jahre-Polaroids, Texte lesen und sogar übersetzen – alles mithilfe mächtiger Software im Hintergrund, versteht sich.

Der Fantasie sind keine Grenzen gesetzt, was den Einsatz der in jedem Android-Gerät eingebauten Kamera betrifft. Freilich kostet aufwendige Bildmanipulation mehr Rechenpower, als ein einfaches Telefon liefern kann (je mehr Megapixel, umso mehr). Aber selbst mit einfachen Mitteln lässt sich Erstaunliches bewirken.

Lassen Sie uns also die Digicam des Smartphones verwenden, um den Mückenfang noch spannender zu gestalten: Zunächst ersetzen wir den Bildschirmhintergrund durch einen Blick durch die Kameralinse. Dadurch wird der Bildschirm des Handys ein Fenster in die Wirklichkeit, in die nicht reale Elemente (die Mücken) eingeblendet werden – der erste Schritt zur *Augmented Reality*.

Sie finden das Android-Studio-Projekt im Download-Angebot unter dem Namen *Mueckenfang8* (*www.rheinwerk-verlag.de/5168*).

8.1 Die Kamera verwenden

Vielleicht ist Ihnen aufgefallen, dass es in der Palette des Layout-Editors keine View gibt, die so ausschaut, als könne sie mit der Kamera zu tun haben. Es gibt lediglich die `VideoView`, sie eignet sich aber nur zum Abspielen von Filmen, nicht für die eingebaute Kamera.

Uns bleibt daher nichts anderes übrig, als eine eigene View zu bauen, deren Inhalt nichts anderes ist als das Vorschaubild der Kamera. Der beste Ansatz ist, eine eigene Klasse von einer anderen abzuleiten.

8.1.1 Die »CameraView«

Die Basisklasse für die eigene Kameravorschau ist die SurfaceView – das ist eine View, deren sichtbarer Inhalt komplett der Kontrolle des Programmierers unterliegt. Praktisch jeder Inhalt ist möglich – von simplen Zeichnungen über 3-D-Action bis hin zum Vorschaubild der Kamera.

Erstellen Sie also als Erstes eine neue Klasse namens CameraView, die von SurfaceView erbt:

```
public class CameraView extends SurfaceView {
}
```

Um auf die Zeichenfläche zugreifen zu können, benötigen wir ein SurfaceHolder-Objekt, das mit unserer View über ein Interface kommuniziert. Dieses Interface heißt SurfaceHolder.Callback, und die Klasse CameraView muss es implementieren. Erzeugen Sie außerdem ein Attribut für das eigentliche Kamera-Objekt:

```
public class CameraView extends SurfaceView implements SurfaceHolder.Callback {
    SurfaceHolder surfaceHolder;
    Camera camera;
    ...
}
```

Lassen Sie sich von AS die Methodenrümpfe hinzufügen, die nötig sind, um dem Callback-Interface zu genügen, indem Sie die automatische Fehlerkorrektur die Arbeit erledigen lassen.

Bevor Sie die neuen Methoden mit Code füllen, müssen Sie verstehen, wie die drei Komponenten miteinander interagieren (siehe Abbildung 8.1).

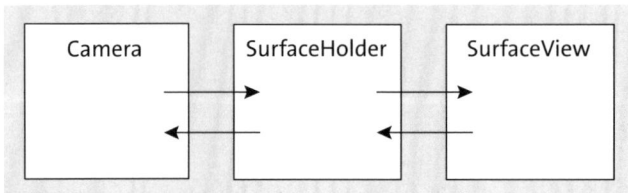

Abbildung 8.1 Die Kamera projiziert ihr Vorschaubild über den »SurfaceHolder« in die »SurfaceView«.

Die SurfaceView ist dafür verantwortlich, die Kamera und den SurfaceHolder miteinander zu verknüpfen, und zwar abhängig von den Ereignissen, die das Callback-Interface meldet. Zunächst aber müssen Sie dafür sorgen, dass der SurfaceHolder überhaupt existiert – schreiben Sie also erst einmal einen Konstruktor:

```
public CameraView(Context context, AttributeSet attrs) {
   super(context, attrs);
   surfaceHolder = getHolder();
   surfaceHolder.addCallback(this);
   surfaceHolder.setType(SurfaceHolder.SURFACE_TYPE_PUSH_BUFFERS);
}
```

Nach dem Aufruf des Elternkonstruktors wird das Attribut für den SurfaceHolder gefüllt, dann wird das Objekt mit dem Callback verbunden. Die letzte Zeile setzt den Typ des SurfaceHolder auf denjenigen, den die Kamera für ihre Vorschau benötigt.

Leider müssen Sie noch einen zweiten, identischen Konstruktor schreiben, der allerdings nur den Context-Parameter erhält:

```
public CameraView(Context context) {
   super(context);
   surfaceHolder = getHolder();
   surfaceHolder.addCallback(this);
   surfaceHolder.setType(SurfaceHolder.SURFACE_TYPE_PUSH_BUFFERS);
}
```

Android verwendet je nach Bedarf den einen oder den anderen Konstruktor, daher müssen beide vorhanden sein. Achten Sie darauf, dass die zweite Version den passenden Elternkonstruktor ohne attrs verwendet.

Als Nächstes kümmern wir uns um die drei Methoden, die zum Callback-Interface gehören. Da wäre zunächst einmal die wichtigste Methode, nämlich surfaceCreated(). Es wird Sie nicht überraschen, dass diese Methode von Android aufgerufen wird, sobald die sichtbare Surface erzeugt wurde und bereit ist, irgendetwas anzuzeigen – der perfekte Zeitpunkt, um das Camera-Objekt zu erzeugen. Allerdings dient dazu diesmal kein Konstruktor, sondern eine statische Methode der Klasse Camera namens open():

```
public void surfaceCreated(SurfaceHolder holder) {
   camera = Camera.open();
```

Verknüpfen Sie als Nächstes die Kameravorschau mit dem SurfaceHolder:

```
   camera.setPreviewDisplay(holder);
```

Einer kleinen Zusatzmaßnahme bedarf es, um die Kamera auf den Hochkantmodus umzustellen, den unser Mückenfang verwendet:

```
camera.setDisplayOrientation(90);
```

AS wird an dieser Stelle versuchen, Ihnen verständlich zu machen, dass die setPreviewDisplay()-Methode eine IOException auslösen könnte. Also müssen Sie den Aufruf in eine ordentliche try-catch-Struktur einbetten, da es nicht infrage kommt, die Exception weiter nach außen zu werfen. Da eine IOException anzeigt, dass etwas mit der Kamera nicht stimmt, geben Sie diese sicherheitshalber im Fehlerfall mit der Methode release() frei. Die ganze Methode sieht dann wie folgt aus:

```
public void surfaceCreated(SurfaceHolder holder) {
    camera = Camera.open();
    camera.setDisplayOrientation(90);
    try {
        camera.setPreviewDisplay(holder);
    } catch (IOException exception) {
        camera.release();
        camera = null;
    }
}
```

Als ordentliche Programmierer räumen wir hinter uns auf. Implementieren Sie daher die zweite von drei Methoden des Callback-Interface wie folgt:

```
public void surfaceDestroyed(SurfaceHolder holder) {
    camera.stopPreview();
    camera.release();
    camera = null;
}
```

Abgesehen vom expliziten Beenden des Vorschaumodus sehen Sie hier die gleichen Zeilen wie im catch-Block der vorangegangenen Methode – also nichts Neues.

Schließlich müssen Sie noch surfaceChanged() implementieren. Diese Methode wird immer dann von Android aufgerufen, wenn sich die Größe des sichtbaren Bereichs der SurfaceView ändert – mindestens aber einmal.

Verpassen Sie in dieser Methode der Kameravorschau die richtige Größe (die der Methode freundlicherweise übergeben wird). Dazu müssen Sie die Parameter der Kamera auslesen, ändern und wieder speichern:

```
Camera.Parameters parameters = camera.getParameters();
parameters.setPreviewSize(w, h);
camera.setParameters(parameters);
```

Leider hat meine Erfahrung gezeigt, dass manche Smartphone-Kameras mit diesem Aufruf nicht klarkommen. Sie lassen die Änderung der Größe einfach nicht zu und quittieren den letzten Aufruf mit einer `RuntimeException`. Glücklicherweise funktioniert in solchen Fällen fast immer die Standardeinstellung. Deshalb dürfen wir eine Exception hier ausnahmsweise einfach fangen und ignorieren:

```
try {
   Camera.Parameters parameters = camera.getParameters();
   parameters.setPreviewSize(w, h);
   camera.setParameters(parameters);
} catch (Exception e) {
   Log.w("CameraView", "Exception:" , e);
}
```

An dieser Stelle eine Warnung: Fangen Sie *nie* eine Exception, ohne in irgendeiner Form darauf zu reagieren! Die Folge ist im besten Fall ein unvorhersehbares Verhalten Ihrer App, im schlimmsten Fall sind es Exceptions an völlig anderen Stellen (Folgefehler). Fangen Sie unchecked Exceptions nur, wenn Sie genau wissen, warum Sie das tun, und erzeugen Sie mindestens eine Log-Ausgabe.

Logging in Android

Sie können jederzeit in einer App Anmerkungen ins systemweite Protokoll schreiben. Mit Bordmitteln am Handy können Sie das Protokoll zwar nicht auslesen, aber solange Ihr Handy per USB am Rechner hängt (oder ein Emulator läuft), können Sie in AS in der View namens LOGCAT live verfolgen, was ins Logfile geschrieben wird. Sie werden diese Ansicht oft sehr hilfreich finden, das kann ich Ihnen versprechen.

Einträge ins Logfile haben verschiedene Stufen, z. B. *debug*, *info* oder *warning*, die Sie mit der zugehörigen Methode der Klasse `Log` erzeugen können.

Geben Sie als ersten Parameter immer einen String an, der darüber Aufschluss gibt, in welchen Teil einer App der Eintrag geschrieben wird. Darüber hinaus können Sie einen beliebigen Text ausgeben lassen, eine Exception oder auch Zahlen:

```
Log.d("Berechnung","Ergebnis: " + ergebnis);
```

Mehr zum Thema Logging erfahren Sie in Abschnitt 3.6.2, »Logging einbauen«.

Als letzten Schritt müssen Sie in `surfaceChanged()` natürlich noch die eigentliche Preview starten:

```
camera.startPreview();
```

Wenn Sie die Klasse fehlerfrei implementiert und gespeichert haben, können Sie sie als Ihre erste selbst gebaute View ins Layout integrieren.

8.1.2 »CameraView« ins Layout integrieren

Im Moment besteht das Layout des Spielbildschirms aus einem `LinearLayout` mit einem Foto als Hintergrund. In diesem `LinearLayout` sind der obere Informationsbereich, der Spielbereich und die unteren Anzeigebalken integriert. Leider können Sie Ihre `CameraView` nicht als Hintergrund des `LinearLayout` verwenden. Wir benötigen einen neuen Hintergrund, und der jetzige wird zum Vordergrund.

Der Layout-Editor verhält sich leider etwas unflexibel, wenn es darum geht, Views gegen andere auszutauschen. Nehmen Sie die nötigen Änderungen daher in der XML-Ansicht vor.

Ändern Sie das äußerste `LinearLayout` in ein `FrameLayout`, und entfernen Sie dabei das `background`-Attribut:

```
<FrameLayout xmlns:android="http://schemas.android.com/apk/res/android"
  xmlns:tools="http://schemas.android.com/tools"
  android:layout_width="match_parent"
  android:orientation="vertical"
  android:layout_height="match_parent"
  tools:context=".GameActivity"
  android:id="@+id/hintergrund">
...
</FrameLayout>
```

Fügen Sie ein neues `LinearLayout` ein, das alle inneren Elemente umschließt:

```
<LinearLayout
android:layout_width="match_parent"
android:layout_height="match_parent"
android:orientation="vertical">
...
</LinearLayout>
```

8.1 Die Kamera verwenden

Jetzt können Sie zur Design-Ansicht umschalten.

Rollen Sie in der Palette ganz nach unten, bis Sie den Eintrag CUSTOMVIEW entdecken. Klicken Sie ihn an, und wählen Sie aus der umfangreichen Liste Ihre CameraView aus. Legen Sie diese dann ins FrameLayout hintergrund, und zwar vor das LinearLayout, das alle anderen Elemente enthält. Views werden von oben nach unten gezeichnet, das Kamerabild muss also vor den Spielelementen stehen (siehe Abbildung 8.2). Verpassen Sie dieser View die ID camera. Stellen Sie Breite und Höhe auf match_parent.

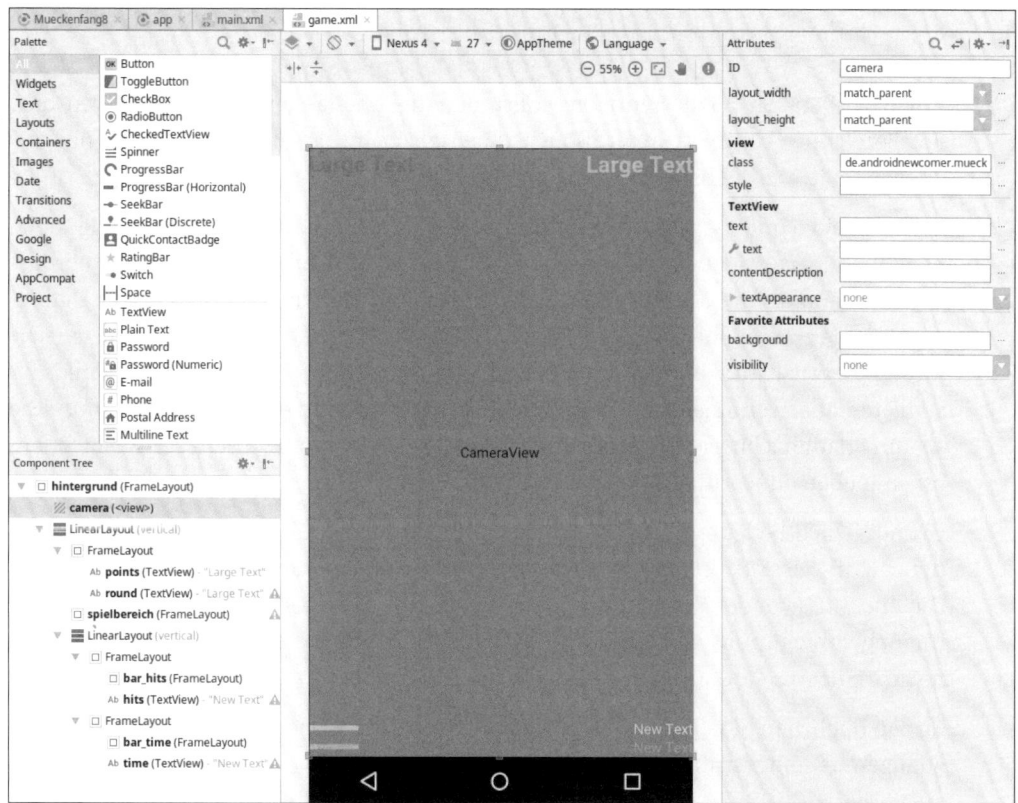

Abbildung 8.2 Achten Sie darauf, dass die »CameraView« in der Hierarchie das erste Kind des »FrameLayout« im Hintergrund ist.

Wenn Sie das Layout richtig zusammengebaut haben, können Sie schon erkennen, dass die grau dargestellte CameraView hinter den Einblendungen im Vordergrund liegt. Eine Kameravorschau bietet AS Ihnen natürlich nicht – dazu müssen Sie später Ihre App starten.

8.1.3 Die Camera-Permission

Wie fast alle Hardwarekomponenten dürfen Sie auch die Kamera nicht ohne explizite Erlaubnis verwenden. Man stelle sich vor, eine App, die vorgeblich einem ganz anderen Zweck dient, macht gelegentlich heimlich Fotos und lädt sie ins Internet hoch – was für ein Spaß! Bloß nicht für die Betroffenen.

Öffnen Sie also das Manifest Ihrer App, und fügen Sie einen passenden Eintrag unter den Permissions hinzu:

```
<uses-permission android:name="android.permission.CAMERA"/>
```

Vorsicht: Wenn Sie AS die Syntaxvervollständigung überlassen, kann es passieren, dass der Bezeichner komplett in Großbuchstaben erscheint. Er funktioniert aber nur wie oben gezeigt: alle Buchstaben klein, nur CAMERA groß.

Seit Android 6 und targetSdkVersion 23 erteilt der Nutzer gefährliche Genehmigungen nicht mehr bei der Installation einer App, sondern zur Laufzeit. Das hat den Vorteil, dass Apps auch ohne eine Genehmigung verwendbar sind. Denken Sie etwa an eine Dating-App, der sie zwar all ihre intimsten Geheimnisse verraten, aber nicht zulassen, dass sie Ihren Aufenthaltsort kennt. Mit der neuen Methode können Sie die App problemlos installieren, aber wenn sie zum ersten Mal Ihren Aufenthaltsort erfahren möchte, muss Sie sie um Erlaubnis bitten. Verweigern Sie diese, muss die App trotzdem sinnvoll fortfahren, nur eben ohne Aufenthaltsort.

Grundsätzlich bedeutet das für jede App, die auf einem Gerät mit Android 6.0 oder neuer läuft, *dass sie nicht unterstellen darf, dass alle nötigen Genehmigungen erteilt sind*. Die App muss vor der Verwendung einer gefährlichen Funktion prüfen, ob eine Genehmigung vorliegt. Falls nicht, muss sie darum bitten. Erst wenn der Nutzer diese erteilt hat, darf die App fortfahren und die kritische Ressource nutzen.

Zu den fraglichen Ressourcen gehört natürlich auch die Kamera. Weitere von Google als »dangerous« eingestufte wichtige Permissions sind:

READ_CALENDAR, WRITE_CALENDAR, CAMERA, READ_CONTACTS, WRITE_CONTACTS, GET_ACCOUNTS, ACCESS_FINE_LOCATION, ACCESS_COARSE_LOCATION, READ_PHONE_STATE, CALL_PHONE, BODY_SENSORS, SEND_SMS, READ_SMS, READ_EXTERNAL_STORAGE, WRITE_EXTERNAL_STORAGE

Die vollständige Liste finden Sie hier:

https://developer.android.com/guide/topics/permissions/overview#permission-groups

Unkritisch hingegen ist beispielsweise der Internetzugriff, also Manifest.Permission.INTERNET.

Nun könnten Sie auf die Idee kommen, einfach die `targetSdkVersion` Ihrer App auf 22 zu stellen, um sich den ganzen Aufwand zu sparen. Das Problem an der Sache: Google verbietet seit November 2018 Updates für Apps, die auf so alte API-Levels zielen. Ab 2019 können solche Apps sogar aus dem Play Store geworfen werden. Dabei geht es um nichts weniger als eine Bereinigung von Altlasten und Karteileichen, die dem Play Store zweifellos nicht schaden kann. Diese Maßnahme ist einer der Gründe für die Abnahme der Anzahl verschiedener Apps im Store um eine knappe Million in den letzten Monaten.

Wie Sie sehen, gehört die Benutzung der Kamera zu den gefährlichen Genehmigungen.

Zum Glück bietet Google vorgefertigten Code an, mit dem die nötigen Abfragen ein Kinderspiel sind. Dieser Code befindet sich in einer AndroidX-Bibliothek, die ohnehin bereits im Projekt verwendet wird. Um sich davon zu überzeugen, öffnen Sie die Datei *build.gradle* und schauen Sie nach:

```
dependencies {
    implementation fileTree(include: ['*.jar'], dir: 'libs')
    implementation 'androidx.appcompat:appcompat:1.1.0'
}
```

Die Bibliothek `appcompat` enthält unter anderem eine Klasse `ContextCompat` mit der statischen Methode `checkSelfPermission()`, die abfragen kann, ob eine Genehmigung erteilt wurde:

```
if(ContextCompat.checkSelfPermission(this, Manifest.permission.CAMERA) !=
 PackageManager.PERMISSION_GRANTED) {
  // Genehmigung noch nicht erteilt
}
```

Da diese Mückenfang-Version ohne Kamera sinnlos ist, können Sie die Abfrage ausführen, wenn die `MainActivity` gestartet wird, also am Ende von `onCreate()`. Als Parameter übergeben Sie die aktuelle Activity und eine Konstante für die abzufragende Genehmigung, hier also `Manifest.permission.CAMERA`. Falls Sie mehrere Genehmigungen benötigen (und an der gleichen Stelle abfragen wollen), können Sie mehrere Aufrufe von `check-SelfPermission()` mit || verknüpfen.

Falls die Genehmigung fehlt, müssen Sie zwei Dinge tun:

- verhindern, dass der Nutzer das Spiel startet (Start-Button deaktivieren)
- den Nutzer um die Erteilung der Genehmigung bitten

Ersteres bewerkstelligen Sie, indem Sie dem Button den Enabled-Status entziehen:

```
startButton.setEnabled(false);
```

Um die freundliche Anfrage beim Nutzer kümmert sich die Support-Bibliothek:

```
ActivityCompat.requestPermissions(this, new String[]
{Manifest.permission.CAMERA}, REQUESTCODE_PERMISSIONS);
```

Der letzte Parameter ist hier eine frei wählbare, numerische Konstante.

Wie Sie sehen, können Sie dieser Methode ein Array mit mehreren Permission-Konstanten übergeben, sodass der Nutzer alle auf einmal abnicken kann. Diese Vorgehensweise verbietet sich, wenn bestimmte genehmigungspflichtige Elemente Ihrer App optional sind: Dann müssen Sie die Permissions jeweils separat einholen.

Wie erfahren Sie nun, ob der Nutzer die nötige Kamera-Genehmigung erteilt hat? Dazu überschreiben Sie die Methode `Activity.onRequestPermissionsResult()`:

```
@Override
public void onRequestPermissionsResult(int requestCode, String[]
 permissions, int[] grantResults) {
  if(requestCode==REQUESTCODE_PERMISSIONS
    && grantResults[0]==PackageManager.PERMISSION_GRANTED) {
   startButton.setEnabled(true);
  }
}
```

Diese Methode ruft die Support-Bibliothek auf, sobald der Nutzer den Dialog zur Abfrage Ihrer Permissions beendet. Im `requestCode` findet sich die Konstante wieder, die Sie beim Aufruf von `requestPermissions()` verwendet haben. So können Sie eine Fallunterscheidung vornehmen, falls Sie verschiedene Genehmigungsabfragen benötigen.

In den beiden übergebenen Arrays (die in diesem Fall beide nur je ein Element besitzen) finden Sie die Antwort des Nutzers. Falls er die Genehmigung wie erhofft erteilt hat, schalten Sie den `startButton` frei.

Natürlich können Sie sich an dieser Stelle artig beim Nutzer bedanken – oder, falls er die Genehmigung verweigert hat, die App schließen, weil sie so sinnlos ist. Wenn Sie sich den Dialog, den die Support-Bibliothek anzeigt, genauer ansehen (siehe Abbildung 8.3), erkennen Sie allerdings schnell ein Problem: Der gezeigte Text kann weder grammatikalisch noch inhaltlich überzeugen, bisweilen ist er gefährlich ungenau. Tatsächlich wollen Sie ja gar keine »Fotos oder Videos aufnehmen«, sondern lediglich das Live-Bild der Kamera zeigen.

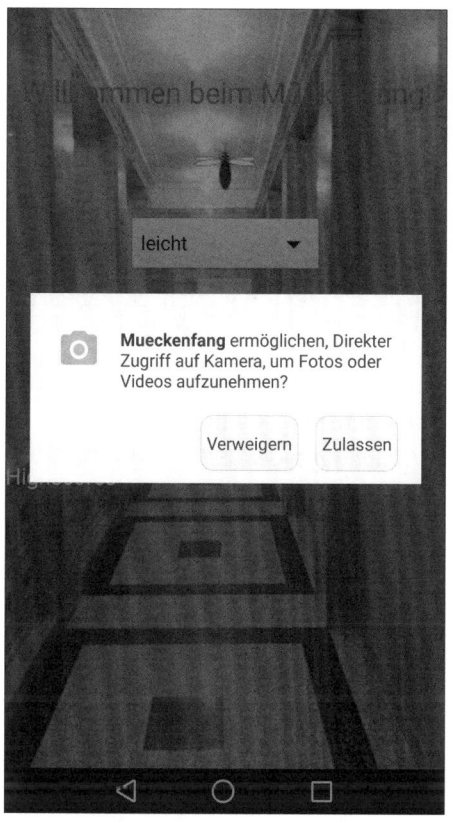

Abbildung 8.3 Die Standardversion der Genehmigungsabfrage ist oft missverständlich.

Bei anderen Genehmigungen ist es noch schlimmer:

- GET_ACCOUNTS: »ermöglichen, auf Kontakte zuzugreifen« (man kommt damit aber nur an den Google-Usernamen des Nutzers)
- READ_EXTERNAL_STORAGE: »ermöglichen, auf die SD-Karte zuzugreifen« (das klingt wie Lesen *und* Schreiben)
- READ_PHONE_STATE: »ermöglichen, Telefonanrufe zu tätigen und zu verwalten« (man kann damit nur die Telefonnummer und Informationen über die Mobilfunkverbindung ermitteln)

Des Rätsels Lösung ist, dass alle gefährlichen Genehmigungen *gruppiert* sind und die Abfrage immer für die ganze Gruppe gilt und den entsprechenden Text anzeigt. So ist GET_ACCOUNTS in der gleichen Gruppe wie WRITE_CONTACTS und READ_PHONE_STATE in einer Gruppe mit CALL_PHONE.

Sie tun also gut daran, dem Nutzer zunächst einen Dialog zu zeigen, in dem Sie ihm erklären, wozu Sie die Genehmigungen benötigen. Erst wenn der Nutzer diesen Dialog schließt, sollten Sie requestPermission() aufrufen.

Das ändert zwar nichts daran, dass die Support-Bibliothek bisweilen irreführende Fragen stellt, und auch nichts daran, dass die meisten Nutzer solche Abfragen ungelesen bestätigen, aber immerhin haben Sie die Möglichkeit gegeben, sich zu informieren.

Einmal erteilte Genehmigungen gelten bis zur Deinstallation einer App, außerdem kann der Nutzer in den Android-Einstellungen jeder App jede Genehmigung nachträglich erteilen oder entziehen.

Wenn Sie Ihre App jetzt starten, sehen Sie nach Erteilung der Kamera-Genehmigung und Start einer Spielrunde, was andere Menschen nicht sehen: Mücken, die in der Gegend herumfliegen und die man mit der Fingerspitze loswerden kann (siehe Abbildung 8.4) – ein Traum, oder?

Abbildung 8.4 Endlich sehen Sie die Mücken, die dauernd über Ihren Tasten kreisen.

8.2 Bilddaten verwenden

Wussten Sie eigentlich, dass Mücken keine Tomaten mögen? Nein? Nun, möglicherweise gilt das nur für die Mücken in unserem Spiel. Wir werden nämlich als Nächstes eine zweite Möglichkeit einbauen, um die Viecher loszuwerden: Richten Sie die Kamera so auf eine Tomate, dass Tomate und Mücke einander berühren, um die Mücke zu terminieren!

Zugegeben, das Spielchen wird auch mit einer Kirsche oder einer Clownsnase funktionieren. Denn wir werden als Nächstes das Kamerabild nach roten Gegenständen absuchen und jede Mücke vernichten, die einem roten Gegenstand zu nahe kommt – und zwar mit doppelter Punktzahl!

Sie finden den Programmcode für diese Version der App im Download-Angebot im Verzeichnis *Mueckenfang9*.

8.2.1 Bilddaten anfordern

Bislang wird die Kameravorschau lediglich auf den Bildschirm gebracht – um die eigentlichen Bilddaten kümmert sich die App dabei überhaupt nicht. Allerdings benötigen Sie die Bilddaten, wenn Sie darin nach roten Objekten suchen wollen. Also müssen Sie eine Möglichkeit implementieren, die Daten von der Kamera anzufordern. Damit die Game Engine komfortabel auf die Bilddaten zugreifen kann, übergeben Sie die nötige Schnittstelle zunächst in der CameraView an die Kamera:

```
public void setOneShotPreviewCallback(PreviewCallback callback) {
    if(camera!=null) {
        camera.setOneShotPreviewCallback(callback);
    }
}
```

Das Interface PreviewCallback enthält nur eine Methode: onPreviewFrame(). Der obige Code reicht ein Objekt, das PreviewCallback implementiert, an die Methode setOneShotPreviewCallback() weiter. Der Name der Methode verrät es: Der Callback wird nur einmal verwendet (OneShot), nämlich wenn die Kamera das nächste Vorschaubild auf dem Bildschirm darstellt. Sofort danach löscht sie den Callback.

Auf diese Weise müssen Sie zwar den Callback immer wieder neu setzen, wenn Sie ein neues Bild erhalten möchten, andererseits aber kann es nicht passieren, dass die Kamera Ihren Code mit Daten überhäuft und Sie mit der Verarbeitung nicht hinterherkommen.

Die Strategie wird also wie folgt aussehen:

- Die Game Engine setzt den Callback.
- Die Kamera schickt bei nächster Gelegenheit Bilddaten zurück.
- Die Game Engine erhält die Bilddaten und wertet sie aus.
- Alles beginnt wieder von vorn, bis das Spiel vorbei ist.

Speichern Sie als Erstes in der `GameActivity` eine Referenz auf die `CameraView`:

```
private CameraView cameraView;
...
public void onCreate(Bundle savedInstanceState) {
   super.onCreate(savedInstanceState);
   setContentView(R.layout.game);
   cameraView = (CameraView) findViewById(R.id.camera);
   ...
}
```

Lassen Sie die `GameActivity` das Interface `PreviewCallback` implementieren:

```
public class GameActivity extends Activity implements Runnable,
OnClickListener, PreviewCallback
```

Falls Sie als SDK API 21 oder neuer verwenden, erhalten Sie jetzt einen Deprecated-Hinweis, und AS streicht `PreviewCallback` durch. Google empfiehlt, das Interface nicht mehr zu verwenden. Freilich funktioniert es noch auf absehbare Zeit, andererseits unterstützen ältere Android-Versionen möglicherweise nicht die neuere Version, daher bleiben wir bei `PreviewCallback`. Die benötigte Methode, die dann später von der Kamera aufgerufen wird, heißt `onPreviewFrame()`:

```
@Override
public void onPreviewFrame(byte[] bild, Camera camera) {
}
```

Die Bilddaten verbergen sich später in dem `byte[]`-Array namens `data`.

Fordern Sie nun in der Methode `spielStarten` Bilddaten an:

```
cameraView.setOneShotPreviewCallback(this);
```

Schreiben Sie die gleiche Zeile in `zeitHerunterzaehlen()` hinter `handler.postDelayed()`, um ein frisches Kamerabild anzufordern.

Das war der einfache Teil. Jetzt müssen Sie die Daten, die `onPreviewFrame()` erhält, nach roten Gegenständen durchsuchen.

8.2.2 Bilddaten auswerten

Bevor Sie mit der Auswertung der Bilddaten beginnen können, müssen Sie sich darüber im Klaren sein, wie diese organisiert sind. Ein `byte[]`-Array ist so ziemlich die unsortierteste Datenquelle, die Sie sich vorstellen können: Sie enthält eine bestimmte Anzahl an Bytes, und in welcher Weise diese die Bilddaten repräsentieren, ist eine Frage der Kameraparameter. Das Standardformat für Vorschaubilder hört auf die Namen *NV21* und *YCbCr_420_SP*.

Das klingt nach einem Mittelding aus Zugnummer und Weltformel, und die gute Nachricht an dieser hoch komplizierten Sache ist: Die Methode, die aus diesen wüsten Bilddaten die Farbe eines Punktes ermittelt, müssen Sie weder schreiben noch verstehen – ich habe das für Sie erledigt.

Wenn Sie möchten, können Sie sich im Netz Informationen über das interne Bildformat ansehen und anschließend darüber fluchen, dass Android kein einfacheres Format für die Vorschaubilder verwendet.

Anschließend werfen Sie einen Blick auf die Methode `holePixel()` in der Klasse `NV21Image`, die geradezu magische Operationen ausführt, um Ihnen die Farbe eines Bildpunkts zu verraten:

```
private int holePixel(byte[] bild, int breite, int hoehe, int x, int y) {
   if(x>=breite || x<0 || y>=hoehe || y<0)   return 0;
   int frameSize = breite * hoehe;
   int uvp = frameSize + (y >> 1) * breite;
   int Y = (0xff & ((int) bild[breite*y + x])) - 16;
   if (Y < 0) Y = 0;
   int v = (0xff & bild[uvp+2*(x/2)]) - 128;
   int u = (0xff & bild[uvp+2*(x/2)+1]) - 128;
   int y1192 = 1192 * Y;
   int r = (y1192 + 1634 * v);
   int g = (y1192 - 833 * v - 400 * u);
   int b = (y1192 + 2066 * u);
   if (r < 0) r = 0; else if (r > 262143) r = 262143;
   if (g < 0) g = 0; else if (g > 262143) g = 262143;
   if (b < 0) b = 0; else if (b > 262143) b = 262143;
```

```
    return 0xff000000 | ((r << 6) & 0xff0000) | ((g >> 2) & 0xff00) | ((b >> 10)
        & 0xff);
}
```

Ein YUV-Format ist eines, in dem die Bildinformation aus Luminanz (Lichtstärke, Y) und Chrominanz (Farbanteil, UV) zusammengesetzt ist. Sie müssen sich nicht für die Details interessieren, aber wenn ich Ihnen verrate, dass beispielsweise das analoge Fernsehformat PAL auf diese Weise arbeitet, können Sie vielleicht beim nächsten Small Talk punkten. Schwarz-Weiß-Fernseher (ja, so was gab's mal!) verwendeten lediglich den Luminanz-Anteil. Sie ahnen schon: Schuld an der deftigen Komplexität ist das Gespenst der Abwärtskompatibilität. Hätte man bei Einführung des Farbfernsehens einfach alle SW-Geräte auf einmal dem Recycling zugeführt, wäre uns der ganze Aufwand erspart geblieben. Erstaunlich oft erscheinen Lösungen zu einem Zeitpunkt X völlig unvertretbar, und ein paar Jahre später wäre man froh, hätte man seinerzeit in den sauren Apfel gebissen.

Vielleicht erkennen Sie im Code der Methode holePixel(), dass die Helligkeit aus dem vorderen Teil des bild[]-Arrays entnommen wird und die Farbwerte aus dem hinteren Teil. Wenn nicht, macht das nichts: Freuen Sie sich einfach darüber, dass Ihnen jemand die Arbeit abgenommen hat, diese ziemlich anstrengende Methode zu schreiben, und kümmern Sie sich um den Rest.

Beginnen Sie also mit dem Schreiben der Methode onPreviewFrame(), die immer dann aufgerufen wird, wenn ein neues Vorschaubild bereitsteht:

```
public void onPreviewFrame(byte[] bild, Camera camera) {
}
```

Ermitteln Sie nun zunächst Breite und Höhe des Bildes:

```
int breite = camera.getParameters().getPreviewSize().width;
int hoehe = camera.getParameters().getPreviewSize().height;
```

Fahren Sie mit einer Überprüfung fort, ob überhaupt das erwartete Format vorliegt. Nur dann müssen Sie alle vorhandenen Mücken überprüfen.

```
if (camera.getParameters().getPreviewFormat() == ImageFormat.NV21) {
    mueckenAufTomatenPruefen(new NV21Image(bild, breite, hoehe));
}
```

Die Klasse NV21Image, die ich Ihnen im Download-Angebot zur Verfügung stelle, merkt sich nicht nur Bilddaten und Bildgröße, sondern bietet außerdem die folgenden Methoden an:

```
int holePixel(int x, int y);
int zaehleRotePixel(Rect ausschnitt);
boolean istPixelRot(int x, int y);
```

Die Methode holePixel() kümmert sich um den komplizierten Teil, denn sie kennt das geheimnisvolle Bildformat.

Die eigentliche Analyse der Bilddaten, die in den anderen Methoden geschieht, ist keine Sache von zwei oder drei Zeilen. Sie müssen sich einige Gedanken machen, damit die nötigen Methoden korrekt und vor allem schnell arbeiten.

Bildinhalte analysieren

Grundsätzlich ist Bildverarbeitung eine aufwendige Angelegenheit. Das liegt nicht so sehr an den einzelnen Rechenoperationen, sondern an deren schierer Menge: Ein simples Vorschaubild kommt schon auf über 200.000 Bildpunkte – möchten Sie irgendeine Operation mit jedem Pixel durchführen, muss der zuständige Code genauso oft durchlaufen werden.

Daher gilt es, im jeweiligen Fall zu optimieren. Beschränken Sie sich auf die Rechenoperationen, die wirklich notwendig sind. Wenn Sie beispielsweise das Vorschaubild nach roten Objekten durchsuchen möchten, prüfen Sie nicht die Farbe jedes Bildpunkts, sondern suchen Sie nur an der kleinstmöglichen Anzahl von Stellen.

Beispielsweise können Sie ein grobmaschiges Raster von Messpunkten über den Bildschirm legen. Wenn Sie auf diese Weise nur die Knotenpunkte eines Netzes mit einem Linienabstand von zehn Pixeln prüfen, sparen Sie glatt 99 % des Rechenaufwands, weil nur einer von 10 × 10, also 100 Pixeln, betrachtet werden muss! Objekte, die kleiner sind als 10 × 10 Pixel, gehen Ihnen zwar durch die Lappen, in den meisten Fällen können Sie jedoch damit leben – nicht aber mit einer unglaublich trägen, nahezu unbenutzbaren App.

8.2.3 Tomaten gegen Mücken

Im letzten Schritt müssen Sie für jede Mücke prüfen, ob sie einen roten Bildbereich berührt. Dazu kommen Sie um etwas Rechnerei nicht herum. Erstens müssen Sie davon ausgehen, dass das Vorschaubild eine andere Auflösung hat als der Bildschirm. Beispielsweise liefert eine Kamera im Hochformat eine Vorschau von 480 × 480 Pixeln, aber mein Bildschirm ist 854 × 480 Pixel groß (was noch dazu zu einer unschönen Verzerrung führt).

Stellen Sie sich ein Quadrat vor, das eine Mücke völlig umschließt. Wenn Sie die Koordinaten dieses Quadrats in die Koordinaten des Vorschaubilds umrechnen, wissen Sie, welchen Bereich Sie nach roter Farbe durchsuchen müssen.

Wie aber ermittelt die Game Engine, ob ein Bereich rote Farbe enthält? Zunächst müssen Sie definieren, was »Rot« überhaupt bedeutet. Leider können Sie nicht einfach nach dem RGB-Farbcode #FF0000 suchen, denn das ist reines Rot, das in der Natur kaum vorkommt. Es genügt ebenfalls nicht, zu prüfen, ob die Rotkomponente den größten Wert aller drei Farbanteile hat – das mag auch für Braun oder helles Rosa gelten. Nein, als Rot dürfen nur solche Bildpunkte gelten, bei denen die Differenz zwischen Rot-Intensität und Durchschnittshelligkeit ein Minimum von 50 überschreitet. Beispiele für diese Definition des Rotanteils sind:

- Weiß hat einen Rotanteil von 0, weil die Rot-Intensität und die Durchschnittshelligkeit genau gleich groß sind (nämlich 255 oder hexadezimal FF). Für Schwarz sieht das analog aus.
- Braun (z. B. #502828, also RGB 80, 40, 40) hat einen Rotanteil von etwa 27 (80 minus 160 durch 3).
- Flieder (#C896C8 oder 200, 150, 200) hat einen Rotanteil von knapp 17 (200 minus 550 durch 3).
- Eine reife Cocktailtomate auf einem Foto (z. B. *http://goo.gl/WaChO*) hat die Farbe #F42400 (244, 36, 0) und einen Rotanteil von satten 150.

Die Aufgabe besteht jetzt darin, im zu einer Mücke gehörenden Ausschnitt des Vorschaubilds die Pixel zu zählen, deren Rotanteil über 50 liegt. Falls wir mehr als zehn solcher Pixel finden (weniger könnten Bildrauschen sein), soll die Mücke den fürchterlichen Tomatentod sterben.

Lassen Sie uns zunächst die Methode betrachten, die alle roten Pixel in einem Ausschnitt des Vorschaubilds zählt:

```
private int zaehleRotePixel(Rect ausschnitt) {
    int anzahl = 0;
    for(int x=ausschnitt.left; x<ausschnitt.right; x++) {
        for(int y=ausschnitt.top; y<ausschnitt.bottom; y++) {
            if(istPixelRot(x,y)) {
                anzahl++;
            }
        }
    }
    return anzahl;
}
```

Schauen Sie sich vor allem die beiden ineinander verschachtelten Schleifen an. Die äußere Schleife durchläuft alle Spaltennummern vom linken Rand des Rechtecks ausschnitt bis zum rechten. Dabei wird die letzte Spalte weggelassen, weil die Zählung der Spalten bei 0 beginnt und folglich bei ausschnitt.right keine Spalte mehr existiert. Die innere Schleife wird für jede Spalte des Bildes ausgeführt, und zwar vom oberen bis zum unteren Rand des Ausschnitts. Das Ganze funktioniert so ähnlich wie ein Rasenmäher, nur dass Sie mit diesem normalerweise abwechselnd den Rasen rauf- und runterfahren.

Somit wird die Zeile im Inneren der beiden Schleifen für jeden Bildpunkt im Auswahlbereich einmal ausgeführt. Dort rufen wir eine andere Methode auf, die die Pixelfarbe überprüft, und zählen im positiven Fall die Variable anzahl hoch. Die Methode istPixelRot() müssen Sie natürlich auch noch kennenlernen:

```
private boolean istPixelRot(int x, int y) {
   int farbe = holePixel(x, y);
   return Color.red(farbe)-
     (Color.red(farbe)+Color.green(farbe)+Color.blue(farbe))/3 > 50 ;
}
```

Diese Methode holt sich zunächst mithilfe der magischen Methode holePixel() den kombinierten Farbwert des Pixels an der gewünschten Stelle. Danach folgt die Abfrage des Rotwerts, die wir weiter oben diskutiert haben. Dabei unterstützt die Klasse Color mit ihren drei statischen Methoden red(), blue() und green(). Diese Methoden extrahieren aus dem RGB-Farbwert farbe den Anteil der jeweiligen Farbe. Falls die Differenz aus Rotanteil und dem Mittelwert aller Farbanteile größer als 50 ist, ist das Pixel für uns rot.

Schreiben Sie als Letztes die Methode mueckenAufTomatenPruefen():

```
private void mueckenAufTomatenPruefen(NV21Image nv21) {
   int nummer=0;
   while(nummer<spielbereich.getChildCount()) {
      ImageView muecke = (ImageView) spielbereich.getChildAt(nummer);
      if(mueckeBeruehrtTomate(muecke, nv21)) {
         mp.pause();
         gefangeneMuecken++;
         punkte += 100 + schwierigkeitsgrad*100;
         bildschirmAktualisieren();
         spielbereich.removeView(muecke);
      } else {
         nummer++;
      }
   }
}
```

Wie Sie alle Mücken auf dem Spielfeld einmal in einer while()-Schleife betrachten können, wissen Sie schon aus der Methode mueckenBewegen(). Prüfen Sie nun für jede Mücke, ob sie eine Tomate berührt. Falls ja, ergreifen Sie die gleichen Maßnahmen wie beim erfolgreichen Antippen einer Mücke, bloß gibt es für die Tötung per Tomate doppelt so viele Punkte (wenn Sie möchten, können Sie das natürlich anders handhaben).

Als Letztes schreiben Sie die Methode mueckeBeruehrtTomate(). Noch eine Methode? Ja, denn Sie könnten zwar theoretisch den ganzen Code in eine einzige Methode quetschen (onPreviewFrame()), aber damit wäre jeglicher Überblick verloren. Erinnern Sie sich daran, dass Methoden möglichst nicht länger als eine Bildschirmseite in AS werden sollten. Außerdem sollte sich jede Methode nur um eine Aufgabe kümmern, nicht um mehrere.

Die Methode mueckeBeruehrtTomate() muss natürlich als Resultat einen boolean-Wert zurückgeben. Außerdem muss sie die Koordinaten zwischen Bildschirmpixeln (Mücken) und Vorschaubild umrechnen. Da das Vorschaubild um 90° gedreht ist (es ist immer horizontal ausgerichtet, das Spielfeld aber vertikal), müssen Sie ein wenig mit Breite und Höhe spielen:

```
private boolean mueckeBeruehrtTomate(ImageView muecke, NV21Image nv21) {
  float faktorHorizontal = nv21.getHoehe()*1.0f /
 getResources().getDisplayMetrics().widthPixels;
  float faktorVertikal = nv21.getBreite()*1.0f /
 getResources().getDisplayMetrics().heightPixels;
  Rect ausschnitt = new Rect();
  ausschnitt.bottom= Math.round(nv21.getHoehe() -
 faktorHorizontal * muecke.getLeft());
  ausschnitt.top    = Math.round(nv21.getHoehe() -
 faktorHorizontal * muecke.getRight());
  ausschnitt.right = Math.round(faktorVertikal * muecke.getBottom());
  ausschnitt.left  = Math.round(faktorVertikal * muecke.getTop());
  int rotePixel = nv21.zaehleRotePixel(ausschnitt);
  if(rotePixel > 10) {
    return true;
  }
  return false;
}
```

Wenn sich also mehr als zehn rote Pixel im Bereich der Mücke befinden, interpretieren wir das als Berührung einer Tomate.

Probieren Sie das Spiel in dieser Form ruhig einmal aus. Sie werden sehen, dass es nicht träger wirkt als bisher. Trotzdem besteht noch Potenzial zur Optimierung:

- `zaehleRotePixel()` könnte sich auf jedes zweite Pixel in jeder zweiten Zeile beschränken und so 75 % Rechenzeit sparen.
- Sie könnten anstelle von `zaehleRotePixel()` eine Methode `enthaeltBereichRotePixel()` bauen, der der Grenzwert 10 übergeben wird. Diese Methode könnte dann bei Erreichen des Grenzwerts aufhören zu zählen.
- Richtet man die Kamera auf eine komplett rote Fläche, stirbt jede Mücke sofort nach ihrem Erscheinen. Um diese Schummelei zu verhindern, könnte eine zusätzliche Methode den Rotanteil des gesamten Bildschirms berechnen und bei einem bestimmten Grenzwert die Tötung durch Tomaten unterbinden. Natürlich dürfte diese Methode nicht jedes einzelne Pixel des Vorschaubilds testen, sondern müsste mit einem Raster von z. B. einem von 100 Pixeln arbeiten. Beispielsweise könnte die gerade konzipierte Methode `enthaeltBereichRotePixel()` auch das leisten: Sie müssten ihr nur als zusätzlichen Parameter eine Rasterweite übergeben.
- Die Funktionen zum Auslesen der Pixel aus einem Vorschaubild sind nicht ohne Weiteres in anderen Apps wiederverwendbar. Schade, oder?

Sie sehen, dass Bildverarbeitung eine komplizierte Angelegenheit ist, die jedoch zu erstaunlichen Ergebnissen führt. Man könnte ein eigenes Buch zu dem Thema schreiben, und um dessen Autor nicht die Arbeit abzunehmen, soll der Ausflug in die Bildverarbeitung hiermit beendet sein.

Kapitel 9
Sensoren und der Rest der Welt

»... kein Schießpulver, ein Kompass, der nicht nach Norden zeigt ... Sie sind ohne Zweifel der schlechteste Pirat, von dem ich je gehört habe.«
*»Aber Ihr **habt** von mir gehört.«*
Aus »Fluch der Karibik«

Sicher haben Sie als Kind auch einmal eine magnetische Nadel auf ein Stück Korken geklebt und diesen auf dem Wasser schwimmen lassen. Faszinierend, welche Kraft das allgegenwärtige Erdmagnetfeld hat! Und wie nützlich so eine Nadel ist! Man kann damit sogar Amerika entdecken (oder zumindest Inseln in der Karibik). Aber Sie kennen das ja: Immer dann, wenn man gerade einen Kompass braucht, um den Heimweg (oder das Kreuz auf einer Schatzkarte) zu finden, hat man keinen zur Hand. Aber das Smartphone hat man natürlich immer dabei!

Das Dumme an einer Magnetnadel ist, dass sie sich nicht dafür interessiert, auf *welches* Magnetfeld sie gerade reagiert: auf das der Erde, auf das eines Elektromotors oder sogar auf ein induziertes Feld in einem Stück Alteisen. Ein Kompass arbeitet nur verlässlich, wenn nur wenige Störungen in der Nähe sind. Erstaunlich genug, dass er bei einem Smartphone, das mit Elektronik vollgestopft ist, überhaupt noch einigermaßen funktioniert.

Stellen Sie sich vor, das Smartphone zeigt auf dem Bildschirm einen Pfeil an, der immer nach Norden zeigt. Das bedeutet, dass der Pfeil sich relativ zum Bildschirm dreht, wenn Sie das Gerät bewegen. Abgesehen von der grafischen Darstellung benötigen Sie vor allem eines, um eine solche App zu verwirklichen: den Magnetfeldsensor.

Schauen wir mal, wohin uns der Android-Kompass führt ...

9.1 Himmels- und sonstige Richtungen

Sensoren für das Erdmagnetfeld gibt es schon seit dem 11. Jahrhundert in China, aber in Handys erst seit dem 21. Jahrhundert. Während chinesische Kompasse stets nach Süden zeigen, ist die Sache im Android-Handy etwas komplizierter: Verbaut ist nämlich ein *dreidimensionaler* Magnetfeldsensor.

Diese Tatsache hat eine ganze Reihe Vor- und Nachteile. Wir kommen darauf zu sprechen, während wir mithilfe einer einfachen App in den folgenden Abschnitten das Smartphone in einen Kompass verwandeln, mit dem Kolumbus Indien bestimmt nicht verfehlt hätte.

9.1.1 Der »SensorManager«

Als ersten Schritt zu Ihrem eigenen Kompass legen Sie ein neues Android-Projekt namens *Kompass* an, den Rest stellen Sie so ein wie immer. Geben Sie `KompassActivity` als Namen der zu erstellenden Activity ein sowie `main` für das Layout, und los geht's. Den fertigen Code finden Sie im Download-Angebot (*www.rheinwerk-verlag.de/5168*) im Verzeichnis *Kompass*.

Alle Sensoren werden praktischerweise von einem zentralen Android-Dienst verwaltet, dem `SensorManager`. Holen Sie sich eine Referenz auf diesen Dienst, indem Sie die Methode `getSystemService()` verwenden:

```
@Override
protected void onCreate(Bundle b) {
    super.onCreate(b);
    setContentView(R.layout.main);
    sensorManager = (SensorManager)getSystemService(Context.SENSOR_SERVICE);
}
```

Je nachdem, welche `Context.SENSOR`-Konstante Sie übergeben, erhalten Sie eine Referenz auf einen anderen Dienst. Im Moment interessieren wir uns aber nur für den `SensorManager`.

Natürlich müssen Sie ein passendes Attribut in Ihrer Activity einführen:

```
private SensorManager sensorManager;
```

Bitten Sie als Nächstes den `SensorManager` um eine Referenz auf den richtigen Sensor:

```
magnetfeldSensor = sensorManager.getDefaultSensor(Sensor.TYPE_ORIENTATION);
```

Auch dieses Attribut müssen Sie natürlich in Ihrer Klasse deklarieren:

```
private Sensor magnetfeldSensor;
```

Jetzt brauchen Sie nur noch die Daten des Sensors auszulesen. Wenn Sie nun mit dem Content Assist eine Methode namens `magnetfeldSensor.getData()` suchen, werden Sie allerdings keinen Erfolg haben. Die Sache ist ein klein wenig komplizierter.

9.1.2 Rufen Sie nicht an, wir rufen Sie an

Wie die meisten Dienste arbeitet auch der `SensorManager` asynchron. Sie fragen ihn also nicht in regelmäßigen Abständen nach der aktuellen Nordrichtung, sondern Sie melden einen Listener an, der benachrichtigt wird, wenn es etwas Neues gibt. Das ist effizient: Nur wenn sich Sensorwerte ändern, muss Code ausgeführt werden, ansonsten kann das Handy sinnvollere Dinge tun, z. B. Strom sparen.

Mehr noch: Wenn Ihre `KompassActivity` gar nicht im Vordergrund ist, muss sie auch keine Sensordaten empfangen. Folglich ist der richtige Weg der folgende:

- Sobald die Activity aktiviert wird, abonnieren wir Sensor-Ereignisse.
- Sobald ein Sensor-Ereignis eintrifft, zeichnen wir die Kompassnadel im richtigen Drehwinkel.
- Sobald die Activity gestoppt wird, kündigen wir unser Abo.

Sie kennen ja schon die Ereignisbehandlungsmethoden der `Activity`-Klasse. Wird eine Activity in den Vordergrund geholt, wird `onResume()` aufgerufen. Überschreiben Sie also diese Methode, um das Abo beim `SensorManager` abzuschließen:

```
@Override
protected void onResume() {
    super.onResume();
    sensorManager.registerListener(this, magnetfeldSensor,
            SensorManager.SENSOR_DELAY_GAME);
}
```

Sie sehen, dass der `SensorManager` für die Verwaltung der Abonnements zuständig ist, nicht der Sensor. Den müssen wir lediglich als zweiten Parameter übergeben, damit der Manager weiß, was für Meldungen wir von ihm erwarten.

Als ersten Parameter müssen Sie einen `SensorEventListener` angeben, genauer gesagt ein Objekt, das dieses Interface anbietet. Um nicht extra eine eigene Klasse dafür zu bauen, muss (wie schon so oft) die Activity selbst herhalten. Ergänzen Sie dementsprechend die `implements`-Anweisung:

```
public class KompassActivity extends Activity implements
SensorEventListener {
    ...
}
```

Der dritte Parameter des `registerListener()`-Aufrufs definiert die gewünschte zeitliche Auflösung. Es gibt davon vier verschiedene, die ich Ihnen in aufsteigender Genauigkeit auflöse:

- SENSOR_DELAY_NORMAL
- SENSOR_DELAY_UI
- SENSOR_DELAY_GAME
- SENSOR_DELAY_FASTEST

Sie werden am schnellsten über eine Änderung am Magnetfeld – also über die Ausrichtung des Handys – informiert, wenn Sie SENSOR_DELAY_FASTEST wählen. Leider genehmigt sich dieser Modus die größte Portion Batterieladung. Für die grafische Darstellung einer Kompassnadel ist SENSOR_DELAY_GAME ein brauchbarer Kompromiss.

Vergessen Sie nicht, den Listener wieder abzumelden, wenn die Activity vom Bildschirm verschwindet – in dem Fall wird `onPause()` aufgerufen:

```
@Override
protected void onPause() {
    sensorManager.unregisterListener(this);
    super.onPause();
}
```

Fällt Ihnen etwas auf? Im Gegensatz zu Klingelton- oder Zeitschriften-Abos ist die Abmeldung viel einfacher als die Anmeldung. Werfen Sie nun einen Blick auf die entscheidende Methode, die immer dann aufgerufen wird, wenn neue Messwerte vorliegen: `onSensorChanged()`.

Die eigentlichen Messwerte des Magnetfelds stecken in einem Attribut des `SensorEvent`-Objekts, das der `SensorManager` dieser Methode übergibt. Die Methode implementieren wir später, vorläufig muss ein leerer Rumpf reichen, um der `implements`-Deklaration zu genügen:

```
public void onSensorChanged(SensorEvent event) {
}
```

Das Interface `SensorEventListener` verlangt noch eine zweite Methode, die wir allerdings nur schreiben, weil wir müssen. Verwenden werden wir sie nicht:

```
public void onAccuracyChanged(Sensor sensor, int accuracy) {
}
```

Jetzt fehlt nur noch die grafische Darstellung.

9.1.3 Die Kompassnadel und das »Canvas«-Element

Sie werden sich schon gefragt haben, wie Sie eine Kompassnadel zeichnen können. Mit den bisher besprochenen Mitteln der Views und Layouts funktioniert das nicht: Es fehlt die Möglichkeit der stufenlosen Drehung.

`TextViews` können Texte darstellen, `Buttons` Buttons, `ImageViews` Bilder – aber keine dieser Views unterstützt eine Drehung um einen beliebigen Winkel.

Deshalb werden wir jetzt eine eigene View implementieren. Solche *Custom Views* kümmern sich komplett selbst um ihr Aussehen. Unsere `KompassnadelView` wird eine weiße Nadel im gewünschten Winkel auf eine schwarze Fläche zeichnen.

Eine Custom View ist zunächst einmal nichts anderes als eine Klasse, die von der Klasse `View` erbt:

```
public class KompassnadelView extends View {
}
```

Die Klasse erhält einen Konstruktor, der später einige Vorbereitungen treffen wird:

```
public KompassnadelView(Context context) {
   super(context);
}
```

Die `KompassnadelView` muss natürlich den Winkel kennen, in dem sie die Nadel zeichnen soll. Erzeugen Sie also ein privates Attribut und eine `set`-Methode:

```
private float winkel=0;
public void setWinkel(float winkel) {
   this.winkel = winkel;
   invalidate();
}
```

Die Methode `invalidate()` teilt Android mit, dass der zuletzt gezeichnete Inhalt der View nicht mehr aktuell ist. Der Aufruf bewirkt, dass Android bei nächster Gelegenheit dafür sorgt, dass die View neu gezeichnet wird.

Vielleicht fragen Sie sich, warum Sie das Neuzeichnen nicht selbst an dieser Stelle erledigen: Es könnte sein, dass Sie das dann zu oft tun oder vom falschen Thread aus. Der Aufruf von `invalidate()` ist der sichere Weg.

Kommen wir nun zum eigentlichen Zeichnen der View. Immer wenn die View neu gezeichnet werden muss, ruft Android die Methode `onDraw()` auf, die Sie folglich überschreiben müssen:

```
@Override
protected void onDraw(Canvas canvas) {
}
```

Was brauchen Sie, um zu zeichnen? Zunächst einmal eine Leinwand (engl. *canvas*). Die liefert Android Ihnen freundlicherweise. Jetzt fehlen nur noch Pinsel und Farbe. Zunächst aber sorgen Sie dafür, dass die Leinwand einen schwarzen Hintergrund erhält:

```
canvas.drawColor(Color.BLACK);
```

Bereiten Sie als Nächstes den Pinsel vor. Wir werden bei jedem Malvorgang denselben Pinsel verwenden, also deklarieren Sie das nötige `Paint`-Objekt als privates Attribut:

```
private Paint zeichenfarbe = new Paint();
```

Setzen Sie im Konstruktor die gewünschten Eigenschaften des Pinsels:

```
zeichenfarbe.setAntiAlias(true);
```

Antialiasing sorgt für glatte Kanten, indem »halbe Pixel« durchscheinend gezeichnet werden. Das vermeidet unschöne Treppcheneffekte.

```
zeichenfarbe.setColor(Color.WHITE);
zeichenfarbe.setStyle(Paint.Style.FILL);
```

Alles, was Sie zeichnen, kann einen Rand und eine Fläche haben. Sie können wählen, ob der Pinsel nur den Rand (`STROKE`), nur die Fläche (`FILL`) oder beides (`FILL_AND_STROKE`) zeichnet.

Kehren wir nun zur `onDraw()`-Methode zurück. Die Kompassnadel soll die größtmögliche Länge haben: Das ist je nach Orientierung des Bildschirms entweder die Höhe oder die Breite. Speichern Sie zunächst diese Werte in zwei Variablen hoehe und breite, damit der Rest übersichtlicher wird:

```
int breite = canvas.getWidth();
int hoehe = canvas.getHeight();
```

Bestimmen Sie nun den kleineren der beiden Werte als Länge der Nadel:

```
int laenge = Math.min(breite, hoehe);
```

Als Nächstes definieren wir einen *Pfad*. Der Pfad beschreibt den Weg, den der virtuelle Pinsel auf der Leinwand zurücklegt, um die Fläche zu umschließen, die im Auge des Betrachters wie eine Kompassnadel aussieht.

Erzeugen Sie also zunächst ein Path-Objekt:

```
Path pfad = new Path();
```

Jetzt wird der Pinsel geschwungen! Dazu müssen Sie dem Pfad Koordinaten nennen, zu denen sich der Pinsel bewegen soll. Der Mittelpunkt der Leinwand soll der Punkt 0,0 sein (das ist nötig, um später die Drehung einfacher zu machen). Dementsprechend hat der Punkt oben in der Mitte – also dort, wo die Spitze der Nadel nach Norden zeigt – die Koordinaten 0,-laenge/2.

Von da aus führen wir den Pinsel nach unten, aber nicht in die Mitte, sondern etwas nach rechts, dann die gleiche Strecke nach links und zurück. So entsteht ein länglicher Keil (siehe Abbildung 9.1).

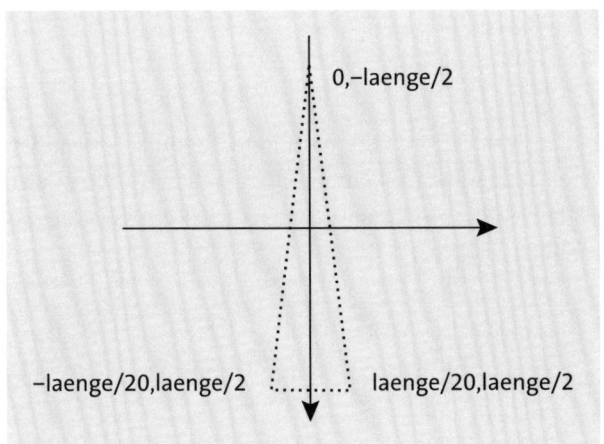

Abbildung 9.1 Der Pinsel zeichnet die keilförmige Kompassnadel, beginnend an der Spitze, im Uhrzeigersinn.

```
Path pfad = new Path();
pfad.moveTo(0, -laenge/2);
pfad.lineTo(laenge/20, laenge/2);
pfad.lineTo(-laenge/20, laenge/2);
pfad.close();
```

Der erste Pinselpunkt wird mit der Methode `moveTo()` bestimmt, die beiden folgenden mit `lineTo()`. Die Methode `close()` schließt die gezeichnete Figur, indem sie den Pinsel zum Ausgangspunkt führt. Bevor Sie jetzt den Pfad auf die Leinwand malen, müssen Sie das Bezugssystem drehen, und zwar um den Wert im Attribut `winkel`:

```
canvas.translate(breite/2, hoehe/2);
canvas.rotate(winkel);
canvas.drawPath(pfad, zeichenfarbe);
```

Die `translate()`-Methode verschiebt den Bezugspunkt in die Mitte der Leinwand. Ansonsten würde die anschließende Drehung mit `rotate()` um die untere linke Ecke drehen, was nicht im Sinne des Erfinders ist. Die letzte Zeile zeichnet endlich die Nadel.

9.1.4 View und Activity verbinden

Als letzten Schritt müssen Sie `KompassnadelView` und `KompassActivity` verknüpfen. Erzeugen Sie in der `onCreate()`-Methode eine Instanz der View:

```
view = new KompassnadelView(this);
```

Definieren Sie diese View nun als (einzigen) Inhalt der Activity:

```
setContentView(view);
```

Sie haben `setContentView()` bisher immer für in XML definierte Layouts verwendet. Stattdessen können Sie, wie Sie sehen, jede View als Parameter übergeben. Sie wird dann als einziger Inhalt der Activity auf dem Bildschirm angezeigt. Natürlich müssen Sie das Objekt `view` als Attribut deklarieren:

```
private KompassnadelView view;
```

Zuletzt verpassen Sie der View den richtigen Winkel, sobald Ihnen Android einen neuen Messwert übermittelt:

```
public void onSensorChanged(SensorEvent event) {
   if (view != null) {
      view.setWinkel(-event.values[0]);
   }
}
```

Der gewünschte Winkel steckt im ersten Element des Messwerte-Arrays `event.values[]`. Das Minuszeichen ist nötig, weil der Kompasswinkel im Uhrzeigersinn definiert ist, das `canvas`-Element aber andersherum dreht: entgegen dem Uhrzeigersinn. Das ist für Mathematiker die »natürliche« Drehrichtung. Das Minus könnten Sie statt an dieser Stelle natürlich auch in der `onDraw()`-Methode der View unterbringen.

Wenn Sie die App jetzt starten, haben Sie Ihren ersten Kompass selbst gebastelt – ganz ohne Korken, Magnetnadel und Wasserbad.

9.2 Wo fliegen sie denn?

Ich habe Sie bereits darauf hingewiesen, dass der Android-Kompass ein dreidimensionaler ist. Sie können daher mit seiner Hilfe die genaue Orientierung des Geräts im Raum feststellen.

Wozu das? Sie kennen vielleicht einige Apps, deren Clou es ist, dass sie grafische Objekte ins Kamerabild einblenden, die sich mitbewegen, wenn Sie das Gerät schwenken. Genau diesen Effekt verdanken Sie dem 3-D-Kompass: Wenn das Gerät jederzeit genau weiß, in welche Richtung es schaut, können Sie ausrechnen, wo genau auf dem Bildschirm ein grafisches Objekt erscheinen muss. *Augmented Reality* heißt das zugehörige Buzzword.

Natürlich ruckelt das Ganze ein wenig, weil Sensor und Berechnungen träger sind als die Kamera oder gar der Benutzer. Wir werden trotzdem diese Chance ergreifen und die Technologie für die Darstellung eines Mückenschwarms verwenden, demgegenüber jedes sommerliche schwedische Seeufer einpacken kann.

Den Programmcode finden Sie im Download-Angebot zum Buch unter dem Projektnamen *Mueckenfang10*. Sie können auch eine Kopie Ihres aktuellen Mückenfang-Projekts verwenden; entfernen Sie jedoch alle Funktionen zur Tomatenerkennung und die Bewegung der Mücken. Augmented Reality *und* Bildverarbeitung – das ist zu viel der Rechenarbeit: Es kostet zu viel Prozessorleistung, Speicher, Strom und Hirnschmalz.

9.2.1 Sphärische Koordinaten

Der Raum, in dem wir uns als Menschen bewegen, ist dreidimensional. Folglich gilt das auch für den virtuellen Raum, den wir mit Mücken bevölkern und mit dem realen überlagern werden.

»Dreidimensional« heißt zunächst nur, dass drei Zahlen erforderlich sind, um einen Punkt in diesem Raum zu definieren. Allerdings ist es möglich, verschiedene Koordinatensysteme dafür zu verwenden. Ein Beispiel ist das *kartesische* Koordinatensystem. Es verwendet drei senkrecht aufeinanderstehende Achsen x, y und z, um einen Punkt anhand seiner Abstände von einem festgelegten Anfangspunkt zu definieren.

Wir werden allerdings das *Kugelkoordinatensystem* bevorzugen. Es hantiert nicht mit drei Abständen, sondern mit zwei Winkeln und einer Entfernung. Stellen Sie sich Kugelkoordinaten wie drei aufeinanderfolgende Anweisungen vor: »Drehen Sie sich 30 Grad nach links, dann schauen Sie 25 Grad schräg nach oben, und anschließend gehen Sie 8,6 Lichtjahre geradeaus, um den Stern Sirius zu erreichen.«

Der Trick an der Sache: Wir tun einfach so, als befänden sich alle Mücken im gleichen Abstand vom Spieler (bzw. vom Handy). Dadurch ist die Entfernungskoordinate immer gleich, was uns eine Menge Arbeit erspart. Es verbleiben zwei *sphärische* Koordinaten (siehe Abbildung 9.2).

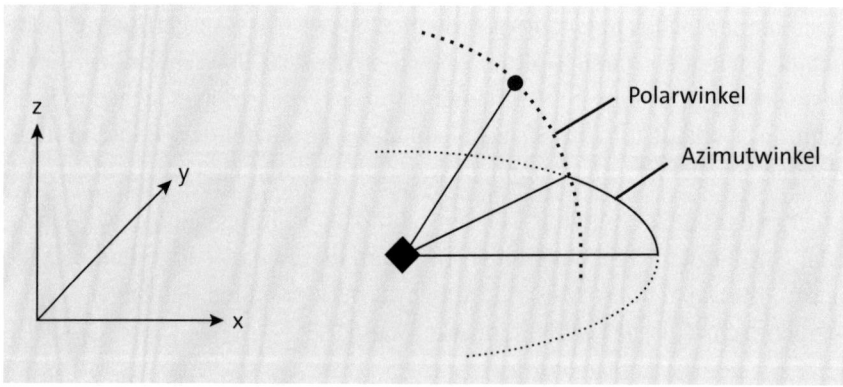

Abbildung 9.2 Kartesische Koordinaten (links) und sphärische Koordinaten (rechts) – Azimut- und Polarwinkel definieren den Aufenthaltsort der Mücke (Punkte), wenn die Entfernung vom Betrachter (Raute) immer gleich ist.

Wenn wir später Mücken schlüpfen lassen, benötigen wir also wie bisher zwei Zahlen, um ihren Aufenthaltsort zu definieren – den Azimut- und den Polarwinkel:

```
int azimut = zufallsgenerator.nextInt(360);
int polar = zufallsgenerator.nextInt(61)-30;
```

Die beiden Werte muss sich die Mücke bis zu ihrem Tod merken, also speichern wir sie in zwei neuen Tags:

```
muecke.setTag(R.id.azimut, new Integer(azimut));
muecke.setTag(R.id.polar, new Integer(polar));
```

Während der Azimut ein beliebiger Winkel zwischen 0 und 360° sein kann, sollten wir den Polarwinkel auf Werte zwischen −30° (schräg unten) und +30° (schräg oben) beschränken. Sonst verrenken sich die Spieler den Hals, und das können wir nicht verantworten.

Damit die Mücke erst dann auf dem Bildschirm erscheint, wenn sie im Blickfeld ist, schalten Sie die Sichtbarkeit zunächst auf »unsichtbar«:

```
muecke.setVisibility(View.INVISIBLE);
```

Der Einfachheit halber erhalten alle Mücken in dieser Variante des Spiels dasselbe Aussehen:

```
muecke.setImageResource(R.drawable.muecke);
```

Wie aber können Sie jetzt die Mücken vor der virtuellen Kamera sichtbar machen?

9.2.2 Die virtuelle Kamera

Wenn wir den Himmel mit virtuellen Mücken bevölkern, brauchen wir eine virtuelle Kamera, um sie zu sehen. Diese virtuelle Kamera schaut immer in dieselbe Richtung wie die eingebaute Kamera im Gerät. Wenn der Spieler das Handy schwenkt, schwenkt er gleichzeitig unsere virtuelle Kamera.

Das bedeutet zweierlei (siehe Abbildung 9.3):

▶ Wenn der Spieler sich um seine eigene Achse dreht, ändert sich der Azimutwinkel der Kamera (die Himmelsrichtung).

▶ Wenn der Spieler das Handy auf- oder abwärts schwenkt, ändert sich der Polarwinkel der Kamera (die Neigung).

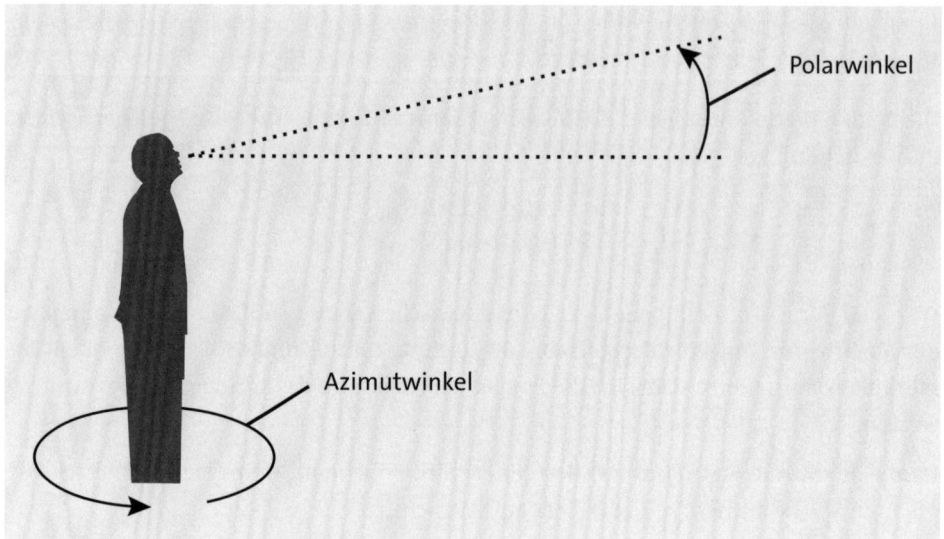

Abbildung 9.3 Der Azimutwinkel ist der Winkel zwischen der Nordrichtung und der Himmelsrichtung, in die der Spieler durch seine Kamera schaut. Der Polarwinkel ist der Neigungswinkel des Handys im Vergleich zur aufrechten Position.

Die beiden Winkel können wir mit den Positionswinkeln der Mücken vergleichen. Auf diese Weise kommen immer genau jene Mücken ins Bild, die in der betreffenden Richtung am virtuellen Himmel stehen. Die Kamera ist also nichts anderes als ein Ausschnitt des Himmels, der vom Bildschirmrand begrenzt wird (siehe Abbildung 9.4).

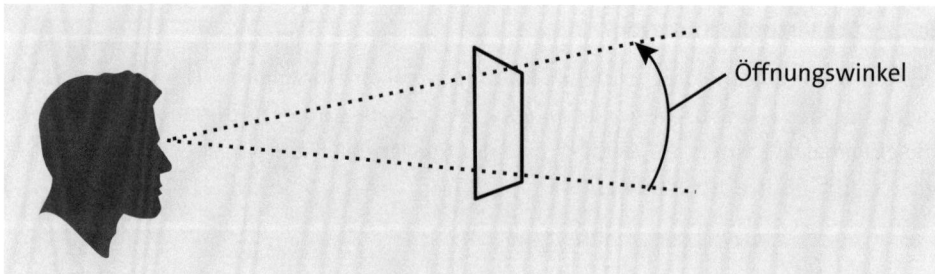

Abbildung 9.4 Aus der Perspektive des Betrachters (links) begrenzt der Kameraausschnitt (Mitte) den sichtbaren Bereich der Welt auf einen kleinen Winkelbereich. Es gibt einen vertikalen und einen horizontalen Öffnungswinkel.

Wie groß ist dieser Ausschnitt? Nun, er ist nicht allzu groß. Sie können ja mal schätzen oder mit einem Geodreieck nachmessen (bitte stechen Sie sich dabei nicht ins Auge). Wenn Sie es ganz genau haben wollen, teilen Sie die Höhe oder Breite des Bildschirms durch den Abstand zwischen Auge und Handy (alles in Zentimetern) und berechnen mit dem nächstbesten Taschenrechner den Arkussinus.

Oder glauben Sie mir einfach, dass ein horizontaler Öffnungswinkel von 10° und ein vertikaler von 15° (bei hochkant gehaltenem Handy) ganz gut hinkommen.

Im Kamerabild sichtbar sind also alle Mücken, deren Azimutwinkel zwischen –5° und +5° liegt und deren Polarwinkel zwischen –7,5° und +7,5° liegt, wenn der Spieler genau geradeaus nach Norden schaut (Azimutwinkel gleich 0) und nicht nach unten oder oben (Polarwinkel gleich 0).

Dreht sich der Spieler um seine Achse, sagen wir um 5° nach links, sieht er nicht mehr den virtuellen Himmel zwischen den Azimutwinkeln –5° und +5°, sondern zwischen –10° und 0°.

Schwenkt der Spieler die Handykamera um 5° nach oben, sieht er den Himmel zwischen den Polarwinkeln –7,5° + 5° = –2,5° und +7,5° + 5° = 12,5°.

An welcher Stelle auf dem Bildschirm erscheinen aber nun die Mücken?

9.2.3 Mücken vor der virtuellen Kamera

Immer wenn sich der Spieler mit dem Handy so bewegt, dass sich einer seiner beiden Positionswinkel ändert, müssen wir erneut prüfen, welche Mücken zu sehen sind und wo genau.

Also registrieren Sie in der Methode `onResume()` den `SensorListener`, den Sie ja schon vom Kompass her kennen:

```
@Override
protected void onResume() {
   super.onResume();
   sensorManager.registerListener(this, sensor, SensorManager
       .SENSOR_DELAY_FASTEST);
}
```

`SensorManager` und `Sensor` holen Sie sich schon in `onCreate()`:

```
sensorManager = (SensorManager)getSystemService(SENSOR_SERVICE);
sensor = sensorManager.getDefaultSensor(Sensor.TYPE_ORIENTATION);
```

Die nötigen Attribute lauten wenig überraschend:

```
private SensorManager sensorManager;
private Sensor sensor;
```

Vergessen Sie nicht, den `SensorListener` wieder abzumelden, wenn die Activity inaktiv wird:

```
@Override
protected void onPause() {
    ...
    sensorManager.unregisterListener(this);
    super.onPause();
}
```

Schließlich lassen Sie die `GameActivity` das Interface `SensorEventListener` implementieren und ergänzen die nötigen Methoden:

```
@Override
public void onAccuracyChanged(Sensor arg0, int arg1) {
}
@Override
public void onSensorChanged(SensorEvent event) {
    float azimutKamera = event.values[0];
    float polarKamera  = -90 - event.values[1];
    mueckenPositionieren(azimutKamera, polarKamera);
}
```

Wie schon beim Kompass ist die Methode `onAccuracyChanged()` eine lästige Pflicht ohne weitere Funktion.

In `onSensorChanged()` aber spielt die Musik. Genau hier entnehmen Sie dem `SensorEvent`-Parameter die beiden Winkel. Allerdings müssen Sie den Polarwinkel umrechnen, weil der Spieler das Handy aufrecht hält.

Schreiben Sie nun die Methode `mueckenPositionieren()`. Darin gehen Sie alle Mücken im Spielbereich durch – egal ob diese gerade sichtbar sind oder nicht:

```
private void mueckenPositionieren(float azimutKamera,
  float polarKamera) {
    spielbereich = (FrameLayout) findViewById(R.id.spielbereich);
    int nummer=0;
    while(nummer<spielbereich.getChildCount()) {
        ...
        nummer++;
    }
}
```

Diese Schleifenkonstruktion kennen Sie ja bereits von allen anderen Fällen, in denen alle Mücken durchlaufen werden müssen.

Holen Sie sich jetzt innerhalb der Schleife für jede Mücke zunächst deren virtuelle Position aus den Tags:

```
ImageView muecke = (ImageView) spielbereich.getChildAt(nummer);
int azimut = (Integer) muecke.getTag(R.id.azimut);
int polar  = (Integer) muecke.getTag(R.id.polar);
```

Berechnen Sie dann die Position relativ zu den Winkeln der virtuellen Kamera:

```
float azimutRelativ = azimut - azimutKamera;
float polarRelativ = polar - polarKamera;
```

Es ist ganz wichtig, dass Sie ab hier mit float-Werten arbeiten. Bei einer Bildschirmbreite, die 10° entspricht, gäbe es sonst nur zehn Spalten, in denen Mücken erscheinen könnten – ein furchtbares Hin- und Herspringen wäre die Folge.

Es folgt eine Fallunterscheidung: Mücken, die gerade nicht im Bildfeld sind, können Sie unsichtbar machen, den Rest müssen Sie anzeigen lassen:

```
if(istMueckeInKamera(azimutRelativ, polarRelativ)) {
    ...
    muecke.setVisibility(View.VISIBLE);
} else {
    muecke.setVisibility(View.GONE);
}
```

Schreiben Sie zunächst die Methode istMueckeInKamera():

```
private boolean istMueckeInKamera(float azimutRelativ,
  float polarRelativ) {
    return (Math.abs(azimutRelativ) <= KAMERABREITE_AZIMUT / 2)
      && (Math.abs(polarRelativ) <= KAMERABREITE_POLAR / 2);
}
```

Die Methode bestimmt die Absolutwerte der relativen Winkel und vergleicht sie mit der Breite der virtuellen Kamera. Mücken sind sichtbar, wenn sowohl der Azimut- als auch der Polarwinkel klein genug sind.

Sobald Sie wissen, welche Mücken im Bildausschnitt sichtbar sein müssen, können Sie ausrechnen, wo sie im Layout zu positionieren sind. Das ist mathematisch nichts anderes als ein Dreisatz: Wir wissen, dass zwischen linkem und rechtem Bildschirmrand 10° Azimut liegen. 10° entsprechen also in der Horizontalen genau der Bildschirmbreite in Pixeln. Vertikal entspricht der Öffnungswinkel von 15° der Bildschirmhöhe in Pixeln.

Spätestens jetzt haben Sie zumindest im Kopf schon Konstanten für die beiden Öffnungswinkel angelegt, denn die Werte werden offenbar an mehreren Stellen benötigt und müssen später vielleicht justiert werden:

```
public static final int KAMERABREITE_AZIMUT  = 10;
public static final int KAMERABREITE_POLAR   = 15;
```

Sie müssen also nur noch die Differenz von Mücken-Azimutwinkel und Kamera-Azimutwinkel in Pixel umrechnen und dann dasselbe für den Polarwinkel tun (siehe Abbildung 9.5) – alles bezogen auf den Mittelpunkt des Spielbereichs. Eine kleine Korrektur ist noch nötig, weil wir zum Zeichnen die linke obere Ecke des Mückenbildchens benötigen und nicht den Mittelpunkt.

Das Resultat packen Sie in die `LayoutParams` der `ImageView` der Mücke, und zwar unmittelbar vor die Sichtbarschaltung:

```
FrameLayout.LayoutParams params = (android.widget.FrameLayout.LayoutParams)
  muecke.getLayoutParams();
params.leftMargin = spielbereich.getWidth() / 2
 + Math.round(spielbereich.getWidth()
 * azimutRelativ / KAMERABREITE_AZIMUT) - muecke.getWidth() / 2;
params.topMargin = spielbereich.getHeight() / 2
 - Math.round(spielbereich.getHeight()
 * polarRelativ / KAMERABREITE_POLAR)
 - muecke.getHeight() / 2;
muecke.setLayoutParams(params);
```

Wenn Sie das Spiel jetzt ausprobieren, werden Sie sehen, dass es ganz schön schwierig ist, die Mücken zu finden. Sie hören überall das Summen, aber Sie finden die Mücken eher per Zufall. Als erste Maßnahme stellen Sie die Lebensdauer der Mücken auf 60 Sekunden, denn wenn man mal so ein Vieh gefunden hat und es verschwindet, bevor man es zerquetschen kann, ist man schnell frustriert.

Trotzdem bleibt das Spiel sehr anstrengend. Das liegt vor allem daran, dass der Kompass ziemlich träge ist: Wenn der Spieler sich in eine bestimmte Richtung dreht und dort nichts sieht, dreht er sich schnell weiter – dabei war der Kompass noch gar nicht damit fertig, den richtigen Winkel zu bestimmen.

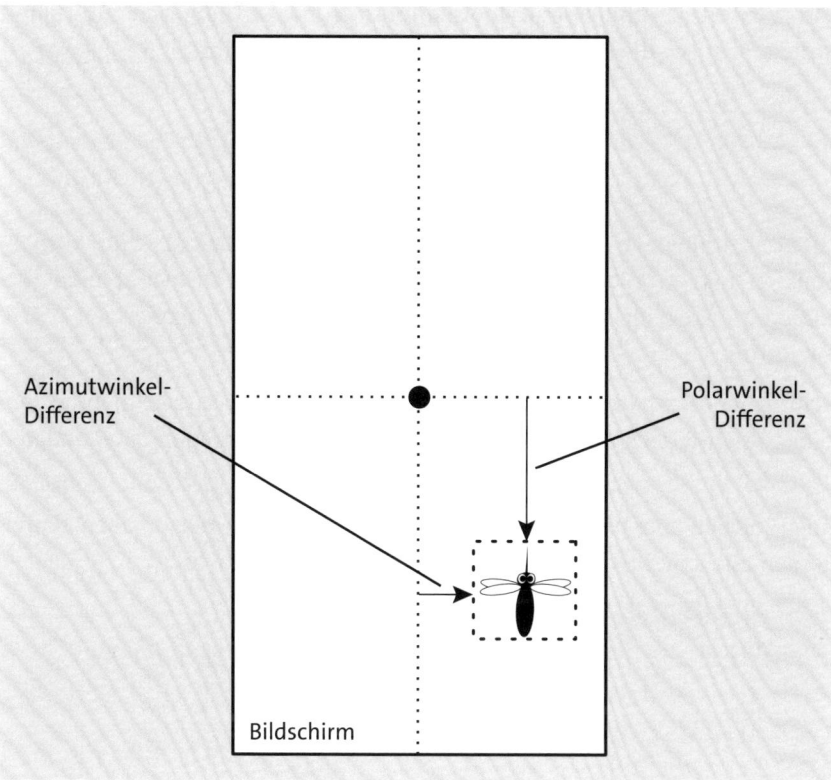

Abbildung 9.5 Die Winkeldifferenzen zwischen Kamera- und Mückenkoordinaten lassen sich leicht in Bildschirmkoordinaten umrechnen.

Was da hilft, ist ein Radar. Stellen Sie sich vor, Sie wären eine Fledermaus und würden Ultraschallrufe aussenden, die von den Mücken zurückgeworfen werden. Mit Ihrem inneren Auge könnten Sie dann in jede Richtung schauen – und sich in die richtige Richtung drehen. Daher werden wir als Nächstes auf Basis der KompassView aus dem vorangegangenen Abschnitt einen Radarschirm konstruieren, der die Mücken in der Umgebung anzeigt.

9.2.4 Der Radarschirm

Im Wesentlichen basiert der Radarschirm auf den grafischen Hilfsmitteln, die Sie bereits beim Zeichnen des Kompasses kennengelernt haben. Unser Ausgangspunkt ist wiederum eine Klasse, die von View erbt. Allerdings wird der Radarschirm weder den ganzen Bildschirm ausfüllen noch die einzige View sein. Daher müssen wir auf einige Vereinfachungen verzichten.

Die neue `RadarView` wird mithilfe des Layout-Editors in *game.xml* eingebaut, und damit das funktioniert, benötigt die Klasse einen zusätzlichen Konstruktor:

```
public RadarView(Context context, AttributeSet attrs) {
   super(context,attrs);
}
```

Der `AttributeSet`-Parameter enthält die Einstellungen, die Sie im Layout-Editor vornehmen. Wir müssen uns zwar nicht um sie kümmern, aber Android muss sie kennen – daher funktioniert die View nicht ohne diesen Konstruktor, der den zugehörigen Elternkonstruktor aufruft.

Der Radarschirm benötigt zwei Zeichenstifte: einen, um einen Kreis zu zeichnen, an dem sich der Spieler orientieren kann, und einen zweiten, der die Mücken in einer anderen Farbe malt.

Um die beiden Zeichenstifte nicht in beiden Konstruktoren zusammenzubauen, schreiben wir eine gemeinsame `init()`-Methode, die jeweils aufgerufen wird:

```
public RadarView(Context context) {
   super(context);
   init();
}

public RadarView(Context context, AttributeSet attrs) {
   super(context,attrs);
   init();
}
```

Was muss die `init()`-Methode nun alles leisten? Damit die Linien, die die Klasse `RadarView` zeichnen wird, auf allen Geräten gleich dick aussehen, beschaffen wir uns zunächst den Bildschirm-Maßstab:

```
massstab = getResources().getDisplayMetrics().density;
```

Initialisieren Sie nun die beiden Zeichenstifte, einen für die Hilfslinien und einen für die Mücken:

```
mueckenfarbe.setAntiAlias(true);
mueckenfarbe.setColor(Color.RED);
mueckenfarbe.setStyle(Paint.Style.STROKE);
mueckenfarbe.setStrokeWidth(5*massstab);
```

```
linienfarbe.setAntiAlias(true);
linienfarbe.setColor(Color.WHITE);
linienfarbe.setStrokeWidth(1*massstab);
linienfarbe.setStyle(Paint.Style.STROKE);
```

Sie sehen, dass der `massstab` bei der Bestimmung der Linienbreite zum Einsatz kommt. Da Handybildschirme unterschiedlich hohe Pixelauflösungen besitzen, sorgt dies für annähernd gleich breite Linien.

Nutzen Sie die Programmierhilfe ([Alt] + [↵]), um die fehlenden Attribute in die Klasse einzufügen:

```
private Paint mueckenfarbe = new Paint();
private Paint linienfarbe = new Paint();
private float massstab;
```

Da Sie gerade dabei sind, fügen Sie zwei weitere Attribute hinzu, die der Radarschirm braucht, um zu funktionieren: den Winkel zur Nordrichtung und das `FrameLayout`, das die Mücken enthält. Aus diesen Objekten kann die `RadarView` dann alle nötigen Informationen auslesen, um den Schirm zu zeichnen.

```
private float winkel=0;
private FrameLayout container;
```

Die `GameActivity` wird spater diese Attribute setzen müssen: den Winkel ständig und den `container` einmal zu Beginn. Schreiben Sie also die nötigen Setter-Methoden:

```
public void setContainer(FrameLayout container) {
    this.container = container;
}
public void setWinkel(float winkel) {
    this.winkel = winkel;
    invalidate();
}
```

Die Methode `setWinkel()` unterrichtet die Elternklasse außerdem darüber, dass bei nächster Gelegenheit die Grafik neu zu zeichnen ist. Apropos zeichnen:

```
@Override
protected void onDraw(Canvas canvas) {
    canvas.drawColor(getResources().getColor(R.color.transgrau));
```

```
    if(container==null) return;
    ...
}
```

Wie Sie sehen, zieht die Methode die Reißleine, wenn der `container` noch nicht gesetzt wurde. In dem Fall wird lediglich der durchscheinende Hintergrund gemalt. Dessen Farbe entnimmt obige Implementierung übrigens der *color.xml*-Resource-Datei. Sie sehen, dass es ungemein praktisch ist, überall auf dieselben Ressourcen zugreifen zu können. Die Farbe `R.color.transgrau` ist als `#88888888` definiert, also als halbdurchsichtiges Grau:

```
<resources>
  <color name="transgrau">#888888</color>
</resources>
```

Sie können natürlich jede Farbe verwenden, die Ihnen besser gefällt.

Für die folgenden Zeichenoperationen ist es wie schon beim Kompass sinnvoll, sich Breite, Höhe und Radius in lokalen Variablen zu merken:

```
int breite = getWidth();
int hoehe = getHeight();
int radius = Math.min(breite, hoehe)/2;
```

Zeichnen Sie nun einen Kreis, um den Radarbereich zu begrenzen:

```
canvas.drawCircle(breite/2, hoehe/2, radius, linienfarbe);
```

Die ersten beiden Parameter bestimmen den Mittelpunkt des Kreises, der dritte den Radius. Dieser Kreis wird also den Zeichenbereich der `RadarView` bestmöglich ausfüllen.

Als Nächstes zeigen wir dem Spieler, welchen Ausschnitt des Radars er auf dem Bildschirm sieht. Wir hatten ja in der `GameActivity` 10° als sichtbare Breite festgelegt, also befehlen Sie dem `canvas`-Element nun, ein Kuchenstück mit diesem Öffnungswinkel zu zeichnen:

```
canvas.drawArc(new RectF(0,0,breite,hoehe), -95, 10, true, linienfarbe);
```

Leider sind die Parameter für die `drawArc()`-Methode nicht so übersichtlich wie beim Kreis. Anstelle eines Mittelpunkts müssen Sie ein Rechteck angeben, das die vollständige Ellipse umschließt, von der Sie einen Ausschnitt zeichnen möchten. Solange Breite und Höhe gleich sind, reden wir hier natürlich von einem Quadrat und einem Kreis.

Knifflig ist Parameter Nummer zwei: Er definiert den Anfangswinkel des zu zeichnenden Kreisbogens, allerdings gerechnet von einer Stelle ganz rechts außen – also im Osten. Intuitiv richtig ist es aber, den Ausschnitt nach oben zu zeichnen, also –95° vom Ausgangspunkt entfernt.

Damit der Ausschnitt an der richtigen Stelle erscheint, muss er also bei –90° – 5° = –95° beginnen. Die Länge von 10° übergeben Sie als dritten Parameter (siehe Abbildung 9.6).

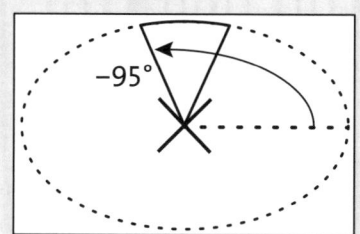

Abbildung 9.6 Die Methode »drawArc()« verwendet als Bezugspunkte das äußere, begrenzende Rechteck und die Ostrichtung als Nullpunkt der Winkelangabe. Deshalb beginnt der Kreisbogen bei einem Winkel von –95° (Pfeil).

Der vorletzte Parameter befiehlt der Methode, nicht nur den Kreisbogen zu zeichnen, sondern auch den Umriss eines Kuchenstücks.

Um anstrengende trigonometrische Übungen zu vermeiden, zeichnen wir auch die Mücken als Kreisbogen – das ist die einfachste Möglichkeit, den uns bekannten Azimutwinkel in eine grafische Darstellung umzumünzen. Die Kreisbogen werden dabei so kurz, dass sie wie Punkte aussehen. Die etwas größere Dicke des Zeichenstifts mueckenfarbe sorgt für eine gute Sichtbarkeit.

Um die Mücken zu zeichnen, holen Sie sich wie schon an diversen Stellen in der GameActivity die Kinder des Spielbereichs:

```
int nummer = 0;
while(nummer < container.getChildCount()) {
   ImageView muecke = (ImageView) container.getChildAt(nummer);
   nummer++;
}
```

Sobald Sie die ImageView haben, ermitteln Sie zunächst aus dem Tag den Azimutwinkel der Mücke:

```
float azimut = (Integer)muecke.getTag(R.id.azimut);
```

Bleibt als Letztes der Aufruf der Zeichenmethode, die gleichzeitig eine der kompliziertesten Programmzeilen in diesem Buch ist:

```
canvas.drawArc(new RectF(breite*0.1f, hoehe*0.1f, breite*0.9f, hoehe*0.9f),
 azimut + winkel-90, 5, false, mueckenfarbe);
```

Das begrenzende Rechteck ist diesmal nicht ganz so groß wie die View – sonst würden die Mücken auf dem weißen Außenkreis landen. Also schneiden wir außen 10 % Breite und Höhe ab. Wie Sie sehen, tragen die Faktoren 0.1f und 0.9f ihren nativen Datentyp – float – als Postfix f mit sich herum. Würden Sie jeweils den Buchstaben f weglassen, würde Java die Zahlen als double auffassen. Der Konstruktor RectF erwartet aber float, nicht double.

Der Startwinkel des Kreisbogens ist der Azimut der Mücke, korrigiert um den Drehwinkel gegenüber der Nordrichtung (winkel) und die obligatorischen −90°, weil drawArc() gerne im Osten mit dem Zeichnen beginnen würde, wir aber im Norden. Die Zahl 5 ist die Winkellänge des Kreisbogens, 5° also. Das false verhindert, dass drawArc() ein ganzes Tortenstück zeichnet, und der letzte Parameter, der Zeichenstift, ist der einzige, der keine Erklärung erfordert. Als Nächstes müssen Sie die RadarView ins Layout *game.xml* einfügen (siehe Abbildung 9.7).

Sie finden selbst gebaute Views im Layout-Editor in der Palette, und zwar in der Rubrik CUSTOMVIEW.

Achten Sie darauf, dass Sie die RadarView als direktes Kind des Hintergrund-FrameLayout anlegen. Setzen Sie die Breite und die Höhe auf 80dp, die Layout-Gravity auf bottom und left (oder right, wenn Sie Linkshänder sind; Sie werden beim Spielen merken, warum) und den unteren Rand (margin bottom) auf 50dp, damit das Radar nicht die Punkteleisten überdeckt. Setzen Sie die ID der View auf radar.

Jetzt können Sie in der GameActivity in der onCreate()-Methode eine Referenz auf die RadarView in einem neuen Attribut namens radar speichern:

```
radar = (RadarView) findViewById(R.id.radar);
```

Geben Sie dem Radar bekannt, wo es die Mücken finden kann:

```
radar.setContainer(spielbereich);
```

Und zu guter Letzt teilen Sie dem Radar in onSensorChanged() die aktuelle Blickrichtung des Spielers mit:

```
radar.setWinkel(-event.values[0]);
```

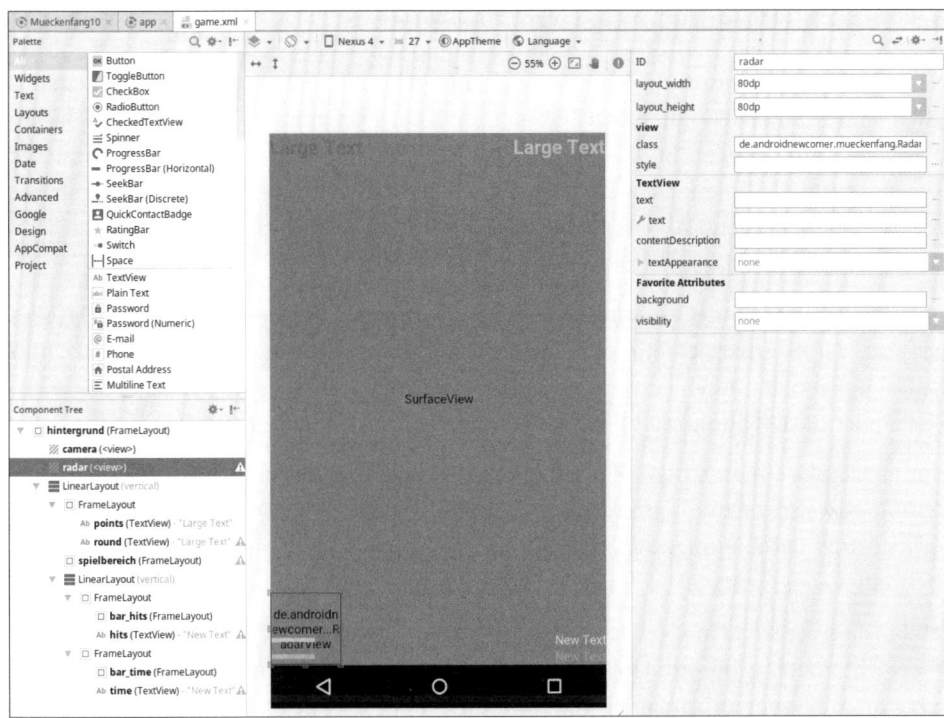

Abbildung 9.7 Fügen Sie die »RadarView« mit dem Layout-Editor hinzu.

Das Minuszeichen dient wie schon beim Positionieren der Mücken dazu, die Drehrichtungen von Kompass und Geometrie anzugleichen.

Wenn Sie das Spiel jetzt ausprobieren, werden Sie sehen, dass es deutlich einfacher (und interessanter) geworden ist, auf Mückenjagd zu gehen. Es kostet etwas Übung, das Handy beim Antippen einer Mücke nicht zu verdrehen, sodass das Ziel aus dem Bildschirm verschwindet. Das ist sehr irritierend: Die Mücke ist weg, aber nicht, weil man sie getroffen hat – und im Radar ist sie noch da.

Wenn Sie mögen, können Sie das ganze Spiel auf Querformat umbauen – das erleichtert die Suche deutlich, weil in horizontaler Richtung mehr Platz auf dem Bildschirm ist.

Man kann sich außerdem ziemlich komplizierte Methoden überlegen, um die scheinbare Bewegung der Mücken auf dem Bildschirm vom Ruckeln zu befreien – aber glauben Sie mir, am Ende steht und fällt die Spielbarkeit mit der Geschwindigkeit des Sensors.

Haben Sie jetzt genug Mücken gejagt? Okay, dann lassen Sie uns den kleinen Vampiren (oder ihren zerdrückten Überbleibseln) den Rücken kehren und einen weiteren Sensor des Smartphones für eine ganz andere Art von App heranziehen.

9.3 Beschleunigung und Erschütterungen

Nehmen Sie sich einen dünnen Faden, und binden Sie ein nicht zu leichtes Objekt daran fest (Handy, Hantel, Hund). Wenn Sie den Faden dann am oberen Ende festhalten, hängt das Objekt am anderen Ende senkrecht nach unten. Ich verrate Ihnen sicher nichts Neues, wenn ich Ihnen sage, dass dies eine Auswirkung der Erdanziehungskraft ist. Wenn Sie gerade nichts anderes als Ihren Hund für das Experiment finden, verzichten Sie vielleicht lieber darauf, weil das Ergebnis evident ist.

Aber setzen Sie sich mal mit Ihrem Fadenpendel in einen Zug, und beobachten Sie, was passiert, wenn der Zug losfährt oder bremst. Auch dann wird das Pendel ausgelenkt, und zwar entgegen der Beschleunigungsrichtung. Während der Fahrt geradeaus mit gleichbleibender Geschwindigkeit bleibt das Pendel dagegen unbeeinflusst.

Fahren Sie mit einem Karussell, wird das Pendel nach außen gelenkt, und zwar von der *Zentrifugalkraft*, die umso größer ist, je schneller sich das Karussell dreht. Jede Kraft entspricht einer Beschleunigung, und das *Accelerometer* kann sie messen – in jede der drei Richtungen des Raums.

Jetzt stellen Sie sich ein solches Pendel vor, das ein bisschen kleiner ist – sagen wir, ein paar Mikrometer groß – und in Ihrem Handy eingebaut ist. Dann wissen Sie, wie der Beschleunigungssensor prinzipiell funktioniert. Außerdem liegen sofort einige Anwendungsfälle auf der Hand: Der Sensor weiß immer genau, wo unten ist. Deshalb kann er schon kleinste Neigungen registrieren. So funktionieren Spiele, bei denen das Handy als Lenkrad dient, und auch die beliebten Kugellabyrinthe – gar nicht zu reden von dem Bierglas, das sich beim Neigen leert (»iBeer«).

Der Beschleunigungssensor ist empfindlich genug, um auch leichte Erschütterungen zu registrieren. Wenn die App die Sensorwerte geschickt ausliest, kann sie damit Schritte zählen oder die Geräusche eines Percussion-Instruments simulieren.

Bevor wir versuchen, das Handy in eine Rumbarassel zu verwandeln, lassen Sie uns mit einem leiseren Beispiel beginnen und einen Schrittzähler bauen. Den zugehörigen fertigen Code finden Sie im Download-Angebot unter dem Namen *Schrittzaehler1*.

9.3.1 Ein Schrittzähler

Die einfachste Form des Schrittzählers zählt Erschütterungen einer gewissen Intensität und zeigt deren Anzahl auf dem Bildschirm an. Legen Sie zunächst ein neues Android-Projekt an, und nennen Sie es *Schrittzaehler* (bitte vermeiden Sie den Umlaut »ä«). Ändern Sie im vom Wizard angelegten Layout *main.xml* die Schriftgröße und die ID der

TextView sowie das äußere Element in LinearLayout, und fügen Sie einen ZURUECKSET-
ZEN-Button hinzu (siehe Abbildung 9.8).

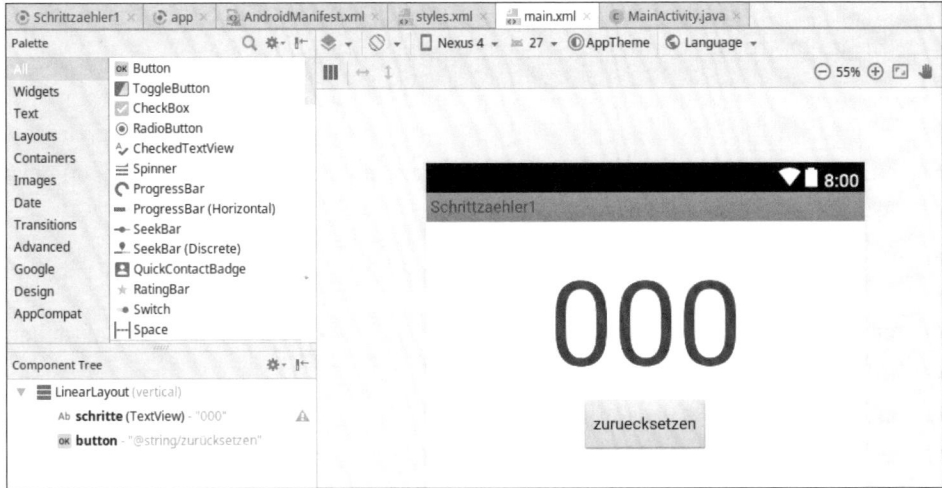

Abbildung 9.8 Das Layout für den Schrittzähler ist denkbar einfach.

Im Android-Manifest tragen Sie für die SchrittzaehlerActivity als SCREEN ORIENTA-
TION den Wert PORTRAIT ein:

```
<activity android:name=".MainActivity"
  android:label="@string/app_name"
  android:screenOrientation="portrait">
```

Würden Sie das nicht tun, würde die Orientierung des Bildschirms automatisch wechseln. Dabei würde Android jedes Mal die Activity neu starten, was im folgenden einfachen Beispiel überaus ungünstig wäre, weil die Schrittzählung wieder bei 0 begänne.

Treffen Sie zunächst in der Activity die nötigen Vorbereitungen, um den Sensor abfragen und die Schrittzahl darstellen zu können. Holen Sie sich in der onCreate()-Methode
Referenzen auf den SensorManager und den richtigen Sensor:

```
sensorManager = (SensorManager) getSystemService(Context.SENSOR_SERVICE);
sensor = sensorManager.getDefaultSensor(Sensor.TYPE_ACCELEROMETER);
```

Die Konstante Sensor.TYPE_ACCELEROMETER liefert Ihnen den Beschleunigungssensor.
Lassen Sie Android Studio die zugehörigen Attribute erzeugen:

```
private SensorManager sensorManager;
private Sensor sensor;
```

Um Schritte zu zählen, brauchen wir ein simples `int`-Attribut:

```
private int schritte=0;
```

Führen Sie ein Attribut für die `TextView` ein, die die Schritte anzeigt:

```
private TextView textView;
```

Setzen Sie in der `onCreate()`-Methode dieses Objekt auf die Referenz zur richtigen View im Layout:

```
textView = (TextView) findViewById(R.id.schritte);
```

Schreiben Sie eine kleine Methode namens `aktualisiereAnzeige()`, die den aktuellen Wert von `schritte` auf den Bildschirm bringt:

```
private void aktualisiereAnzeige() {
   textView.setText(Integer.toString(schritte));
}
```

Rufen Sie diese Methode am Ende von `onCreate()` einmal auf, um sicherzustellen, dass beim Start der App 0 Schritte angezeigt werden.

Verbinden Sie den ZURUECKSETZEN-Button mit einer `onClick()`-Methode, indem Sie die Activity das Interface `OnClickListener` implementieren lassen:

```
public class SchrittzaehlerActivity extends AppCompatActivity implements OnClickListener
...
findViewById(R.id.button).setOnClickListener(this);
...
@Override
public void onClick(View v) {
   if(v.getId() == R.id.button) {
      schritte=0;
      aktualisiereAnzeige();
   }
}
```

Die `onClick()`-Methode prüft der Vollständigkeit halber, ob tatsächlich der ZURUECKSETZEN-Button gedrückt wurde (man kann ja nie wissen), und setzt die Schritte dann zurück.

Damit ist die Activity im Großen und Ganzen implementiert, allerdings fehlt noch die gesamte Funktionalität, um die Erschütterungen festzustellen. Darum kümmern wir uns als Nächstes.

9.3.2 Mit dem »SensorEventListener« kommunizieren

Um die Erschütterungen zu messen, schreiben wir der Übersicht halber eine separate Klasse, die gleichzeitig die Rolle des SensorEventListener übernimmt, also das zugehörige Interface implementiert:

```
package de.androidnewcomer.schrittzaehler;
public class ErschuetterungListener implements SensorEventListener {
    @Override
    public void onAccuracyChanged(Sensor s, int a) {
    }
    @Override
    public void onSensorChanged(SensorEvent event) {
    }
}
```

Wie üblich kümmern wir uns nicht um onAccuracyChanged()-Ereignisse. Die Methode onSensorChanged() wird später versuchen, an den Sensordaten zu erkennen, ob ein Fuß des Handyträgers auf dem Boden aufgetroffen ist. In dem Fall muss der Erschuetterung-Listener die SchrittzaehlerActivity darüber informieren, damit diese die angezeigte Schrittzahl um 1 erhöht. Es gibt unterschiedliche Möglichkeiten, diese Kommunikation zu realisieren; wir wählen diesmal einen Handler.

Sie kennen ja bereits diese magischen Objekte, mit denen man sogar die Kommunikation über die gefährlichen Grenzen von Threads hinweg hinbekommt. In diesem Fall wird die Activity den Handler verwalten und eine Referenz an den Listener übergeben. Die Activity wiederum wird auf die via Handler eingehende Erschütterungsnachricht (Message) reagieren, indem sie die Anzeige aktualisiert (siehe Abbildung 9.9).

Das geht nicht mit der Standardversion der Klasse Handler. Daher benötigen wir eine von Handler abgeleitete Klasse, die die Methode handleMessage() überschreibt und die Schrittzahl erhöht:

```
private class ErschuetterungsHandler extends Handler {
    @Override
    public void handleMessage(Message msg) {
        schritte++;
```

```
        aktualisiereAnzeige();
    }
}
```

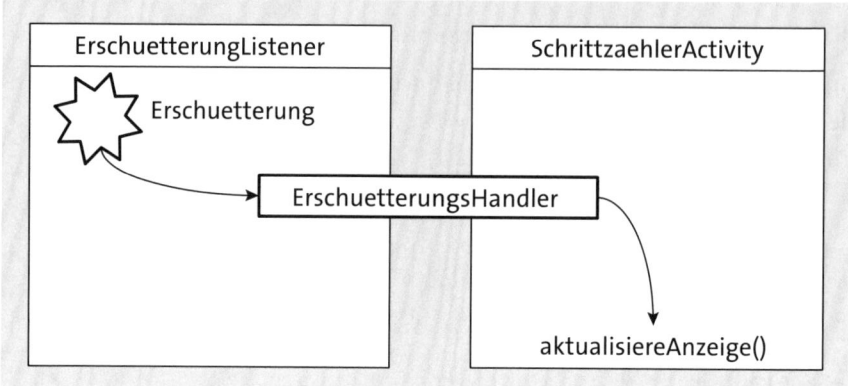

Abbildung 9.9 Der »ErschuetterungListener« benutzt den »ErschuetterungsHandler«, um die »SchrittzaehlerActivity« über einen zurückgelegten Schritt zu unterrichten.

Der eigentliche Inhalt der Nachricht msg interessiert uns nicht – es genügt, *dass* eine Nachricht kommt. In anderen Anwendungsfällen könnte es sein, dass das Message-Objekt zusätzliche Daten enthält.

ErschuetterungsHandler ist eine lokale Klasse innerhalb der MainActivity. So kann sie leicht auf die Attribute und Methoden der umschließenden Klasse zugreifen. Erzeugen Sie in der Activity ein Attribut, das Sie gleich mit dem eigenen Handler füllen:

```
private ErschuetterungsHandler handler = new ErschuetterungsHandler();
```

Bisher kennt der ErschuetterungListener den Handler noch nicht. Da dieser genau einmal gesetzt werden muss, bietet es sich an, ihn dem Listener als Konstruktor-Parameter zu übergeben.

```
public class ErschuetterungListener implements SensorEventListener {
    private Handler handler;
    public ErschuetterungListener(Handler h) {
        handler = h;
    }
    ...
}
```

Wenn Sie zuerst das Attribut deklarieren, können Sie übrigens durch `Alt` + `↵` auf handler und die anschließende Auswahl von CONSTRUCTOR PARAMETER AS anweisen, den gewünschten Konstruktor zu erzeugen.

Jetzt können Sie in der Activity ein Attribut für den Listener erzeugen und ihn in der Methode onResume() mit dem Beschleunigungssensor verdrahten:

```
private ErschuetterungListener listener = new ErschuetterungListener(handler);
...
@Override
protected void onResume() {
   super.onResume();
   sensorManager.registerListener(listener, sensor,
         SensorManager.SENSOR_DELAY_GAME);
}
```

Vergessen Sie nicht, den Listener in onPause() wieder abzumelden:

```
@Override
protected void onPause() {
   sensorManager.unregisterListener(listener);
   super.onPause();
}
```

Jetzt fehlt nur noch das eigentliche Erkennen eines Schrittes.

9.3.3 Schritt für Schritt

Es gibt eine ganze Reihe möglicher Herangehensweisen, wie man an den Sensordaten einen Schritt erkennen kann. Wenn Sie die App Sensor Box installiert haben, die ich in Kapitel 1, »Einleitung«, vorgestellt habe, können Sie ja mal den Beschleunigungssensor anschalten und beobachten, wie eine Kurve mit verschieden starken Ausschlägen entsteht, wenn Sie durch die Gegend gehen oder laufen (siehe Abbildung 9.10).

Sie sehen, dass beim Joggen eine hübsche Sinuskurve entsteht. Das liegt daran, dass das Handy wie der gesamte Körper relativ gleichmäßig auf und ab bewegt wird. Beim Gehen sind die Ausschläge deutlich geringer – und dementsprechend schwerer zu identifizieren. Vermutlich könnte man zu diesem Thema ganze Bücher füllen, aber ich möchte deren Autoren ungern die Arbeit abnehmen. Deshalb werde ich Ihnen eine relativ einfache Methode vorstellen, die sich nach der Auf-und-ab-Bewegung richtet.

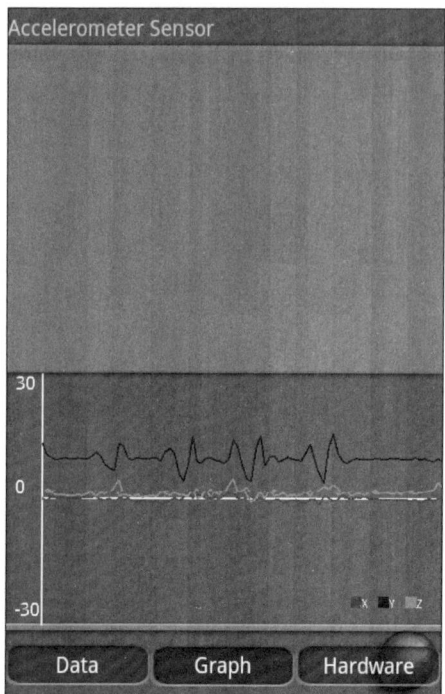

Abbildung 9.10 »Sensor Box« zeigt die Messkurve des Beschleunigungssensors während einiger Schritte.

Die Herausforderung beim Erkennen eines Schrittes besteht darin, nicht zu viele und nicht zu wenige Ereignisse zu produzieren. Das ist schwierig, weil der Beschleunigungssensor sehr empfindlich ist. Wir können nicht einfach jeden zweiten Schnittpunkt mit der 0-Achse als Schritt interpretieren – das Rauschen würde uns pro Sekunde mehr Phantomschritte bescheren, als ein realer Mensch in einer Stunde laufen kann. Außerdem kann das Gerät in verschiedenen Orientierungen am Körper befestigt sein, nicht zwingend senkrecht. Deshalb müssen wir einen Absolutbetrag der Gesamtbeschleunigung berechnen. Da negative Zahlen dabei stören würden, verwenden wir die Quadrate. Die Berechnung sieht wie folgt aus:

```
float betrag = event.values[0]*event.values[0]
  + event.values[1]*event.values[1]
  + event.values[2]*event.values[2];
```

Der Trick besteht nun darin, auf die zu einem Schritt gehörenden einzelnen Ereignisse *der Reihe nach* zu warten. Zunächst muss der Betrag einen gewissen Schwellenwert *über-*

schreiten. Dann warten wir darauf, dass der Messwert einen kleineren Schwellenwert wieder *unter*schreitet (abwärts). Sobald das geschieht, ist der Schritt vollständig. Erst dann warten wir wieder auf die nächste Überschreitung des Schwellenwerts (siehe Abbildung 9.11). Zur Unterscheidung, ob der Schritt begonnen hat oder nicht, dient ein boolean-Attribut namens schrittBegonnen.

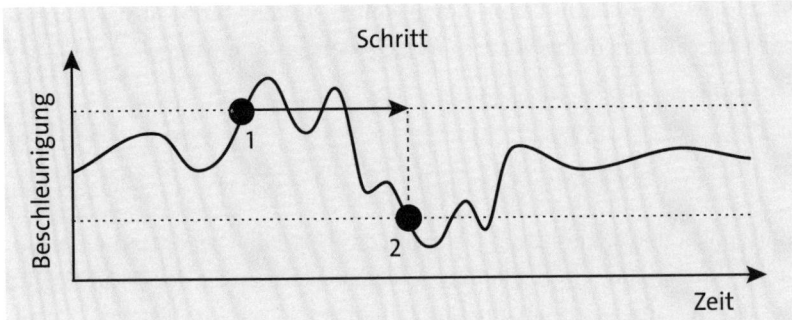

Abbildung 9.11 Der Schritt gilt als begonnen, sobald der obere Schwellenwert überschritten wird (erster Punkt), und als beendet, sobald der untere Schwellenwert unterschritten wird (zweiter Punkt). Beachten Sie, dass unsere Logik die anderen Schnittpunkte mit den Schwellenwerten ignoriert.

In Java-Code sieht die Schritterkennung so aus:

```java
@Override
public void onSensorChanged(SensorEvent event) {
  float betrag = event.values[0]*event.values[0]
    + event.values[1]*event.values[1]
    + event.values[2]*event.values[2];
  if(schrittBegonnen) {
    if(betrag>schwellwert) {
        schrittBegonnen = false;
        handler.sendEmptyMessage(1);
    }
  } else {
    if(betrag< schwellwert) {
        schrittBegonnen= true;
    }
  }
}
```

Als Standardwert für die Schwellenwert-Konstante funktioniert der Wert 500 für beide Richtungen ganz gut:

```
private static final float SCHWELLENWERT = 500f;
private float schwellenwert = SCHWELLENWERT;
```

Es kann gut sein, dass wir dem Benutzer erlauben wollen, diesen Wert zu justieren. Deshalb fügen Sie der Klasse vorsichtshalber schon mal einen Setter hinzu:

```
public void setSchwellenwert(float wert) {
    schwellenwert = wert;
}
```

Probieren Sie die App jetzt aus. Vergessen Sie nicht, das USB-Kabel zu entfernen, bevor Sie mit dem Handy durch die Wohnung laufen. Alternativ können Sie das Handy schütteln oder mit der freien Hand anstoßen, um das Zählen der Schritte zu testen.

Bevor Sie jetzt mit Ihrer App eine Runde joggen gehen, muss ich Sie auf einen fatalen Nachteil hinweisen: Sobald die Activity nicht mehr aktiv ist, hört sie auf zu zählen. Das liegt daran, dass wir den Listener in der onPause()-Methode abmelden. Natürlich könnten Sie das einfach bleiben lassen – elegant ist diese Lösung aber nicht. Deshalb werde ich Ihnen als Nächstes erklären, wie Sie das Zählen der Schritte im Hintergrund ablaufen lassen können.

9.4 Hintergrund-Services

Bisher haben Sie jegliche Programmlogik in Activities verpackt. Android stellt allerdings noch andere Möglichkeiten bereit. In diesem Abschnitt geht es um *Services*: Das sind Dienste, die im Hintergrund laufen können, und zwar mehr oder weniger unabhängig von der Benutzeroberfläche.

Normalerweise laufen auf einem Android-Handy diverse Services, die Sie gar nicht bemerken. Öffnen Sie die *Einstellungen*-App, und wählen Sie APPLIKATIONEN VERWALTEN, um auf der Registerkarte AUSGEFÜHRTE die laufenden Dienste zu sehen. Sie sehen dort vermutlich die magischen *Google Services* und vielleicht ein E-Mail-Programm.

Services können durchaus mit der Benutzeroberfläche interagieren. Der Cloud-an-Gerät-Service blendet beispielsweise eine Benachrichtigung ein, wenn er Updates für installierte Apps gefunden hat.

Für viele Anwendungen ist es von Vorteil oder sogar unbedingt nötig, die ganze Zeit aktiv zu sein, aber nur bei Bedarf sichtbar zu werden. Der Schrittzähler ist ein gutes Beispiel, daher werden wir ihn jetzt in einen Service verwandeln.

9.4.1 Eine Service-Klasse

Wenn Sie eine eigene Activity erzeugen, schreiben Sie eine Klasse, die von Androids Basisklasse Activity erbt. Eigene Service-Klassen erben dagegen von der Basisklasse Service.

Erzeugen Sie eine neue Klasse SchrittzaehlerService, und verpassen Sie ihr alle Attribute, die bisher in der Activity verwendet wurden. Verschieben Sie auch den ErschuetterungsHandler hinüber in den Service:

```
public class SchrittzaehlerService extends Service {
   private SensorManager sensorManager;
   private Sensor sensor;
   private ErschuetterungsHandler handler =
         new ErschuetterungsHandler();
   private ErschuetterungListener listener =
         new ErschuetterungListener(handler);
   private int schritte = 0;
   private class ErschuetterungsHandler extends Handler {
      @Override
      public void handleMessage(Message msg) {
         schritte++;
      }
   }
   @Override
   public IBinder onBind(Intent intent) {
      return null;
   }
}
```

Die Methode onBind() müssen Sie schreiben, weil sie in der Basismethode als abstract definiert ist. Das ähnelt dem Fall, dass eine Klasse das Interface SensorEventListener implementiert und zwangsweise onAccuracyChanged() enthalten muss. Wir benötigen onBind() nicht und werden zunächst dafür sorgen, dass der Service Ihre Schritte ordentlich zählt.

Ähnlich wie eine Activity hat auch ein Service einen Lebenszyklus (engl. lifecycle), dessen wichtigste Ereignisse mit passenden Behandlungsmethoden versehen sind. Wird ein Service zum ersten Mal gestartet, wird die onCreate()-Methode aufgerufen, und wenn er beendet wird, onDestroy(). Überschreiben Sie also diese beiden Methoden, und füllen Sie sie mit dem entsprechenden Code aus der Activity, der den SensorListener abonniert und abmeldet:

```
@Override
public void onCreate() {
    super.onCreate();
    sensorManager = (SensorManager) getSystemService(Context.SENSOR_SERVICE);
    sensor = sensorManager.getDefaultSensor(Sensor.TYPE_ACCELEROMETER);
    sensorManager.registerListener(listener, sensor,
        SensorManager.SENSOR_DELAY_GAME);
}
@Override
public void onDestroy() {
    sensorManager.unregisterListener(listener);
    super.onDestroy();
}
```

Genau wie eine Activity funktioniert auch ein Service nicht ohne Bürokratie: Sie müssen ihn im Android-Manifest anmelden.

```
<application ...>
  ...
  <service android:name=".SchrittzaehlerService"/>
</application>
```

Sobald Ihr neuer Service startet, wird er beginnen, Ihre Schritte zu zählen, bis er beendet wird. Letzteres kann übrigens auch passieren, wenn der Speicher Ihres Handys bis oben hin voll ist. Das System beendet dann den Service und gibt den Speicher frei. Die onDestroy()-Methode wird dabei zwar nicht aufgerufen, aber das fleißige Aufräumkommando wird auch den SensorListener nicht verschonen. Sobald Android meint, dass genug freier Speicher verfügbar ist, wird der Service automatisch wieder gestartet, sodass er erneut anfängt, Schritte zu zählen – natürlich bei 0. Diesen Spezialfall lassen wir im Rahmen dieses Buches außer Acht.

Ob der Service nun wirklich tut, was er soll, können Sie im Moment nicht mit Sicherheit sagen, weil Sie keinerlei Rückmeldung auf dem Bildschirm haben. Um diese fehlende Verbindung kümmern wir uns als Nächstes.

9.4.2 Service steuern

Einen Service, der im Hintergrund läuft, kann man starten und stoppen. Um dem Benutzer die Kontrolle zu erlauben, fügen Sie dem Layout *main.xml* zwei Buttons hinzu (siehe Abbildung 9.12). Nennen Sie sie »start« und »stop«, und verpassen Sie ihnen passende Beschriftungen.

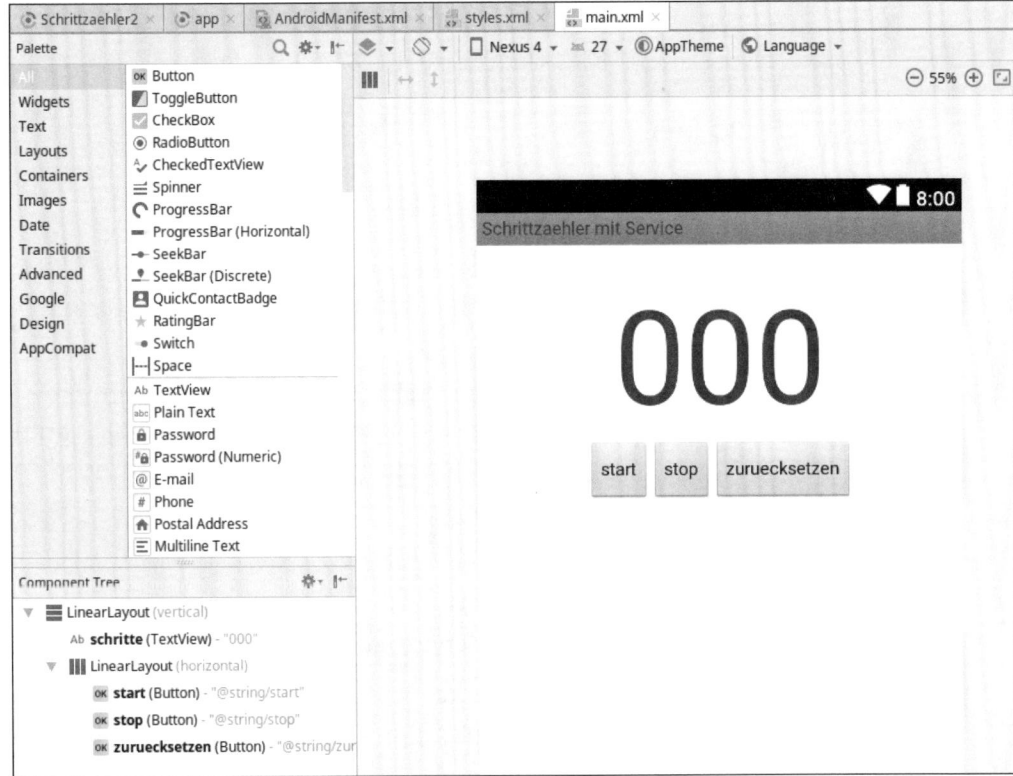

Abbildung 9.12 Fügen Sie dem Schrittzähler-Layout Buttons zum Starten und Stoppen des Service hinzu.

Verdrahten Sie die `OnClickListener` der Buttons mit der Activity in deren `onCreate()`-Methode:

```
findViewById(R.id.zuruecksetzen).setOnClickListener(this);
findViewById(R.id.start).setOnClickListener(this);
findViewById(R.id.stop).setOnClickListener(this);
```

Behandeln Sie die Click-Ereignisse in der onClick()-Methode:

```
@Override
public void onClick(View v) {
   if(v.getId()== R.id.start) {
      startService(new Intent(this,SchrittzaehlerService.class));
   }
   if(v.getId()== R.id.stop) {
      stopService(new Intent(this,SchrittzaehlerService.class));
   }
   if(v.getId()== R.id.zuruecksetzen) {
   }
}
```

Das Starten eines Service ähnelt dem Starten einer Activity. Sie erzeugen ein Intent-Objekt, dem Sie die Klasse des Service nennen, und übergeben es an die Methode start-Service() anstelle von startActivity().

Im Gegensatz zu Activities können Sie Services explizit stoppen. Rufen Sie hierfür stopService() auf. Zwar können Sie jetzt den Service starten und stoppen, aber die Schrittzahl ist immer noch nicht auf dem Bildschirm. Es fehlt der Datenaustausch zwischen Activity und Service.

9.4.3 Einfache Service-Kommunikation

Die Kommunikation zwischen Activity und Service muss zweierlei leisten:

- Service Richtung Activity: Anzahl Schritte
- Activity Richtung Service: Zurücksetzen der Schritte auf 0

Es gibt eine ganze Reihe von Möglichkeiten, um diese Kommunikation zu implementieren. Da sie im gleichen Prozess und Thread stattfindet, können prinzipiell alle Klassen aufeinander zugreifen. Gefährlich ist lediglich die Tatsache, dass möglicherweise Service oder Activity gerade aus dem Speicher geräumt wurden. In dem Fall darf die App nicht abstürzen: Der Service sollte dann einfach mit der Schulter zucken und beim nächsten Schritt erneut versuchen, der Activity die Schrittanzahl zu übermitteln. Und die Activity sollte, wenn der Service gerade nicht läuft, darauf verzichten, die Schritte zurückzusetzen – das geschieht beim nächsten Service-Start ja ohnehin.

Ich werde Ihnen an dieser Stelle nicht die offizielle Kommunikationsmethode vorstellen, die relativ kompliziert und alles andere als leicht verständlich ist. Stattdessen greifen wir zu einem recht einfachen Trick: zu statischen Attributen.

Ändern Sie in der Service-Klasse das Attribut schritte entsprechend:

```
public static int schritte=0;
```

> **Zur Erinnerung: der Modifier »static«**
>
> Statische Attribute oder Methoden existieren unabhängig von Objekten. Sie sind vielmehr an die Klasse gebunden. Daher stehen sie in allen Objekten zur Verfügung – und sogar, wenn gar keine existieren. Dafür gilt die Highlander-Regel: Es kann nur einen geben – bzw. nur ein Objekt. Jedes Objekt der Klasse und die Klasse selbst greifen auf ein und dasselbe statische Attribut zu.
>
> Während statische Methoden häufig für Hilfsfunktionen eingesetzt werden, dienen statische Attribute meist (zusammen mit dem final-Modifier) als Konstanten oder eben zum einfachen Datenaustausch über Klassengrenzen hinweg, unabhängig von Objekten.

Dieses statische Attribut wird bereits erzeugt, wenn die Klasse selbst geladen wird – und es existiert unabhängig davon, ob der Service läuft oder nicht! Dank der Sichtbarkeit public darf die SchrittzaehlerActivity ohne Weiteres auf dieses Attribut zugreifen, z. B. um es auf 0 zu setzen, wenn der Benutzer den ZURUECKSETZEN-Button drückt:

```
public void onClick(View v) {
   if(v.getId() == R.id.reset) {
      SchrittzaehlerService.schritte = 0;
      textView.setText("0");
   }
   ...
}
```

Leider eignet sich das Attribut nicht für den umgekehrten Weg. Woher soll die Activity wissen, wann sich der Wert geändert hat? Theoretisch könnte die Activity in regelmäßigen Abständen nachschauen, aber das wäre wenig elegant.

Wir ebnen dem Service einen anderen Weg, um sich mitzuteilen: einen statischen Handler. Der Service wird über diesen Handler Nachrichten mit dem aktuellen Schritte-Wert schicken, ganz so, wie es auch der ErschuetterungListener tut. Über den neuen Handler gebietet die Activity, denn er repräsentiert einen Empfänger: Er existiert genauso lange wie die Activity.

Achten Sie immer auf den Lifecycle von Objekten: Activities können kommen oder gehen, wann immer es der Nutzer (oder das Android-System) wünscht.

9 Sensoren und der Rest der Welt

```
private EreignisHandler ereignisHandler = new EreignisHandler();
private class EreignisHandler extends Handler {
  @Override
  public void handleMessage(Message msg) {
    textView.setText(Integer.toString(msg.what));
  }
}
```

Sie sehen, dass dieser Handler nichts anderes tut, als den Zahlenwert der Nachricht in die `TextView` zu schreiben.

Jetzt müssen Sie nur noch den Service über diesen Handler informieren. Das muss an zwei Stellen geschehen:

- gleich nach dem Start des Service
- wenn die Activity neu dargestellt wird, also in `onResume()`

Letzteres ist nötig für den Fall, dass die Activity eine Weile inaktiv war und von Android neu erzeugt wird, der Service aber noch läuft. In dem Fall muss der Service nicht neu gestartet werden, der Handler muss aber trotzdem installiert werden. Ergänzen Sie also dieselbe Zeile in `onResume()` und bei der Behandlung des START-Buttons:

```
SchrittzaehlerService.ereignisHandler = ereignisHandler;
```

Natürlich muss der Service über das passende statische Attribut verfügen:

```
public static Handler ereignisHandler;
```

Hier genügt die Klasse `Handler`, von der unser `EreignisHandler` erbt. Dieses Detail geht den Service aber nichts an, denn er muss uns nur eine simple Nachricht schicken, wenn er die Schrittanzahl erhöht. Genau genommen geschieht das im `ErschuetterungsHandler`:

```
private class ErschuetterungsHandler extends Handler {
  @Override
  public void handleMessage(Message msg) {
    schritte++;
    if(ereignisHandler != null) {
      ereignisHandler.sendEmptyMessage(schritte);
    }
  }
}
```

Ganz wichtig ist es hier, zu prüfen, ob der `ereignisHandler` überhaupt gesetzt ist. Wurde die Activity aus dem Speicher geräumt, ist das nicht der Fall, und der folgende Methodenaufruf würde eine `NullPointerException` verursachen, weil `ereignisHandler` gleich `null` ist.

Wird die Activity später erneut gestartet, empfängt sie dank des neu installierten `ereignisHandler` sofort wieder Schritt-Benachrichtigungen. Bevor die erste eintrifft, sollte die Activity aber in `onResume()` schon den letzten bekannten Wert anzeigen:

```
textView.setText(Integer.toString(SchrittzaehlerService.schritte));
```

Probieren Sie den Schrittzähler nun aus. Sie können jetzt die Activity in den Hintergrund schicken, indem Sie z. B. die Home-Taste antippen oder eine andere App starten. Solange ein wenig Speicher frei ist, läuft der Service weiter und zählt Ihre Schritte. Sie können jederzeit Ihre App wieder starten, egal ob über das Icon im Menü oder durch das Festhalten der Home-Taste – und Sie sehen stets die aktuelle Anzahl an Schritten.

Services sind unvermeidliche Werkzeuge, um Programmlogik zu ermöglichen, die im Hintergrund dauerhaft läuft. Sie dürfen nur nie vergessen, dass Service und Activity auch unabhängig voneinander existieren können. Keiner von beiden darf sich darauf verlassen, dass der andere gerade anwesend ist.

Den vollständigen Code dieser Version des Schrittzählers finden Sie im Download-Angebot unter dem Namen *Schrittzaehler2*.

9.5 Arbeiten mit Geokoordinaten

Viele beliebte Smartphone-Apps beziehen ihre Magie aus Geokoordinaten. Google Maps weiß (wenn Sie möchten) immer, wo Sie gerade sind und wo die nächste Pizzeria, öffentliche Toilette oder Telefonzelle steht – dank Satellit bis auf ein paar Meter genau.

Was viele Smartphone-Besitzer nicht wissen: Es gibt eine zweite, gröbere Ortsbestimmung, die ohne Satellit auskommt. Diese netzwerkbasierte Ortsbestimmung (*Network-based Location*) kann erstaunlich genau abschätzen, wo Sie sich aufhalten. Dazu identifiziert sie mithilfe eines Onlinedienstes von Google die Mobilfunkzelle sowie die WLAN-Netzwerke in der Nähe. Der Vorteil: Diese Ortung kostet bei Weitem nicht so viel Batterieladung wie GPS. Und sie funktioniert in geschlossenen Räumen.

Als Beispielanwendung werden wir als Nächstes eine App schreiben, die z. B. Ihren Weg ins Büro aufzeichnet und auf einer Karte darstellen kann. Für den unwahrscheinlichen Fall, dass Sie die App nicht komplett selbst schreiben wollen, finden Sie das Projekt im Download-Angebot im Verzeichnis *WegInsBuero*.

9.5.1 Der Weg ins Büro

Den Weg ins Büro (oder wohin auch immer) aufzuzeichnen, ähnelt in gewisser Hinsicht der Schrittzähler-App: Die Aufzeichnung des Weges hat im Hintergrund zu geschehen – also als Service. Die Benutzeroberfläche besteht nur aus Buttons zum Starten und Stoppen sowie zum Betrachten des Weges. Der Service muss in diesem Fall nicht einmal von sich aus Informationen zurück an die Oberfläche übermitteln: Er wird die Wegpunkte einfach speichern. Erst auf Wunsch des Benutzers wird die Activity die Punkte abrufen und auf einer Karte darstellen.

Erzeugen Sie ein neues Projekt nach der bewährten Methode. Nennen Sie das Layout *main.xml*. Fügen Sie dem Layout anschließend zwei Buttons hinzu: START und STOP (siehe Abbildung 9.13).

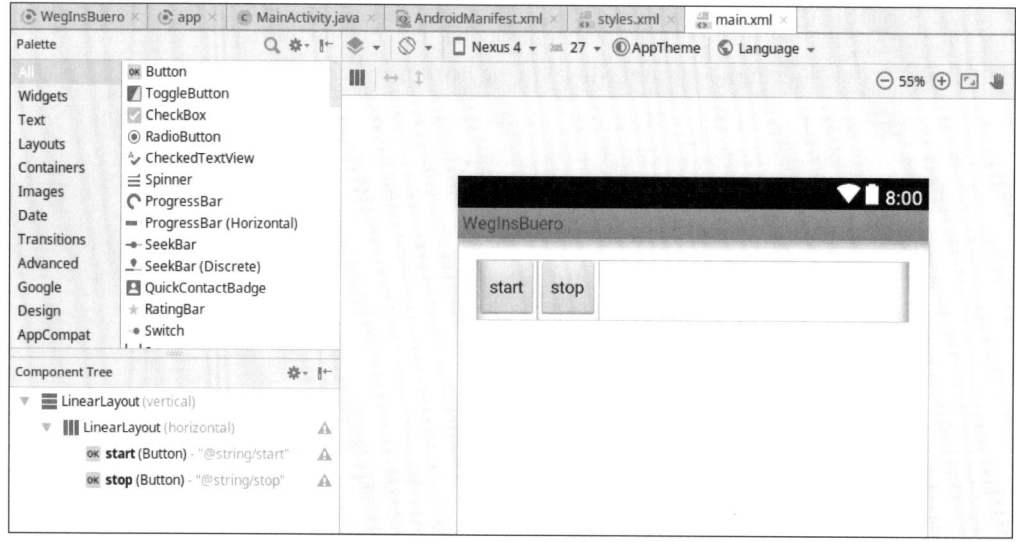

Abbildung 9.13 Das Layout für den Weg ins Büro ist in der ersten Fassung sehr überschaubar.

Die Activity der App ist demzufolge ähnlich übersichtlich. Sie implementiert den hinlänglich bekannten OnClickListener und verdrahtet die beiden Buttons mit der eigenen onClick()-Methode:

```
@Override
public void onCreate(Bundle savedInstanceState) {
    super.onCreate(savedInstanceState);
    setContentView(R.layout.main);
}
```

Zwei der Buttons starten und stoppen den zugehörigen Service:

```
@Override
public void onClick(View v) {
   if(v.getId()== R.id.start) {
      startService(new Intent(this,WegAufzeichnungsService.class));
   }
   if(v.getId()== R.id.stop) {
      stopService(new Intent(this,WegAufzeichnungsService.class));
   }
}
```

Dieser Service, der die Wegpunkte einsammeln wird, ist nun zu implementieren.

9.5.2 Koordinaten ermitteln

Die Aufgabe des WegAufzeichnungsService, den Sie jetzt implementieren werden, besteht darin, die vom Smartphone zur Verfügung gestellten Wegpunkte zu speichern. Beginnen Sie mit dem Grundgerüst eines jeden Service:

```
public class WegAufzeichnungsService extends Service {
   @Override
   public IBinder onBind(Intent intent) {
      return null;
   }
   @Override
   public void onCreate() {
      super.onCreate();
   }
   @Override
   public void onDestroy() {
      super.onDestroy();
   }
}
```

Wenn Sie den Service ins Android-Manifest eintragen, fügen Sie gleich noch die nötige Erlaubnisanfrage hinzu, um die Position bestimmen zu dürfen. Im Gegensatz zu den Bewegungssensoren betrachtet das System die Geokoordinaten nämlich zu Recht als sensible Daten, für deren Verwendung jede App die Genehmigung des Benutzers einholen muss.

Fügen Sie die nötigen Uses-Permission-Einträge hinzu:

```
android.permission.ACCESS_COARSE_LOCATION
android.permission.ACCESS_NETWORK_STATE
android.permission.ACCESS_FINE_LOCATION
android.permission.INTERNET
android.permission.WRITE_EXTERNAL_STORAGE
```

Die ersten beiden Permissions schalten die netzwerkbasierte Positionsbestimmung frei, die dritte die Satellitennavigation. Die Internet-Permission ist erforderlich, um Kartendaten aus dem Netz zu laden. Diese werden später lokal zwischengespeichert, was die letzte Permission erlaubt.

Die Geokoordinaten stellt Ihnen ein System-Service namens `LocationManager` zur Verfügung, den Sie in einem Attribut speichern.

```
private LocationManager locationManager;
```

Die richtige Stelle, um das Attribut zu füllen, ist die `onCreate()`-Methode Ihres Service:

```
locationManager = (LocationManager)getSystemService(LOCATION_SERVICE);
```

Ähnlich wie bei den Sensoren müssen Sie einen Listener als Abonnenten anmelden, um Daten zu erhalten. Diesmal ist es ein `LocationListener`.

```
locationManager.requestLocationUpdates(LocationManager
.NETWORK_PROVIDER, 10, 10, this);
```

Der erste Parameter legt fest, dass sich der Listener nur für die netzwerkbasierte Ortsbestimmung interessiert (wir werden die GPS-Variante mit `LocationManager.GPS_PROVIDER` später ausprobieren). Es folgen Parameter für den minimalen zeitlichen und räumlichen Abstand für die Messungen in Sekunden bzw. Meter. Diese Werte können Sie natürlich variieren.

In bekannter Manier möge der Service selbst das geforderte Interface implementieren:

```
public class WegAufzeichnungsService extends Service implements
  LocationListener
```

Lassen Sie AS die nötigen Methoden implementieren, indem Sie [Alt] + [↵] drücken, um den vermeintlichen Syntaxfehler zu beheben.

Von den vielen Methoden, die jetzt in Ihrem Service landen, interessiert nur eine einzige:

```java
public void onLocationChanged(Location location) {
}
```

Der `LocationManager` wird diese Methode immer dann mit einer aktuellen Ortsangabe versorgen, wenn eine neue zur Verfügung steht. Die Aufgabe der Methode ist simpel: Sie muss lediglich das Objekt speichern. Dazu legen wir eine statische `ArrayList` im Service an:

```java
public static List<GeoPoint> weg = new ArrayList<>();
```

Der Vorteil der `static`-Deklaration ist, dass die Activity später sehr leicht auf die Liste zugreifen kann. Wir verwenden gleich eine Liste von `GeoPoints`, die unsere Karte später anzeigen kann.

Die Methode `onLocationChanged()` muss jetzt nur noch den neuen Wegpunkt an die Liste hängen:

```java
weg.add(new GeoPoint(location));
```

Außerdem ist dies die richtige Stelle, um die Activity zu benachrichtigen, damit sie den aktuellen Weg neu zeichnen kann. Wie im Schrittzähler-Projekt verwenden wir einen einfachen Handler:

```java
public static Handler updateHandler;
...
@Override
public void onLocationChanged(Location location) {
  weg.add(new GeoPoint(location));
  if(updateHandler!=null) {
    updateHandler.sendEmptyMessage(1);
  }
}
```

Übrigens enthält das `Location`-Objekt nicht nur Orts-, sondern auch Zeitangaben, sodass Sie später sogar ein Geschwindigkeitsprofil Ihres zurückgelegten Weges erstellen können.

Lassen Sie uns als Letztes beim Starten des Service die statische Liste leeren. Ergänzen Sie in `onCreate()`:

```java
weg.clear();
```

Eine vorher gespeicherte Wegstrecke wird so gelöscht. Wenn Sie möchten, können Sie später einen Button zum Zurücksetzen einbauen. Wie das funktioniert, wissen Sie noch von der Schrittzähler-App.

Vergessen Sie nicht, in der `onDestroy()`-Methode das Abo zu kündigen:

`locationManager.removeUpdates(this);`

Im letzten Schritt ergänzen wir die App um die grafische Darstellung des zurückgelegten Weges.

9.5.3 Karten und Overlay

So gut wie jedes Smartphone hat Zugriff auf Google Maps, und es ist technisch möglich, Karten dieses Dienstes in eigene Apps einzubinden. Allerdings gibt es zwei Nachteile:

- Um in einer App Google Maps nutzen zu können, benötigen Sie einen API-Key. Der kostet zwar nichts, aber es ist etwas umständlich, ihn zu beschaffen.
- Die Lizenzbedingungen von Google Maps sind kompliziert und verbieten alles Mögliche. Zum »Ausgleich« erlauben Sie jedoch Google, die Bedingungen jederzeit einseitig zu verändern.

Anstelle von Google Maps nutzen wir zum Darstellen der Karte und des Weges ins Büro daher eine andere Methode: *osmdroid*. Das ist ein Open-Source-Projekt, das auf dem Kartenmaterial von *OpenStreetMap.org* (OSM) basiert. Es wird ähnlich wie Wikipedia von der Community gepflegt, d. h., auch Sie können ein fehlendes Toilettenhäuschen einzeichnen oder eine verrutschte Bushaltestelle an die richtige Stelle schieben.

Als Bonus obendrauf ist die Verwendung von osmdroid in einer eigenen App äußerst einfach. Also los!

> **osmdroid**
>
> Entwickelt und zur Verfügung gestellt wird osmdroid als Projekt bei *GitHub*. Die Website des Projekts finden Sie unter:
>
> *https://github.com/osmdroid/osmdroid*
>
> Dort finden Sie auch weitere Dokumentationen und Beispiele.

Die Funktionen von osmdroid sind in einer externen Programmbibliothek enthalten, die Sie Ihrem Projekt hinzufügen müssen.

Für dergleichen ist wie immer das Build-System Gradle zuständig. Öffnen Sie daher das Build-Skript *build.gradle* – und zwar das des Moduls *app*, nicht das des ganzen Projekts. Ergänzen Sie innerhalb der letzten geschweiften Klammer die nötigen Dependency:

```
dependencies {
  ...
  implementation 'org.osmdroid:osmdroid-android:6.1.6'
}
```

Sie können jederzeit unter *http://search.maven.org* die aktuellen Versionen der gewünschten Bibliotheken ermitteln. Geben Sie dazu den Namen des gewünschten *Artifact* als Suchbegriff ein, also »osmdroid-android«. Für unsere Zwecke genügen aber völlig die oben verwendeten Versionen, die unbefristet zur Verfügung stehen.

Wählen Sie im Menü BUILD • MAKE PROJECT, und Gradle wird die osmdroid-Bibliothek automatisch herunterladen und ins Projekt einbinden, sodass Ihre App sie verwenden kann.

Jetzt können Sie die Kartenansicht ins Layout einfügen. Das funktioniert (Stand AS 4.0) nicht (mehr) über die Designer-Palette, Sie müssen sich daher mit dem XML-Code auseinandersetzen.

Ergänzen Sie als ersten Knoten hinter dem äußeren LinearLayout Folgendes:

```
<org.osmdroid.views.MapView
  android:layout_width="match_parent"
  android:layout_height="0dp"
  android:id="@+id/map"
  tilesource="Mapnik"
  android:layout_gravity="center_horizontal"
  android:layout_weight="1" />
```

Damit die Karte den größten Teil des Bildschirms ausfüllt, setzen Sie die Höhe auf 0dp und layout_weight auf 1 sowie die Breite auf fill_parent. In der Vorschau und auch im Designer erscheint jetzt die (leere) Karte (siehe Abbildung 9.14). Die Tilesource »Mapnik« ist die frei verfügbare Online-Karte. Einmal in XML eingefügt, können Sie die MapView jetzt auch im ATTRIBUTES-Fenster des Designers bearbeiten.

Bevor Sie darangehen, die Karte mit dem zurückgelegten Weg zu bemalen, verbessern Sie die Benutzbarkeit durch Setzen einiger Eigenschaften. Das geschieht in der Funktion onCreate().

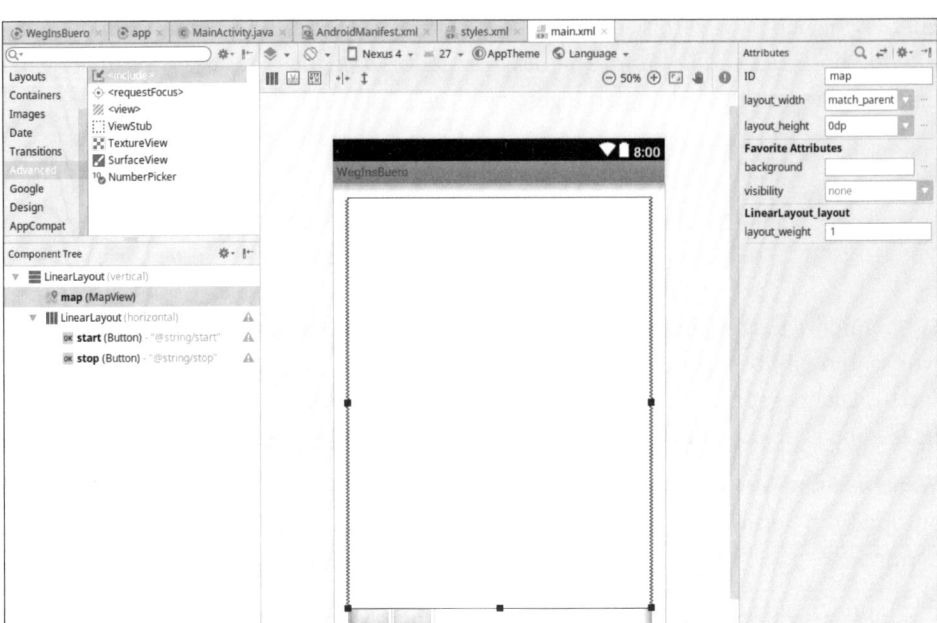

Abbildung 9.14 Im Entwurfsmodus ist die Karte leer.

Deklarieren Sie aber zunächst mapView als Klassen-Attribut:

private MapView mapView;

Holen Sie sich am Ende von onCreate() zunächst eine Referenz auf die MapView:

mapView = findViewById(R.id.mapview);

Jetzt können Sie die Zoom-Buttons und das Zoomen mit Fingergesten freischalten:

mapView.getZoomController().setVisibility(
  CustomZoomButtonsController.Visibility.ALWAYS);
mapView.setMultiTouchControls(true);

Schließlich setzen Sie einen Standard-Zoomfaktor von 16:

mapView.getController().setZoom(16d);

Das Postfix d macht aus der Ganzzahl 16 einen double-Wert. Es gibt die Funktion auch mit Integer-Parameter, allerdings ist sie als deprecated markiert, was für eine unschöne Durchstreichung im Codeeditor sorgt.

Um die aktuelle Position anzuzeigen, verwenden Sie eine von osmdroid zur Verfügung gestellte Klasse, nämlich das `MyLocationNewOverlay`:

```
myLocationOverlay =
 new MyLocationNewOverlay(new GpsMyLocationProvider(this),mapView);
myLocationOverlay.enableMyLocation();
myLocationOverlay.enableFollowLocation();
mapView.getOverlays().add(myLocationOverlay);
```

Jetzt können Sie den zurückgelegten Weg darstellen. Dazu verwenden Sie ein weiteres Overlay namens Polyline:

```
myPathOverlay = new Polyline();
myPathOverlay.getOutlinePaint().setColor(Color.BLUE);
mapView.getOverlays().add(myPathOverlay);
```

Ferner müssen Sie das Marshmallow-Berechtigungsmodell beachten. Soll die App unter Android 6 oder neuer laufen, müssen Sie die nötigen Permissions explizit beim Nutzer einholen, bevor Sie ihm erlauben, das Aufzeichnen des Weges zu starten:

```
if(ContextCompat.checkSelfPermission(this, Manifest.permission.WRITE_EXTERNAL_
STORAGE) != PackageManager.PERMISSION_GRANTED)  {
  findViewById(R.id.start).setEnabled(false);
  ActivityCompat.requestPermissions(this,
    new String[]{ Manifest.permission.WRITE_EXTERNAL_STORAGE,
    Manifest.permission.ACCESS_COARSE_LOCATION,
    Manifest.permission.ACCESS_NETWORK_STATE}, REQUESTCODE_PERMISSIONS);
}
```

In `onRequestPermissionsResult()` schalten Sie im Erfolgsfall den Start-Button frei:

```
@Override
public void onRequestPermissionsResult(int requestCode, String[]
 permissions, int[] grantResults) {
  if(requestCode==REQUESTCODE_PERMISSIONS && permissions.length>0
    && grantResults[0]==PackageManager.PERMISSION_GRANTED) {
    findViewById(R.id.start).setEnabled(true);
  }
}
```

Das funktioniert nur, wenn Sie die Bibliothek `androidx` in der *build.gradle* als Dependency hinzufügen:

```
implementation 'androidx.appcompat:appcompat:1.1.0'
```

Beim ersten Start wird die App dann nach den nötigen Genehmigungen fragen.

Seit Version 6 erfordert die `MapView` Aufrufe an `onPause()` und `onResume()`:

```
@Override
protected void onResume() {
    super.onResume();
    mapView.onResume();
}
@Override
protected void onPause() {
    super.onPause();
    mapView.onPause();
}
```

Jetzt müssen Sie nur noch dieses Overlay bei Bedarf aktualisieren. Wie schon beim Schrittzähler wird dies über einen Handler gesteuert. Immer wenn der `WegAufzeichnungsService` einen neuen Wegpunkt erhält, benachrichtigt er via Message einen Handler, der daraufhin den Weg neu zeichnet. Dafür zuständig ist eine Methode in der Activity-Klasse:

```
private void zeigeWeg() {
}
```

Rufen Sie diese Methode vom Handler aus auf:

```
private WegHandler handler = new WegHandler();
private class WegHandler extends Handler {
  @Override
  public void handleMessage(Message msg) {
    zeigeWeg();
  }
}
```

Überreichen Sie dem Service diesen Handler beim Starten der Aufzeichnung und in `onResume()`:

```
WegAufzeichnungsService.updateHandler = handler;
```

9.5 Arbeiten mit Geokoordinaten

Die Aufgabe der Funktion zeigeWeg() ist es, das Overlay zu aktualisieren, welches den zurückgelegten Weg darstellt. Da WegAufzeichnungService.weg schon als genau jene Liste von GeoPoints vorliegt, die das Polyline-Overlay benötigt, wird die Methode zeigeWeg() äußerst einfach:

```
private void zeigeWeg() {
    myPathOverlay.setPoints(WegAufzeichnungService.weg);
}
```

Fertig ist Ihre erste App mit Geokoordinaten und Karte (siehe Abbildung 9.15)!

Natürlich können Sie auch diese App noch beliebig umbauen oder erweitern. Denken Sie z. B. an GPS (ersetzen Sie NETWORK_PROVIDER durch GPS_PROVIDER), Wegpunkte für Start und Ziel, an Live-Updates der Kartenansicht oder an die Möglichkeit, Wege zu speichern und zu laden. Und denken Sie daran, sofern es sich um Jogging-Strecken handelt, die Laufzeit zu stoppen und sie mit der von Freunden zu vergleichen. Falls Ihnen das bekannt vorkommt: Genau, *Runtastic* heißt eine der Apps in Google Play, die genau das schon längst kann. Jetzt wissen Sie immerhin, wie sie funktioniert.

Den Code für dieses Projekt finden Sie im Download-Angebot unter dem Namen *WegInsBuero*.

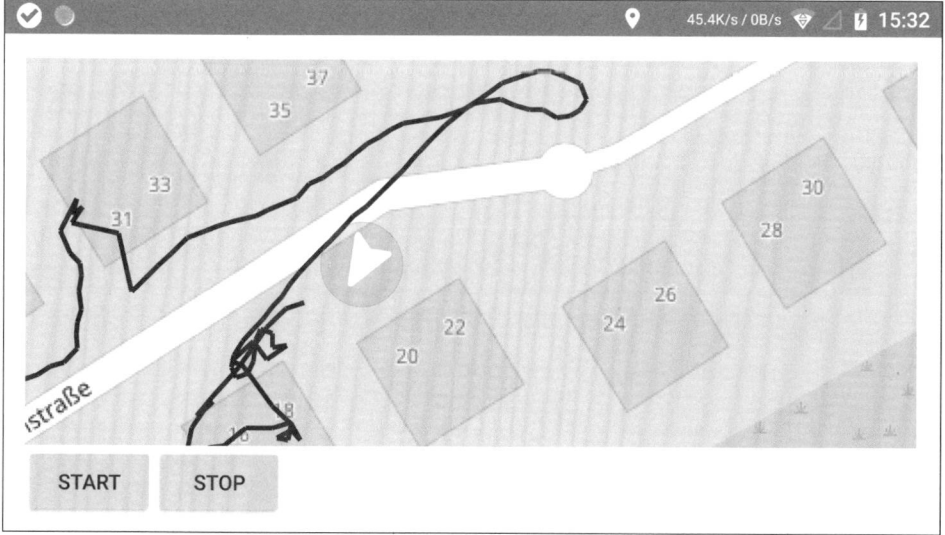

Abbildung 9.15 Die App zeichnet mit GPS den zurückgelegten Weg deutlich genauer in die Karte als mit dem WLAN-basierten Provider – ob die Schleifen Messungenauigkeiten sind oder ein exotischer Tanz, überlasse ich Ihrer Fantasie.

Kapitel 10
Smartwatch und Android Wear

»Warum verbringen die Menschen so viel Zeit mit dem Tragen von Digitaluhren?«
Aus »Per Anhalter durch die Galaxis«

Armbanduhren konnten schon in den Achtzigern mehr als bloß die Uhrzeit anzeigen. Einige verfügten gar über einen eingebauten Taschenrechner und waren folgerichtig bei Mathe-Klassenarbeiten strengstens verboten.

Langsam dringen Android-Armbanduhren in Leistungs- und Preisregionen vor, die sie nicht nur für Technikbegeisterte interessant erscheinen lassen, die jedes nutzlose Digital-Gimmick ausprobieren – koste es, was es wolle. Grund genug für Sie zu lernen, wie man mit Android Wear programmiert. Das ist wirklich nicht ganz einfach, aber nehmen Sie die Herausforderung an: Es lohnt sich, eine Zukunftstechnologie wie Android Wear heute schon beherrschen zu lernen.

10.1 Welt am Handgelenk

Die erste Lektion ist so einfach wie wichtig: *Ohne Android-Phone kann eine Wear-Uhr so gut wie nichts.* Böse Zungen würden die extravaganten Uhren als für ihren Preis ziemlich mickrige externe Bildschirme für Telefone bezeichnen.

Auf einer Moto 360 (siehe Abbildung 10.1) oder ähnlichen Android-Wear-basierten Produkten läuft ein abgespecktes Android-System auf abgespeckter Hardware. Es besteht lediglich eine Bluetooth-Verbindung zum Telefon des Besitzers. Über diese Funkstrecke läuft die gesamte Kommunikation, nachdem das initiale Pairing durchgeführt wurde. Die neuesten Uhren können sich per WLAN mit dem zugehörigen Telefon unterhalten, was die Reichweite deutlich erhöht.

Das bedeutet automatisch, dass Apps auf der Uhr ganz allein ziemlich im Regen stehen würden. Sie benötigen eine Gegenstelle, also eine passende App auf dem Telefon, die einen bedeutenden Teil der Funktionen bereitstellt. Nutzer installieren Wear-Apps außerdem nicht von Google Play aus direkt auf der Uhr, sondern auf dem Handy. Dabei landet die Wear-App als Anhängsel automatisch auf der Uhr. Die App kann dann beispielsweise vom Handy aus die Uhr und die darauf installierten Apps verwalten. Das gilt auch für Zifferblatt-Apps.

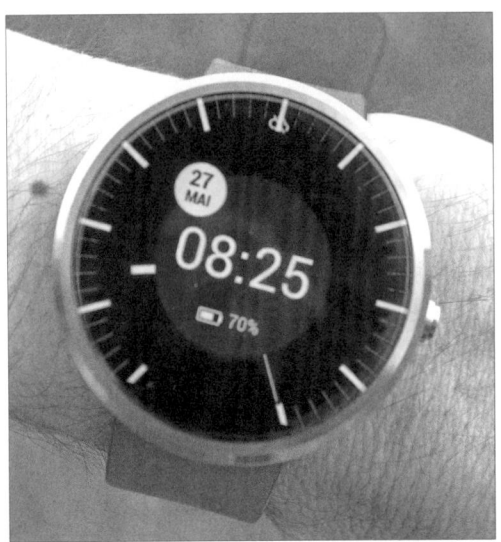

Abbildung 10.1 Die Moto 360 sieht aus wie aus den Achtzigern und hält bei moderater Nutzung immerhin knapp einen Arbeitstag lang durch.

Besserung gibt es erst mit Wear 2.0 – das erlaubt eigenständige Apps auf der Armbanduhr und vermeidet, dass das Handy den ganzen Tag mit angeschalteter Bluetooth-Verbindung am Akku saugt. Wear 2.0 ist inzwischen stabil, und Uhren mit diesem System sind verfügbar. Sie finden eine Beispiel-App am Ende dieses Kapitels.

Ich werde Ihnen mehrere Anwendungsbeispiele für Wear-Apps vorstellen: interaktive Notifications, Fernsteuerung von Apps auf dem Phone sowie Complications für Wear 2.0. Das sind nur Beispiele für die vielen Dinge, die Sie mit Wear-Uhren veranstalten können – eine erschöpfende Dokumentation über die Fähigkeiten von Android Wear finden Sie in der Entwickler-Dokumentation:

https://developer.android.com/training/building-wearables.html

Sollten Sie über keine Android-Uhr verfügen, können Sie zwar nicht die »Welt am Handgelenk« tragen, aber trotzdem eine Uhr im Emulator ausprobieren. Verwenden Sie den AVD-Manager, um virtuelle Wear-Hardware zu erstellen (siehe Abbildung 10.2). Falls es noch nicht geschehen ist, lädt AS via SDK Manager automatisch die nötige SDK-Erweiterung herunter.

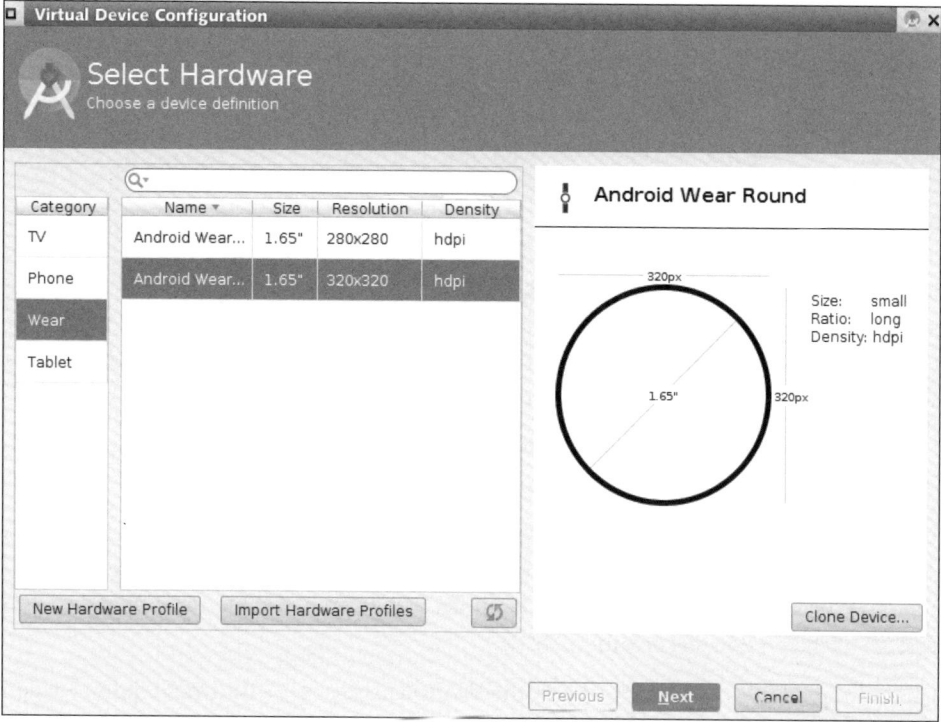

Abbildung 10.2 Erzeugen Sie mit dem AVD-Manager eine virtuelle Wear-Uhr. Sie haben die Wahl zwischen einem quadratischen und einem runden Exemplar.

Werfen wir zunächst einen Blick auf Wear-Funktionen, die ohne App auf der Uhr auskommen: spezielle Notifications.

10.2 Phone ruft Uhr

Ohne Ihr Zutun landen Notifications diverser Apps auch auf Ihrer Uhr. Dazu zählen alle Hinweise, die normalerweise am oberen Bildschirmrand des Handys eingeblendet werden. Erhalten Sie eine neue E-Mail oder SMS, vibriert die Uhr an Ihrem Handgelenk. Wenn Sie die Hand drehen, um aufs Display zu schauen, schaltet der Lagesensor die Beleuchtung an. Sie können dann die Benachrichtigung lesen und, falls es mehrere gibt, mit dem Finger von einer Karte zur nächsten wischen.

10.2.1 Notifications

Um Benachrichtigungen dieser Art besser an die Darstellung auf der Uhr anzupassen, können Sie ihnen zusätzliche Informationen mitgeben.

Eine normale Notification erzeugen Sie im einfachsten Fall wie folgt:

```
Notification n = new Notification(iconId, text, timestamp);
NotificationManager notificationManager =
  (NotificationManager) getSystemService(NOTIFICATION_SERVICE);
manager.notify(0,n);
```

Sie verwenden also einen Systemdienst, um eine zuvor erzeugte Notification darzustellen. Sie können eine ID eines Drawables, einen Text und einen Zeitstempel mitgeben. Übergeben Sie hier einfach `System.currentTimeMillis()`, also die aktuelle Zeit. Die Uhr sortiert die Benachrichtigungen nach diesem Wert.

Diese Vorgehensweise hat zwei Nachteile: Der zugehörige Konstruktor ist seit API 11 *deprecated*, und Sie können keine Wear-Extras hinzufügen.

Verwenden Sie stattdessen einen *NotificationBuilder* aus der Kompatibilitätsbibliothek AndroidX. Um das auszuprobieren, erstellen Sie ein neues Projekt namens `NotificationDemo`. Beachten Sie, dass Sie *nicht* Wear als Plattform auswählen müssen, das wird erst im nächsten Beispiel erforderlich.

Überschreiben Sie in der `MainActivity` die Methode `onResume()`, und verwenden Sie den `NotificationCompat.Builder`, um die Notification zu bauen. Ein Builder ist eine Klasse, der Sie mit verketteten `set`-Methoden die gewünschten Objekteigenschaften übermitteln, um dann durch Aufrufen der Methode `build()` das eigentliche Objekt zu erhalten:

```
NotificationCompat.Builder builder = new NotificationCompat.Builder(this)
  .setSmallIcon(R.mipmap.ic_launcher)
  .setVibrate(new long[] {400,700,500})
  .setContentTitle(getText(R.string.app_name))
  .setContentText(getText(R.string.hello_world))
  .setWhen(System.currentTimeMillis()+2000)
  .setDefaults(Notification.DEFAULT_ALL);
Notification notification = builder.build();
```

Auf diese Weise verpassen Sie der Notification der Reihe nach

- die Grafik `ic_launcher` als Icon,
- eine Intervallvibration,

- den Namen der App als Titel,
- »Hello World!« als Textinhalt und
- den Darstellungszeitpunkt (bestimmt die Reihenfolge).

Schließlich können Sie die Notification an den `NotificationManager` weiterreichen:

```
NotificationManagerCompat manager = NotificationManagerCompat.from(this);
manager.notify(1,notification);
```

Die Zahl 1 ist hierbei eine frei festzulegende ID. Abbildung 10.3 zeigt Ihnen, wie das Ergebnis auf der Uhr ausschaut.

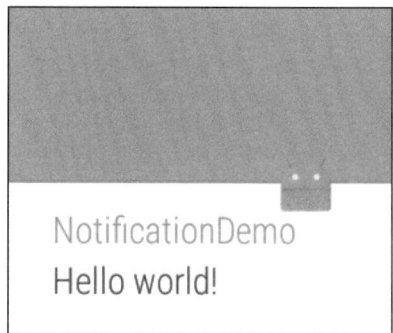

Abbildung 10.3 Eine Standard-Notification hat die Uhr erreicht.

10.2.2 »WearableExtender«

Um Wear-spezifische Eigenschaften hinzuzufügen, benötigen Sie den `WearableExtender`:

```
NotificationCompat.WearableExtender wearableExtender =
 new NotificationCompat.WearableExtender();
```

Auch dieser funktioniert wie ein Builder. Sie können also verschiedene `set`-Aufrufe verketten:

```
.setHintHideIcon(true)
.setBackground((
  (BitmapDrawable)   getResources().getDrawable(R.drawable.background))
    .getBitmap());
```

Dieses Beispiel versteckt das kleine Icon bei der Darstellung auf der Uhr (erster `set`-Aufruf) und ersetzt den einfarbigen Standardhintergrund durch eine Bitmap (zweiter `set`-Aufruf).

Da die Uhr nicht auf die Ressourcen Ihrer App zugreifen kann, genügt es hier nicht, die ID der gewünschten Grafik zu schicken. Stattdessen müssen Sie sich eine Bitmap beschaffen und diese verwenden.

Um der Notification die Erweiterungen hinzuzufügen, verwenden Sie die extend()-Methode des NotificationCompat.Builder:

```
.setWhen(...)
.extend(wearableExtender);
```

Wenn Sie diese Version testen, sehen Sie auf der Uhr eine individuelle Darstellung (siehe Abbildung 10.4).

Abbildung 10.4 Die individuelle Gestaltung von Notifications erhöht den Wiedererkennungswert Ihrer App (hier auf einer runden Uhr).

Bei der Gestaltung eines grafischen Hintergrunds müssen Sie beachten, dass es quadratische und runde Android-Uhren gibt. Letztere schneiden die Ecken eines Bildes gnadenlos weg, daher sollten Sie dort keine wichtigen Informationen wie etwa ein Firmenlogo unterbringen.

10.2.3 Interaktive Notifications

Möglicherweise soll der Nutzer Ihre Notification nicht nur zur Kenntnis nehmen, sondern darauf reagieren können, um beispielsweise auf dem Handy eine Activity zu starten. Sie können jeder Notification einen PendingIntent mitgeben, der über die Statusleiste oder auch von der Uhr aus gestartet werden kann.

Ein PendingIntent macht einen Intent zeitlich flexibel. Stellen Sie sich den Intent als einen Regionalzug vor, entspricht der PendingIntent der Verspätungsdurchsage am Bahnsteig.

```
PendingIntent pendingIntent =
  PendingIntent.getActivity(this,0,new Intent(this,MainActivity.class),0);
```

Dieses Objekt übergeben Sie dem Builder mit setContentIntent(). Daraufhin sieht die Darstellung auf der Uhr nicht viel anders aus als bisher, aber Sie können nach rechts wischen und finden dort die Option AUF TELEFON ÖFFNEN vor (siehe Abbildung 10.5). Tippen Sie dieses Bedienelement an, und auf dem Handy öffnet sich Ihre im Intent spezifizierte Activity.

Abbildung 10.5 Der »ContentIntent« erlaubt eine Reaktion auf eine Notification vom Handgelenk aus.

Viel mehr lässt sich mit Bordmitteln nicht erreichen. Um eigene Funktionen auf die Uhr zu bringen, müssen Sie eine richtige Wear-App schreiben.

10.3 Ein Wear-Projekt

Als Beispiel für ein Wear-Projekt greifen wir auf die *WegInsBuero*-App zurück. In den folgenden Abschnitten werden Sie dieser App eine Steuerung via Handgelenk hinzufügen. Sie finden das Projekt im Download-Angebot (*www.rheinwerk-verlag.de/5168*) im Verzeichnis *WegInsBueroWear*. Wenn Sie die Anleitung Schritt für Schritt selbst nachbauen wollen, beginnen Sie am besten mit einer Kopie des Projekts *WegInsBuero*.

10.3.1 »wear«-Modul hinzufügen

Keine Wear-App kommt ohne Gegenstück auf dem verknüpften Handy aus. Demzufolge besteht ein Wear-Projekt aus zwei Modulen: app und wear. Über einen Rechtsklick im

Package Explorer erreichen Sie die AS-Funktion NEW MODULE. Wählen Sie dort das WEAR OS MODULE (siehe Abbildung 10.6).

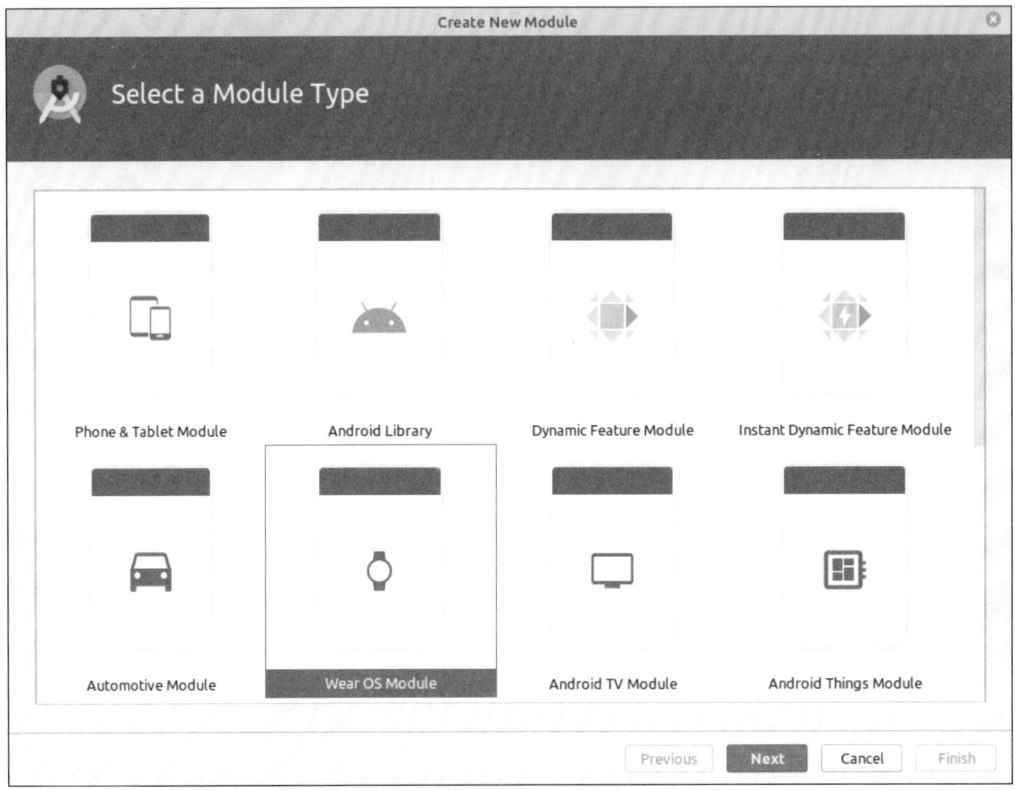

Abbildung 10.6 Fügen Sie dem vorhandenen Projekt ein »wear«-Modul hinzu.

Geben Sie als MODULE NAME wear ein. Minimum SDK sollte API 23 sein. Lassen Sie den Wizard schließlich eine BLANK ACTIVITY erzeugen (siehe Abbildung 10.7), und nennen Sie sie WearActivity. Das zugehörige Layout nennt der Wizard automatisch *activity_wear.xml*.

Falls Sie in der Activity einen Fehler gemeldet bekommen, prüfen Sie, ob der Wizard die richtigen Abhängigkeiten in der build.gradle hinzugefügt hat:

```
dependencies {
    implementation 'com.google.android.support:wearable:2.7.0'
    compileOnly 'com.google.android.wearable:wearable:2.7.0'
}
```

Wohlgemerkt kommt hier AndroidX nicht vor. Mit Stand AS 4.0.0 erzeugt der Wizard leider Code mit AndroidX-Klassen, die aber nicht mit denen aus Support:Wearable zusammenpassen. Es ist aber ohne Weiteres möglich, AndroidX-Elemente z. B. aus dem Layout rauszuwerfen.

Der Wizard erzeugt eine Activity mit einer TextView darin. Wenn Sie möchten, können Sie jetzt bereits Ihre Uhr (oder einen Wear-Emulator) starten, um sich das Resultat anzuschauen. Als Nächstes beschäftigen wir uns mit den Details.

Abbildung 10.7 Fügen Sie dem »wear«-Modul eine leere Activity hinzu.

10.3.2 Rund oder eckig?

Es gibt runde und quadratische Wear-Uhren. Es ist möglich, für beide nur ein Layout anzulegen oder unterschiedliche. Dazu müssen Sie nur wissen, dass Android bei runden Uhren auf Ressource-Verzeichnisse mit Postfix -round zugreift. Sie können also unterschiedliche Layouts definieren, falls Sie das möchten. Das eckige ist der Standard, für alle Abweichungen, die für runde nötig sind, verwenden Sie passende alternative Ressourcen, egal ob es Layouts, Strings oder Styles sind. Bei runden Uhren müssen Sie sich einfach vorstellen, dass Sie die Ecken nicht mit Inhalten verzieren können – sie wären einfach unsichtbar, quasi außerhalb des Zifferblatts.

Am besten erstellen Sie zwei AVD – rund und eckig. Dann können Sie beide Varianten leicht testen, selbst wenn Sie nur eine Uhr besitzen (oder gar keine).

Weitere Arbeiten am Layout funktionieren genau wie beim klassischen Smartphone, z. B. mit `findViewById()`.

10.3.3 Wear-Apps installieren

Falls Sie eine echte Wear-Uhr besitzen, können Sie Ihre App auch darauf testen. Zunächst müssen Sie via Wear-App das Debugging über Bluetooth einschalten. Anschließend machen Sie sich auf der Uhr zum Entwickler, indem Sie unter EINSTELLUNGEN • INFO siebenmal die Build-Nummer antippen (genau wie auf Telefonen oder Tablets). Daraufhin erscheint unter den Einstellungen der Menüpunkt ENTWICKLEROPTIONEN. Schalten Sie dort ADB-DEBUGGING und DEBUGGING ÜBER BLUETOOTH an.

Jetzt wird es ein wenig kompliziert: Sie müssen auf Ihrem Handy eine Weiterleitung der Android Debug Bridge `adb` installieren. Geben Sie dazu im Terminal (Linux/macOS) bzw. in der Eingabeaufforderung (Windows) folgende Befehle ein:

`adb forward tcp:4444 localabstract:/adb-hub`

`adb connect localhost:4444`

Dies erfordert, dass sich das `adb`-Tool im ausführbaren Pfad befindet. Sollte das nicht der Fall sein und erhalten Sie die Meldung, `adb` sei unbekannt, fügen Sie den Pfaden für ausführbare Dateien das Verzeichnis *android-sdk/platform-tools* hinzu.

Wenn die Befehle erfolgreich ausgeführt wurden, sehen Sie in der Benachrichtigungsleiste Ihres Telefons eine stilisierte Uhr, die signalisiert, dass Debugging über Bluetooth aktiv ist.

Starten Sie jetzt die Wear-App, indem Sie in der Auswahlbox für Startkonfigurationen (links neben dem bekannten grünen Pfeil) WEAR auswählen und im Android-Fenster als Gerät Ihre Uhr (oder den Wear-Emulator). Voilà, Ihre Wear-App läuft! Sie können sie später auf dem Gerät erneut starten, indem Sie zweimal auf das Display tippen, in der Liste der Favoriten ganz nach unten wischen und auf STARTEN ... tippen. Dort finden Sie die Liste aller installierten Apps, und Ihre wird anfangs ganz unten stehen. Nach einem Start über diesen Weg wird sie automatisch zum Favoriten und ist schneller auffindbar.

10.4 Uhr ruft Phone

Die Aufgabe der Wear-App wird es sein, das Aufzeichnen des Weges durch den `WegAufzeichnungService` zu starten und zu stoppen. Dazu sind zwei Buttons erforderlich, die Sie dem Layout `activity_wear.xml` hinzufügen. Nennen Sie die Buttons »start« und »stop«, und verpassen Sie ihnen die passenden Aufschriften. Beachten Sie dabei, dass die Wear-

App über eigene Ressourcen verfügt: Sie können also nicht die vorhandenen Strings des alten Moduls verwenden, sondern müssen neue anlegen (siehe Abbildung 10.8).

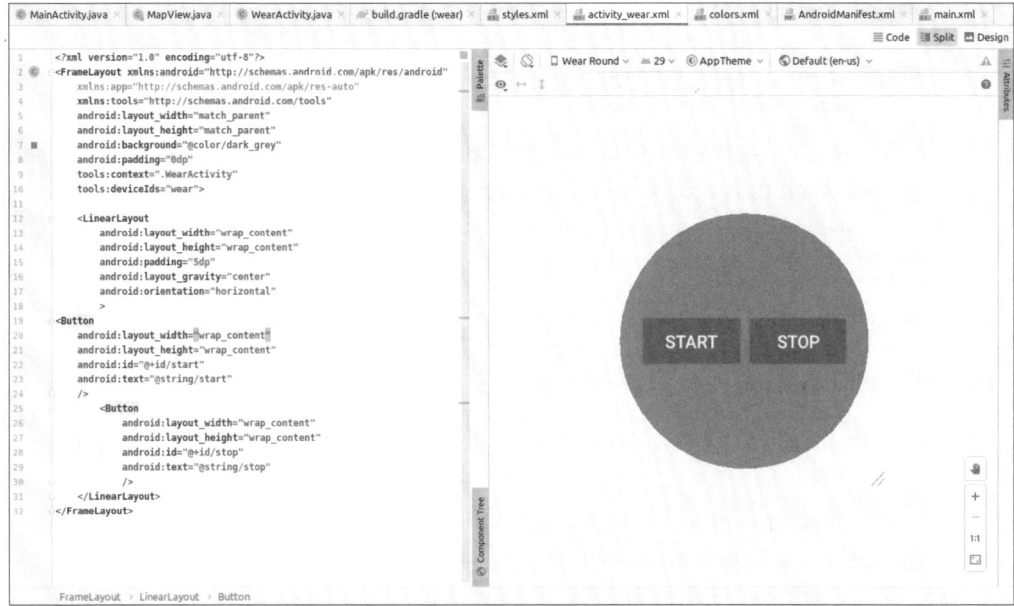

Abbildung 10.8 Sorgen Sie dafür, dass Ihre Layouts auf dem jeweiligen Gerät gut lesbar sind.

10.4.1 Buttons verdrahten

Als Nächstes müssen Sie die Buttons verdrahten. Lassen Sie uns mal wieder die Java-8-Variante mit Methodenreferenzen verwenden. Aktivieren Sie, falls nötig, zunächst die Java-8-Unterstützung in den Projekteinstellungen.

```
@Override
protected void onCreate(Bundle savedInstanceState) {
    super.onCreate(savedInstanceState);
    setContentView(R.layout.activity_wear);
    findViewById(R.id.start).setOnClickListener(this::onStartClicked);
    findViewById(R.id.stop).setOnClickListener(this::onStopClicked);
}
private void onStopClicked(View view) {
}
private void onStartClicked(View view) {
}
```

Natürlich können Sie ebenso gut die klassische Variante wählen und Ihre Activity den onClickListener implementieren lassen. Letztlich bleibt es Ihrer Vorliebe überlassen.

Jetzt fehlt nur noch die Steuerung des WegAufzeichnungService.

10.4.2 Den Service fernsteuern

Um von der Uhr aus Nachrichten wie *start* und *stop* an den Service zu senden, benötigen Sie einen Kommunikationskanal namens *NodesApi*. Fügen Sie der *build.gradle* des Wear-Moduls die nötige Abhängigkeit hinzu:

```
dependencies {
  ...
  implementation ('com.google.android.gms:play-services-wearable:17.0.0') {
    exclude(group: "androidx.core")
  }
}
```

Wie Sie sehen, ist es nötig, das enthaltene androidx hier zu unterbinden, weil die Klassen darin in Konflikt mit Wear-Klassen stehen.

Um die NodesApi zu verwenden, benötigen Sie einen *GoogleApiClient*. Den holen Sie sich in der onCreate()-Methode:

```
private GoogleApiClient mGoogleApiClient;
...
mGoogleApiClient = new GoogleApiClient.Builder(this)
  .addApi(Wearable.API).build();
```

Danach befehlen Sie dem Client, sich mit dem Handy zu verbinden:

```
mGoogleApiClient.connect();
```

Der Einfachheit halber erspare ich Ihnen jeglichen Code zur Fehlerbehandlung.

Nun können Sie Nachrichten versenden. Dazu schreiben Sie am besten eine kurze Funktion sendMessageToHandheld():

```
private void sendMessageToHandheld(final String message) {
  if (mGoogleApiClient == null) return;
  final PendingResult<NodeApi.GetConnectedNodesResult> result
    = Wearable.NodeApi.getConnectedNodes(mGoogleApiClient);
  result.setResultCallback(new ResultCallback<NodeApi.GetConnectedNodesResult>()
```

```
  {
    @Override
    public void onResult(NodeApi.GetConnectedNodesResult result) {
      final List<Node> nodes = result.getNodes();
      if (nodes != null) {
        for (int i=0; i<nodes.size(); i++) {
          final Node node = nodes.get(i);
            Wearable.MessageApi.sendMessage(mGoogleApiClient,
              node.getId(), message, null);
        }
      }
    }
  });
}
```

Der Code ist leider ein bisschen unübersichtlich. Lenken Sie Ihren Blick auf die hervorgehobenen Stellen: Zunächst wird ein `PendingResult` erzeugt, der im Hintergrund die verbundenen Geräte (`result`) ermittelt. Der innere `ResultCallback` führt dann in `onResult()` die eigentliche Aufgabe durch: Mittels `sendMessage()` wird an alle verbundenen nodes (normalerweise nur Ihr Handy) die gewünschte Nachricht `message` geschickt.

Jetzt müssen Sie nur noch in `onClick()` auf die Eingaben des Nutzers reagieren, indem Sie die passende Nachricht schicken:

```
public void onClick(View view) {
  if(view.getId()==R.id.start) {
    sendMessageToHandheld("start");
  }
  if(view.getId()==R.id.stop) {
    sendMessageToHandheld("stop");
  }
}
```

So weit, so gut – starten Sie die App ruhig auf der Uhr. Aber es fehlt natürlich der Code für die Gegenseite. Dazu kommen wir im nächsten Abschnitt.

10.4.3 NodesAPI-Nachrichten empfangen

Damit die App auf dem Handy jederzeit Nachrichten empfangen kann, muss sie im Hintergrund lauern. Selbstverständlich geht das nur mit einem Service. Glücklicherweise haben die Kollegen von Google Ihnen den größten Teil der Arbeit abgenommen, indem sie eine passende Klasse geschrieben haben, von der Ihr eigener Service ableiten kann. Um die Details der phoneseitigen Kommunikation müssen Sie sich nicht mehr kümmern.

Die fragliche Klasse namens `WearableListenerService` befindet sich in einer Bibliothek, die Sie in der Datei *build.gradle* des app-Moduls als Dependency hinzufügen müssen:

```
dependencies {
  ...
  implementation 'com.google.android.gms:play-services-wearable:7.0.0'
  wearApp project(':wear')
}
```

Die zweite Zeile sorgt dafür, dass der Build-Prozess später das wear-Modul der APK hinzufügt. Falls sie noch fehlt, ist jetzt ein guter Zeitpunkt, um sie hinzuzufügen.

Schreiben Sie nun den neuen Service:

```
public class WearSteuerungService extends WearableListenerService {
}
```

Natürlich müssen Sie diesen Service im Android-Manifest anmelden:

```
<service android:name=".WearSteuerungService">
  <intent-filter>
    <action android:name="com.google.android.gms.wearable.BIND_LISTENER" />
  </intent-filter>
</service>
```

Wie Sie sehen, erhält der Service einen Intent-Filter, der dafür sorgt, dass er in Aktion tritt, sobald das wear-Modul eine Verbindung herstellen möchte.

Immer wenn die Basisklasse eine Nachricht via NodesAPI erhält, ruft sie die Methode `onMessageReceived()` auf, die Sie einfach überschreiben:

```
@Override
public void onMessageReceived(MessageEvent messageEvent) {
  super.onMessageReceived(messageEvent);
}
```

Jetzt müssen Sie nur noch den Nachrichtentext aus `messageEvent` auslesen, indem Sie `getPath()` aufrufen und entsprechend reagieren:

```
String message = messageEvent.getPath();
if("start".equalsIgnoreCase(message)) {
  startService(new Intent(this, WegAufzeichnungService.class));
}
if("stop".equalsIgnoreCase(message)) {
  stopService(new Intent(this, WegAufzeichnungService.class));
}
```

Sie führen also dieselben Kommandos aus, als würde der Nutzer die dazugehörigen Buttons in der `MainActivity` des Handys drücken.

Sie verzichten lediglich darauf, den Handler für die Benachrichtigung bei neuen Wegabschnitten zu setzen – kein Wunder, die zuständige Activity kann ja ohne Weiteres im Hintergrund sein. Holt der Nutzer sie nach vorn, wird sie in `onResume()` ohnehin den Handler setzen und die aktuellen Wegdaten vom Service abrufen.

Bevor Sie die App jetzt starten, müssen Sie noch ein kleines Hindernis umschiffen: Die Kommunikation via `GoogleApiClient` funktioniert ausschließlich in Release-APKs. Es ist also der Zeitpunkt gekommen, ein Gesamt-APK zu erzeugen und manuell auf dem Handy zu installieren. In dem Fall wird das `wear`-Modul automatisch mitinstalliert. Deinstallieren Sie zuvor die Debug-Versionen des `app`- und des `wear`-Moduls.

10.5 Wear 2.x

Auf der Entwicklerkonferenz IO hat Google im Mai 2016 eine gründlich renovierte Version des Wear-Betriebssystems angekündigt. Seit Mai 2017 ist die Version endlich erhältlich – und sie bringt zahlreiche Verbesserungen. Zu den Highlights zählen:

- *Complications*: Widget-Apps auf dem Zifferblatt
- virtuelle Tastatur, *Smart Replies* und Handschrifterkennung, um Nachrichten direkt auf der Uhr zu schreiben
- Apps können unabhängig vom Handy laufen.
- Netzwerkverbindung über Bluetooth, WLAN oder Mobilfunk
- überarbeitete Benutzeroberfläche

Um eine App für Wear 2.0 zu schreiben, müssen Sie das SDK in Version 24 oder höher sowie ein Emulator-Image für die Uhr installieren (wenn Sie keine Wear 2.0-Uhr besitzen). Beides lässt sich wie üblich über den SDK Manager erledigen.

Erstellen Sie dann ein neues Projekt, wählen Sie WEAR und als Minimum-SDK-Version ANDROID NOUGAT, und entfernen Sie den Haken bei PHONE AND TABLET. Lassen Sie sich im nächsten Schritt eine leere Activity erzeugen.

Wie gehabt erzeugt der Wizard Layout-XMLs für eckige und runde Uhren sowie eine Activity-Klasse, die automatisch das richtige Layout lädt.

Lassen Sie uns als erstes Beispiel eine »Komplikation« schreiben, die die Mondphase auf dem Zifferblatt anzeigt.

10.5.1 Complications

Für die konkrete Anzeige von Complications ist das jeweilige Zifferblatt zuständig, nicht Ihre App. Das ermöglicht dem Zifferblatt, die gewünschten Daten optisch passend darzustellen: mit der richtigen Schriftart, eingefärbt in der richtigen Farbe und so weiter. Als *Complications Provider* muss Ihre App lediglich die gewünschten Daten zur Verfügung stellen. Dafür kommen kurze oder längere Texte oder auch monochrome Icons infrage. Die Zifferblatt-App wird dann in regelmäßigen Abständen die aktuellen Daten von Ihrer App abrufen, um sie darzustellen.

Nicht alle Zifferblätter unterstützen Complications, aber es ist davon auszugehen, dass dies früher oder später Standard auf Wear 2.0 wird.

Beachten Sie, dass ich in diesem Projekt AndroidX noch nicht verwende, sondern die letzte Version der support-Library (28). So gibt es weniger Komplikationen beim Bau der Complications.

Die eigentliche Berechnung der Mondphase überlassen wir einer Open-Source-Java-Klasse aus dem Netz (nicht abgedruckt, aber im Download-Angebot zu finden). Die Klasse heißt MoonPhase. Sie besitzt einen Konstruktor, der ein aktuelles Kalender-Objekt als Parameter erwartet. Daraufhin bietet die Klasse mehrere Funktionen an, um die Mondphase zu ermitteln. Wir wählen eine simple Funktion getPhaseIndex(), die eine Zahl von 0 bis 7 zurückgibt. Dabei bedeutet die 0 Neumond, die 2 zunehmenden Halbmond, die 4 Vollmond und so weiter. Die acht Icons dürfen wir dem Open-Source-Projekt entnehmen, sie erhalten die Dateinamen *phase0.png* bis *phase7.png*.

Sie können zunächst die Activity erweitern, um zu prüfen, ob die Mondphase richtig berechnet wird:

```
protected void onCreate(Bundle savedInstanceState) {
super.onCreate(savedInstanceState);
setContentView(R.layout.activity_main);
final WatchViewStub stub = (WatchViewStub) findViewById(R.id.watch_view_stub);
```

```java
stub.setOnLayoutInflatedListener(new WatchViewStub.OnLayoutInflatedListener() {
  @Override
  public void onLayoutInflated(WatchViewStub stub) {
      MoonPhase moonPhase = new MoonPhase(Calendar.getInstance());
      mTextView = (TextView) stub.findViewById(R.id.text);
      mTextView.setText("Mondphase: " + moonPhase.getPhaseIndex());
    }
  });
}
```

Wenn Sie den mit dem Nougat-SDK versehenen Wear-Emulator vorbereitet haben, erscheint beim Start der App die runde Uhr mit der simplen Textanzeige der Mondphase.

Erstellen Sie nun den Complications Provider. Das ist ein sehr einfacher Service, der die Funktion `onComplicationUpdate()` implementieren muss. Diese wird später vom Zifferblatt aufgerufen.

```java
public class MoonphaseProviderService extends ComplicationProviderService {
  private int[] MOONPHASE_ICONS = {R.drawable.phase0,R.drawable.phase1,
        R.drawable.phase2,R.drawable.phase3,R.drawable.phase4,
        R.drawable.phase5,R.drawable.phase6,R.drawable.phase7};

  @Override
  public void onComplicationUpdate(int complicationId, int dataType,
    ComplicationManager complicationManager) {

      if(dataType== ComplicationData.TYPE_SMALL_IMAGE) {
         MoonPhase moonPhase = new MoonPhase(Calendar.getInstance());
         Icon icon = Icon.createWithResource(getApplicationContext(),
           MOONPHASE_ICONS[moonPhase. getPhaseIndex()]);
         ComplicationData complicationData = new ComplicationData.Builder(
           ComplicationData.TYPE_SMALL_IMAGE). setSmallImage(icon).build();
         complicationManager.updateComplicationData(complicationId,
           complicationData);
      }
   }
}
```

Sie sehen, dass die Implementierung lediglich das richtige Icon ermittelt und an den `ComplicationManager` weiterreicht. Die Icons sind acht Bilder, die über ein Array referenziert werden, das die jeweiligen Resource-IDs enthält.

Jetzt müssen Sie nur noch den Provider im Manifest anmelden, und zwar innerhalb des Elements `<application>`:

```
<service android:name=".MoonphaseProviderService"
         android:label="@string/complications_provider_moonphase"
         android:icon="@drawable/phase4">
  <intent-filter>
    <action android:name="android.support.wearable.complications.
    ACTION_COMPLICATION_UPDATE_REQUEST"/>
  </intent-filter>
  <meta-data android:name="android.support.wearable.complications.
    SUPPORTED_TYPES"
             android:value="SMALL_IMAGE"/>
  <meta-data android:name="android.support.wearable.complications.
    UPDATE_PERIOD_SECONDS"
             android:value="120"/>
</service>
```

Der Service erfordert einen String als Label und ein Icon. Beide erscheinen später in der Auswahlliste. Als Bildchen verwenden wir hier einfach den Vollmond, also *phase4.png*.

Bevor Sie Ihre Complication anzeigen können, müssen Sie ein Zifferblatt einstellen, das das kann. Wischen Sie nach links, um die Zifferblatt-Favoriten anzuzeigen. Tippen Sie auf ADD MORE FAVORITES, und wählen Sie ELEMENTS DIGITAL aus. Unter der Zifferblatt-Vorschau erscheint ein Zahnrad für die Einstellungen. Hier können Sie Complications auswählen, und zwar einmal für den oberen und einmal für den unteren Slot. Zunächst wählen Sie als Complications Provider Ihre App, dann die Mondphase. Fertig. Die Uhr sollte jetzt die Mondphase anzeigen (siehe Abbildung 10.9).

Abbildung 10.9 Ein Watch Face mit zwei Complications: Oben erscheint unsere Mondphasenberechnung.

10.6 Fazit

Android Wear 1.x steckte in den sprichwörtlichen Kinderschuhen. Zwar verfügten die meisten Uhren über Sensoren für Beschleunigung und Pulsschlag (ist Ihnen das dafür zuständige grüne Licht an der Gehäuseunterseite aufgefallen?), sodass Sie theoretisch die Lebenszeichen Ihrer ganzen Familie mit einem Haufen klobiger Uhren und kommunizierender Apps überwachen könnten. Aber für »vernünftige« Anwendungen wie diese brauchen Sie immer noch je ein mit der jeweiligen Uhr verbundenes Handy, und wenn ein Familienmitglied vergisst, die Uhr abends ans Ladegerät anzuschließen, sieht die ganze Angelegenheit ziemlich schnell ziemlich makaber aus. Immerhin ist mit Wear 2.0 bzw. Wear OS Besserung eingetreten. Jetzt müssen die Dinger nur noch billiger werden. Deutlich billiger. Denn die meisten Nutzer begnügen sich derzeit mit Uhren, die lediglich per Bluetooth ein paar Fitnessdaten mit einer App austauschen. Der Spaß ist auch deutlich billiger – und der Akku hält auch länger als nur einen Tag. Der Mehrwert eines mehrere hundert Euro teuren, frei programmierbaren Minicomputers am Handgelenk ist da tatsächlich etwas begrenzt.

Kapitel 11
Tipps und Tricks

»Tricks kenn ich nicht. Bloß Flüche und Verwünschungen.«
Magister Magicus Krassus der Fürchterliche

Bisher habe ich Ihnen einige Möglichkeiten, die Android bietet, anhand von Beispiel-Apps vorgeführt. Eine ganze Reihe Tricks habe ich dabei bereits eingeflochten, aber an einigen Stellen hätte ich Sie zu weit vom Pfad des Erfolgs fortgelockt, wenn ich mich nicht auf das Wesentliche konzentriert hätte. Deshalb reiche ich Ihnen an dieser Stelle einen Stapel Tipps nach, ohne dafür in allen Fällen eine Beispiel-App zu basteln. Inzwischen verfügen Sie über genug Grundlagen, um meine Tipps an der richtigen Stelle nutzen zu können.

11.1 Views mit Stil

Die Android-Oberfläche – bestehend aus Textfeldern, Buttons etc. – sieht an sich ganz hübsch aus, hat aber zwei Nachteile:

- Fast jeder Smartphone-Hersteller passt das Aussehen an seine Vorstellungen an, sodass Apps auf verschiedenen Phones unterschiedlich aussehen.
- In Spielen sehen graue Buttons mit Hervorhebungen in Orange (oder Blau oder Grün, je nach Hersteller) meist billig aus.

Wenn Sie Ihrer App einen einheitlichen, eigenen Stil verpassen wollen, müssen Sie das Standarderscheinungsbild überschreiben. Wie das funktioniert, zeige ich Ihnen in den folgenden Abschnitten auf Basis des Projekts *Schrittzaehler2*. Sie finden den Code in unserem Paket unter dem Namen *Schrittzaehler3*.

11.1.1 Hintergrundgrafiken

Wenn Ihnen die grauen Standard-Buttons nicht gefallen, können Sie einfach deren Hintergrundgrafik austauschen. Sie können ein Grafikprogramm wie Inkscape verwenden, um einen alternativen Hintergrund zu basteln. Zeichnen Sie beispielsweise ein Rechteck mit runden Ecken, farbiger Fläche, Schatten oder einem Flammen-Effekt am Rand (siehe Abbildung 11.1).

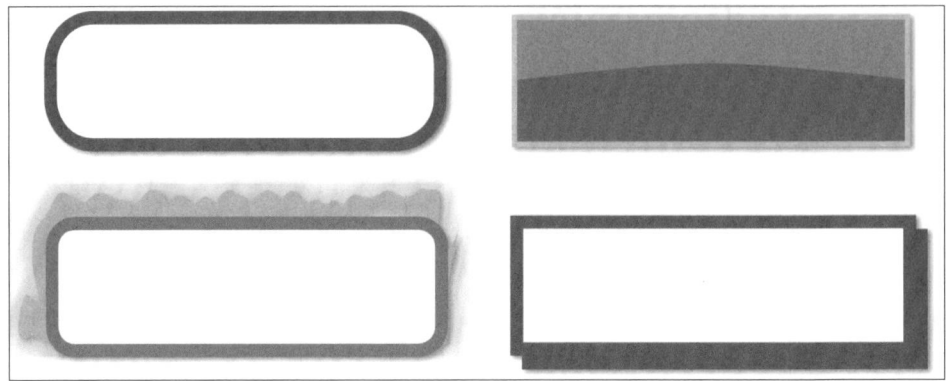

Abbildung 11.1 Mit jedem Grafikprogramm können Sie leicht Button-Hintergründe nach eigenen Vorstellungen gestalten.

Speichern Sie Ihren Hintergrund als PNG-Grafik im Verzeichnis *drawable* oder *mipmap*. Das PNG-Format unterstützt im Gegensatz zu JPG Alpha-Transparenz, sodass Sie wirklich runde Ecken und andere Effekte erzeugen können, die ziemlich flott ausschauen.

Stellen Sie dann einfach im Layout-Editor für Ihre Buttons den richtigen Hintergrund ein, indem Sie Ihre Grafik als Attribut BACKGROUND setzen (siehe Abbildung 11.2). Prinzipiell funktioniert das für alle Views, z. B. auch für EditText.

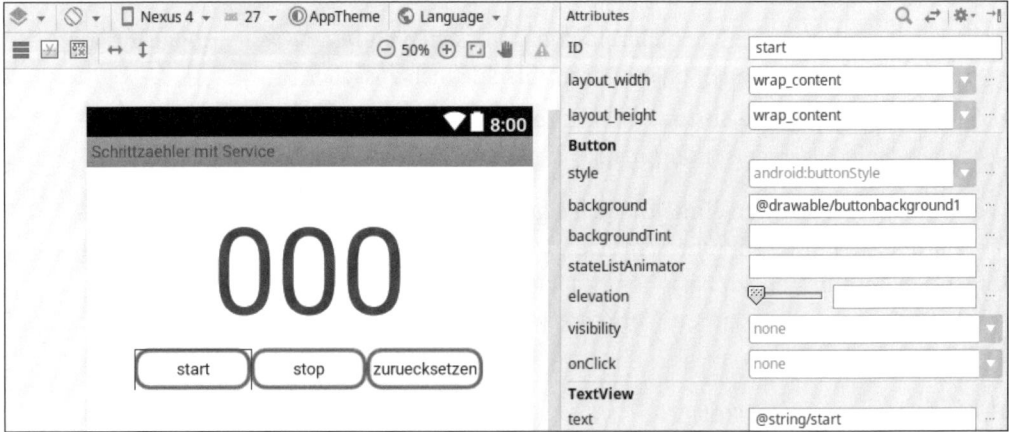

Abbildung 11.2 Eigene Button-Hintergründe verschönern die Schrittzähler-App.

Ihnen werden sofort ein paar Nachteile dieser Methode auffallen:

- Sie müssen das BACKGROUND-Attribut für jeden Button einzeln ändern.
- Die Buttons nehmen die Breite der Grafik an. Ist die Schrift länger als die Grafik, wird diese horizontal gestreckt. Das sieht nicht schön aus.

Der nächste Abschnitt erklärt Ihnen, wie Sie alle Buttons auf einen Streich mit einer Hintergrundgrafik versehen können.

11.1.2 Styles

Ein Android-Style ist eine Zusammenfassung mehrerer View-Eigenschaften unter einem Namen. Anstatt allen Views jede Eigenschaft einzeln zu verpassen, genügt es, ihnen den Style zuzuweisen.

Sie können mehrere Styles in einer Resource-Datei speichern. Öffnen Sie die Resource-Datei namens *styles.xml* im Verzeichnis *res/values*.

Fügen Sie anschließend mit dem Resource-Editor ein neues Style-Element ein, das `rundeButtons` heißt. Dieser Style erhält vorläufig ein `Item`, das so heißen muss wie das entsprechende View-Attribut, in diesem Fall also `android:background`. Als Wert tragen Sie eine Referenz auf die gewünschte Hintergrundgrafik ein. Achten Sie auch darauf, dem Namen der Grafik das magische `@drawable/` (bzw. `@mipmap/`) voranzustellen und auf die Dateiendung (*.png*) zu verzichten:

```
<style name="rundeButtons" >
  <item name="android:background" >
     @drawable/buttonbackground1</item>
</style>
```

Sie können dem Style beliebig viele weitere Attribut-Items hinzufügen, beispielsweise TEXTCOLOR. Im Fall von Buttons sollten Sie auf jeden Fall das GRAVITY-Attribut auf den Wert `center` setzen. Denn Ihr Style *ersetzt* den Standard-Style, und ohne `center` würden die Beschriftungen in der linken oberen Ecke der Buttons landen.

Weisen Sie schließlich den Buttons Ihren Style mit dem Layout-Editor als Attribut zu.

Immerhin können Sie jetzt verschiedenen Buttons einen einheitlichen Stil zuweisen, und bei Änderungen des Stils ändert sich das Erscheinungsbild aller Buttons automatisch. Sie müssen aber weiterhin jeden einzelnen Button mit dem `style`-Attribut versehen. Das geht natürlich noch effizienter.

11.1.3 Themes

Wenn Sie eine App mit mehr als einem Button oder gar mehrere Styles für unterschiedliche View-Typen gebastelt haben, dann können Sie auf einen Schlag alle Styles sämtlichen Views zuordnen, indem Sie die Styles zu einem *Theme* zusammenfassen.

Themes sind Sammlungen von Styles. Sie können ein Theme einer Activity oder Ihrer ganzen App zuweisen. Allerdings wendet Android dann jeden Style, den Sie definiert haben, auf jede infrage kommende View an. Im Fall des `background`-Attributs ist das natürlich nicht das, was Sie wollen – es sei denn, Sie mögen Ihre Hintergrundgrafik so sehr, dass es Sie nicht stört, wenn der Bildschirm voll davon ist. Sie müssen also dafür sorgen, dass die Button-Styles nur auf Buttons angewendet werden.

Das ist aber nicht alles: Ein Theme muss sich um das Aussehen *aller* Views kümmern. Es kann freilich nicht in Ihrem Sinne sein, diese unzähligen Styles alle selbst festzulegen. Deshalb gibt es die Möglichkeit, ein Theme zu erstellen, das alle Werte eines anderen Themes *erbt* und nur ausgewählte überschreibt. Genau das tut der AS-Wizard, wenn er ein neues Projekt erzeugt: Er schreibt ein leeres Theme in die Datei `styles.xml`:

```xml
<!-- Base application theme. -->
<style name="AppTheme"
    parent="android:Theme.Light">
  <!-- Customize your theme here. -->
</style>
```

Technisch ist ein Theme ein Style. Das `AppTheme` erbt von einem Standard-Theme und enthält zunächst keine Änderungen – übernimmt also alle Eigenschaften des Eltern-Themes.

Welche Themes Android Ihnen als mögliche Eltern zur Verfügung stellt, verrät Ihnen die Syntaxvervollständigung im `parent`-Attribut. Fügen Sie dem neuen Theme ein Item mit dem Namen `android:buttonStyle` hinzu. Wie Sie leicht erraten können, ist das der Style, den Android für Buttons verwendet. Dessen Wert ändern Sie einfach in Ihren eigenen Style, indem Sie dessen Namen eintragen. Vergessen Sie nicht das `@style/`-Präfix:

```xml
<style name="AppTheme"
    parent="android:Theme.Light">
  <item name="android:buttonStyle">@style/rundeButtons</item>
</style>
<style name="rundeButtons" >
  <item name="android:background">@drawable/buttonbackground1</item>
</style>
```

Fertig! Jetzt können Sie im Layout-Editor oder auf dem Gerät das neue Theme bewundern.

11.1.4 Button-Zustände

Ihr Button besitzt jetzt genau eine Hintergrundgrafik. Das bedeutet, dass es keinen sichtbaren Unterschied gibt zwischen einem normalen, einem gedrückten und einem unbenutzbaren Button. Anstelle *einer* Hintergrundgrafik müssten Sie also *mehrere* hinterlegen. Aber wie soll das funktionieren, wenn es nur ein background-Attribut gibt?

Der Trick besteht darin, als background-Attribut nicht direkt auf die Hintergrundgrafik verweisen zu lassen, sondern auf eine *Liste* von Grafiken. Eine solche Liste ist eine besondere Resource-Datei, die im *drawable*-Verzeichnis liegt. Anstelle einer Grafik lädt Android dann diese Liste und verarbeitet sie.

Erstellen Sie also eine neue Resource-Datei namens *button.xml* mit dem Android-Wizard. Die Datei erhält den Wurzelknoten selector:

```xml
<?xml version="1.0" encoding="utf-8"?>
<selector xmlns:android="http://schemas.android.com/apk/res/android">
</selector>
```

Für jeden Button-Status benötigen Sie ein item-Element, das einem Status eine Grafik zuordnet. Sehen Sie sich das folgende Beispiel an:

```xml
<?xml version="1.0" encoding="utf-8"?>
<selector xmlns:android="http://schemas.android.com/apk/res/android">
  <item android:drawable="@drawable/buttonbackground4"
        android:state_pressed="true"/>
  <item android:drawable="@drawable/buttonbackground2"
        android:state_pressed="false"/>
</selector>
```

Der Hintergrund buttonbackground4 (hellgrüner Rand) wird dem Status pressed (also »gedrückt«) zugewiesen, während buttonbackground2 (blauer Rand) »nicht gedrückt« bedeutet.

Es gibt eine Reihe von Zuständen, denen Sie Grafiken zuordnen können:

- focused
- selected
- enabled
- pressed

Auch Kombinationen sind möglich.

Auf ganz ähnliche Weise können Sie für andere Views multiple Hintergrundgrafiken festlegen, beispielsweise für Checkboxen. Da gibt es dann den Zustand checked, dem Sie ein Bild mit einem Haken zuordnen sollten.

11.1.5 9-Patches

Kehren wir zu einem weiteren Ausgangsproblem der eigenen Button-Hintergründe zurück: Je nach Größe des Buttons erscheint die Hintergrundgrafik verzerrt.

Glücklicherweise verfügt Android über ein erstaunlich einfaches Hilfsmittel, um dieses Problem zu lösen, ohne dass Sie haufenweise Grafiken für unterschiedliche Seitenverhältnisse bereitstellen müssen. Das Zauberwort lautet *9-Patch*.

Ein 9-Patch ist eine normale PNG-Grafik, die von einem ein Pixel breiten Rahmen umgeben ist. Der obere und der linke Rand dieses Rahmens bestimmen durch gesetzte Pixel, welcher Bereich der Grafik gestreckt werden darf und welcher nicht.

Bevor Sie jetzt anfangen, in Ihrem bevorzugten Bildbearbeitungsprogramm einzelne Pixel mit der Lupe zu verschieben, starten Sie besser ein kleines Tool, das Teil von AS ist. Erzeugen Sie einfach eine neue, leere PNG-Grafik in der gewünschten Größe mit einem Grafikprogramm Ihrer Wahl. Verpassen Sie der Datei die Endung .9.png und legen Sie sie in ein drawable-Verzeichnis. Dann doppelklicken Sie sie in Android Studio, um den 9-Patch-Editor zu öffnen. Setzen Sie einen Haken bei SHOW PATCHES. Anschließend können Sie mit der Maus bequem einstellen (siehe Abbildung 11.3), welcher Bereich nicht gestreckt wird (grüne Flächen) und wo der Inhalt erscheinen soll (violette Fläche).

Android unterscheidet Grafiken nur anhand ihres Dateinamens ohne Endung. Deshalb muss Ihr 9-Patch einen anderen Namen erhalten, sonst weiß Ihre App nicht, ob sie das 9-Patch oder dessen Ursprungsgrafik verwenden soll. Ändern Sie einfach in Ihrem Style den Namen des Drawables, damit das 9-Patch verwendet wird.

Übrigens genügt es völlig, anstelle eines länglichen einen quadratischen 9-Patch zu basteln – der innere Bereich wird ohnehin skaliert. Eine quadratische Grafik ist kleiner und verbraucht weniger Speicher.

Natürlich funktionieren 9-Patches nicht nur als Button-Hintergrund, sondern beispielsweise auch bei EditText-Views.

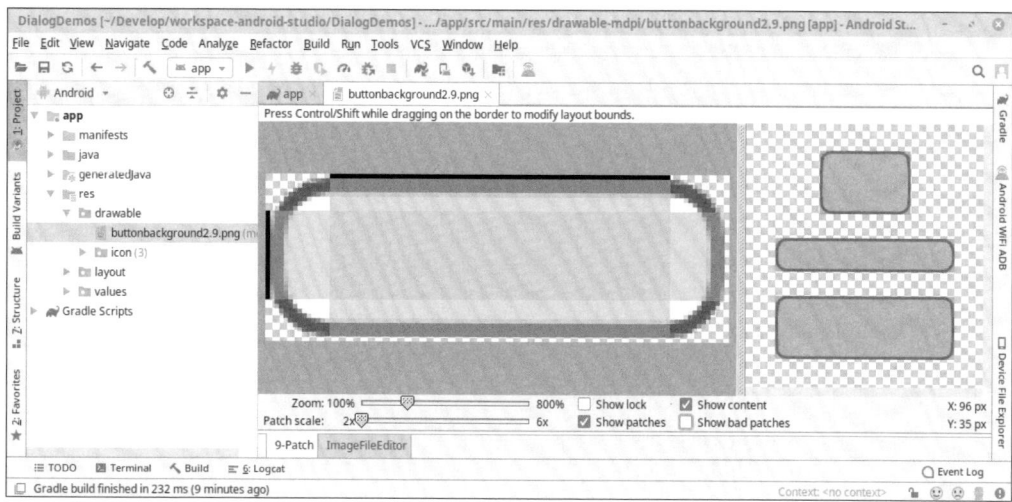

Abbildung 11.3 Markieren Sie im 9Patch-Editor jenen Bereich Ihrer Grafik, der gestreckt werden darf.

11.1.6 Shape Drawables

Heutzutage läuft Ihre App theoretisch auf einigen Tausend Android-Geräten – von Handys über Tablets und Armbanduhren bis hin zu TV-Sticks, und zwar in Bildschirmauflösungen von »pixelig« (120 dpi) bis »unglaublich« (500 dpi). Auch wenn es ähnlich wie beim Megapixel-Wahn bei Kameraauflösungen für das menschliche Auge keinen Unterschied mehr macht, bietet die Industrie immer hochauflösendere Displays an. Daraus ergeben sich zwei Probleme: Erstens muss der Grafikprozessor mehr Pixel durch die Gegend schieben. Zweitens werden APKs immer größer, weil Grafiken in verschieden hohen Auflösungen mitgeliefert werden müssen – redundant, platzfressend, unhandlich.

Wenn Grafiken sogar Texte enthalten (Logos etwa), ist es ganz vorbei: Sie müssten für jede Kombination aus Auflösung und Sprache ein eigenes Bild generieren und mit der App ausliefern. Zumindest für einige Fälle gibt es eine prima Alternative, nämlich *Shape Drawables*. Das sind Zeichenanweisungen im XML-Format, die Android zu Bildern macht – und das immer passend zur aktuellen Bildschirmauflösung.

Wunder kann man von diesem System nicht erwarten, aber für viele Zwecke ist es mehr als ausreichend. Beispielsweise können Sie ein abgerundetes Rechteck mit Farbgradient zeichnen, um einen hübschen Button-Hintergrund zu erzeugen. Legen Sie dazu eine XML-Datei namens *my_background.xml* ins *drawable*-Verzeichnis, und füllen Sie sie wie folgt:

```xml
<?xml version="1.0" encoding="utf-8"?>
<shape xmlns:android="http://schemas.android.com/apk/res/android">
  <gradient android:type="linear" android:startColor="#eeeeff"
    android:centerColor="#ccccee"
    android:endColor="#ddddee"
    android:angle="-90"
    android:centerY="50%"/>
  <stroke android:width="0dp"/>
  <corners android:bottomLeftRadius="20dp"
    android:bottomRightRadius="20dp"
    android:topLeftRadius="20dp"
    android:topRightRadius="20dp" />
  <padding android:left="10dp" android:right="10dp"
    android:top="10dp" android:bottom="10dp" />
</shape>
```

Das Wurzelelement heißt `<shape>`. Darin verschachtelt sind drei Zeichenanweisungen: `<gradient>` legt den Füllstil fest, in diesem Fall einen vertikalen (Winkel −90°) Gradienten mit drei Farbangaben (Anfang, Mitte bei 50 %, Ende). In diesem Beispiel sind es verschieden helle Blautöne. Natürlich können Sie hier Farbangaben aus der Resource-Datei *colors.xml* referenzieren, um einzelne Farben zentral verändern zu können.

Laut `<stroke>`-Anweisung erhält das Rechteck keinen Rand. Das `<corners>`-Element legt die Radien für die Ecken fest und das `<padding>`-Element die inneren Abstände der Beschriftung. Während Sie die XML-Befehle eintippen, zeigt Android Studio Ihnen im Vorschaufenster live, wie das Resultat aussehen wird.

Versehen Sie dann Buttons (oder andere Elemente) über deren Attribut android:background mit der neuen Vektorgrafik, die Sie wie eine Pixelgrafik referenzieren: @drawable/mybackground. Achten Sie darauf, dass Sie keine Pixelgrafik mit dem gleichen Namen in ein *drawable*-Verzeichnis legen, sonst kommt es zu einem Konflikt.

Beispielsweise für Spiele erhalten Sie auf diese praktische Weise schon recht ansehnliche Resultate (siehe Abbildung 11.4).

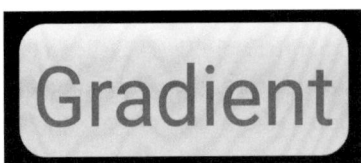

Abbildung 11.4 Buttons mit Gradient-Hintergrund machen sich gut in Games.

11.1.7 Shader, Path-Effekte und Filter

Sie können Gradienten und andere Effekte auch via Programmcode aktivieren. Tatsächlich ist der lineare Gradient nur ein Beispiel für einen sogenannten *Shader*. Es gibt auch einen *BitmapShader*, mit dem Sie beispielsweise einen Schriftzug mit Blümchen-Textur bemalen können, und weitere hübsche Effekte.

Erzeugen Sie einen `BitmapShader` wie folgt:

```
Bitmap bitmap = BitmapFactory.decodeResource(
  getResources(), R.drawable.my_bitmap_texture);
Shader shader = new BitmapShader(bitmap,
  Shader.TileMode.REPEAT, Shader.TileMode.REPEAT);
```

Verpassen Sie beispielsweise einer `TextView` auf folgende Weise diesen Shader:

```
textView.getPaint().setShader(shader);
```

Legen Sie eine hübsche Textur-Pixelgrafik unter dem passenden Namen (im Beispiel: *my_bitmap_texture.jpg*) ins *drawable*-Verzeichnis.

Wenn Sie genau hinschauen, sehen Sie, dass die letzte Codezeile das `Paint`-Objekt der `TextView` manipuliert. Das können Sie noch weiter treiben. Versuchen Sie mal das hier:

```
textView.getPaint().setStyle(Paint.Style.STROKE);
```

Damit erscheint nur noch der Rahmen der Buchstaben – Sie haben eine Outline-Schriftart gezaubert.

Der Haken an der Sache ist, dass die Hardwarebeschleunigung die meisten dieser Effekte nicht auf allen Geräten unterstützt. Sie müssen dafür sorgen, dass die jeweilige `TextView` per Software-Rendering gezeichnet wird, indem Sie folgende Zeile voranstellen:

```
textView.setLayerType(View.LAYER_TYPE_SOFTWARE, null);
```

Leider kann eine `TextView` nur ein `Paint`-Objekt besitzen und dies auch nur in einer Farbe zeichnen. Aber Sie können zwei identische `TextViews` übereinanderlegen (in einem `FrameLayout`) und das zweite mit einer anderen Farbe sowie einem Outline-Effekt versehen, um einen andersfarbigen Rahmen um die Buchstaben zu zeichnen.

Schließlich unterstützt Android sogenannte Filter, die Sie beispielsweise auf Fotos, aber auch auf `TextViews` anwenden können. Ein Beispiel dafür ist der `EmbossMaskFilter`, der die Buchstaben dreidimensional wirken lässt:

```
EmbossMaskFilter filter = new EmbossMaskFilter(
  new float[] { 0f, 1f, 0.5f }, 0.8f, 3f, 3f);
textView.getPaint().setMaskFilter(filter);
```

Ein weiterer interessanter Filter ist der `BlurMaskFilter`, der eine Grafik unscharf zeichnet:

```
BlurMaskFilter filter = new BlurMaskFilter(textView.getTextSize() / 10,
BlurMaskFilter.Blur.NORMAL);
textView.getPaint().setMaskFilter(filter);
```

Wenn Sie einen unscharfen und einen normalen Text stapeln, kann die unscharfe Version in einer hellen Farbe einen Glow-Effekt simulieren – und das alles, ohne umständlich umfangreiche Pixelgrafiken in mehreren Auflösungen (und Sprachen!) ins APK zu packen.

Abbildung 11.5 Texteffekte lassen sich mit wenigen Zeilen Code basteln.

Eine App, die diese Beispiele zeigt, finden Sie im Download-Angebot (*www.rheinwerk-verlag.de/5168*) im Projekt *TextViewTricks*.

Mit Styles, Themes, Filtern, Shadern, XML-Drawables und 9-Patches verfügen Sie über mächtige Hilfsmittel, um auch größeren Apps schnell und effizient das gewünschte Aussehen zu verpassen.

11.2 Dialoge

Zwischen Activities und Layouts zu wechseln, ist die bevorzugte Methode, um Bildschirminhalte auszutauschen. Aber manchmal möchten Sie dem Benutzer vielleicht nur eine einfache Information anzeigen, etwa eine Fehlermeldung oder eine Warnung. Dazu möchten Sie aber nicht die aktuelle Activity verlassen, weil Sie bei der Rückkehr den letzten Zustand aufwendig restaurieren müssten. Die Lösung lautet: Dialoge.

Dialoge sind Layouts, die über die aktuelle Bildschirmdarstellung gelegt werden. Wird ein Dialog geschlossen, kommt der vorherige Bildschirminhalt wieder zum Vorschein. Die laufende Activity bleibt bestehen. Besitzt ein Dialog einen transparenten Rahmen, bleibt sogar ein Teil des vorherigen Bildschirms sichtbar.

Es gibt verschiedene Arten von Dialogen, die Sie leicht in Ihre App einbauen können. Zum einfachen Anschauen und Ausprobieren finden Sie ein kleines Projekt namens *DialogDemos* im Download-Angebot, das ich Ihnen jetzt Schritt für Schritt erkläre.

11.2.1 Standarddialoge

Android bringt eine Reihe von Standarddialogen mit, die Sie verwenden können. Der Vorteil: Sie müssen kein eigenes Layout anlegen. Die Kehrseite der Medaille ergibt sich sofort daraus: Der Flexibilität sind gewisse Grenzen gesetzt. Vier Standarddialoge hat Android im Sonderangebot:

- `AlertDialog` zeigt einen Text sowie Buttons oder Auswahllisten an.
- `ProgressDialog` zeigt eine Art »Ich arbeite dran …«-Fensterchen.
- `DatePickerDialog` lässt den Benutzer ein Datum auswählen.
- `TimePickerDialog` lässt den Benutzer eine Uhrzeit auswählen.

Es gibt eine einfache und eine kompliziertere Art, Dialoge anzuzeigen. Die kompliziertere hat den Vorteil, dass der Dialog sichtbar bleibt, selbst wenn die aktuelle Activity in den Hintergrund verschwindet und zurückgeholt wird. Ich beschränke mich hier auf die einfache Variante, die in den meisten Fällen genügt.

Um einen `AlertDialog` zu erzeugen, verwenden Sie nicht, wie vielleicht zu erwarten, den Konstruktor der Klasse (der ist `protected` und damit Ihrem Zugriff entzogen), sondern eine Hilfsklasse `AlertDialog.Builder`:

```
AlertDialog.Builder builder = new AlertDialog.Builder(this);
```

Der Dialogbaumeister erzeugt intern den `AlertDialog`. Bevor Sie ihn anzeigen lassen, können Sie ihn durch passende `set`-Methoden nach Wunsch anpassen:

```
builder.setMessage("Ich bin ein Hinweis.");
```

Schließlich können Sie den Dialog anzeigen mit:

```
builder.show();
```

Wenn Sie Buttons anzeigen möchten, können Sie vor dem `show()`-Aufruf welche hinzufügen, und zwar inklusive der Behandlungsmethoden für die Klicks. Leider bietet das Anlass zur Verwirrung, denn der geforderte `OnClickListener` ist nicht der, den Sie von den Views her kennen, sondern folgender:

```
DialogInterface.OnClickListener
```

Dieses Interface unterscheidet sich durch den Aufbau der `onClick()`-Methode. Schauen Sie sich ein Beispiel für einen AKZEPTIEREN-Button an:

```
DialogInterface.OnClickListener positivListener =
new DialogInterface.OnClickListener() {
  @Override
  public void onClick(DialogInterface dialog, int which) {
    ergebnis.setText("Hinweis akzeptiert");
    dialog.dismiss();
  }
}
```

Sie sehen, dass diese `onClick()`-Methode eine Referenz auf den Dialog sowie eine Information über den angeklickten Button als Parameter übergibt. Im Beispiel habe ich einen `positivListener` als lokale, anonyme Klasse geschrieben, der einen kurzen Text in eine `TextView` namens `ergebnis` schreibt. Außerdem wird der Dialog mithilfe von `dismiss()` geschlossen.

Sie können diesen Listener mitsamt einer Beschriftung für den Button dank der Methode `setPositiveButton()` an den Builder übergeben:

```
builder.setPositiveButton("akzeptiert", positivListener)
```

Möchten Sie einen Negativ-Button hinzufügen, können Sie eine Unterscheidung nach gedrücktem Button in den ersten Listener einbauen oder einen zweiten Listener schreiben.

Praktisch an den Builder-Methoden ist, dass sie alle eine Referenz auf den Builder selbst zurückgeben. Deshalb können Sie die Methodenaufrufe in einer Zeile verketten:

```
(new AlertDialog.Builder(this)).setMessage("Ich bin ein Hinweis.")
  .setPositiveButton("akzeptiert", positivListener )
  .setNegativeButton("nein", negativListener)
  .show();
```

Dank dieses zunächst ungewohnten, aber letztlich übersichtlichen Codes können Sie leicht Dialoge mit einfachen Bedienelementen erzeugen (siehe Abbildung 11.6).

Noch viel einfacher als der AlertDialog gestaltet sich der Umgang mit dem Progress-Dialog. Die zugehörige Klasse bietet Ihnen eine statische Methode show() an, die sich um alles kümmert:

```
ProgressDialog dialog = ProgressDialog.show(this, "Bitte warten",
  "Nur ein paar Sekunden ...", true);
```

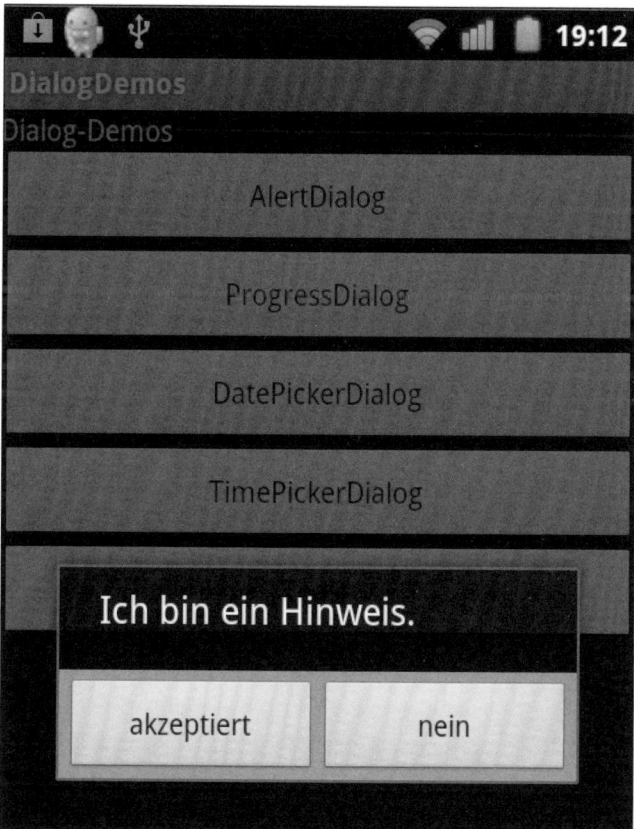

Abbildung 11.6 Der »AlertDialog« kann auf flexible Weise mit Texten, Buttons und Auswahllisten daherkommen.

Sie können den Titel und einen Hinweistext übergeben (siehe Abbildung 11.7). Um den Dialog zu schließen, rufen Sie einfach die dismiss()-Methode auf. Wenn Sie schon genau wissen, wann das geschehen soll, können Sie einen Handler verwenden, um den Schließen-Code beispielsweise drei Sekunden in die gewünschte Zukunft zu versetzen:

```
final ProgressDialog dialog = ProgressDialog.show(this, "Bitte warten",
  "Nur ein paar Sekunden...", true);
handler.postDelayed(new Runnable() {
  @Override
  public void run() {
    dialog.dismiss();
  }
}, 3000);
```

Sie kennen ja bereits die Methode postDelayed() aus dem Mückenspiel. Im genannten Beispiel wird eine anonyme Klasse erzeugt, die ein Runnable implementiert und deren run()-Methode mit dem Schließen des Dialogs betraut ist. Vorsicht: Code wie dieser kann leicht unübersichtlich werden, weil Sie vor lauter Klammern kaum noch sehen, wo eine Methode aufhört und wo eine Klasse.

Abbildung 11.7 Der animierte »ProgressDialog« eignet sich hervorragend dazu, dem Benutzer Wartezeiten zu versüßen.

Sie können den `ProgressDialog` alternativ mit einem horizontalen Fortschrittsbalken ausstatten:

`dialog.setProgressStyle(ProgressDialog.STYLE_HORIZONTAL);`

Wenn Sie das tun, können Sie mit der Methode `setProgress()` anzeigen, wie weit der Vorgang, auf dessen Ende der Benutzer wartet, bereits fortgeschritten ist. Die Skala läuft dabei immer von 0 bis 100.

Bleiben der `DatePickerDialog` und der `TimePickerDialog`. Sie haben beide vermutlich schon einmal gesehen, wenn Sie die innere Uhr oder den Wecker Ihres Handys gestellt haben. Da beide Dialoge gleich funktionieren, zeige ich Ihnen nur ein Beispiel für die Datumsauswahl (siehe Abbildung 11.8):

```
DatePickerDialog dialog =
  new DatePickerDialog(this, listener, jahr, monat, tag);
dialog.show();
```

Abbildung 11.8 Der »DatePickerDialog« bietet alles, was ein Weltuntergangsesoteriker braucht.

Wie gewohnt müssen Sie einen Listener angeben. Diesmal lautet der Name des zugehörigen Interface `DatePickerDialog.OnDateSetListener`. Der Listener verfügt über eine Methode `onDateSet()`, die Android aufruft, wenn der Benutzer ein Datum ausgewählt und bestätigt hat. Um auf dieses Ereignis zu reagieren, können Sie wie gewohnt eine anonyme Klasse verwenden:

```
OnDateSetListener listener = new DatePickerDialog.OnDateSetListener() {
@Override
public void onDateSet(DatePicker view, int year,
   int monthOfYear, int dayOfMonth) {
      ergebnis.setText("Datum: "
        + dayOfMonth + "." + (monthOfYear+1) + "." + year);
   }
}
```

Wundern Sie sich über das `(monthOfYear+1)`? Das umgeht eine gemeine Falle, die in Javas Kalender eingebaut ist: Die Monate werden nämlich von 0 bis 11 durchgezählt. Denken Sie daran, sonst versäumen Sie garantiert die Geburtstage Ihrer Freunde.

Die Klasse »Calendar«

Wenn Sie mit Geburtstagen, Feiertagen und Weltuntergangsterminen hantieren möchten, kommen Sie an der in Java eingebauten Klasse `Calendar` nicht vorbei. Wichtig daran ist, dass diese Klasse auch mit Zeitzonen umgehen kann, denn 12 Uhr mittags MEZ ist nicht überall auf der Welt Essenszeit.

Holen Sie sich ein tagesaktuelles Kalender-Objekt, indem Sie die statische Methode `getInstance()` aufrufen:

```
Calendar heute = Calendar.getInstance();
```

Das Objekt `heute` enthält Datum, Uhrzeit und die Standardzeitzone Ihrer laufenden Java-Umgebung. Die einzelnen Komponenten des Datums können Sie mit der `get()`-Methode abrufen:

```
int jahr = heute.get(Calendar.YEAR);
int monat = heute.get(Calendar.MONTH);
int tag = heute.get(Calendar.DAY_OF_MONTH);
```

Achten Sie darauf, dass der Monat Januar dem Zahlenwert 0 (`Calendar.JANUARY`) entspricht.

Mit `Calendar`-Objekten können Sie rechnen und z. B. ein Jahr in die Zukunft gehen:

```
heuteInEinemJahr = heute.add(Calendar.YEAR, 1);
```

Außerdem können Sie Calendar-Objekte miteinander vergleichen:

```
if(heute.after(weltuntergangsTermin)) {
   // schade, Weltuntergang offenbar ausgefallen
}
```

11.2.2 Eigene Dialoge

Wenn Ihnen die bisher beschriebenen Möglichkeiten nicht genügen, gibt Android Ihnen die Macht, ein eigenes Layout zu verwenden und jedes Dialogelement selbst zu kontrollieren.

Erstellen Sie dazu eine Layout-Datei, wie Sie es gewohnt sind, mit dem Wizard NEW LAYOUT RESOURCE FILE. Wählen Sie als Wurzelelement ein FrameLayout, das den gesamten Bildschirm füllt (fill_parent). Der eigentliche Dialog wird ein weiteres FrameLayout, dem Sie eine feste Größe sowie die layout_gravity center verpassen. Innerhalb des inneren FrameLayout können Sie sich nach Belieben austoben. Fügen Sie beispielsweise eine TextView und einen Button ein, um eine Nachricht anzuzeigen und dem Benutzer die Möglichkeit zu geben, den Dialog zu schließen. Letzteres funktioniert übrigens auf jeden Fall mit der ZURÜCK-Taste am Gerät, wenn Sie das nicht durch zusätzliche Maßnahmen verhindern.

Bei Dialogen ist es sinnvoll, den Hintergrund abzudunkeln, den sie teilweise verdecken. Diesen Effekt können Sie mit einem einfachen Trick erreichen: Erzeugen Sie eine Resource-Datei *colors.xml*, und legen Sie darin eine halbtransparente Farbe an:

```
<?xml version="1.0" encoding="utf-8"?>
<resources>
   <color name="halb_transparent">#88000000</color>
</resources>
```

Weisen Sie dann dem Wurzel-FrameLayout Ihres Dialogs diese Farbe als background-Eigenschaft zu. Eigene Dialoge sind besonders bei Spielen interessant, da es bei ihnen auf ein einheitliches grafisches Erscheinungsbild ankommt. Verwenden Sie beispielsweise ein XML-Drawable oder ein 9-Patch als Hintergrund des inneren Dialog-Layouts, um sich vom bekannten grauen Android-Look abzuheben (siehe Abbildung 11.9).

Wie bringen Sie nun einen solchen eigenen Dialog auf den Bildschirm? Zunächst erzeugen Sie ein neues Dialog-Objekt:

```
Dialog dialog = new Dialog(this, android.R.style.
Theme_Translucent_NoTitleBar_Fullscreen);
```

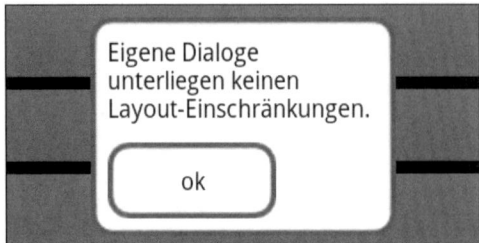

Abbildung 11.9 Eigene Dialoge basieren auf selbst gebastelten Layout-Dateien, die Sie nach Belieben gestalten können.

Sehr wichtig ist es, das »leere« Theme namens

`Theme_Translucent_NoTitleBar_Fullscreen`

anzugeben. Ansonsten zeichnet Android graue Rahmen an Stellen, an denen Sie sie nicht gebrauchen können.

Weisen Sie dann dem neuen `Dialog`-Objekt das selbst gebaute Layout zu:

`dialog.setContentView(R.layout.eigenerdialog);`

Holen Sie sich Referenzen auf `TextViews`, die sich im Layout befinden, wenn Sie deren Inhalt ändern möchten. Dazu dient die bekannte Methode `findViewById()`, diesmal allerdings die Version, die die Klasse `Dialog` mitbringt:

```
TextView inhalt = (TextView) dialog.findViewById(R.id.inhalt);
inhalt.setText("Beispieltext");
```

Fast immer werden Sie dem Dialog Buttons hinzufügen. Auch diese holen Sie sich mit `findViewById()`, um ihnen `OnClickListener` hinzuzufügen:

```
Button button = (Button) dialog.findViewById(R.id.ok);
button.setOnClickListener(new OnClickListener() {
   @Override
   public void onClick(View v) {
      dialog.dismiss();
   }
});
```

Schließlich zeigen Sie den Dialog an:

`dialog.show();`

Das obige Beispiel verwendet einmal mehr eine anonyme Klasse, die OnClickListener implementiert – diesmal wieder die altbekannte Version, die Views zur Verfügung stellt, und nicht DialogInterface.OnClickListener, die bei den Android-Dialogen zum Einsatz kommt. Wie Sie sehen, schließt die Behandlungsmethode onClick() den Dialog einfach.

Damit Java das hier präsentierte Codebeispiel schluckt, müssen Sie die Deklaration des Objekts dialog mit einem final-Modifizierer versehen:

```
final Dialog dialog = ...
```

Der OnClickListener wird zu einem späteren Zeitpunkt aufgerufen, zu dem die lokale Variable dialog an sich gar nicht mehr vorhanden ist. Damit sie noch existiert und mit Sicherheit ihren Originalwert besitzt, wenn onClick() aufgerufen wird, ist der final-Modifizierer erforderlich.

11.2.3 Toasts

Manchmal ist selbst ein Dialog zu viel des Guten. Wenn Sie den Benutzer nur kurz auf etwas hinweisen möchten, was er aber genauso gut übersehen darf, können Sie einen *Toast* verwenden. Das sind kleine Textfensterchen, die für wenige Sekunden eingeblendet werden und automatisch wieder verschwinden. Man kann sie nicht antippen – Klicks durchdringen sie und wirken auf Views dahinter.

Der große Vorteil besteht darin, dass es extrem einfach ist, solche Toasts anzuzeigen. Eine einzige Zeile genügt:

```
Toast.makeText(this, "Na dann Prost!", Toast.LENGTH_SHORT).show();
```

Toast.makeText() ist eine statische Methode, die ein Toast-Objekt zurückgibt. Das ist ein spezielles Dialog-Objekt, das Sie mit dem Aufruf seiner Methode show() auf den Bildschirm bringen – es wird daraufhin am unteren Bildschirmrand weich ein- und wieder ausgeblendet (siehe Abbildung 11.10). Der entscheidende Unterschied im Vergleich zu einem Dialog: Der Nutzer kann nicht damit interagieren.

Abbildung 11.10 Hinterlässt keinen bleibenden Eindruck und wird gerade deshalb oft gern genommen: der Toast.

Anstelle eines Textes können Sie als zweiten Parameter eine String-Resource-ID übergeben. Außerdem gibt es alternativ zu Toast.LENGTH_SHORT noch Toast.LENGTH_LONG. Ersteres zeigt die Meldung für etwa drei Sekunden an, Letzteres für etwa fünf.

Genau wie Dialoge können Sie auch Toasts selbst gestalten. Allerdings können Sie einem Toast nicht direkt eine Layout-Resource-ID verabreichen, sondern nur eine View. Wenn Sie mehr als eine View anzeigen möchten, müssen Sie den LayoutInflater bemühen, um aus einem Layout eine View-Hierarchie zu generieren:

```
Toast toast = new Toast(this);
toast.setGravity(Gravity.BOTTOM, 0, 0);
toast.setDuration(Toast.LENGTH_SHORT);
View layout = getLayoutInflater().inflate(R.layout.eigenertoast, null);
toast.setView(layout);
toast.show();
```

Auch diese Toast-Views lassen sich natürlich nach Belieben mit Shadern, Filtern oder 9-Patches aufpeppen.

Sie sehen: Android stellt für jeden Bedarf den richtigen Dialog zur Verfügung, und wenn nicht, können Sie selbst das Heft in die Hand nehmen.

11.3 Layout-Gefummel

Wenn Sie komplizierte Layouts bauen wollen, werden Sie schnell zig FrameLayouts und LinearLayouts ineinander verschachteln, bis Sie sich einen Ariadnefaden wünschen, der Sie durch dieses Gewirr wieder hinaus an die frische Luft führt. Manche Wunsch-Layouts lassen sich nur mit schmerzhaften Kompromissen zusammenschrauben – häufig mit dem Resultat, dass sie auf deutlich größeren (oder kleineren Bildschirmen) unerträglich aussehen.

Es gibt kein Patentrezept, das alle Fälle berücksichtigt, aber neben den Layouts, die ich bereits in den zahlreichen Beispiel-Apps in diesem Buch erwähnt habe, möchte ich Ihnen zwei Methoden zeigen, die Sie bei Gelegenheit sicher gut gebrauchen können. Beispielcode finden Sie im Download-Angebot im Projekt *LayoutDemos*.

11.3.1 »RelativeLayouts«

Stellen Sie sich vor, Sie wünschen sich ein Layout mit einem Kopf- und einem Fußbereich und einem großen Inhaltsbereich dazwischen. Kopf und Fuß sollen immer gleich hoch sein, alles dazwischen soll aber je nach Größe des Bildschirms variieren.

Mit einem vertikalen LinearLayout funktioniert das nicht: Sie müssen die Höhe des Inhaltsbereichs auf fill_parent setzen, aber dann bleibt kein Platz mehr für die Fußzeile. Dieses Dilemma lässt sich auf unterschiedliche Weise beheben – ich verwende es jetzt als Paradebeispiel für einen Anwendungsfall eines RelativeLayout. Darin dürfen Sie jede einzelne View relativ zu anderen positionieren, wobei die Reihenfolge im Objektbaum nebensächlich ist.

Um das Wunschlayout mit Inhaltsbereich, Kopf- und Fußzeile zu gestalten, fügen Sie diese Elemente zunächst einem RelativeLayout hinzu. Vergeben Sie sprechende IDs, und setzen Sie die Breite in allen Fällen auf fill_parent. Dann befördern Sie den Inhaltsbereich in der Objekthierarchie nach unten und setzen die Properties layout_below und layout_above auf Kopf- bzw. Fußleiste. Alle Views erhalten als Höhenangabe wrap_content, aber der Inhaltsbereich bekommt die layout_gravity fill_vertical verpasst. Damit die Kopfzeile oben und die Fußzeile unten landen, setzen Sie layout_alignParentTop respektive layout_alignParentBottom.

Das RelativeLayout ermöglicht Ihnen außerdem, Views aneinander auszurichten: layout_alignLeft und Konsorten stehen zur Verfügung. Beachten Sie, dass alle genannten Properties nur im Kontextmenü einer View auftauchen, wenn diese Kind eines RelativeLayout ist.

11.3.2 Layout-Gewichte

Wenn Sie schon einmal mit HTML-Layouts gearbeitet haben, vermissen Sie vielleicht eine wichtige Möglichkeit bei Android: prozentuale Größenangaben. Dabei wäre es doch praktisch, einfach einem Layout-Bereich die Breite 50 % zu verpassen, damit er unabhängig von der Bildschirmgröße immer die halbe Breite einnimmt. Glücklicherweise hat Android eine ähnliche Funktion, die jedoch nicht mit Prozentwerten arbeitet, sondern mit Gewichten.

Wenn Sie zwei Elementen, die sich in einem horizontalen LinearLayout befinden, jeweils das layout_weight 1 zuweisen, haben beide dasselbe Gewicht und werden gleich breit dargestellt (oder gleich hoch, wenn Sie ein vertikales LinearLayout verwenden). Allerdings müssen Sie dem äußeren Element, also dem LinearLayout, die Summe der Gewichte mitteilen – bei zwei enthaltenen Elementen also weightSum 2. Das bedeutet, dass Sie immer auch die Summe ändern müssen, wenn Sie einzelne Gewichte ändern.

Auch nicht gleichmäßige Gewichtsverteilungen sind möglich. Beispielsweise können Sie einem Element ein Gewicht von 3 zuordnen und dem anderen eines von 1. Tragen Sie eine Summe von 4 ins Eltern-LinearLayout ein, und das »schwerere« Element wird 75 % der Breite (bzw. Höhe) einnehmen, das leichtere 25 %. Sie können diese Gewichtungen verschachteln, um eine gleichmäßige Skalierung auf verschiedenen Bildschirmgrößen zu erreichen (siehe Abbildung 11.11).

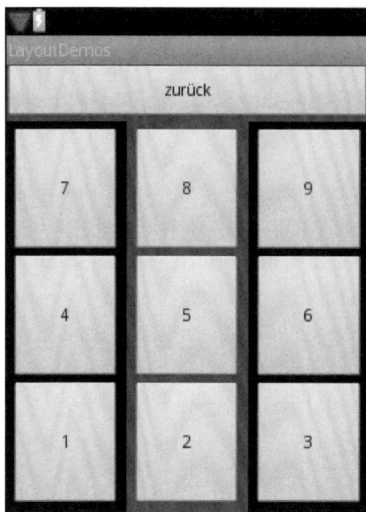

Abbildung 11.11 Layout-Gewichte können Sie verschachteln, um sowohl vertikal als auch horizontal eine gleichmäßige Aufteilung zu erreichen. In diesem Beispiel haben alle Buttons ein Gewicht von 1, die vertikalen »LinearLayouts« ihrerseits ebenfalls.

Mit den bisher vorgestellten Layout-Konzepten und ihren möglichen Kombinationen können Sie beinahe jede vorstellbare Benutzeroberfläche bauen. Erst wenn Sie in die dritte Dimension expandieren oder mit frei beweglichen Elementen hantieren wollen, hilft Ihnen kein Layout-Gefummel mehr. Aber die komplett selbst gebaute Bildschirmausgabe, die Sie in solchen Fällen erstellen müssen, geht über den Rahmen dieses Buches weit hinaus.

11.3.3 View Binding

Sie kennen das: Dauernd müssen Sie auf irgendwelche Views in Ihren Layouts zugreifen. Sie vergeben im Layout-XML eine ID und holen sich mit der Funktion findViewById() das zugehörige View-Objekt:

```
TextView textView = findViewById(R.id.textView);
```

Das funktioniert, weil Sie üblicherweise in der onCreate()-Funktion Ihrer Activity setContentView() verwendet haben, um das anzuzeigende Layout festzulegen.

Da findViewBy() bei jedem Aufruf den Layout-Baum nach dem gewünschten Element durchsucht, handeln Sie sich Performance-Probleme ein, wenn Sie die Funktion aus irgendeinem Grund sehr häufig aufrufen müssen. Günstiger ist es, sich sofort nach setContentView() einmalig eine Referenz zu merken. So habe ich das in den meisten Beispiel-Apps in diesem Buch gemacht – und es ist eine recht stupide Fleißarbeit.

Seit Android Studio 3.6 gibt es Abhilfe in Form von *ViewBinding*: AS nimmt Ihnen die Arbeit ab!

Damit das funktioniert, müssen Sie zunächst zwei Vorkehrungen treffen.

Erstens aktivieren Sie das Feature in der *build*-Datei der App:

```
android {
  ...
  buildFeatures {
    viewBinding true
  }
}
```

Zweitens müssen Sie in onCreate() den Binding-Mechanismus verwenden. Legen Sie ein Attribut in Ihrer Activity an:

```
private ActivityMainBinding binding;
```

Die Klasse ActivityMainBinding wird von Android Studio erzeugt. Der Name entspricht genau dem Namen Ihres XML-Layouts, nur in camelCase statt mit Unterstrichen und mit angehängtem »Binding«.

Jetzt ersetzen Sie das übliche setContentView(R.id.activity_main) durch diese zwei Zeilen:

```
binding = ActivityMainBinding.inflate(getLayoutInflater());
setContentView(binding.getRoot());
```

Dieser Code überlässt der generierten Binding-Klasse das Auspacken des XML-Layouts und entnimmt ihr gleich eine Referenz auf das äußerste Element, um es als ContentView zu setzen, also dem Nutzer sichtbar zu machen. Beachten Sie, dass hier setContentView() mit einer View-Referenz aufgerufen wird, nicht mit einer Layout-ID.

Von nun an können Sie in der ganzen Klasse direkt auf alle Views zugreifen, die Sie mit IDs versehen haben. Dabei wird der Name der ID zum Namen des Attributs. Aus findViewById(R.id.button) wird also einfach binding.button. Das generierte Attribut hat auch den richtigen Typ: Button.

Die Vorteile liegen auf der Hand: Der Code ist kürzer, schneller und, da die generierten Bindings streng typisiert sind, weniger fehleranfällig beim Programmieren. Außerdem kann es keine NullPointerException geben, wenn Sie versehentlich eine ID an findViewById() übergeben haben, die es im aktuellen Layout gar nicht gibt.

Alle Informationen zu ViewBinding finden Sie hier: *https://developer.android.com/topic/libraries/view-binding*.

11.3.4 Layouts mit Animationen

Eine ziemlich neumodische Spezialversion des *ConstraintLayout* ist das *MotionLayout*. Es ist verfügbar ab Version 2 der ConstraintLayout-Bibliothek. Als Teil der AndroidX-Support-Bibliothek ist es abwärtskompatibel bis hinunter zu API-Version 14.

Bewegungen von Views innerhalb des MotionLayouts sehen nicht nur flott aus, sondern können auch vom Nutzer durch Swipe- oder Click-Ereignisse ausgelöst werden. Lassen Sie uns ein einfaches Beispiel basteln, das ein paar der unzähligen Möglichkeiten zeigt.

Erzeugen Sie ein neues Projekt mit einer leeren Activity. Ändern Sie in der *build*-Datei die Versionsnummer des ConstraintLayout in 2.0.0, um die gewünschte MotionLayout-Unterstützung zu erhalten:

```
dependencies {
    ...
    implementation 'androidx.constraintlayout:constraintlayout:2.0.0-rc1'
}
```

Zum Entstehungszeitpunkt dieses Manuskripts war die Version 2.0.0 noch nicht offiziell released, daher der Suffix -rc1. Android Studio wird Sie darauf hinweisen, wenn es eine neue Version gibt, dann können Sie die Endung weglassen.

Öffnen Sie die Layout-Datei *activity_main.xml*, und ändern Sie das Root-Tag:

```
<androidx.constraintlayout.motion.widget.MotionLayout
    xmlns:android="http://schemas.android.com/apk/res/android"
    xmlns:app="http://schemas.android.com/apk/res-auto"
    xmlns:tools="http://schemas.android.com/tools"
    android:layout_width="match_parent"
```

```xml
        android:layout_height="match_parent"
        tools:context=".MainActivity" >
    ...
</androidx.constraintlayout.motion.widget.MotionLayout>
```

Android Studio wird Sie in Form einer roten Unterstreichung sofort auffordern, eine *Motion Scene* anzulegen. Dabei handelt es sich um eine XML-Datei, welche die gewünschten Animationen beschreibt. Die zugehörige Referenz wird automatisch Ihrem Layout hinzugefügt:

```xml
<LinearLayout ...
    app:layoutDescription="@xml/activity_main_scene">
```

Lassen Sie uns als Beispiel ein Vorschaubild per Fingerberührung auf Vollbildgröße zoomen. Suchen Sie sich irgendein Foto aus (hochkant sollte es sein), und speichern Sie es als *photo.jpg* im *drawable*-Verzeichnis. Fügen Sie ein ImageView ins MotionLayout ein:

```xml
<ImageView
    android:id="@+id/image"
    android:layout_width="66dp"
    android:layout_height="100dp"
    android:src="@drawable/photo" />
```

Die angegebene Größe entspricht dabei der kleinen Vorschau-Ansicht.

Jetzt müssen Sie die gewünschte Animation in der Datei *activity_main_scene.xml* beschreiben. Jede Animation in einem MotionLayout besteht dabei aus einer *Transition* zwischen zwei *ConstraintSets*. Letztere wiederum sind Sammlungen (Sets) von Layoutkonfigurationen (Constraints). Legen Sie zunächst ein ConstraintSet mit der ID small an:

```xml
<ConstraintSet android:id="@+id/small">
  <Constraint android:id="@id/image">
    <Layout  android:layout_width="66dp"
             android:layout_height="100dp" />
  </Constraint>
</ConstraintSet>
```

Sie sehen, dass dieser ConstraintSet nur aus einem Constraint besteht, welcher die View mit der ID image betrifft und die Größe auf die kleinen Abmessungen setzt. Der zweite ConstraintSet heißt large und setzt die Bildgröße auf Vollbild, also match_parent:

```
<ConstraintSet android:id="@+id/large">
  <Constraint android:id="@id/image">
    <Layout android:layout_width="match_parent"
            android:layout_height="match_parent" />
  </Constraint>
</ConstraintSet>
```

Jetzt müssen Sie nur noch definieren, dass die Animation eine Transition vom ConstraintSet small nach large (und zurück) sein soll:

```
<Transition
    motion:constraintSetStart="@+id/small"
    motion:constraintSetEnd="@+id/large"
    motion:duration="500"/>
```

Als Dauer habe ich hier 500 Millisekunden angegeben.

Wie können Sie die Animation nun auslösen? Tatsächlich klappt das ganz ohne Java-Code. Denn Sie können einen Auslöser in die Transition schreiben:

```
<Transition ...>
    <OnClick motion:touchAnchorId="@id/image"/>
</Transition>
```

Probieren Sie die App jetzt aus! Sie können das Vorschaubild einfach durch Antippen verkleinern und vergrößern.

Mit MotionLayouts kann man noch viel mehr machen. Dabei hilft Ihnen auch der neue MotionEditor im Design-Modus der Layout-Bearbeitung. Spielen Sie damit herum!

Erschöpfende Informationen über die unzähligen Möglichkeiten des MotionLayouts finden Sie in der offiziellen Dokumentation: *https://developer.android.com/reference/androidx/constraintlayout/motion/widget/MotionLayout*. Zahlreiche Beispiele finden Sie unter *https://developer.android.com/training/constraint-layout/motionlayout/examples*.

11.3.5 Homescreen-Widgets

Was nützt die schönste Uhrzeit-App, wenn man erst das Icon auf dem Homescreen antippen muss, um sie zu starten und dann die Uhrzeit zu sehen?

Nicht ohne Grund bietet Android (im Gegensatz übrigens zum iPhone) die Möglichkeit, kleine App-Module direkt auf dem Hauptbildschirm abzulegen – die *Widgets*. Im Grunde sind Widgets sehr einfach zu basteln, aber es gibt ein paar Dinge, die man darüber wissen sollte. Erklären werde ich Ihnen das alles anhand einer schmucklosen Zifferblatt-Uhr für den Homescreen. Das zugehörige fertige Projekt finden Sie im Download-Angebot im Verzeichnis *UhrWidget*.

Beginnen Sie wie immer mit einem Projekt, das Sie sich vom Android-App-Wizard erzeugen lassen. Wählen Sie allerdings diesmal ADD NO ACTIVITY. Da diese Demo-App lediglich aus dem Widget bestehen wird, benötigt sie keine Activity. Selbstverständlich können Sie eine App bauen, die beides besitzt. Ohne Weiteres lässt es sich einrichten, dass ein Klick auf das Widget eine Activity öffnet.

11.3.6 Widget-Layout

Erzeugen Sie als Erstes das Layout für das Widget. Keine Sorge, das ist extrem schnell erledigt, denn das Layout besteht aus nur einer View. Verwenden Sie den Wizard, um ein neues Layout-XML zu erstellen. Nennen Sie die Datei *uhr_widget.xml*, und wählen Sie als Basis-View `AnalogClock`. Fertig! Einfach, oder?

Natürlich nur in diesem simplen Beispiel. Sobald Sie ein komplizierteres Widget bauen wollen, verwenden Sie ein `FrameLayout` oder etwas anderes als Basis und ordnen dann die gewünschten Views darin an.

Dabei gibt es allerdings einen Haken: Widgets unterstützen nicht alle verfügbaren Views! Die Gründe dafür sind ähnlich mysteriös wie die besseren Folgen von »Akte X«, aber da wir keine FBI-Ermittler sind, geben wir uns geschlagen und nehmen folgende Liste zur Kenntnis:

- erlaubte Layouts: `FrameLayout`, `LinearLayout`, `RelativeLayout`, `GridLayout`
- erlaubte Views: `AnalogClock`, `Button`, `Chronometer`, `ImageButton`, `ImageView`, `ProgressBar`, `TextView`, `ViewFlipper`, `ListView`, `GridView`, `StackView`, `AdapterViewFlipper`

Glücklicherweise finden Sie die `AnalogClock` in dieser Liste und atmen tief durch. Eine fertige Uhr ist im Layout geparkt, der Rest kann nicht mehr schwierig sein, oder?

11.3.7 Widget-Provider

Bevor Sie jetzt anfangen, ein eigenes Zifferblatt und Zeiger für Ihre Uhr zu malen (ja, das geht, weisen Sie einfach im Layout-Editor der View eigene Drawables zu), kommen wir zum nötigen Programmcode. Es gibt diesmal keine Activity-Klasse. Dafür müssen Sie eine andere schreiben, nämlich eine Ableitung der Basisklasse `AppWidgetProvider`. Nennen Sie Ihre eigene Klasse `UhrWidgetProvider`, und melden Sie sich als Erbe an:

```
public class UhrWidgetProvider extends AppWidgetProvider {
}
```

Jetzt müssen Sie nur noch wissen, dass das System Ihrem Widget alle soundso viele Sekunden eine Nachricht schicken kann, auf die es reagiert, indem es sich neu zeichnet. Bevor Sie die Häufigkeit dieser Nachrichten konfigurieren, implementieren Sie die Behandlung dieser Nachricht – die aus nichts anderem besteht als dem Aufruf einer Methode namens onUpdate():

```
@Override
public void onUpdate(Context context, AppWidgetManager appWidgetManager, int[]
   appWidgetIds) {
}
```

Das System übergibt dieser Methode einen Context, einen AppWidgetManager sowie ein Array mit Widget-IDs. Ein Array?

Es ist durchaus möglich, dass eine App mehr als ein Widget zur Verfügung stellt (z. B. eine analoge und eine digitale Uhr). Möglicherweise wollen Sie die eine aktualisieren, die andere nicht – der onUpdate()-Methode werden jedenfalls alle infrage kommenden Widgets übergeben. Und Sie werden zur Sicherheit alle IDs behandeln, auch wenn Sie genau wissen, dass es immer nur eine ist. Dazu dient eine Schleife:

```
for (int i=0; i<appWidgetIds.length; i++) {
}
```

Sie sehen, dass diese Schleife alle IDs im Array der Reihe nach durchläuft.

Innerhalb der Schleife weisen Sie jetzt dem jeweiligen Widget sein Layout zu. Das funktioniert allerdings bei Widgets ganz anders, als Sie es von Activity-Klassen kennen: Dort rufen Sie einfach setContentView() auf oder verwenden den LayoutInflater. Halten Sie sich vor Augen, dass sich die Widgets im Verantwortungsbereich des Homescreens befinden. Sie müssen sie *fernsteuern*. Dabei hilft eine Art Infrarotfernbedienung namens RemoteViews:

```
RemoteViews views = new RemoteViews(context.getPackageName(),
   R.layout.uhr_widget);
```

Dieses Objekt packt Ihr Layout, um im Bild zu bleiben, gewissermaßen in einen infraroten Lichtstrahl. Diesen schicken Sie jetzt an den Empfänger, nämlich den AppWidgetManager:

```
appWidgetManager.updateAppWidget(appWidgetIds[i], views);
```

Das war schon alles, der Manager kümmert sich um den Rest.

11.3.8 Das Widget anmelden

Sie ahnen vielleicht schon, dass noch etwas fehlt: die Konfiguration des Widgets. Unsere Uhr kommt dabei mit einem Minimum aus: einer Größenangabe und dem Aktualisierungsintervall. Aber wohin schreiben Sie diese Konfiguration? Natürlich in eine XML-Datei. Sie gehört in ein Verzeichnis namens *xml* unterhalb des *res*-Verzeichnisses.

Erzeugen Sie eine Resource-Datei namens *uhr_widget.xml*, und wählen Sie APPWIDGET-PROVIDER als ROOT ELEMENT. Die Parameter des Widgets gehören in die Attribute dieses Elements. Setzen Sie `minWidth` und `minHeight` auf je 80dp – das entspricht einem Viertel der Bildschirmbreite eines kleinen Handys, sodass das Widget zweimal zwei Slots einnehmen wird. Als Update-Periode (`updatePeriodMillis`) wählen Sie 60.000 Millisekunden, also eine Minute – Ihre Uhr hat ja keinen Sekundenzeiger. Außerdem stellen Sie das zu verwendende Layout ein.

```
<?xml version="1.0" encoding="utf-8"?>
<appwidget-provider
 xmlns:android="http://schemas.android.com/apk/res/android"
  android:minWidth="80dp" android:minHeight="80dp"
  android:updatePeriodMillis="60000"
  android:initialLayout="@layout/uhr_widget" />
```

Es wird Zeit, alles zu verknüpfen. Sie müssen als letzten Schritt Ihr Widget im Android-Manifest anmelden. Öffnen Sie also das Manifest-XML, und fügen Sie innerhalb des application-Knotens folgenden Code ein:

```
<receiver android:name="UhrWidgetProvider">
  <intent-filter>
    <action android:name="android.appwidget.action.APPWIDGET_UPDATE"/>
  </intent-filter>
  <meta-data android:resource="@xml/uhr_widget"
    android:name="android.appwidget.provider"/>
</receiver>
```

Schließlich starten Sie Ihre App, während Sie Ihr Smartphone angeschlossen haben (oder ein Emulator läuft). Android Studio wird sich darüber beschweren, dass keine Activity vorhanden ist, die gestartet werden könnte, und Sie auffordern, die Run-Konfiguration zu ändern. Schalten Sie einfach auf DO NOT LAUNCH ACTIVITY. Dann können Sie RUN drücken.

Das Resultat ist zunächst einmal wenig beeindruckend: Es geschieht nichts Sichtbares. Sie finden nicht einmal ein Icon Ihrer App im Startmenü – Kunststück, Sie haben nichts dergleichen konfiguriert. Aber Sie finden jetzt Ihr UHRWIDGET in der Liste der verfügbaren Widgets. Tippen Sie es an, sodass es sich auf dem Homescreen verewigt. Fertig ist Ihre Analoguhr (siehe Abbildung 11.12).

Abbildung 11.12 Ein einfaches Widget funktioniert ohne Hexerei. Jetzt fehlt nur noch eine lachende Sonne als Zifferblatt (android:background="@drawable/sun"), und die Urlaubsstimmung ist perfekt.

Natürlich ist dieses einfache Widget weder besonders spannend noch perfekt. Es hat beispielsweise einen unschönen Haken: Es verbraucht Akkuleistung. Die konfigurierte Aktualisierung alle 60 Sekunden funktioniert nämlich auch, wenn das Handy schläft – es wird einfach kurzzeitig geweckt, um die Aktualisierung vorzunehmen.

Widgets, die sich seltener aktualisieren müssen (eine Wettervorhersage beispielsweise), machen sich im Hinblick auf die Akkuleistung nicht weiter bemerkbar – eine Uhr oder ein anderes Widget, das sich oft aktualisieren muss, dagegen schon. Es gibt zwar andere Möglichkeiten, beispielsweise den Weckdienst des `AlarmManager`, aber grundsätzlich sollten Sie Ihr Widget so selten wie gerade nötig aktualisieren. Damit ersparen Sie sich Programmieraufwand und unzufriedene User, die ständig auf der Suche nach einer Steckdose sind.

Deswegen verrate ich Ihnen zum Schluss ein Geheimnis: Die `AnalogClock`-View aktualisiert sich von ganz allein, ohne dass Sie das Widget extra updaten lassen. Aber als einfachstes Beispiel eignete sie sich trotzdem vorzüglich, finden Sie nicht?

11.4 Teilen und Empfangen

Android verfügt über umfangreiche, standardisierte Möglichkeiten, Daten zwischen Apps auszutauschen. Die meisten Apps bieten eine »Teilen«-Option an, um Daten zu verschicken. Dabei kann es sich um Texte, Bilder oder auch höchst spezielle Objekte handeln, das ist ganz und gar abhängig von der Funktionalität der App. So hat die Kamera-App natürlich die Möglichkeit, Fotos und Videos zu versenden, aber mit Excel-Tabellen hat sie nichts am Hut.

Welche Art Daten Apps auf der anderen Seite *entgegennehmen* können, wird meist erst dann offensichtlich, wenn sie im Teilen-Auswahldialog erscheinen. So können Sie Fotos z. B. aus WhatsApp heraus teilen mit Twitter (Direktnachricht oder Tweet), Bluetooth, E-Mail, Google Drive, aber auch Google Maps.

Wie diese Art Datenaustausch mittels *Intents* funktioniert, die Sie bereits zum Starten von Activities kennengelernt haben, erkläre ich Ihnen in diesem Kapitel.

11.4.1 Daten versenden

Als Beispiel zum Senden von Daten zeige ich Ihnen eine kleine App, die Buchempfehlungen produziert. Der Einfachheit halber empfiehlt sie immer *dieses* Buch; eine Auswahlmöglichkeit einzubauen, überlasse ich Ihnen, denn darum geht es in diesem Abschnitt nicht.

Die App setzt einen String zusammen, der aus dem Titel des Buches, einem Empfehlungstext und einer URL besteht. Diesen Text versendet sie auf Knopfdruck, und der Nutzer kann dann eine Ziel-App auswählen, beispielsweise WhatsApp, Twitter oder

E-Mail. Dazu ist wohlgemerkt keine besondere Genehmigung erforderlich, da der Nutzer höchstpersönlich entscheidet, was mit den Daten passiert.

Den fertigen Code finden Sie im Projektverzeichnis *BuchEmpfehler*.

Das Layout enthält lediglich ein Bild des Buchcovers und einen Empfehlen-Button. Uns interessiert im Moment nur, was passiert, wenn der Nutzer Letzteren drückt. Der Java-8-Dialekt verknüpft Button und seine Behandlungsfunktion onClick() wie folgt am Ende der onCreate()-Funktion:

```
findViewById(R.id.button).setOnClickListener(this::onClick);
```

In dieser Funktion setzen Sie zunächst den gewünschten String zusammen:

```
String text = "Ich empfehle Dir folgendes Buch:
 'Android Apps entwickeln für Einsteiger' von Uwe Post."
 + " Hier ist der Link: https://www.rheinwerk-verlag.de/5168";
```

Jetzt müssen Sie den Text nur noch verschicken. Das funktioniert mit einem Intent, den Sie mit den nötigen Informationen ausstatten und dann zum Starten an Android übergeben. Welcher Art sie sind, legen Sie mit einem Action-Attribut fest, in diesem Fall mit ACTION_SEND:

```
Intent i = new Intent();
i.setAction(Intent.ACTION_SEND);
```

ACTION_SEND ist eine vordefinierte String-Konstante. Es existiert auch ein Konstruktor, der die Action als Parameter erwartet, daher können Sie auch schreiben:

```
Intent i = new Intent(Intent.ACTION_SEND);
```

Natürlich müssen Sie die zu sendenden Daten hinzufügen, und zwar als Extra. Da es sich um einen Text handelt, gehört der gebastelte String unter das Attribut EXTRA_TEXT:

```
i.putExtra(Intent.EXTRA_TEXT, text);
```

Jetzt müssen Sie den sogenannten *MIME-Type* der Daten hinzufügen. Anhand dieser Information bestimmt Android später, welche Apps als Empfänger in Frage kommen:

```
i.setType("text/plain");
```

MIME-Typen bestehen immer aus Typ und Untertyp, die durch einen Schrägstrich getrennt sind. Andere wichtige MIME-Typen sind text/html, image/jpeg oder audio/mpeg3.

Anwendungsspezifische Binärdaten werden meist mit dem MIME-Type `application/octet-stream` übermittelt.

Bevor Sie diesen Intent starten, empfiehlt es sich, ihm einen *Chooser* aufzunötigen, der dem Nutzer eine Liste möglicher Ziele für die Daten anbietet. Verzichten Sie auf diesen Schritt, so versucht Android, ohne Rückfrage eine passende Ziel-App zu finden, und das ist ein bisschen intransparent.

```
startActivity( Intent.createChooser(i,"Buchempfehlung senden an..."));
```

Wenn Sie die App nun starten und den Button drücken, zeigt Ihnen Android einen Auswahldialog mit allen installierten Apps, die sich als Ziel anbieten (siehe Abbildung 11.13.). Dazu gehören neben Messengern auch Cloud-Dienste, manchmal auch Apps, die Sie an dieser Stelle nicht erwartet hätten. Wenn Sie Ihre Auswahl treffen, kümmert sich Android um den Rest. Wie eine Ziel-App die Daten entgegennimmt, erkläre ich Ihnen im folgenden Abschnitt.

Abbildung 11.13 Den Dialog zur »Teilen«-Zielauswahl erzeugt Android, er sieht daher in verschiedenen Versionen etwas unterschiedlich aus.

Dateien teilen

Wenn Sie umfangreiche Daten wie Bilder, Musik oder Videos teilen möchten, ist es meist angebracht, diese zunächst in einer Datei zu speichern. Statt der Daten selbst versenden Sie dann nur einen Verweis auf die Datei.

Wichtig dabei ist, dass die Ziel-App Zugriff auf die Datei haben muss. Sie darf also nicht im privaten Bereich Ihrer App liegen, sondern muss sich in einem öffentlichen Verzeichnis befinden (z. B. Downloads oder Pictures).

Statt eines `EXTRA_TEXT` fügen Sie Ihrem Intent ein `EXTRA_STREAM` hinzu, das die Angabe einer `Uri` (Uniform Resource Identifier, ein Pfad zu einem Datenobjekt) erfordert:

`i.putExtra(Intent.EXTRA_STREAM, Uri.parse("file://"+f.getAbsolutePath()));`

Achten Sie darauf, mit `setType()` einen passenden MIME-Type einzureichen.

Der Rest funktioniert dann wie gehabt.

11.4.2 Geteilte Daten entgegennehmen

Wie Sie Daten mit anderen Apps teilen, haben Sie im vorangegangenen Abschnitt gelernt. Lassen Sie uns jetzt die Gegenseite betrachten.

Wie kann eine App sich als Briefkasten outen, aber nur für bestimmte Inhalte?

Wenn Sie sich solche Vorgänge bei Apps auf Ihrem Gerät anschauen, werden Sie feststellen, dass bei der Auswahl eines Ziels unterschiedliche Apps angezeigt werden, und zwar abhängig von der Art der zu übermittelnden Daten.

Klar ist: Die App muss irgendwo nähere Angaben darüber hinterlegen, welche Art von Daten sie entgegennehmen möchte. Eine Galerie-App kann nichts mit Sounddateien anfangen und ein Videoplayer nichts mit Abrechnungsdaten von einer Flohmarktkasse.

Da dem Android-System diese Angaben auch zur Verfügung stehen müssen, wenn Ihre App gar nicht läuft, sind sie im Android-Manifest zu hinterlegen.

Da Android Ihre App starten muss, falls der Nutzer sie als Ziel auswählt, ist eine entsprechende Activity erforderlich. Sie können grundsätzlich eine vorhandene Activity verwenden, aber es hat sich bewährt, eine eigene zu schreiben, die nichts anderes tut, als Daten entgegenzunehmen. Ich nenne solche Activities üblicherweise `ImportActivity`. Schauen Sie sich zunächst den passenden Eintrag im Manifest an:

```
<activity android:name=".ImportActivity" android:screenOrientation=
"portrait" android:launchMode="singleTask">
  <intent-filter>
```

```
    <action android:name="android.intent.action.VIEW" />
    <category android:name="android.intent.category.DEFAULT" />
    <data android:scheme="file" />
    <data android:mimeType="*/*" />
    <data android:pathPattern=".*\\.Kasse" />
    <data android:host="*" />
  </intent-filter>
</activity>
```

Intent-Filter kennen Sie bereits von der Haupt-Activity Ihrer App. Der sieht allerdings anders aus, insbesondere verfügt er über eine andere `action` und eine andere `category`. Die richtige `action`, um Daten entgegennehmen zu können, lautet `android.intent.action.VIEW`. Die `category`-Angabe sorgt dafür, dass Ihre App in der Auswahlliste erscheint. Und die `data`-Einträge bestimmen, für welche Art von Daten dieser Intent-Filter infrage kommt. Natürlich könnte Ihre App mehrere Activities enthalten, die mit unterschiedlichen Intent-Filtern ausgestattet sind. So könnte eine App beispielsweise für Videos einen Player anbieten und für Fotos eine Slideshow.

Schauen Sie sich die `data`-Elemente an: Android kann Verweise (URIs) oder Daten selbst (Content) senden, aber auf Empfängerseite ist das nicht dasselbe. Im obigen Beispiel nimmt die App Dateien (das URI-`scheme` ist `file`) mit einer bestimmten Endung entgegen, aber der MIME-Type ist ihr egal. Die Identifikation des Datentyps erfolgt also über die Endung der Datei (hier: *.Kasse*), und zwar mit einem `pathPattern`. Das ist dann sinnvoll, wenn Sie erwarten, dass Ihre App Daten in Form von Dateien erhält, beispielsweise direkt von der SD-Karte oder per E-Mail-Anhang.

Will Ihre App nur Daten verarbeiten, die direkt auf dem Gerät entstehen (z. B. Fotos von der eingebauten Kamera), verzichten Sie auf die Schema-Angabe und deklarieren lediglich:

```
<data android:mimeType="image/*"/>
```

Solange ein Bild nicht irgendwo gespeichert wurde, existiert überhaupt kein Dateiname, folglich ist ein Filtern über die Dateiendung sinnlos.

Nur wenn ein Intent-Filter in Ihrem Manifest zu den Daten passt, die ein Nutzer teilt, erscheint Ihr App-Icon in der Auswahlliste.

Wählt der Nutzer es aus, startet Android die angegebene Activity und übergibt ihr die Daten im Intent. Diese Daten können Sie in der `onCreate()`-Methode Ihrer Activity entgegennehmen:

```
Intent intent = getIntent();
Uri data = intent.getData();
```

An dieser Stelle sollten Sie prüfen, ob wirklich Daten vorhanden sind, indem Sie abfragen, ob data!=null ist. Das gilt ganz besonders für Activities, die sich auch über den Launcher starten lassen.

Ferner überprüfen Sie, ob eine Datei übergeben wurde:

```
if(data!=null && ContentResolver.SCHEME_FILE.equals(data.getScheme())) {
}
```

Android kann nicht davon ausgehen, dass Ihre App Zugriffsrechte für die übergebene Datei hat, falls sie beispielsweise auf der SD-Karte liegt. Deshalb greifen Sie jetzt nicht etwa direkt auf die Datei zu, sondern Sie beschaffen sich einen InputStream über den ContentResolver. Letzterer weiß, wo die Datei tatsächlich zu finden ist, und stellt Ihnen den Inhalt zur Verfügung:

```
InputStream is = getContentResolver().openInputStream(data);
```

Wie Sie sehen, beschaffen Sie sich den ContentResolver über eine Methode von Activity.

Was Sie nun mit den Daten im InputStream anstellen, hängt natürlich vom Anwendungsfall ab. Ebenso müssen Sie sich die Frage stellen, was Ihre Activity tun soll, wenn der Import der Daten beendet ist. Sie könnte die MainActivity starten und dieser eine Information über den erfolgten Import mitgeben. Für den Nutzer bleibt dann das Tun der ImportActivity unsichtbar. Aus seiner Sicht startet Ihre App und präsentiert ihm eine Information über den erfolgreichen Empfang der gesendeten Daten, wie auch immer das genau aussieht.

Wie Sie von einer Activity aus eine andere starten können, wissen Sie schon:

```
Intent i = new Intent(this, MainActivity.class);
startActivity(i);
```

Um der MainActivity eine Information mitzugeben, fügen Sie dem Intent ein sogenanntes Extra hinzu, nachdem Sie ihn erzeugt haben:

```
i.putExtra("imported",data.getPath());
```

Dabei ist der erste Parameter ein Namensschlüssel, den Sie selbst festlegen können, gefolgt vom eigentlichen Wert. Das kann beispielsweise ein String oder ein Integer sein.

Natürlich können Sie mehrere Extras an einen Intent hängen, wenn Sie jeweils unterschiedliche Namensschlüssel verwenden.

Die `MainActivity` findet die Extras dann im Intent vor und wertet sie in `onCreate()` aus, ganz ähnlich wie die `ImportActivity` es mit den gesendeten Daten tut:

```
if(getIntent().getExtras()!=null) {
String imported = getIntent().getExtras().getString("imported",null);
}
```

Der zweite Parameter der Funktion `getString()` ist dabei der Standardwert, der zurückgegeben wird, wenn kein Extra unter dem angegebenen Namensschlüssel existiert. So können Sie leicht unterscheiden, ob der Activity etwas mit auf den Weg gegeben wurde oder nicht.

Beliebige Daten über Intents auszutauschen, ist eine mächtige Fähigkeit von Android, die ich hier nur anreißen kann. Sie finden alles darüber in der offiziellen Android-Dokumentation: *https://developer.android.com/training/basics/intents*.

11.4.3 Speichern ohne Genehmigung

Viele Apps möchten Bilder oder Dokumente auf dem Gerät speichern. Natürlich sollte es möglich sein, diese Dateien mit anderen Apps zu verwenden (oder via USB-Kabel am PC). Meist landen Dokumente aber recht unsortiert in irgendeinem Verzeichnis, und es ist oft etwas umständlich, sie zu finden.

Von Ihrem PC kennen Sie den »Speichern unter«-Dialog. Jede installierte Anwendung funktioniert in dieser Hinsicht gleich: Sie überlässt Ihnen als Nutzer die Entscheidung, wo ein Dokument landen soll und unter welchem Namen.

Tatsächlich existiert ein solcher Dialog auch unter Android, bloß verwenden ihn nur wenige Apps. Dabei hat das sich dahinter verbergende *Storage Access Framework* sogar einen immensen Vorteil: Es kommt ohne die Genehmigung zum Speichern von Dateien auf der SD-Karte aus!

Das liegt daran, dass nicht Ihre App, sondern das Framework die Datei speichert, und das verfügt von Haus aus über die entsprechende Erlaubnis. Ihre App sendet lediglich die zu speichernden Daten an das Framework. Das zeigt dem Nutzer den Dialog zur Auswahl von Speicherort und Dateiname und kümmert sich um den Rest. Der Mechanismus funktioniert dabei mit einem Intent mit spezieller Action, genau wie am Anfang dieses Abschnitts beschrieben.

Lassen Sie uns als Beispiel einen Mini-Editor schreiben, der es dem Nutzer erlaubt, einen Text einzugeben und ihn mittels Storage Access Framework zu speichern. Dieser bescheidene Funktionsumfang rechtfertigt eigentlich nur den Projektnamen *MiniMiniEditor*, und genau so heißt auch das Verzeichnis, in dem Sie den Beispielcode finden.

Wenn Sie das Projekt lieber selbst anlegen, dann achten Sie darauf, die `minSdkVersion` auf 19 oder höher zu stellen, denn zuvor existierte das Storage Access Framework noch nicht.

Schalten Sie außerdem die Unterstützung für Java 8 ein, da die folgenden Codezeilen eine Methodenreferenz verwenden.

Verwenden Sie im Layout *activity_main.xml* ein vertikales `LinearLayout`, und setzen Sie einen Speichern-Button und ein `EditText` hinein. Damit letztere View den gesamten verfügbaren Platz ausfüllt und mehrzeiligen Text entgegennimmt, setzen Sie die Attribute wie folgt:

```xml
<EditText android:id="@+id/text"
    android:layout_width="match_parent" android:layout_height="0dp"
    android:gravity="top|left" android:layout_weight="1"
    android:inputType="textMultiLine" />
```

In der Klasse `MainActivity` verknüpfen Sie zunächst den `EditText` mit dem festgelegten ID-text mit einem Attribut `editText` und den Button mit einem Listener:

```java
editText = findViewById(R.id.text);
findViewById(R.id.save).setOnClickListener(this::onSaveClicked);
```

Es ist hilfreich, den Button oben zu pflanzen, denn unten erscheint die Ausklapp-Tastatur (siehe Abbildung 11.14).

Wenn der Nutzer auf den SPEICHERN-Button drückt, basteln Sie ein spezielles Intent-Objekt:

```java
Intent intent = new Intent(Intent.ACTION_CREATE_DOCUMENT);
intent.addCategory(Intent.CATEGORY_DEFAULT);
intent.setType("text/plain");
intent.putExtra(Intent.EXTRA_TITLE, "");
startActivityForResult(intent, REQUESTCODE_SAVE);
```

Entscheidend ist hier die Action `ACTION_CREATE_DOCUMENT`. Als `EXTRA_TITLE` können Sie einen Dateinamen vorgeben, den der Nutzer noch ändern kann.

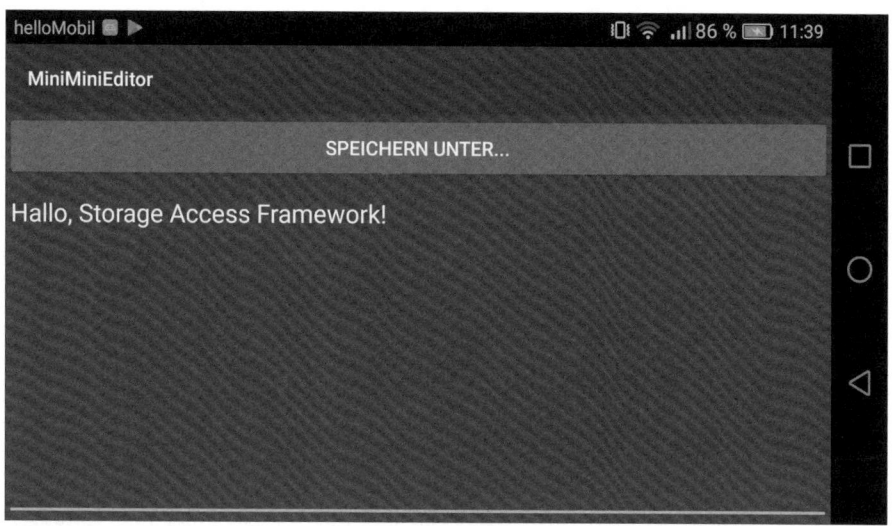

Abbildung 11.14 Der MiniMiniEditor funktioniert problemlos im Hoch- und Querformat.

Was Sie hier nicht sehen, ist der eingegebene Text: Der wird nicht etwa an den Intent gehängt, sondern in einem zweiten Schritt gespeichert. Dadurch erhält die Dateiauswahl nie Zugriff auf die fraglichen Daten. Für das eigentliche Speichern sind Sie selbst zuständig.

Deshalb starten Sie den Intent mit startActivityForResult() und übergeben einen frei definierbaren Request-Code.

Der Storage Access Provider horcht mit einem Intent-Filter darauf und präsentiert dem Nutzer einen Auswahldialog.

Standardmäßig zeigt der SPEICHERN UNTER-Dialog nicht viele mögliche Ziele an (siehe Abbildung 11.15): meist nur das DOWNLOADS-Verzeichnis und Ihr GOOGLE DRIVE, falls vorhanden.

Aber hinter dem Zahnrad rechts oben erreichen Sie den Einstellungen-Dialog, wo Sie mit ERWEITERTE GERÄTE ANZEIGEN dafür sorgen können, dass sowohl Ihr interner Speicher als auch eine eventuell eingesetzte SD-Karte erscheinen. Die meisten neueren Android-Geräte zeigen hier auch USB-Speichermedien an, die Sie einstöpseln.

Sobald der Nutzer das gewünschte Ziel ausgewählt hat, sendet das Storage Access Framework Ihrer Activity ein Ergebnis. Das nehmen Sie entgegen, indem Sie die Methode onActivityResult() überschreiben:

```
public void onActivityResult(int requestCode, int resultCode, Intent resultData) {
}
```

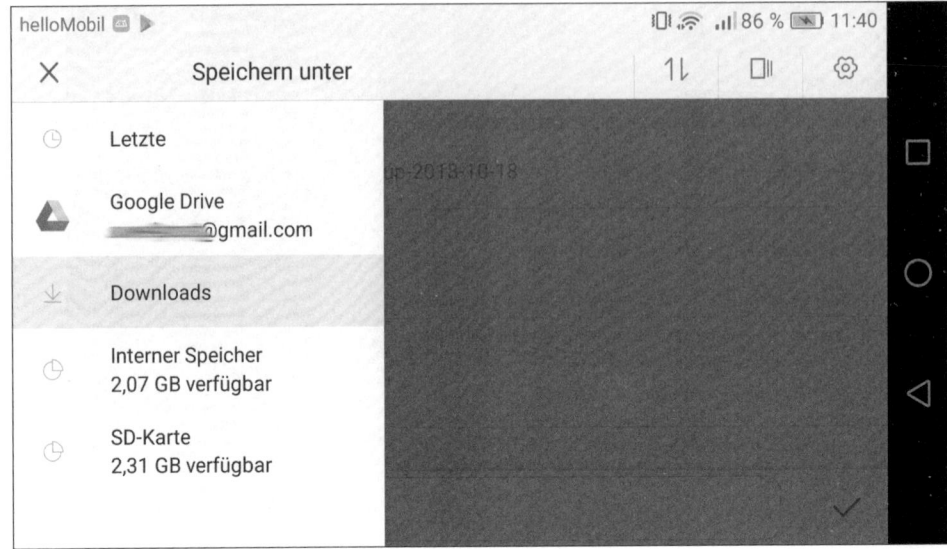

Abbildung 11.15 Der »Speichern unter«-Dialog zeigt internen Speicher und SD-Karte nur an, wenn Sie dies in den Einstellungen freischalten.

Da an dieser Stelle grundsätzlich ganz unterschiedliche Mitteilungen eintreffen können, müssen Sie den requestCode mit Ihrer Definition vergleichen. Der resultCode verrät Ihnen, ob der Nutzer den Vorgang erfolgreich beendet hat – nur dann möchten Sie etwas speichern:

```
if(requestCode==REQUESTCODE_SAVE && resultCode==Activity.RESULT_OK) {
}
```

Das Storage Access Framework übergibt Ihnen im Intent resultData das Ziel für Ihre Datei, und zwar in Form einer URI:

```
Uri uri = resultData.getData();
```

Diese URI zeigt auf einen Dateipfad, aber dessen genauer Ort muss Sie nicht interessieren. Sie verwenden lediglich den ContentResolver, um sich einen OutputStream zu beschaffen, der Ihre Daten an die richtige Stelle schreibt. Das Storage Access Framework sorgt dafür, dass Sie temporär die nötigen Schreibrechte besitzen, obwohl Ihre App keinerlei Genehmigung zum Schreiben auf den Datenträger besitzt.

Der Schreibvorgang funktioniert im Fall von Textdaten am einfachsten über einen PrintWriter:

```
try {
  OutputStream stream = getContentResolver().openOutputStream(uri);
  PrintWriter writer = new PrintWriter(stream);
  writer.write(editText.getText().toString());
  writer.flush();
  stream.close();
} catch (java.io.IOException e) {
  Log.e(getLocalClassName(),"caught IOException",e);
}
```

Das war schon alles. Natürlich können Sie dem Nutzer jetzt noch eine Erfolgsmeldung zeigen (und im Fehlerfall eine Fehlermeldung), aber das überlasse ich Ihnen.

Das Storage Access Framework kann auch dazu dienen, vorhandene Dateien zum Öffnen auszuwählen, z. B. Mediendateien. Als Intent-Action verwenden Sie dann ACTION_OPEN_DOCUMENT, der Rest funktioniert analog – ebenfalls ohne irgendwelche Permissions. Letztlich entscheidet der Nutzer im Einzelfall darüber, auf welche Dateien Ihre App zugreifen darf, deshalb ist die allgemeine Permission verzichtbar – das ist durchaus manchmal ein Vorteil, denn viele skeptische Nutzer installieren nur Apps, die möglichst wenige Genehmigungen einfordern.

Die ausführliche Dokumentation dieser wirklich nützlichen, aber recht selten eingesetzten Technologie finden Sie unter *https://developer.android.com/guide/topics/providers/document-provider*.

11.5 Daten speichern leicht gemacht

Fast jede App verwaltet irgendwelche Daten, die nach Möglichkeit beim nächsten Start nicht spurlos verschwunden sein sollten. Sie haben mit den Shared Preferences bereits eine Möglichkeit kennengelernt (siehe Abschnitt 7.1.3, »Werte permanent speichern«).

Allerdings speichern Sie so lediglich einfache Objekte. Sobald Sie strukturierte Daten wie Adressen, Rechnungen oder Eigenschaften von Figuren in einem Rollenspiel speichern möchten, benötigen Sie eine *Datenbank*.

Die häufigste Wahl ist eine *relationale* Datenbank, meist in Form von SQLite, die Sie in Android relativ leicht verwalten können. Das Hauptproblem an relationalen Datenbanken ist, dass diese Daten in Tabellen, Zeilen und Spalten speichern – Java-Objekte haben aber oft viel komplexere Strukturen. Diese beiden Welten zusammenzubringen, erfordert eine Menge Know-how, Code und nicht zuletzt Testen.

Deshalb stelle ich Ihnen hier eine einfache Möglichkeit vor, Java-Objekte permanent zu speichern: eine *Objektdatenbank*.

Der Vorteil von Objektdatenbanken gegenüber SQL-Datenbanken ist, dass sie Java-Objekte ohne Umwandlung entgegennehmen und wieder ausspucken. Die Open-Source-Lösung *Paper*, die ich Ihnen gleich anhand einer ungemein praktischen Beispiel-App vorstellen werde, zeichnet sich dadurch aus, dass sie keine Probleme mit Schema-Änderungen hat. Sprich: Wenn Sie den Datenklassen Attribute hinzufügen oder welche entfernen, reagiert Paper schmerzfrei – es sind keine besonderen Maßnahmen erforderlich.

11.5.1 Ein Einkaufszettel als App

Die praktischste App aller Zeiten ist ohne Zweifel ein *Einkaufszettel*. Wenn Sie feststellen, dass Ihnen die Schokolade ausgegangen ist, ziehen Sie Ihr Smartphone hervor, starten die App und markieren in der Liste die Schokolade.

Im Supermarkt gehen Sie die Liste durch. Sobald die Schokolade im Einkaufswagen landet, entfernen Sie die Markierung. Die Aufgabe der Objekt-Datenbank Paper ist in diesem Fall, sich zu merken, welche Artikel markiert sind.

Wir werden mit einer vergesslichen Version der App beginnen: Sie soll zunächst nur eine scrollbare Liste von Artikeln samt An/Aus-Button anzeigen, nicht mehr und nicht weniger.

Lassen Sie von Android Studio eine neue App erzeugen, und nennen Sie sie *Einkaufszettel*. Falls Sie lieber meinen Code nachvollziehen möchten, statt selbst welchen zu produzieren, schauen Sie im Software-Paket nach dem gleichnamigen Projekt.

Um Ihre wertvolle Zeit nicht mit dem Programmieren einer umfangreichen Artikelverwaltung zu verschwenden, halte ich diesen Teil der App möglichst einfach.

Ich habe auf *https://openclipart.org* zehn Bilder von Gemüse, Eiern und natürlich Schokolade im PNG-Format heruntergeladen und im Verzeichnis *res/drawable-nodpi* der neuen App abgelegt. Wo nötig, habe ich die Dateinamen geändert, denn diese sollen ohne weitere Umstände direkt in der Einkaufsliste angezeigt werden.

Das Layout der Liste gestaltet sich sehr einfach: Ein leeres `LinearLayout` mit vertikaler Orientierung wird später die Artikel anzeigen. Es liegt in einem `ScrollView`, sodass die Liste beliebig lang werden darf. Die *activity_main.xml* schaut wie folgt aus:

```
<?xml version="1.0" encoding="utf-8"?>
<ScrollView
    xmlns:android="http://schemas.android.com/apk/res/android"
```

```
    xmlns:tools="http://schemas.android.com/tools"
    android:layout_width="match_parent"
    android:layout_height="match_parent"
    tools:context=".MainActivity">
    <LinearLayout
        android:id="@+id/list"
        android:layout_width="match_parent"
        android:layout_height="wrap_content"
        android:orientation="vertical" />
</ScrollView>
```

Sie benötigen ein zweites Layout, das ich *row.xml* genannt habe. Es dient dazu, einen Artikel samt Bild, Beschriftung und Button anzuzeigen. Die App wird dieses Layout dann einmal pro Artikel ins LinearLayout kopieren. Stattdessen könnten Sie eine Liste mit Adapter bauen (siehe Abschnitt 7.3, »Listen mit Adaptern«), aber für unsere Zwecke genügt an dieser Stelle die einfachere Variante.

Der Code des Layouts wird Sie vor keine Probleme stellen, obwohl Sie die CheckedTextView noch nicht kennen:

```
<?xml version="1.0" encoding="utf-8"?>
<LinearLayout
  xmlns:android="http://schemas.android.com/apk/res/android"
  android:layout_width="match_parent" android:layout_height="wrap_content"
  android:orientation="horizontal">
  <ImageView android:id="@+id/image"
    android:layout_width="100dp" android:layout_height="100dp"
    android:scaleType="fitCenter"/>
  <CheckedTextView android:id="@+id/name" android:checked="false"
    android:checkMark="@android:drawable/btn_radio"
    android:textSize="32sp" android:layout_gravity="center"
    android:gravity="center_vertical" android:layout_weight="1"
    android:layout_width="0dp" android:layout_height="wrap_content" />
</LinearLayout>
```

Wie Sie sehen, habe ich es mir geschenkt, eigene Grafiken für den An/Aus-Haken zu basteln. Stattdessen habe ich den Standard-Radio-Button von Android verwendet (@android:drawable/btn_radio), der über zwei Grafiken für die nötigen Zustände verfügt.

Das Befüllen der Liste soll der Einfachheit halber bei jedem onResume() stattfinden. So unterstützt die App automatisch alle Bildschirmausrichtungen und deren Wechsel.

In `onResume()` holen Sie sich zunächst eine Referenz auf das `LinearLayout` und leeren es:

```
@Override
protected void onResume() {
  super.onResume();
  LinearLayout list = findViewById(R.id.list);
  list.removeAllViews();
}
```

Die nächste Aufgabe besteht darin, alle Artikel zu identifizieren, jeweils ein `row`-Layout zu füllen und `list` hinzuzufügen.

Auch hier wähle ich den schnellsten Weg. Statt irgendwo eine Liste der Artikel samt Beschreibungstext zu hinterlegen, zeige ich Ihnen, wie Sie alle Grafiken ansprechen, die Sie in irgendwelche *drawable*-Verzeichnisse gelegt haben. Dazu unterziehen Sie die Klasse R.drawable einer Art Wurzelbehandlung, indem Sie Javas *Reflection*-Fähigkeiten verwenden. Dies bezeichnet eine Gruppe von Funktionen, die Ihnen Informationen über Klassen sowie deren Attribute und Methoden verschaffen. Eine davon ist `getFields()`:

```
Field[] ID_Fields = R.drawable.class.getFields();
```

Klicken Sie einmal mit festgehaltener Strg-Taste auf `R.drawable`. So gelangen Sie in den von AS generierten Code für die Klasse R. Sie sehen für jede Grafik, die Sie unter einem *drawable*-Verzeichnis abgelegt haben, ein statisches `int`-Attribut:

```
public static final int schokolade=0x7f020007;
```

Die Methode `getFields()` liefert ein Array mit Informationen über diese Attribute.

Dieses Array können Sie nun in einer Schleife durchlaufen. Mit `Field.getInt()` erhalten Sie den statischen Wert der Ressource, mit `getName()` den Namen des Attributs (z. B. "schokolade"):

```
for(int i = 0; i < ID_Fields.length; i++) {
  try {
    int resId = ID_Fields[i].getInt(null);
    String name = ID_Fields[i].getName();
  } catch (IllegalAccessException e) { }
}
```

Da Reflection-Methoden `IllegalAccessExceptions` werfen könnten, müssen Sie diese explizit abfangen. Das wird in unserem Beispiel nicht passieren, daher dürfen Sie auf Code zur Fehlerbehandlung im `catch`-Block ausnahmsweise verzichten.

Der Trick mit Reflection funktioniert natürlich nur ordentlich, solange Ihre App keine Grafiken unter *drawable* findet, die nicht in der Liste erscheinen sollen, z. B. das Launcher-Icon. Aber zum Glück gibt es ja das gleichwertige *mipmap*-Verzeichnis. Sie legen einfach alles, was Sie einkaufen möchten, nach *drawable* und den Rest nach *mipmap*.

Der Name des Attributs steht immer in Kleinbuchstaben. Das sähe in der Anzeige der App nicht schön aus, also wandeln Sie ihn kurzerhand in Großbuchstaben um:

```
name = name.toUpperCase(Locale.GERMAN);
```

Die nächste Aufgabe besteht darin, für jeden Artikel das row-Layout zu erzeugen und zu füllen. Das ist nicht kompliziert:

```
View row = getLayoutInflater().inflate(R.layout.row,null);
ImageView imageView = row.findViewById(R.id.image);
imageView.setImageResource(resId);
CheckedTextView textView = row.findViewById(R.id.name);
textView.setText(name);
```

Schließlich fügen Sie die View row dem LinearLayout list hinzu:

```
list.addView(row, LinearLayout.LayoutParams.MATCH_PARENT,
    LinearLayout.LayoutParams.WRAP_CONTENT);
```

Die LayoutParams sind so gewählt, dass die Einträge der Einkaufsliste stets die ganze Bildschirmbreite einnehmen.

Probieren Sie die App ruhig an dieser Stelle aus. Gratulation, Sie haben einen Einkaufszettel programmiert – zweifellos die nützlichste App der Welt, wenn man darin irgendetwas anklicken könnte.

11.5.2 Daten verwalten mit Paper

Um die Objektdatenbank Paper ins Projekt einzubinden, fügen Sie die entsprechende Zeile in der *build.gradle* als Abhängigkeit hinzu:

```
dependencies {
  implementation 'io.paperdb:paperdb:2.6'
}
```

Paper ist auf besonders einfache Benutzung ausgelegt. So landen die Daten normalerweise im privaten Verzeichnis der App (sodass keine Permission erforderlich ist), Sie könnten aber auch ein anderes Verzeichnis angeben (das der SD-Karte etwa, was natürlich eine Genehmigung erfordern würde).

Paper verwaltet Ihre Daten in Form von *Books*. Jedes Book kann beliebig viele *Schlüssel-Objekt-Paare* enthalten.

In unserem Fall genügt ein einziges Book und darin ein einziger Schlüssel, in dem eine `ArrayList<String>` gespeichert wird. Diese enthält die Namen der aktuell in der Liste aktivierten Einkaufsartikel.

Initialisieren Sie Paper wie folgt in Ihrer `onCreate()`-Methode:

```
Paper.init(this);
```

Der Parameter ist ein `Context`, in diesem Fall also Ihre `MainActivity` (die von `Context` erbt).

In `onResume()` holen Sie sich vor dem Durchlaufen der Artikel-Schleife die Liste der Einkäufe. Falls noch keine existiert, dient eine leere Liste als Standardwert:

```
thingsToBuy = Paper.book().read("things", new ArrayList<>());
```

Die Methode `book()` liefert Ihnen ohne Parameter eine Referenz auf das Standard-Book in der Datenbank. Mit `book("buchname")` erhalten Sie eine Referenz auf ein Buch eines bestimmten Namens. Sie können beliebig viele Books verwenden, um Ihre Daten zu strukturieren.

Die Methode `read(key, class)` liefert Ihnen das Objekt, das unter dem angegebenen Schlüsselnamen gespeichert ist. Sie müssen Paper lediglich verraten, zu welcher Klasse das Objekt gehört. Dabei ist es vollkommen egal, ob das Objekt Attribute und Unterobjekte enthält: Alles wird so geladen, wie Sie es gespeichert haben. Nur »Teufelskreise«, also ringförmige Referenzen, müssen Sie vermeiden.

Falls einzelne Attribute einer Klasse nicht gespeichert werden sollen, können Sie diese übrigens als `transient` deklarieren:

```
private transient String tempName; // wird nicht gespeichert
```

Um beim Aufbau der Einkaufsliste in der Schleife die nötige Markierung zu setzen, genügt es, zu prüfen, ob `thingsToBuy` den Namen des Artikels enthält:

```
textView.setChecked(thingsToBuy.contains(name));
```

Jetzt müssen Sie nur noch dafür sorgen, dass beim Antippen eines Artikels dessen Zustand wechselt. Dazu verdrahten Sie den `OnClickListener` des `textView`:

```
textView.setOnClickListener(this::onClicked);
```

Das ist eine Java-8-Methodenreferenz. Schreiben Sie die Methode wie folgt:

```
private void onClicked(View view) {
  CheckedTextView textView = (CheckedTextView) view;
  textView.setChecked(!textView.isChecked());
}
```

Diese beiden Zeilen drehen beim Antippen des Namens den Checked-Status um. Falls dieser anschließend true ist, müssen Sie den Namen des Artikels der Liste der Einkäufe hinzufügen, sonst entfernen:

```
if(textView.isChecked()) {
  thingsToBuy.add(textView.getText().toString());
} else {
  thingsToBuy.remove(textView.getText().toString());
}
```

Die toString()-Aufrufe sind erforderlich, weil getText() CharSequence-Objekte zurückgibt, Ihre ArrayList aber nur Strings schluckt.

Zuletzt speichern Sie die Liste in Paper:

```
Paper.book().write("things",thingsToBuy);
```

Das ist schon alles (siehe Abbildung 11.16). Viel Spaß und Erfolg bei Ihrem nächsten Einkauf!

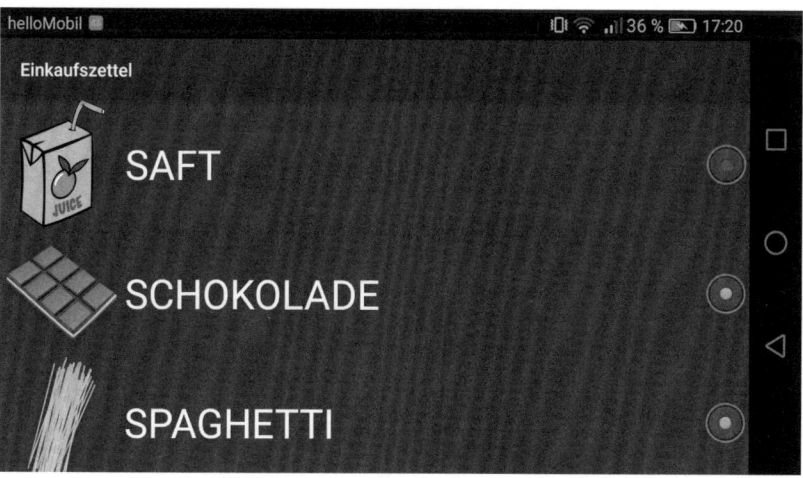

Abbildung 11.16 Endlich! Ihr eigener, digitaler Einkaufszettel

Paper bei GitHub

Die Objektdatenbank Paper steht unter Apache-2-Lizenz und darf damit sowohl in kommerziellen als auch nicht kommerziellen Projekten verwendet werden.

Paper ist verdammt schnell und unterstützt auch asynchrone Schreibvorgänge (also in mehreren Threads gleichzeitig).

Webseite: *https://github.com/pilgr/Paper*

11.6 Öffentliche Webservices abfragen

Alles ist heutzutage in der Cloud! Sie wissen schon: Dort befinden sich Ihre persönlichen Fotos und Videos, Ihr zukünftiger Ehepartner (zu finden via Tinder), die Highscores irgendeines Mückenfang-Spiels und nicht zuletzt Banalitäten wie die Wettervorhersage.

Auf diese und andere Daten greifen Apps üblicherweise zu, indem sie *Webservices* (oder *APIs*, Application Programming Interfaces) abfragen. Einen besonders einfachen haben Sie bereits kennengelernt (siehe Abschnitt 7.2, »Bestenliste im Internet«). Wenn Sie andere, komplexere öffentliche Webservices benutzen möchten, sollten Sie sich vorhandene Bibliotheken zunutze machen. Eine davon stelle ich Ihnen hier anhand einer Beispiel-App vor. Da die meisten Leser vermutlich bereits über Ehepartner verfügen, meine Beispiele aber möglichst nützlich sein sollen, habe ich ein Thema gewählt, das nun wirklich für jeden interessant ist: das Wetter.

Liste öffentlicher Webservices

Falls Sie lieber einen anderen Webservice abfragen möchten, habe ich natürlich Verständnis dafür. Eine umfangreiche, kategorisierte Liste öffentlicher Webservices finden Sie beispielsweise hier:

https://github.com/toddmotto/public-apis

Für viele der dort aufgeführten Webservices ist ein API-Schlüssel erforderlich. Den erhalten Sie bei einer (meist kostenlosen) Registrierung auf der zugehörigen Webseite. Für dieses Buch habe ich Webservices ausgewählt, die ohne auskommen. So oder so unterliegt der Zugriff üblicherweise einer Volumenbeschränkung, sonst wäre er kaum kostenlos. Viele Anbieter offerieren Premium-Accounts, die gegen einen geringen Betrag die Beschränkungen aufheben.

11.6.1 Alle Wetter

Nun könnten Sie auch einfach aus dem Fenster schauen, wenn Sie etwas über das momentane Wetter herausfinden möchten, aber wozu, wenn es Ihnen Ihr Smartphone ebenfalls verraten kann?

Als Quelle für Wetterangaben habe ich den öffentlichen Webservice von *www.metaweather.com* ausgewählt. Dieses Webportal fragt in regelmäßigen Abständen eine erhebliche Anzahl Wetterdienstleister ab und stellt deren Daten gebündelt zur Verfügung – Vorhersagen inklusive.

Natürlich benötigt jede Wetteransage einen Ort als Eingabeparameter. Sie könnten dazu auf Abschnitt 9.5, »Arbeiten mit Geokoordinaten«, zurückgreifen, aber stattdessen verwende ich im folgenden Beispiel einfach einen weiteren Webservice. Und zwar einen, der aus der IP-Nummer auf Ihren (ungefähren) Standort schließt. Diese Methode ist relativ ungenau, und metaweather verfügt auch nicht zwingend über Informationen von einer Wetterstation bei Ihnen um die Ecke. Aber es geht ja hier nur um die grundsätzliche Technik. Sollten Sie wirklich am genauen Wetter vor Ort interessiert sein, werfen Sie eben doch mal kurz einen Blick aus dem Fenster.

Legen Sie für diese Demo-App einfach ein neues Projekt in Android Studio an. Ich habe als Name *MeinWetter* gewählt, und im gleichnamigen Verzeichnis finden Sie auch den fertigen Code im Download-Paket.

Wir werden den Zugriff auf die Webservices drastisch vereinfachen, indem wir dem Projekt als Abhängigkeit die Bibliothek `Retrofit` hinzufügen.

> **Retrofit im Netz**
>
> Wie viele andere Bibliotheken auch, ist Retrofit Open Source und steht unter Apache-2-Lizenz, Sie können das Paket also guten Gewissens auch in kommerziellen Apps verwenden.
>
> Sie finden Dokumentation und Source Code auf der Webseite des Projekts:
>
> *https://square.github.io/retrofit*

Ändern Sie die dependencies in der *build.gradle* wie folgt:

```
dependencies {
  implementation 'com.squareup.retrofit2:retrofit:2.5.0'
  implementation 'com.squareup.retrofit2:converter-gson:2.4.0'
}
```

Wenn Sie wie ich die Support-Library aus dem Projekt werfen, müssen Sie die `MainActivity` von `Activity` erben lassen und in der *styles.xml* das `parent` ändern, z. B. so:

```
<style name="AppTheme" parent="android:Theme.Light">
```

Da die App aufs Internet zugreifen muss, holen Sie im Manifest die nötige Genehmigung ein:

```
<uses-permission android:name="android.permission.INTERNET"/>
```

Auf eine hübsche Ausgabe verzichtet die Demo-App, da sie in erster Linie den Zugriff auf Webservices verdeutlichen soll. Daher landen alle Ausgaben lediglich als Strings in TextViews. Davon benötigen Sie drei, die Sie in einem vertikalen `LinearLayout` untereinander anordnen. Sie erhalten die IDs `location`, `nearestLocation` und `weather`. Jeweils davor können Sie noch Beschriftungen mit festen Texten anbringen, etwa so:

```
<?xml version="1.0" encoding="utf-8"?>
<LinearLayout
  xmlns:android="http://schemas.android.com/apk/res/android"
  xmlns:tools="http://schemas.android.com/tools"
  android:layout_width="match_parent" android:layout_height="match_parent"
  android:orientation="vertical" tools:context=".MainActivity">
  <TextView
      android:layout_width="match_parent"  android:layout_height="wrap_content"
      android:text="Ort laut ipinfo:" />
  <TextView
      android:id="@+id/location" android:layout_width="match_parent"
      android:layout_height="wrap_content" style="@style/result" />
  <TextView
      android:layout_width="match_parent" android:layout_height="wrap_content"
      android:text="Wetterstationen in der Nähe:" />
  <TextView
      android:id="@+id/nearestLocation" android:layout_width="match_parent"
      android:layout_height="wrap_content" style="@style/result"/>
  <TextView
      android:layout_marginTop="10dp" android:layout_width="match_parent"
      android:layout_height="wrap_content" android:text=
      "Wetter an der nächsten Station:" />
  <TextView
      android:id="@+id/weather" android:layout_width="match_parent"
      android:layout_height="wrap_content" style="@style/result"/>
</LinearLayout>
```

Für die drei zu füllenden `TextViews` legen Sie in der `MainActivity` Attribute an und verknüpfen Sie in `onCreate()` mit den zugehörigen Views:

```
private TextView locationTextView;
private TextView stationsTextView;
private TextView weatherTextView;
@Override
protected void onCreate(Bundle savedInstanceState) {
  super.onCreate(savedInstanceState);
  setContentView(R.layout.activity_main);
  locationTextView = findViewById(R.id.location);
  stationsTextView = findViewById(R.id.nearestLocation);
  weatherTextView = findViewById(R.id.weather);
}
```

Das genügt als Vorarbeit. Als Nächstes müssen Sie die eigentlichen Webservice-Aufrufe mit Retrofit programmieren.

11.6.2 Webservices abfragen mit Retrofit

Um Webservices abzufragen, benötigt Retrofit jeweils zwei Dinge:

- ein Java-Interface, das die Parameter und Rückgabewerte beschreibt
- einfache Datenklassen, in deren Attributen die Rückgabewerte landen

Retrofit erzeugt später automatisch die zum Interface passende Implementierung, um deren Details Sie sich nicht kümmern müssen.

In diesem Beispiel gibt es insgesamt drei Webservice-Aufrufe:

- Abfragen von *ipinfo.io* (ermittelt die Location zur aktuellen IP-Adresse)
- Abfragen von *metaweather.com*, um die Wetterstationen in der Nähe zu ermitteln
- Abfrage der aktuellen Wettermeldungen und -vorhersage von der nächsten Wetterstation, ebenfalls via metaweather.com

Schreiben Sie als Erstes das Interface für den Webservice von ipinfo.io:

```
public interface IpInfoService {
  @GET("geo")
  Call<IpLocation> findMe();
}
```

Das ist ziemlich übersichtlich, nicht wahr? Beachten Sie die *Annotation* @GET: Sie informiert Retrofit darüber, unter welchem Pfad (geo) der Webservice zu finden ist. Die Basis-URL des Servers teilen Sie Retrofit an anderer Stelle mit. Diese Trennung erleichtert es, identische Webservices bei verschiedenen Rechnern abzufragen, beispielsweise eine Entwicklungs- und eine Live-Instanz. Einen Eingabeparameter benötigt der Webservice nicht, weil er die IP-Adresse Ihres Gerätes ausliest und verwendet.

Die Klasse IpLocation entspricht dem Rückgabewert des Webservices. Sie sieht besonders einfach aus:

```
class IpLocation {
    String ip,city,region,country,loc,postal;
}
```

Sie können den Webservice testweise im Browser aufrufen, indem Sie in die Adressleiste die Basisadresse samt Pfad eingeben (*https://ipinfo.io/geo*). Das Ergebnis kommt im *JSON-Format* daher und sieht beispielsweise wie folgt aus:

```
{
  "ip": "93.245.63.172",
  "city": "Wermelskirchen",
  "region": "North Rhine-Westphalia",
  "country": "DE",
  "loc": "51.1397,7.2158",
  "postal": "42929"
}
```

Zwar wohne ich nicht in Wermelskirchen, aber dort verortet ipinfo meine aktuelle IP-Adresse. Die Genauigkeit der Methode hängt stark vom Internet-Provider und der örtlichen Netzwerkinfrastruktur ab und kann täglich wechseln (wenn Ihr Provider Ihnen eine neue IP-Nummer zuweist). Sie sehen im Ergebnis das Attribut loc, das die erhofften Geokoordinaten enthält. Retrofit versteht das JSON-Format und packt die erhaltenen Daten automatisch in die entsprechend benannten Attribute der Klasse IpLocation.

Lassen Sie uns nun die eigentliche Abfrage schreiben. Sie soll in onResume() starten.

Dort erzeugen Sie zunächst eine Instanz von Retrofit. Das geht so:

```
Retrofit retrofit = new Retrofit.Builder().baseUrl("https://ipinfo.io")
  .addConverterFactory(GsonConverterFactory.create())
  .build();
```

Sie sehen, dass Sie die Basisadresse des Webservice übergeben müssen, ebenso eine `GsonConverterFactory`. Die ist dafür zuständig, das JSON-Format in Java-Objekte umzuwandeln, und basiert auf der *GSON-Bibliothek* von Google. Vielleicht ist Ihnen beim Erweitern der *build.gradle* der entsprechende Eintrag aufgefallen. Es gibt auch Webservices, die statt JSON beispielsweise XML zurückliefern. In solchen Fällen müssten Sie eine andere, passende `ConverterFactory` verwenden.

Im zweiten Schritt überreden Sie Retrofit dazu, dynamisch eine Client-Instanz zu erzeugen, die das Interface `IpInfoService` implementiert und den Zugriff auf den Webservice ermöglicht. Dazu rufen Sie Retrofits `create()`-Methode auf und übergeben eine Referenz auf das gewünschte Interface:

```
IpInfoService ipInfoService = retrofit.create(IpInfoService.class);
```

Jetzt ist es an der Zeit, den Webservice tatsächlich aufzurufen. Dies muss allerdings im Hintergrund geschehen, da im UI-Thread keinerlei Internet-Zugriffe erlaubt sind.

Sicher ist Ihnen aufgefallen, dass die Deklaration der `findMe()`-Methode im Interface `IpInfoService` keineswegs ein `IpLocation`-Objekt zurückgibt, sondern `Call<IpLocation>`. Das ist eine Art `Runnable` oder ausführbares Objekt – `findMe()` führt also gar nicht selbst den Webservice-Aufruf durch, das geschieht erst im nächsten Schritt. Holen Sie sich dazu zunächst das `Call`-Objekt:

```
Call<IpLocation> ipLocationCall = ipInfoService.findMe();
```

Dieses Objekt können Sie nun im Hintergrund ausführen, indem Sie seine `enqueue()`-Methode aufrufen. Diese Methode erwartet eine `Callback`-Implementierung als Parameter, die für erfolgreiche und fehlerhafte Vorgänge je eine Funktion anbietet:

```
ipLocationCall.enqueue(new Callback<IpLocation>() {
  @Override
  public void onResponse(Call<IpLocation> call, Response<IpLocation> response) {
}
  @Override
  public void onFailure(Call<IpLocation> call, Throwable t) {}
});
```

Retrofit kümmert sich um den Webservice-Aufruf im Hintergrund und ruft anschließend im Vordergrund eine der beiden Methoden auf. Natürlich erhalten Sie nur im Erfolgsfall eine Antwort (`response`). Diese enthält das sehnsüchtig erwartete `IpLocation`-

Objekt verpackt in einem body. Darin finden Sie nun beispielsweise den Ortsnamen und die Geokoordinaten und können beides anzeigen lassen:

```
locationTextView.setText( response.body().city + ", " + response.body().loc);
```

Im Fehlerfall können Sie dem Nutzer eine entsprechende Meldung zeigen oder einen Log-Eintrag erzeugen. Auf den zugehörigen Code gehe ich hier nicht ein, Sie finden ihn bei Bedarf im mitgelieferten Beispielprojekt.

Sobald die App die Geokoordinaten kennt, kann sie die entsprechenden Wetterstationen via metaweather.com abfragen. Dazu schreiben Sie ein passendes Interface, das zwei Methoden deklariert:

```
public interface MetaWeatherService {
  @GET("api/location/search/")
  Call<List<LocationResult>> findLocation(@Query("lattlong") String lattlong);
  @GET("api/location/{woeid}/")
  Call<WeatherResult> findWeather(@Path("woeid") int woeid);
}
```

Die Methode findLocation() ermittelt die nächsten Wetterstationen, daher ist das Ergebnis eine Liste: List<LocationResult>. Der Parameter lattlong (er ist wirklich in der API mit tt definiert!) wird der URL in der Query angehängt, daher ist er mit der Annotation @Query versehen, die Retrofit entsprechend berücksichtigt, um den Aufruf zu konstruieren. Letztlich geht die Abfrage also an die Adresse *www.metaweather.com/api/location/search/?lattlong=51.1397,7.2158* (für Wermelskirchen).

Die zweite Methode ermittelt die Wetterinformationen zu einer gegebenen woeid. Diese Abkürzung steht übrigens für *where on earth ID*. Jede im vorherigen Aufruf ermittelte Wetterstation enthält eine solche woeid. Im Gegensatz zum ersten Aufruf ist die woeid nicht als Query-Parameter zu übergeben, sondern im Pfad, daher die Annotation @Path. Dies entspricht einer URL wie der folgenden: *www.metaweather.com/api/location/667931*.

Beide Adressen können Sie natürlich einfach in die Browser-Adressleiste kopieren, um sich die JSON-Antwort von metaweather.com anzuschauen.

Jetzt brauchen Sie noch die Datenklassen für die Antworten:

```
class LocationResult {
    public String title,location_type,latt_long;
    public int distance,woeid;
}
```

Und für den zweiten Webservice:

```
class WeatherResult {
    @SerializedName("consolidated_weather")
    List<ConsolidatedWeather> consolidatedWeatherList;
    Date time,sun_rise,sun_set;
    String timezone_name;
    LocationResult parent;
    List<WeatherSource> sources;
    LocationResult location;
}
```

Diese Klasse enthält als Besonderheit eine Annotation namens `@SerializedName`. Sie verrät Retrofit, wie das zugehörige Attribut in der JSON-Antwort des Webservice heißt. Notwendig ist die Angabe nur, wenn sich die Bezeichner in JSON und Java unterscheiden. Ich hätte die `List<ConsolidatedWeather>` auch schlicht `consolidated_weather` nennen können, aber dann hätte ich Ihnen nichts über dieses wichtige Attribut erzählen müssen.

Es gibt noch zwei Unterklassen, die von `WeatherResult` verwendet werden:

```
class ConsolidatedWeather {
  long id;
  String weather_state_name,weather_state_abbr,wind_direction_compass;
  Date created,applicable_date;
  float min_temp,max_temp,the_temp,wind_speed,wind_direction,
     air_pressure,humidity,visibilidy,predictability;
}
```

Und schließlich:

```
class WeatherSource {
    String title,slub,url;
    int crawl_rate;
}
```

Hierüber erfahren Sie, aus welchen Quellen die Wetterdaten von metaweather stammen. Unser Beispiel wertet diese Informationen nicht aus, und Sie können die Klasse (und das zugehörige Attribut in `ConsolidatedWeather`) auch einfach weglassen – Retrofit verwirft dann den betreffenden Teil der Antwort des Webservice einfach.

Um die Wetterstationen zu ermitteln, schreiben Sie eine neue Methode `findStationsNear()`, der Sie von der `onResponse()`-Methode des ersten Webservice aus die gefundenen Geokoordinaten übergeben:

```
findStationsNear(response.body().loc);
```

In der neuen Funktion erzeugen Sie wiederum ein Retrofit-Objekt, diesmal natürlich mit der Adresse von metaweather als Basis-URL:

```
Retrofit retrofit = new Retrofit.Builder().baseUrl("https://www.metaweather.com")
  .addConverterFactory(GsonConverterFactory.create())
  .build();
```

Erneut erzeugen Sie den eigentlichen Webservice-Client mithilfe der `create()`-Methode des Retrofit-Objekts.

```
MetaWeatherService metaWeatherService =
 retrofit.create(MetaWeatherService.class);
```

Dann erzeugen Sie das `Call`-Objekt und starten den Aufruf asynchron.

```
Call<List<LocationResult>> locationResultCall =
 metaWeatherService.findLocation(lattlong);
locationResultCall.enqueue(new Callback<List<LocationResult>>() { ... });
```

Die `onResponse()`-Methode wirft die `LocationResult`-Liste aus:

```
String stationen ="";
for(LocationResult lr : response.body()) {
    stationen += lr.title + " (where on earth id: " + lr.woeid + ")\r\n";
}
stationsTextView.setText(stationen);
```

Der letzte Schritt funktioniert ganz analog, indem Sie den dritten und letzten Webservice in einer eigenen Methode `findWeatherAt()` aufrufen und ihm die `woeid` der nächstgelegenen Wetterstation übergeben. Diese finden Sie im ersten `LocationResult`, da die Liste der Stationen nach Entfernung aufsteigend sortiert ist.

```
findWeatherAt(response.body().get(0).woeid);
```

Da der letzte Webservice auf die gleiche Weise aufgerufen wird wie die bisherigen, können Sie die nötigen Zeilen sicher selbst schreiben.

Im Resultat sind sicher vor allem applicable_date, weather_state_name und the_temp von Interesse. Das Datumsfeld enthält je nach Element das aktuelle Datum oder eines in der Zukunft – Sie erhalten also das momentane Wetter sowie eine Vorhersage. Alles zusammen können Sie im weatherTextView anzeigen. Ferner enthält weather_state_abbr eine codierte Abkürzung für die aktuelle Wetterlage. Diese korrespondiert mit Namen bestimmter Grafiken, die Sie bei metaweather abrufen können. Näheres dazu finden Sie in der offiziellen Dokumentation der API: *www.metaweather.com/api*.

Damit haben Sie Ihre eigene Wetter-App geschrieben – sie ist nicht besonders hübsch (siehe Abbildung 11.17), aber kostenlos und lehrreich, und das ist doch auch schon was!

Abbildung 11.17 Ihre eigene Wetter-App glänzt nicht durch eine bunte Oberfläche, sondern durch besonders effizienten Code – Retrofit sei Dank.

11.7 Activities aus Fragmenten

Wenn Ihre App aus vielen verschiedenen Bildschirmansichten bestehen soll, muss sie nicht unbedingt entsprechend viele Activities verwenden. Sie können auch eine Activity schreiben und dieser beibringen, verschiedene Layouts darzustellen. Wenn Sie damit beginnen, werden Sie ziemlich schnell feststellen, dass Sie viele Dinge berücksichtigen müssen: Beispielsweise soll die Activity, wenn sie im Hintergrund war und erneut aufgerufen wird, die gleiche Ansicht zeigen wie vorher. Auch der Zurück-Button am Gerät sollte wie erwartet funktionieren, Sie brauchen also eine Historie der zuletzt gezeigten Ansichten.

Für solche Fälle hält Android eine flexibel einsetzbare Lösung bereit: Fragmente.

11.7.1 Fragmente anlegen

Fragmente sind Teile eines User-Interface, die vielseitig ein- und ausgeblendet werden können, auch mehrere pro Activity. Jedes wird in einer Layout-XML-Datei beschrieben. Sie können ein Fragment in verschiedenen Activities verwenden, auch dynamisch. Ein häufiger Anwendungsfall ist eine App, die sowohl auf Tablets als auch Smartphones optimal mit dem Platz umgeht: Während das Telefon nur ein Fragment zeigt, können auf dem Tablet mehrere gleichzeitig erscheinen. Genau wie Activities kennen auch Fragmente einen Lebenszyklus, d. h., Sie können mit Funktionen auf ihr Erscheinen oder Verschwinden reagieren.

In einem einfachen Beispiel werde ich Ihnen jetzt einen typischen Anwendungsfall zeigen: eine Liste mit Elementen sowie jeweils eine Detailansicht. Solange Sie das Gerät hochkant halten, erscheint nur die Liste. Tippen Sie ein Element an, wechselt die Anzeige zur Detailansicht. Im Querformat sollen Liste und Detailansicht nebeneinander erscheinen.

Unsere zwei Fragmente sind also die Liste und die Detailansicht.

Erstellen Sie jeweils ein XML-Layout. Zunächst *fragment_list.xml* mit einem ListView darin:

```
<ListView android:layout_width="match_parent" android:layout_height="match_parent"
    xmlns:tools="http://schemas.android.com/tools"
    tools:context=".ListFragment"
    android:id="@+id/list"
    xmlns:android="http://schemas.android.com/apk/res/android" />
```

Die andere Layout-Datei heißt *fragment_detail.xml* und sieht so aus:

```xml
<FrameLayout xmlns:android="http://schemas.android.com/apk/res/android"
    xmlns:tools="http://schemas.android.com/tools"
    tools:context=".DetailFragment"
    android:layout_width="match_parent"
    android:layout_height="match_parent">
    <TextView
        android:layout_width="match_parent"
        android:layout_height="match_parent"
        android:id="@+id/details" />
</FrameLayout>
```

Natürlich würde eine ernsthafte Anwendung etwas mehr darstellen als nur einen TextView, aber das überlasse ich Ihrem eigenen Projekt.

Schreiben Sie dann eine Klasse für das DetailFragment:

```java
public class DetailFragment extends Fragment {
  @Override
  public View onCreateView(@NonNull LayoutInflater inflater,
    @Nullable ViewGroup container, @Nullable Bundle savedInstanceState) {
    return inflater.inflate(R.layout.fragment_detail,container,false);
  }
}
```

Im Gegensatz zu Activities müssen Sie hier die Funktion onCreateView() überschreiben. Sie verwenden den übergebenen LayoutInflater, um das richtige Layout-XML zu entfalten. Erstellen Sie nun eine Klasse für die Liste. Ich verwende hier Lebensmittel wie beim Einkaufszettel, ersetzen Sie sie durch was immer Ihnen zusagt:

```java
public class ListFragment extends Fragment {
  private final static String[] ITEMS =
  { "Spaghetti", "Karotten", "Brot", "Saft", "Schokolade", "Milch", "Eier",
"Mais", "Gurke", "Tomate" };
  @Override
  public View onCreateView(@NonNull LayoutInflater inflater, @Nullable ViewGroup
  container, @Nullable Bundle savedInstanceState) {
     View v = inflater.inflate(R.layout.fragment_list,container,false);
     ListView list = v.findViewById(R.id.list);
     list.setAdapter(new ArrayAdapter<String>(getContext(),
        android.R.layout.simple_list_item_1, Arrays.asList( ITEMS) ));
```

```
    return v;
  }
}
```

Zur einfachen zeilenweisen Darstellung der verwendeten Items dient ein im Android-Framework enthaltenes Layout für String-Listen: `android.R.layout.simple_list_item_1`.

Schließlich schreiben Sie zwei Layout-Dateien für unsere Activity. Die erste Version der *activity_main.xml* ist für das Hochkant-Format und sieht wie folgt aus:

```
<FrameLayout xmlns:android="http://schemas.android.com/apk/res/android"
  xmlns:tools="http://schemas.android.com/tools"
  android:layout_width="match_parent"
  android:layout_height="match_parent"
  android:id="@+id/main"
  tools:context=".MainActivity">
  <fragment android:layout_width="match_parent"
        android:layout_height="match_parent"
        android:name="de.androidnewcomer.fragmentsdemo.ListFragment"
        android:id="@+id/list" />
  <fragment
        android:layout_width="match_parent"
        android:layout_height="match_parent"
        android:name="de.androidnewcomer.fragmentsdemo.DetailFragment"
        android:id="@+id/detail" />
</FrameLayout>
```

Die beiden Fragmente liegen hier übereinander, wir werden sie später wechselweise an/ausschalten.

Die zweite Version ist fürs Querformat gedacht. Sie enthält in einem horizontalen LinearLayout beide Fragmente.

```
<LinearLayout xmlns:android="http://schemas.android.com/apk/res/android"
  xmlns:tools="http://schemas.android.com/tools"
  android:layout_width="match_parent"
  android:layout_height="match_parent"
  android:id="@+id/list_and_details"
  tools:context=".MainActivity">
  <fragment android:layout_width="0dp"
    android:layout_height="match_parent"
    android:layout_weight="1"
```

```
    android:name="de.androidnewcomer.fragmentsdemo.ListFragment"
    android:id="@+id/list" />
  <fragment android:layout_width="0dp"
    android:layout_height="match_parent"
    android:layout_weight="1"
    android:name="de.androidnewcomer.fragmentsdemo.DetailFragment"
    android:id="@+id/detail" />
</LinearLayout>
```

Legen Sie diese Datei ebenfalls unter dem Namen *activity_main.xml* ab, aber ins Verzeichnis *layout-land*. Dieses verwendet Ihre App automatisch im Landscape-Modus.

Schalten Sie nun in onCreate() das Detail-Fragment unsichtbar oder sichtbar, abhängig davon, in welchem Modus sich die App befindet. Das können Sie trickreich daran unterscheiden, ob R.id.main vorhanden ist oder nicht – diese View fehlt nämlich im Landscape-Modus-Layout.

```
if(findViewById(R.id.main )!=null) {
  getSupportFragmentManager()
    .beginTransaction()
    .hide(getSupportFragmentManager().findFragmentById(R.id.detail))
    .commit();
} else {
  getSupportFragmentManager()
    .beginTransaction()
    .show(getSupportFragmentManager().findFragmentById(R.id.detail))
    .commit();
}
```

Für das Sichtbarschalten ist der FragmentManager zuständig, ebenso für das Auffinden des Fragments. Was es mit den Transactions auf sich hat, werden Sie im Folgenden sehen.

Wenn Sie die App jetzt starten, sollte sie im Hochformat die Liste mit den Lebensmitteln anzeigen und, wenn Sie das Gerät drehen, die Liste und daneben die noch leere Detailansicht – und das ohne viel Code.

Als Nächstes müssen die Fragmente miteinander reden. Denn sobald der Nutzer etwas in der Liste antippt, soll dessen Name in der Detailansicht erscheinen. Dazu müssen Fragmente und Activity miteinander kommunizieren.

11.7.2 Fragmente managen

Immer wenn der Nutzer einen Eintrag in der Liste antippt, muss die MainActivity benachrichtigt werden. Dazu braucht das ListFragment einen Callback, den es aufrufen kann. Hier ist das nötige Interface samt Attribut im ListFragment:

```
public class ListFragment extends Fragment {
  public interface OnItemSelectedListener {
    void onItemSelected(String article);
  }
  private OnItemSelectedListener listener;
  ...
```

Lassen Sie die MainActivity nun dieses Interface implementieren:

```
public class MainActivity extends AppCompatActivity implements ListFragment.OnItemSelectedListener {
  ...
  @Override
  public void onItemSelected(String article) {
  }
}
```

Die Verknüpfung zwischen Activity und ListFragment findet in der Funktion onAttach() des Fragments statt:

```
@Override
public void onAttach(@NonNull Context context) {
  super.onAttach(context);
  listener = (OnItemSelectedListener) context;
}
```

Der übergebene Context ist nämlich nichts anderes als die MainActivity.

Jetzt können Sie dem ListView beibringen, beim Antippen eines Eintrags den Callback aufzurufen:

```
list.setOnItemClickListener(new AdapterView.OnItemClickListener() {
  @Override
  public void onItemClick(AdapterView<?> parent, View view,
    int position, long id) {
```

```
      listener.onItemSelected(ITEMS[position]);
   }
});
```

Somit erfährt die Activity, dass der Nutzer einen Eintrag angetippt hat.

Jetzt wird's spannend, denn was nun passiert, hängt davon ab, ob das Handy hochkant oder quer gehalten wird. Das können wir leicht unterscheiden, denn in der Landscape-Version des Activity-Layouts heißt das äußerste Element anders als in der Hochkant-Version. Das können Sie ausnutzen:

```
if(findViewById(R.id.list_and_details)!=null) {
   DetailFragment f =
      (DetailFragment) getSupportFragmentManager().findFragmentById(R.id.detail);
   f.showDetail(article);
} else {
}
```

Der erste Fall ist die Landscape-Version. Sie fragen einfach den FragmentManager nach dem Fragment mit der ID R.id.detail und rufen eine Funktion auf, um die Detailansicht mit der Auswahl zu aktualisieren. Diese Funktion müssen Sie natürlich noch im DetailFragment schreiben:

```
public void showDetail(String article) {
   TextView tv = getView().findViewById(R.id.details);
   tv.setText(article);
}
```

Jetzt fehlt nur noch der Hochkant-Fall, der etwas komplizierter ist. Jetzt muss nämlich das vorhandene ListFragment durch das DetailFragment ersetzt werden! Und zwar so, dass der Nutzer mit dem Zurück-Button am Gerät jederzeit wieder zurückgelangt. Dazu erzeugen Sie zunächst ein neues DetailFragment:

```
DetailFragment fragment = new DetailFragment();
```

Dann verwenden Sie den FragmentManager, um das vorhandene Fragment (die Liste) unsichtbar und das DetailFragment sichtbar zu **schalten**:

```
FragmentManager fragmentManager = getSupportFragmentManager();
fragmentManager.beginTransaction()
      .hide(fragmentManager.findFragmentById(R.id.list))
```

```
            .show(fragmentManager.findFragmentById(R.id.detail))
            .addToBackStack(null)
            .commit();
```

Die Funktion `addtoBackStack()` sorgt dafür, dass der FragmentManager automatisch beim Drücken der Zurück-Taste die Transaktion rückgängig macht und wieder das List-Fragment anzeigt.

Jetzt können Sie das DetailFragment darum bitten, die Details zum angetippten Element anzuzeigen:

```
((DetailFragment)fragmentManager.findFragmentById(R.id.detail))
    .showDetail(article);
```

Fertig! Sie sehen, dass Ihnen die Fragmente große Flexibilität bieten, um verschiedene Geräte und Layouts zu unterstützen (Abbildung 11.18).

Alles weitere rund um das Thema Fragmente finden Sie hier: *https://developer.android.com/guide/components/fragments.html*.

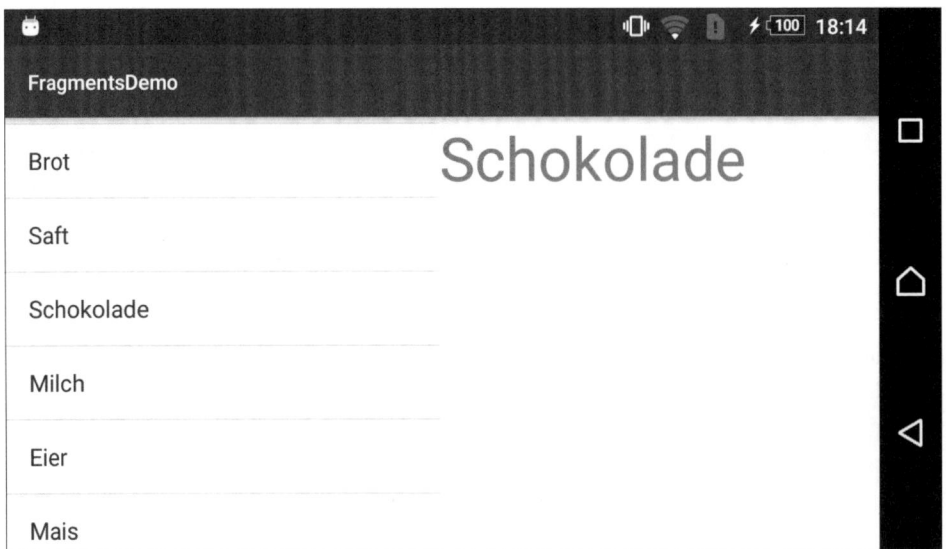

Abbildung 11.18 Im Querformat zeigt die Demo-App zwei Fragmente nebeneinander, sonst nur eines.

Kapitel 12
Apps veröffentlichen

»Fertig!«
Ewiger Programmierer-Irrtum

Haben Sie Ihre erste eigene App fertiggestellt, die reif ist, um auf potenziell Millionen von Android-Geräten in aller Welt installiert zu werden? Nun, sehr wahrscheinlich werden Sie unmittelbar vor der Veröffentlichung feststellen, dass Ihre App doch noch nicht so ganz fertig ist: Hier noch eine Kleinigkeit, und da ...

Irgendwann aber ist es so weit. Wenn Sie selbst die maximal mögliche Qualität Ihrer App auf 99 % schätzen, sollten Sie an die Öffentlichkeit gehen. Solange Sie nicht das Pech haben, dass Ihre App völlig ignoriert wird, etwa weil sie mit 9,95 € doch ein wenig teuer geraten ist, werden Sie schon bald erste Downloads und Bewertungen erhalten.

Bis es so weit ist, müssen Sie jedoch ein paar letzte Vorbereitungen treffen.

12.1 Vorarbeiten

Bevor Sie Ihre App bei Google Play veröffentlichen können, müssen Sie eine spezielle Version des APK bauen. Das APK, das Sie beim Test auf dem Emulator oder Handy verwenden, ist nämlich nur eine Debug-Version, die von Google Play rundweg abgelehnt wird. Sie müssen Ihre App mit einem eigenen Zertifikat signieren.

12.1.1 Zertifikat erstellen

Eine digitale Signatur weist den Besitzer des zugehörigen privaten Schlüssels zweifelsfrei als den Unterzeichner aus. Da der private Schlüssel üblicherweise mit einem Passwort geschützt ist, kann niemand die Identität des Unterzeichners (das sind Sie!) fälschen. Außerdem gewährleistet die Signatur die Integrität von Daten. Im Fall einer App bedeutet das: Sie wurde nicht nachträglich geändert.

Leider ist eine solche recht simple Anwendung starker Kryptografie alles andere als alltäglich im Umgang mit dem Internet. Stellen Sie sich vor, alle E-Mails wären auf diese

Weise signiert (wie das übrigens bei klassischen Briefen auf Papier irgendwann mal üblich war): Das Vortäuschen falscher Identitäten zum Einsammeln von Kreditkartennummern, Trojaner, ja sogar Spam – das alles wäre kein Problem mehr, denn Sie würden nur E-Mails mit gültigen Signaturen von Ihren Bekannten akzeptieren. Falls dieser Blick in eine bessere Welt Sie neugierig gemacht hat, recherchieren Sie mal zu diesem Thema im Netz, denn gängige E-Mail-Programme wie Thunderbird bringen die nötige Funktionalität schon längst mit. Einstweilen müssen wir alle jedoch mit Spam leben und freuen uns, dass dergleichen in Google Play durch den vernünftigen Einsatz digitaler Signaturen unterbunden wird.

Damit Sie Ihre App signieren können, benötigen Sie einen sogenannten *Keystore* und darin einen privaten Schlüssel samt zugehörigem Zertifikat. Während der Schlüssel lediglich eine mit Passwort geschützte ziemlich lange Zahlenfolge ist, steht im Zertifikat Ihr Name oder der Name Ihrer Firma.

Sie können einen Keystore ohne Weiteres mit Android Studio erzeugen. Wählen Sie dazu im Menü BUILD • GENERATE SIGNED APK aus. Erzeugen Sie einen neuen Keystore, indem Sie auf CREATE NEW klicken. Suchen Sie sich aus, wo Sie den Keystore speichern möchten, und wählen Sie ein Passwort. Geben Sie Ihren Namen und, soweit sinnvoll, Ihren Firmennamen ein (siehe Abbildung 12.1). Das alles wird Teil Ihres Signaturzertifikats.

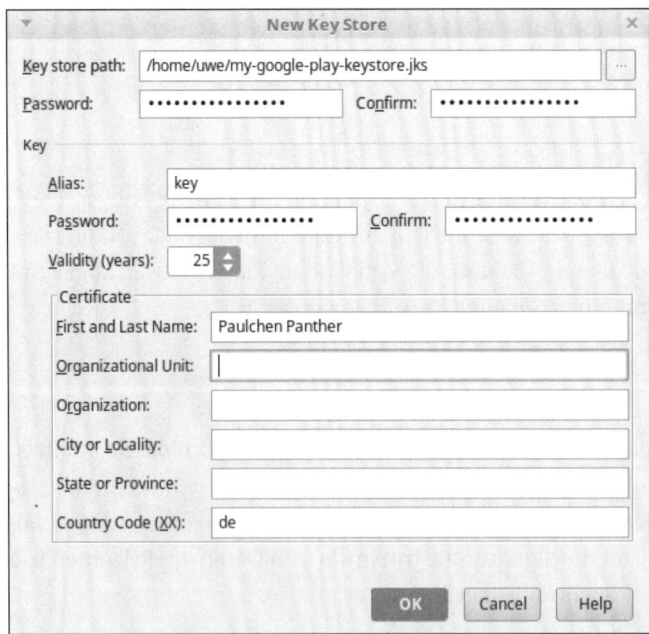

Abbildung 12.1 AS erzeugt Ihren Keystore samt Zertifikat und Schlüssel. Achten Sie darauf, alle Daten korrekt einzugeben – Sie können sie nicht nachträglich verändern.

Beachten Sie, dass es zwei verschiedene Passwörter gibt: eines für den Keystore und eines für den darin befindlichen Schlüssel. Natürlich können Sie dasselbe Passwort verwenden; falls Sie das nicht tun, müssen Sie aufpassen, welches Sie wo eingeben.

Wenn Sie zum vorigen Dialog zurückkehren, ist dieser bereits vorausgefüllt (siehe Abbildung 12.2). Wenn Sie AS anweisen, sich die Passwörter zu merken, müssen Sie ein Master-Passwort festlegen, das diese schützt.

Abbildung 12.2 Wenn Sie möchten, merkt sich AS die Passwörter für Sie. Allzu sicher ist das natürlich nicht, selbst wenn der Zugriff durch ein Master-Passwort geschützt wird.

Wenn Sie alles richtig gemacht haben, erzeugt AS Ihnen ein signiertes APK am gewünschten Ort. Sorgen Sie dafür, dass Sie es am Dateinamen von der Debug-Version unterscheiden können, damit Sie nicht versehentlich die falsche Datei bei Google Play hochladen.

> **Zwei Zertifikate, eine App?**
>
> Zur Sicherheit erlaubt Android es nicht, eine App, die mit Zertifikat A signiert ist, mit einer identischen App (d. h. einer App mit dem gleichen *Paketnamen*) zu überschreiben, die mit Zertifikat B signiert ist.
>
> Falls Sie also Ihre App mit Debug-Zertifikat installiert haben, können Sie sie nicht mit jener überschreiben, die Sie mit Ihrem endgültigen Zertifikat signiert haben. Sie müssen die App vorher deinstallieren.
>
> Dasselbe Problem tritt sogar mit zwei verschiedenen Debug-Zertifikaten auf. Falls Sie mit zwei AS-Installationen auf zwei Rechnern arbeiten, kann die vom ersten AS erzeugte APK-Datei nicht mit der aus der anderen Installation überschrieben werden, weil jede beim ersten Benutzen ein eigenes Debug-Zertifikat generiert hat.

Verlieren Sie auf keinen Fall Ihren Keystore und Ihre Passwörter, sonst können Sie Ihre App später nicht mehr durch ein Update aktualisieren!

12.1.2 Das Entwicklerkonto

Um bei Google Play Apps zu veröffentlichen, benötigen Sie einen speziellen Google-Account. Anlegen können Sie den Account hier:

http://play.google.com/apps/publish

Diese Seite weist Sie direkt darauf hin, dass Kosten auf Sie zukommen, und zwar in Höhe von 25 US$.

Andere App-Veröffentlichungsplattformen sind kostenlos, haben aber natürlich bei Weitem nicht die gleiche Verbreitung wie Google Play. Daher kommen Sie kaum um diese Registrierung herum.

Im Gegensatz zu den meisten anderen Lizenzvereinbarungen empfehle ich Ihnen, die von Google Play zu lesen. Immerhin tragen Sie eine gewisse Verantwortung, wenn Sie selbst gebaute Software in die Welt setzen. Dass Sie keine gewaltverherrlichenden oder erotischen Apps einstellen dürfen, mag noch naheliegend sein – Details im Hinblick auf die Ausschüttung eventueller Einnahmen oder das Recht Googles, Ihre App ohne Ihr Wissen von allen Handys zu deinstallieren, schon weniger.

Wenn Ihr Entwicklerkonto freigeschaltet ist, können Sie sofort damit beginnen, Ihre erste App hochzuladen.

12.1.3 Die Entwicklerkonsole

Willkommen auf Ihrer persönlichen Entwicklerkonsole! Später, wenn Sie Apps veröffentlicht haben, sehen Sie sie alle in einer übersichtlichen Liste, komplett mit aktueller Bewertung durch Benutzer sowie einigen Statistiken. Anfangs haben Sie lediglich die Möglichkeit, Ihr Profil zu bearbeiten, und Sie sehen einen blauen Button, der es Ihnen erlaubt, Ihre erste App hochzuladen.

Der erste Schritt ist der einfachste: Wählen Sie die signierte Version Ihrer APK-Datei aus, und laden Sie sie hoch. Keine Sorge, damit ist sie nicht sofort veröffentlicht. Zuerst müssen Sie noch eine Reihe zusätzlicher Angaben machen (siehe Abbildung 12.3). Einige Daten sind erforderlich, andere Angaben freiwillig.

Unter GRAFISCHE ELEMENTE haben Sie die Möglichkeit, Screenshots hochzuladen. Diese sind so was wie die erweiterte Visitenkarte Ihrer App: Deshalb sind auch mindestens zwei Bilder Pflicht. Fertigen Sie die Screenshots an, indem Sie in der LOGCAT-View in AS auf das Icon mit dem Fotoapparat klicken. Speichern Sie hübsche oder aussagekräftige Screenshots im PNG- oder JPG-Format, und laden Sie sie hoch. Fotografieren Sie alle wichtigen Bildschirme Ihrer App, aber nicht jeden dreimal!

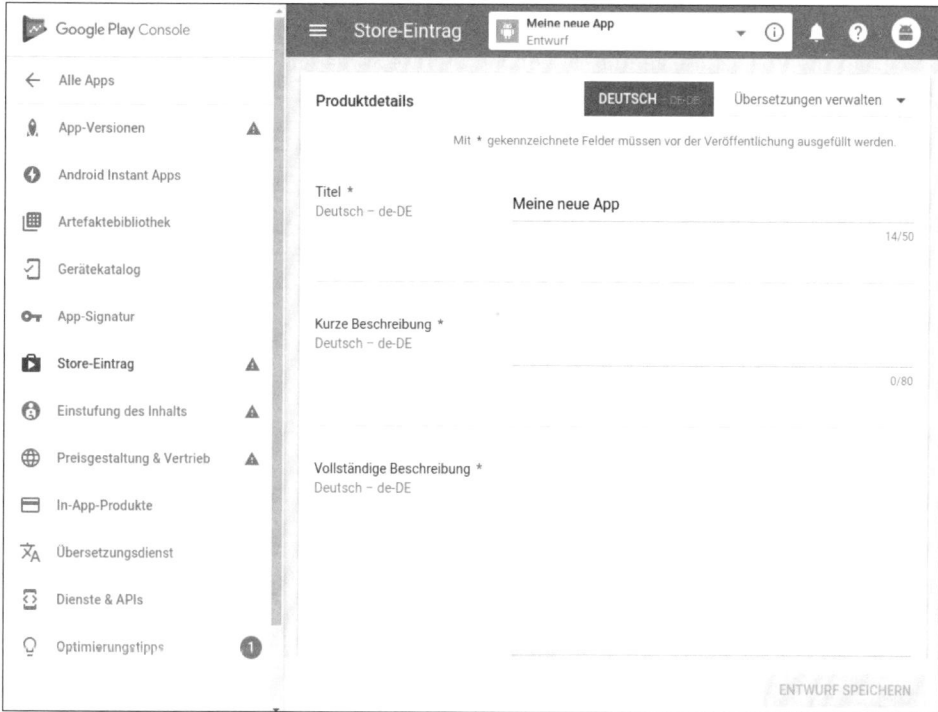

Abbildung 12.3 Die Entwicklerkonsole erwartet von Ihnen eine Menge Informationen zu Ihrer App.

Die nächste Aufgabe ist eine der kniffligsten. Sie sollen ein SYMBOL für Ihre App hochladen. Nun, sicher haben Sie ein Icon für Ihre App entworfen und es bereits eingebaut. Aber Google verlangt hier ein Icon in der Auflösung 512 × 512 Pixel! Deshalb ist es eine hervorragende Idee, App-Icons von Anfang an in dieser Auflösung anzulegen – oder gleich mit einem Vektorgrafikprogramm wie Inkscape. Alpha-Transparenz ist im Gegensatz zu den Screenshots beim Icon möglich und sinnvoll. Geben Sie sich Mühe mit Ihrem Icon, es ist im wahrsten Sinne des Wortes das erste Aushängeschild Ihrer App!

Sie sollten weitere Dateien hochladen: eine niedrig auflösende WERBEGRAFIK, eine hochauflösende FUNKTIONSGRAFIK oder ein YouTube-Video. Sie alle erscheinen an unterschiedlichen Stellen in den Handy- und Browserversionen von Google Play. Beachten Sie, dass Sie zwingend weiter unten einen PROMO TEXT eingeben müssen, wenn Sie eine

Werbegrafik hochladen. Ein (gutes) YouTube-Video wird von vielen Experten als stark verkaufsfördernd bezeichnet.

Die zweite Sektion des Veröffentlichungsformulars ist den Texten vorbehalten.

Im Gegensatz zu Grafiken sind Texte sprachabhängig. Der Clou ist, dass eine deutsche Beschreibung im Grunde genügt: Fügen Sie weitere Sprachen per Klick hinzu, und wählen Sie die automatische Übersetzung.

Natürlich wissen wir alle nicht erst seit Spam aus Nigeria, dass computergenerierte Übersetzungen meist weniger zutreffend als amüsant sind. Sie sind daher gut beraten, eine vernünftige Übersetzung einzutragen. Es ist überflüssig, zu erwähnen, dass eine chinesische Beschreibung sinnlos ist, wenn Ihre App selbst nur Deutsch spricht.

Wählen Sie schließlich TYP und KATEGORIE Ihrer App. Gerade bei Spielen ist die Auswahl leider sehr übersichtlich. Kategorien für Physikspiele, Weltraum- oder Multiplayerspiele gibt es leider bisher nicht.

Unter PREISGESTALTUNG UND VERTRIEB können Sie den Verkaufspreis für Ihre App festlegen. Ich gebe Ihnen dazu einen kleinen Tipp: Kostenlose Apps werden schätzungsweise *zehntausendmal* öfter heruntergeladen als kostenpflichtige. Leider ist auch zehntausendmal null immer noch null – das bedeutet vor allem eines: Wenn Sie mit Ihrer App Geld verdienen möchten, müssen Sie es sehr, sehr geschickt anstellen. Eine kostenlose Demoversion ist dabei die einfachste Verkaufsmasche, In-App-Payment die weitaus kompliziertere (dazu kommen wir noch).

Wenn Sie sicherstellen wollen, dass eine kostenpflichtige App nicht von Gaunern vom Gerät gezogen und irgendwo ins Internet gestellt wird, müssen Sie den Lizenzierungsservice verwenden (mehr dazu finden Sie unter DIENSTE UND APIs). Dieser Service prüft durch eine Abfrage bei Google Play, ob der aktuelle Benutzer die App irgendwann tatsächlich gekauft hat, sonst verweigert die App den Start.

Wie man den Lizenzierungsservice verwendet, erkläre ich Ihnen in diesem Buch nicht, aber wenn Sie so weit sind, dass Sie glauben, ihn zu brauchen, verstehen Sie sicher auch die zugehörige Google-Dokumentation. Allzu kompliziert ist die Sache jedenfalls nicht.

Preise können Sie für jedes Land separat festlegen. Achten Sie darauf, dass es länderabhängige Mindestpreise gibt. Da Google etwa 30 % des Verkaufspreises behält, wären Verkaufspreise unter 0,79 € ohnehin wenig rentabel.

Wenn Sie das Formular korrekt ausgefüllt haben, quittiert die Entwicklerkonsole das mit dem lapidaren Hinweis »wird veröffentlicht«. Von wegen lapidar! Sie haben gerade den letzten und entscheidenden Schritt auf dem Weg des App-Entwicklers getan. Herzlichen Glückwunsch!

Leider dauert es je nach Belastung der Google-Server auch schon mal mehrere Stunden, bis Ihre App in Google Play auftaucht. Die Anzahl der Downloads, Bewertungen, aber auch Deinstallationen können Sie später auf einem Statistik-Bildschirm detailliert abrufen.

Anstatt jetzt minütlich die [F5]-Taste zu drücken, um die ersten Downloads nicht zu versäumen, bereiten Sie sich lieber auf die Arbeiten vor, die noch vor Ihnen liegen. Denn mit der Geburt fängt das Leben erst an. Außerdem aktualisiert Google Download-Statistiken ohnehin nur alle paar Stunden – gehen Sie also für heute ruhig schlafen, und schauen Sie morgen wieder rein!

12.2 Hausaufgaben

Nach der Veröffentlichung ist vor der Veröffentlichung: Spätestens nach den ersten Rückmeldungen von Benutzern kommen Sie auf großartige Ideen, wie Sie Ihre App verbessern können. Aber das ist nicht alles: Software braucht Pflege, dann haben Sie länger was davon. In dieser Hinsicht ähnelt sie einem Haustier. Denken Sie jetzt aber bitte nicht an einen braven Hund, sondern besser an eine besonders dickköpfige Katze.

12.2.1 Updates

Noch bevor die ersten Benutzer Ihre App heruntergeladen haben, ist Ihnen eine großartige Verbesserung eingefallen. Minuten später haben Sie sie auch schon eingebaut und getestet – was nun?

Bevor Sie ein weiteres signiertes APK Ihrer App erzeugen, müssen Sie unbedingt die Versionsnummer im Buildfile ändern (*app/build.gradle*). Es genügt, den Versionscode um 1 zu erhöhen. Bewährt hat es sich, die in der IT meist übliche dreistellige Versionszählung zu verwenden: Version 1.0.0 erhält den Versionscode 100, Version 1.0.1 Code 101. Natürlich können die Unter- und Unteruntersionsnummern bei diesem Spielchen nicht zweistellig werden, aber mit dieser Einschränkung kann man leben. Wenn nicht, erweitern Sie einfach den Versionscode um eine Stelle: Aus Version 1.0.10 wird der Code 1010. Bloß einen Weg zurück zu dreistelligen Versionscodes gibt es dann nicht mehr, denn neue Versionen müssen einen höheren Code haben als vorherige.

Achten Sie darauf, dass Sie das hochzuladende APK mit demselben Schlüssel signieren wie das vorherige, sonst lehnt die Entwicklerkonsole es rundweg ab.

Wenn Sie ein neues APK hochgeladen haben, können Sie es sofort aktivieren (siehe Abbildung 12.4) oder vorher die Beschreibung bzw. die Screenshots ändern, damit alles zueinander passt. Sind Sie damit fertig, müssen Sie auf jeden Fall den VERÖFFENTLICHEN-Button oben rechts anklicken.

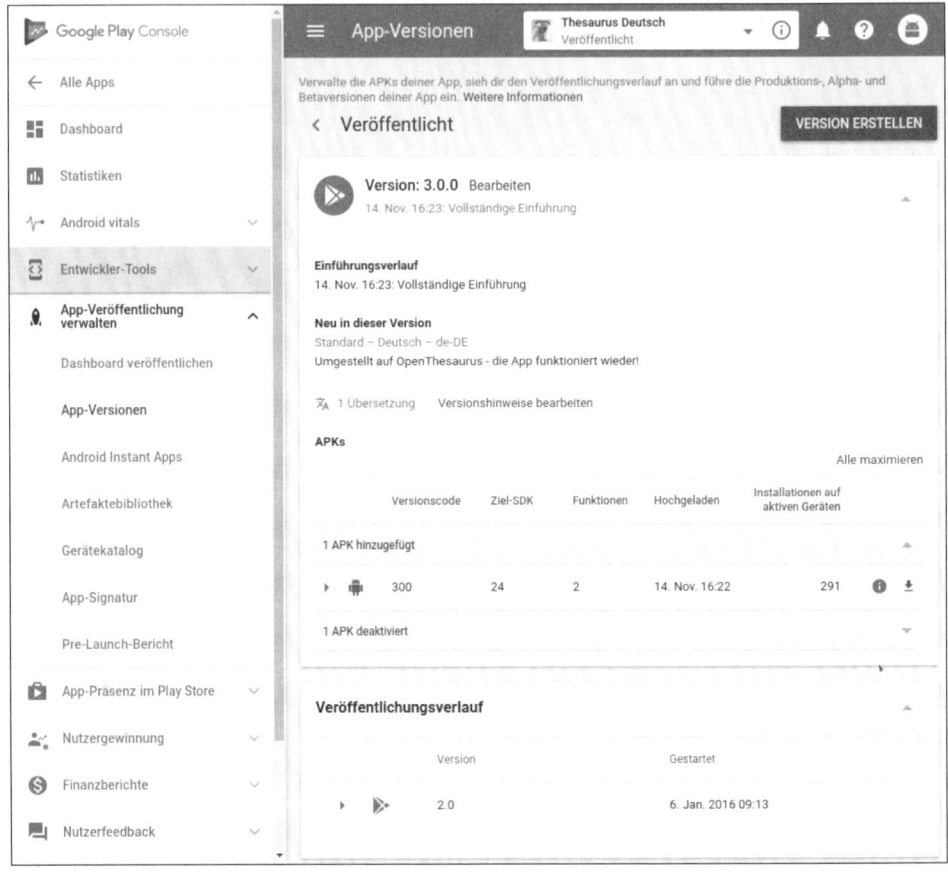

Abbildung 12.4 In der Entwicklerkonsole können Sie nicht nur neue App-Versionen hinzufügen, sondern auch ältere reaktivieren.

Jedes Update bringt Ihnen zwar zusätzliche Downloads – aber es soll User geben, die von zu vielen Updates genervt sind und eine App dann lieber gleich deinstallieren. Übertreiben Sie es also nicht mit den Updates.

12.2.2 Statistiken

In der Übersicht aller Ihrer Apps verrät Ihnen die Entwicklerkonsole nur die Anzahl der Installationen und die Anzahl der aktiven Installationen. Wenn Sie die beiden Zahlen voneinander abziehen, wissen Sie, wie viele Leute Ihre App wieder vom Handy geworfen haben. Das Verhältnis von aktiven Installationen zu deren Gesamtzahl ist wiederum ein direktes Maß für die Qualität Ihrer App: Je mehr Leute Ihrer App einen Teil ihres wertvollen Handyspeichers gönnen, desto besser kommt sie offensichtlich an. Gerade bei kostenlosen Apps ist jedoch die Zahl der Nur-mal-eben-Ausprobierer sehr groß. Das Resultat ist, dass ein Anteil aktiver Installationen um 20 % schon wirklich gut ist. Aussagekräftig ist der Wert allerdings erst nach einigen Wochen bis Monaten – oder wie häufig räumen Sie Ihr Handy auf? Je länger Ihre App auf dem Markt ist, umso mehr sinkt der Anteil.

Die Entwicklerkonsole bietet Ihnen zu jeder Ihrer Apps einen ausführlichen Statistikbildschirm an. Der zeigt Ihnen z. B. den genauen zeitlichen Verlauf der Anzahl aktiver Installationen (siehe Abbildung 12.5).

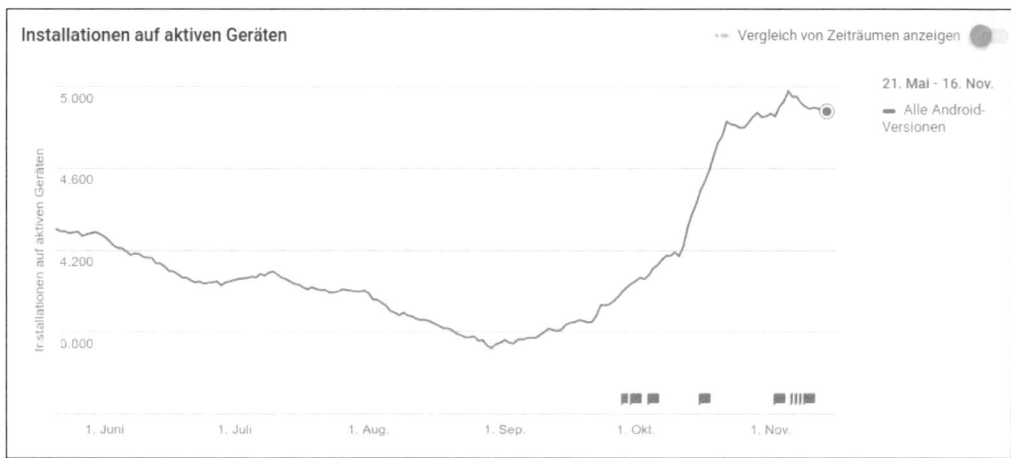

Abbildung 12.5 Der Verlauf der Anzahl der Installationen lässt einige Rückschlüsse zu.

Die Zahlen werden zwar nur zeitversetzt (um Stunden, manchmal Tage) zur Verfügung gestellt, zeigen aber sehr genau die Auswirkung von Updates oder Werbekampagnen.

Und jedem Anstieg folgt früher oder später ein Abfall. Je steiler der Abfall ist, desto schneller wird den Leuten Ihre App langweilig. Gerade bei Spielen ist das eine interessante Messgröße.

Wahlweise sehen Sie die Verteilung Ihrer Benutzer auf Android-Versionen, häufige Geräte, Herkunftsländer und Sprachen (siehe Abbildung 12.6).

Der Erfolg in fremden Ländern hängt natürlich stark davon ab, ob Ihre App in die entsprechende Sprache übersetzt ist. Wenn Sie in einem bestimmten Wachstumsmarkt eine hohe Installations-, aber auch Deinstallationsrate haben, schauen Sie, ob Sie jemanden finden, der Ihre App übersetzt.

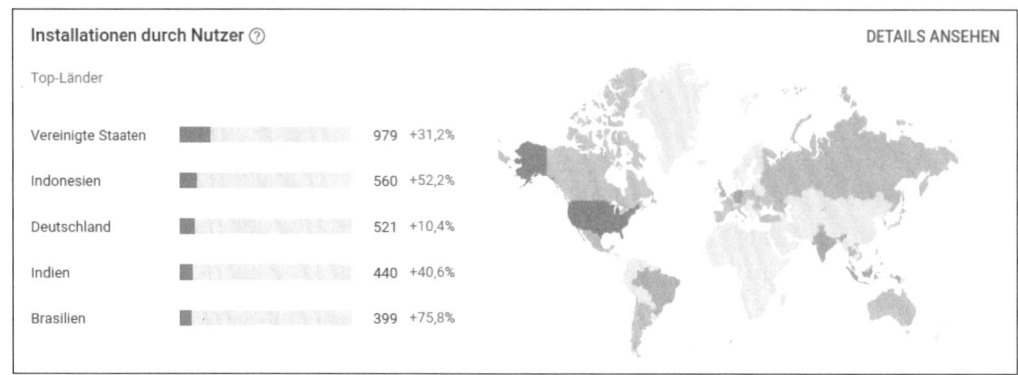

Abbildung 12.6 Das Nationen-Diagramm zeigt Ihnen, in welchen Ländern Ihre App besonders oft installiert wird.

Das ist natürlich umso aufwendiger, je mehr Texte Sie verwenden – für Spiele bedeutet eine internationale Symbolsprache beispielsweise am Ende eine echte Geldersparnis. (Werfen Sie einen Blick auf »Angry Birds«, dann verstehen Sie, was ich meine.) Professionelle Übersetzungsagenturen sind direkt in die Konsole eingebunden, sodass Sie mit wenigen Klicks an lokalisierte Strings kommen – das nötige Budget vorausgesetzt.

12.2.3 Datenschutz

Vermutlich haben auch Sie Auswirkungen der seit Mai 2018 gültigen EU-Datenschutzgrundverordnung (DSGVO) gespürt. Aus Angst vor Abmahnungen haben viele Nutzer ihre Blogs lahmgelegt, Entwickler ihre Software überarbeitet und Firmen teure Berater engagiert.

Wenn Sie eine App veröffentlichen, kommen Sie an einer einzigen Stelle mit dem Thema in Berührung: Google verlangt die Angabe einer URL zu Ihrer Datenschutzerklärung, erlaubt es aber auch, diese »später einzureichen«.

Sicher kann es nicht schaden, hier eine entsprechende Seite in Ihrem Webspace zu verlinken. Falls Ihre Webseite *WordPress* verwendet (*https://wordpress.org*), können Sie per Knopfdruck eine Datenschutz-Seite mit Standardtexten anlegen.

Solange Ihre App keine personenbezogenen Daten speichert oder verarbeitet, dürfen Sie sich auf der sicheren Seite wissen. Die Beispiel-Apps in diesem Buch sind weitgehend unproblematisch. Eine Ausnahme bildet »Weg ins Büro«. Würden Sie eine solche App veröffentlichen, sollten Sie den Nutzern explizit zusichern, dass die Geodaten lediglich auf dem Gerät gespeichert werden. Da die Internet-Permission seitens Google als ungefährlich eingestuft ist, kann der Nutzer nicht ohne Weiteres feststellen, ob Sie seine Wegdaten speichern.

Falls Sie Nutzerdaten serverseitig speichern, die über die Relevanz beispielsweise einer Highscore-Liste hinausgehen, sieht die Sache schon anders aus. Sie müssen laut EU-DSGVO jederzeit in der Lage sein, Nutzer über ihre gespeicherten Daten zu informieren, sie auf Anforderung zu löschen und auch über diesen Vorgang Auskunft zu erteilen. Diese Anforderungen gehen weit über das hinaus, was eine schnell gebastelte Webanwendung wie mein Highscore-Server leistet. Wenn Sie kein Team fähiger Entwickler sowie Zeit und Budget zur Verfügung haben, bleibt Ihnen nichts anderes übrig, als auf vorhandene Lösungen aufzusetzen. Beispielsweise gibt es für WordPress eine E-Commerce-Erweiterung namens *Woo* (*https://github.com/woocommerce/woocommerce*). Dank REST-API können Sie von Ihrer App aus auf alle Funktionen zugreifen und verfügen gleichzeitig über eine professionelle Lösung, die auch in Sachen DSGVO keine Fragen offenlässt.

Aus meiner Sicht ist es besonders wichtig, Nutzern eine in die App integrierte Möglichkeit zu bieten, Sie als Anbieter zu kontaktieren. Auf diese Weise können Sie Anfragen zum Thema oder Wünsche wie Löschen aller Daten besonders geradlinig bearbeiten.

Wenn Sie eine App mit besonderen Anforderungen an den Datenschutz anbieten möchten, bleibt Ihnen nichts anderes übrig, als einen Rechtsbeistand um Auskunft zu bitten.

12.2.4 Fehlerberichte

Stellen Sie sich vor, ein Android-Benutzer hat Ihre App nicht nur heruntergeladen, sondern auch einen Kommentar samt miesepetriger Bewertung veröffentlicht: Die App stürzt auf seinem Handy vom Typ »Niegehört XL« nämlich sofort beim Start ab. Es gibt jetzt drei Möglichkeiten:

- Sie kennen rein zufällig jemanden, der das gleiche Handy besitzt, und überreden ihn, es an Ihren Rechner zu stöpseln.
- Sie haben noch nie von dem Handy gehört, finden im Internet keine Hinweise auf irgendwelche ungewöhnlichen Eigenschaften und haben keine Chance, den Fehler zu finden. Schade.
- Der Benutzer hat nach dem Crash auf den richtigen Knopf gedrückt, sodass Sie in der Entwicklerkonsole einen Fehlerbericht vorfinden.

Werfen wir einen genaueren Blick auf den letzten Fall, denn in den beiden anderen erübrigt sich eine Diskussion.

Grundsätzlich gibt es zwei Kategorien von Fehlern, zu denen Berichte existieren können: *Hänger* (*App not responsive*, ANR) und *Abstürze*. Erstere sind Fälle, in denen die App mehrere Sekunden nicht reagierte und der Benutzer sie daraufhin ungeduldig abgeschossen hat. Da Sie aber die Hinweise in diesem Buch zum Thema Handler und Threads genau beachtet haben, kommen Hänger in Ihrer App so gut wie nie vor, richtig?

Bei Abstürzen sieht die Sache anders aus. Man kann nie alle möglichen Fälle berücksichtigen. Beschränken wir uns also auf die Absturzfehler (siehe Abbildung 12.7).

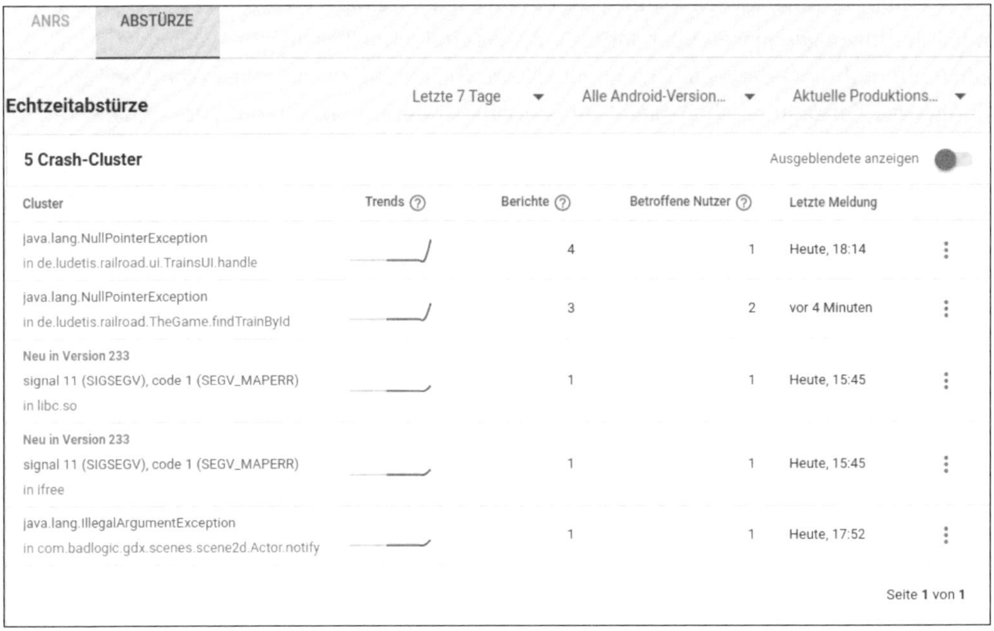
ANRS
ABSTÜRZE
Echtzeitabstürze
Letzte 7 Tage
Alle Android-Version...
Aktuelle Produktions...
5 Crash-Cluster
Ausgeblendete anzeigen
Cluster
Trends
Berichte
Betroffene Nutzer
Letzte Meldung
java.lang.NullPointerException
in de.ludetis.railroad.ui.TrainsUI.handle
4
1
Heute, 18:14
java.lang.NullPointerException
in de.ludetis.railroad.TheGame.findTrainById
3
2
vor 4 Minuten
Neu in Version 233
signal 11 (SIGSEGV), code 1 (SEGV_MAPERR)
in libc.so
1
1
Heute, 15:45
Neu in Version 233
signal 11 (SIGSEGV), code 1 (SEGV_MAPERR)
in ifree
1
1
Heute, 15:45
java.lang.IllegalArgumentException
in com.badlogic.gdx.scenes.scene2d.Actor.notify
1
1
Heute, 17:52
Seite 1 von 1

Abbildung 12.7 Sie sollten jeden gemeldeten Absturz genau untersuchen.

Jeder Absturzfehler enthält einen *Stacktrace* sowie Datum, Uhrzeit und Versionsnummer. Freundlicherweise fasst die Entwicklerkonsole gleiche Fehler zusammen, auf Wunsch gefiltert nach Gerät oder Version. Das ist sehr vernünftig, denn die Stacktraces enthalten Zeilenangaben, die in verschiedenen Versionen unterschiedlich sein können. Achten Sie darauf, wenn Sie die Stacktraces auf ihre Ursache hin untersuchen.

Manchmal hat tatsächlich ein Benutzer Ihre App auf eine Art und Weise verwendet, die Sie überhaupt nicht bedacht, geschweige denn getestet haben. Das Resultat ist ein Crash, den Sie nun analysieren müssen. Oft sehen Sie die Ursache schnell und können zumindest einen Workaround einbauen.

Andere Fehler sind nicht so leicht zu identifizieren, weil sie tief im Android-System liegen. Manchmal hilft es, im Internet zu recherchieren. Möglicherweise hatte ein anderer Entwickler ein ähnliches Problem, und wenn Sie eine Menge Glück haben, hat er es gelöst – und die Lösung ebenfalls ins Netz gestellt.

Bei wieder anderen Fehlern haben Sie keine Chance: Manchmal sehen Sie beispielsweise einen SIGSEVG, also einen *Segmentation Fault*, irgendwo tief in einer Systembibliothek. Solchen Fehlern auf die Spur zu kommen, ist nahezu unmöglich. Glücklicherweise kommen sie selten vor und sind oft auf einzelne Geräte beschränkt, bei deren Treiberausstattung der Hersteller Mist gebaut hat.

Natürlich müssen Sie die Häufigkeit von Fehlern in Relation zu Ihrer Benutzeranzahl sehen: 1 Absturzbericht pro Woche fällt bei 1.000 Benutzern nicht ins Gewicht – aber 10 bei 100 Benutzern durchaus. Hilfreich ist deshalb die Angabe der prozentualen täglichen Sitzungen ohne Abstürze in der Entwicklerkonsole. Liegt dieser Wert nahe 100 %, haben Sie Ihre Sache gut gemacht.

Die Fehlersuche mag anstrengend sein, aber stellen Sie sich vor, Sie wären nicht der Entwickler, sondern der Benutzer: Sie würden eine App, die öfter als ein-, zweimal abstürzt, wahrscheinlich sehr bald deinstallieren. Sie können das verhindern, indem Sie jedem Fehler nachgehen und ihn nach Möglichkeit korrigieren.

12.2.5 In-App-Payment

Die wenigsten User sind heutzutage bereit, die Katze im Sack zu kaufen. Wenn Sie eine kostenpflichtige App veröffentlichen, müssen Sie mindestens eine abgespeckte Demoversion gratis anbieten. Eine andere Variante ist es, die App selbst kostenlos zur Verfügung zu stellen und sich Zusatzfunktionen per *In-App-Payment* bezahlen zu lassen.

Gerade bei Spielen hat sich dieses System in den letzten Jahren bewährt. Entscheidend ist: Das Spiel selbst ist kostenlos, und man kann es auch ohne Weiteres mit gewissem Spaß und Erfolg genießen, ohne einen Cent zu zahlen. Der Spieler muss das Gefühl haben, eine wertige Gegenleistung für sein Geld zu bekommen.

Das Prinzip besteht meist darin, Zeit gegen Geld zu tauschen. Vorgänge, die ziemlich lange dauern, z. B. das Bauen von Infrastruktur, lassen sich mit Spielgeld oder einer speziellen Währung beschleunigen. Und die zugehörigen Münzen oder Diamanten bekommt man eben gegen echtes Geld, oft in verschiedenen Chargen (10, 50, 100 Diamanten) zu steigenden Preisen. So haben Zahlungswillige keinen grundsätzlichen Vorteil, den andere als unfair auffassen könnten, sondern sie sparen nur Zeit.

Seit Frühjahr 2011 bietet Google Play die Möglichkeit, neben Bezahl-Apps auch Artikel innerhalb einer App zu verkaufen, und zwar über eine einheitliche Schnittstelle, die an *Google Pay* geknüpft ist, das zahlungswillige Benutzer ohnehin kennen (siehe Abbildung 12.8). Genau wie bei Apps bleiben 30 % des Geldes bei Google, den Rest kassieren Sie. Dass Sie solche Einnahmen genau wie die aus App-Verkäufen gegebenenfalls versteuern müssen, werde ich hier nicht weiter diskutieren – wenden Sie sich dazu an den

Steuerberater Ihres Vertrauens. Der große Vorteil ist, dass niemandem eine schwarzkopierte Version einer Kauf-APK etwas nützt: In-App-Verkäufe sind eine starke Antwort auf Softwarepiraterie.

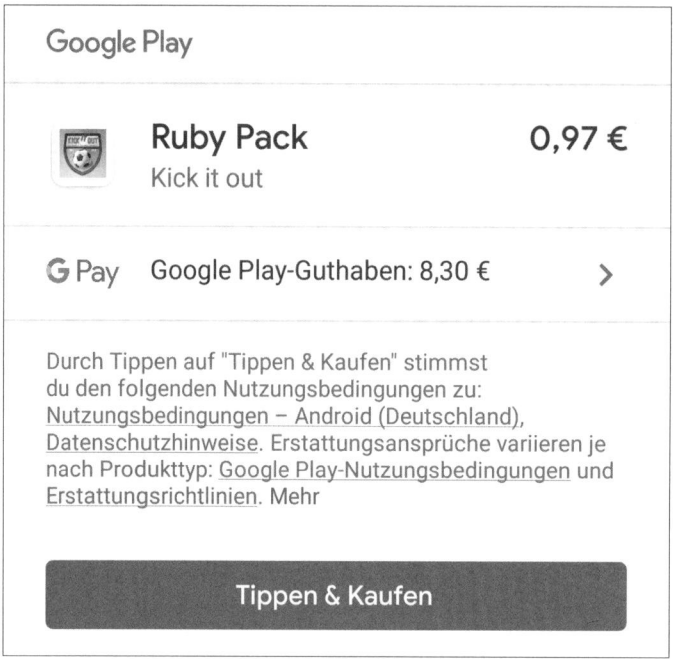

Abbildung 12.8 In-App-Payment ist praktisch und sicherer als eine Bezahl-App.

Wie Sie diese Schnittstelle verwenden können, erkläre ich Ihnen in den folgenden Abschnitten. Leider ist das Thema relativ umfangreich, sodass ich Ihnen keine kompletten Codebeispiele zeigen werde. Die bisher in diesem Buch als Beispiele vorgestellten Apps eignen sich ohnehin nicht für In-App-Payment, daher werde ich das Beispiel aus der öffentlichen Google-Dokumentation (zu finden auf *http://developer.android.com*) für die Erklärung heranziehen.

Lassen Sie uns zunächst darüber sprechen, welche Artikel Sie innerhalb einer App anbieten können.

12.2.6 In-App-Produkte

Natürlich eignet sich nicht jede App dafür, In-App-Produkte anzubieten. Bei Spielen fällt Ihnen sicher sofort Spielgeld ein bzw. ein Paket oder mehrere mit zusätzlichen Levels. Prinzipiell ist In-App-Payment aber bei jeder App eine Überlegung wert: Stellen Sie sich vor, dass Sie eine kostenlose Standardversion und eine Premiumvariante zu einer App zusammenfassen. Die Premium-Features werden dann via In-App-Payment freigeschaltet.

Grundsätzlich gibt es drei unterschiedliche Arten von In-App-Produkten:

- Produkte, die jeder Benutzer höchstens einmal kaufen kann (z. B. Premiumfreischaltung, Level-Packs)
- Produkte, die jeder Benutzer beliebig oft kaufen kann (z. B. Spielgeld)
- Abonnements

Wenn Sie entschieden haben, welche Produkte Sie verfügbar machen wollen, müssen Sie sie zunächst in Google Play anlegen. Dazu gibt es eine Benutzeroberfläche in der Entwicklerkonsole. Hier beißt sich leider die Katze in den Schwanz: Solange Sie Ihre App nicht mit In-App-Payment versehen haben, können Sie in der Entwicklerkonsole keine Produkte hinzufügen. Um dieses Riff zu umschiffen, schlagen Sie folgenden Kurs ein:

- Fügen Sie dem Manifest Ihrer App die Permission `com.android.vending.BILLING` hinzu.
- Laden Sie die App als Update hoch (mit neuer Versionsnummer natürlich).

Sobald die Entwicklerkonsole begriffen hat, dass Ihre App In-App-Payment unterstützen soll, können Sie auf den Link IN-APP-PRODUKTE klicken, auch wenn die eigentliche App davon noch nichts weiß. Fügen Sie dann Ihr vorgesehenes Produkt hinzu (siehe Abbildung 12.9).

Legen Sie zunächst eine PRODUKT-ID fest. Das ist eine eindeutige Bezeichnung, die Sie später nicht mehr ändern können, ähnlich einer Bestellnummer. Anhand dieser ID wird Ihre App nach dem Kauf entscheiden, welche Inhalte sie für den Kunden freischalten muss.

Von entscheidender Bedeutung ist, dass Sie den KAUFTYP richtig setzen, denn diese Einstellung trägt gewissermaßen den unsichtbaren Java-Modifier `final` – einmal festgelegt, können Sie ihn nicht mehr ändern:

- PRO NUTZERKONTO VERWALTET: kann nur einmal gekauft werden
- NICHT VERWALTET: kann mehrfach gekauft werden
- ABONNEMENT: automatisch wiederkehrende Bezahlung

Übrigens: Wenn Sie eine eigene Kaufbegrenzung benötigen, etwa »höchstens einmal im Monat«, müssen Sie NICHT VERWALTET wählen und die Begrenzung selbst implementieren, indem Sie sich jeden einzelnen Kauf irgendwo merken.

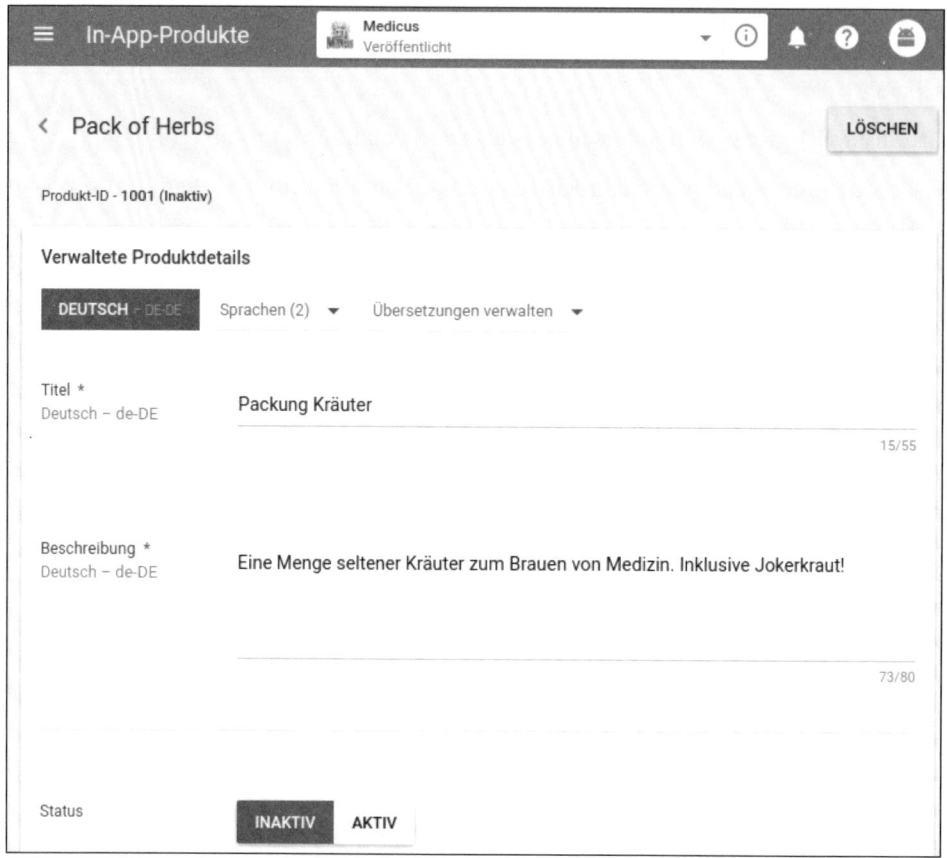

Abbildung 12.9 Jedes In-App-Produkt hat ein eigenes Formular, in dem Sie alle Details erfassen können.

Wie schon bei den Apps selbst können Sie hier Titel und Beschreibung in verschiedenen Sprachen eingeben. Viel Platz haben Sie dafür nicht, aber Sie sind ohnehin gut beraten, Ihren potenziellen Käufern schon vor dem eigentlichen Aufruf des In-App-Payment-Dialogs genau zu erklären, wofür sie ihr Geld ausgeben. Preise können Sie wie für Apps für jedes Land separat festlegen. Auch bei In-App-Produkten ist der niedrigste sinnvolle Preis 0,79 €.

Für pro Nutzerkonto verwaltete Einkäufe gilt übrigens, dass der Käufer das Produkt selbst nach einer Neuinstallation auf einem anderen Handy erneut erhalten kann. Voraussetzung ist, dass derjenige denselben Google-Account verwendet. Wie das funktioniert, erkläre ich Ihnen im Zusammenhang mit dem `BillingService` in den folgenden Abschnitten.

> **Offizielle Dokumentation**
>
> Im Wesentlichen erkläre ich Ihnen das In-App-Payment hier so, wie Google es in seiner offiziellen Dokumentation tut, bloß etwas übersichtlicher. Wenn Sie möchten, können Sie sich die Originaldokumentation im Internet anschauen:
>
> https://developer.android.com/google/play/billing/index.html

12.2.7 Die »Billing API Version 3« initialisieren

Glücklicherweise ist es seit der neuen API-Version 3 einfacher geworden, In-App-Payment einzubauen. Aller Anfang ist leicht: Öffnen Sie zunächst den Android SDK Manager, wählen Sie unter EXTRAS das Paket *Google Play Billing Library* aus, und installieren Sie es.

Dieses Paket enthält freundlicherweise fertigen Beispielcode. Als Nächstes importieren Sie diesen in Ihren Workspace. Sie finden das Demoprojekt in einem Unterverzeichnis des Android SDK: *extras/google/play_billing/samples/TrivialDrive*. Verwenden Sie den Menüpunkt FILE • IMPORT. In AS erscheint das Projekt dann als `MainActivity`, was dermaßen mehrdeutig ist, dass Sie es am besten gleich umbenennen.

Bitte starten Sie die App nicht einfach, denn sie wird nicht funktionieren, ohne dass Sie sie vorher mit Ihrem Developer-Account und einer App-ID auf Google Play verknüpfen. Das ist für eine Demo-App der Mühe nicht wert. Daher erkläre ich Ihnen die Funktionsweise der In-App-Bezahlung anhand des Programmcodes, den Sie ohne Weiteres in ein eigenes Projekt übernehmen können.

Öffnen Sie die *MainActivity.java*, und schauen Sie sich die `onCreate()`-Methode an. Dort finden Sie unter anderem die folgenden wichtigen Zeilen:

```
mHelper = new IabHelper(this, base64EncodedPublicKey);
...
mHelper.startSetup(new IabHelper.OnIabSetupFinishedListener() {
   public void onIabSetupFinished(IabResult result) {
      ...
      mHelper.queryInventoryAsync(mGotInventoryListener);
   }
});
```

Die Klasse `IabHelper` ist im Demoprojekt enthalten, Sie können sie für eigene Apps übernehmen. Diese Hilfsklasse übernimmt den komplizierten Teil der Initialisierung der In-

App-Bezahlung. Sie müssen ihr einen Public Key übergeben, den Sie unter DIENSTE UND APIs in der Entwicklerkonsole finden.

Sobald die Initialisierung beendet ist, wird die Hilfsklasse die Methode `onIabSetupFinished()` in dem anonymen Listener aufrufen.

Nach einer Fehlerprüfung wird der Helper damit beauftragt, Google Play nach den bereits gekauften In-App-Produkten zu fragen (`queryInventoryAsync()`). Das Ergebnis landet bei einem weiteren Listener, der der Übersicht halber als Attribut definiert ist. Sie finden ihn etwas weiter unten in der *MainActivity.java*.

```
IabHelper.QueryInventoryFinishedListener mGotInventoryListener =
  new IabHelper.QueryInventoryFinishedListener() {
    public void onQueryInventoryFinished(IabResult result, Inventory inventory) {
      ...
    }
  }
}
```

Sie können hier die Inhalte des `Inventory` prüfen und daraufhin beispielsweise kostenpflichtige Inhalte aktiv schalten.

Wie funktioniert aber der eigentliche Kauf?

12.2.8 Ein In-App-Produkt kaufen

Sie werden dem Benutzer die verfügbaren In-App-Produkte in irgendeiner Form anzeigen, und immer wird es einen KAUFEN-Button geben. Sobald sich der Benutzer entscheidet, diesen Knopf zu drücken, beginnt der für Sie erfreuliche Teil der App, denn nun sind Sie drauf und dran, Geld zu verdienen.

Schauen Sie sich in der Demo-App die Methode `onBuyGasButtonClicked()` an. Ein paar Tests stellen sicher, dass der Kauf im Augenblick überhaupt sinnvoll ist. Dann kommt die entscheidende Stelle:

```
mHelper.launchPurchaseFlow(this, SKU_GAS, RC_REQUEST,
  mPurchaseFinishedListener, payload);
```

Dies startet den eigentlichen Kaufvorgang und zeigt dem Menschen vor dem Smartphone die nötigen Dialoge. Wieder wird die Hilfsklasse `IabHelper` bemüht. Der zweite Parameter ist die Produkt-ID (`SKU`), die Sie in der Entwicklerkonsole für das betreffende In-App-Produkt festgelegt haben. Wichtig ist der vierte Parameter – mal wieder ein Listener, der von der Hilfsklasse aufgerufen wird, wenn der Kaufvorgang beendet ist. Denn um den ganzen Ablauf dazwischen müssen Sie sich nicht kümmern: Die Anzeige der Produktdetails, die Abbuchung von der Kreditkarte des Benutzers, die nötige Fehlerbehandlung – das alles ist nicht Ihre Angelegenheit.

Sie müssen nur noch auf den beendeten Kaufvorgang reagieren, indem Sie den OnIabPurchaseFinishedListener schreiben.

Im Demoprojekt sieht das ungefähr so aus:

```
IabHelper.OnIabPurchaseFinishedListener mPurchaseFinishedListener =
  new IabHelper.OnIabPurchaseFinishedListener() {
    public void onIabPurchaseFinished(IabResult result, Purchase purchase) {
      ...
      if (purchase.getSku().equals(SKU_GAS)) {
        ...
      }
    }
}
```

Die Abfrage, ob alles geklappt hat, habe ich hier weggelassen. Falls ja, gelangt die if-Abfrage zur Ausführung: Sie ermittelt anhand der Produkt-ID (SKU), welches In-App-Produkt der Benutzer erstanden hat, und reagiert entsprechend darauf.

Das Demoprojekt umfasst auch Beispiele für nur einmal kaufbare Produkte und für Abonnements. Im Prinzip funktionieren diese alle gleich. Sie müssen nur noch in Ihrer App die entsprechenden Features freischalten.

Sobald Sie das In-App-Payment komplett implementiert haben, sollten Sie es testen. Leider müssen Sie dazu Ihre App veröffentlichen, denn die Bezahlung funktioniert nicht, wenn sich die aktuell publizierte Version von jener unterscheidet, die die Bezahlung initiieren möchte – und schon gar nicht mit einer Signatur vom Debug-Zertifikat. Sicherheitsmaßnahmen, die wir gut verstehen können, oder?

Versuchen Sie einen Trick: Machen Sie den EINKAUFEN-Button nur auf Ihrem Gerät sichtbar (und standardmäßig unsichtbar). Dazu können Sie dessen Android-ID mit Ihrer eigenen vergleichen:

```
String androidId = Secure.getString(getContentResolver(),
  Secure.ANDROID_ID);
if("meineandroidid".equals(androidId)) {
  einkaufenButton.setVisibility(View.VISIBLE);
}
```

Die Android-ID ist theoretisch bei jedem Gerät unterschiedlich. Ihre eigene können Sie beispielsweise mit einer App wie *Android System Info* auslesen oder mit der obigen Methode. Leider gibt es einige Hersteller, die darauf verzichten, ihre Geräte mit eindeutigen Android-IDs auszustatten. In dem Fall müssen Sie sich einen anderen Trick ausdenken.

Wie bei kostenpflichtigen Apps können Sie alle Einkäufe in der Entwicklerkonsole beobachten. Ich zeige Ihnen hier keinen Screenshot meiner Entwicklerkonsole, weil ich ohnehin alle Einträge in ihr aus Datenschutzgründen unkenntlich machen müsste. Ich drücke Ihnen einfach die Daumen, dass Ihre App dank In-App-Payment erfolgreich wird – dann sehen Sie die Liste der Einkäufe selbst. Und ich versichere Ihnen: Sie werden die Liste dreizehnmal täglich aufrufen.

12.3 Alternative Markets

Alles hat seine Vor- und Nachteile, das gilt für Konjunkturprogramme genauso wie für Google Play. Natürlich ist Google Play die größte Quelle an Apps und auf so gut wie jedem Android-Gerät vorinstalliert. Aus Entwicklersicht könnte man Google Play jedoch genauso gut als Schrotthaufen astronomischer Größe bezeichnen, in dem Normalsterbliche nur mit übernatürlicher Begabung auf brauchbare Apps aufmerksam werden – oder durch die Top-Listen, auf denen eine neue App naturgemäß nicht so bald landet.

Nicht zuletzt kostet es Sie ein paar Euro, Apps in Google Play veröffentlichen zu dürfen; und ich glaube, in Googles Geschäftsbedingungen irgendwas vom Verkauf meiner Seele gelesen zu haben, aber in dieser Hinsicht bin ich mir nicht ganz sicher …

Werfen wir daher einen Blick auf die Alternativen zu Google Play. Vorweg muss ich aber sagen: Sie haben alle einen gravierenden Nachteil – sie sind längst nicht auf jedem Gerät vorinstalliert und erreichen nur einen Bruchteil der Anwender.

12.3.1 Amazon AppStore

Amazon verkauft längst nicht nur Bücher und MP3-Musik, sondern auch Kühlschränke und – Android-Apps.

Seitdem Amazon mit den Kindle Fire eigene Android-Tablets auf dem Markt hat, können Sie Ihre App auch im *Amazon AppStore* veröffentlichen. Dabei gilt es allerdings ein paar Besonderheiten zu beachten.

Amazon hat das Android-System auf dem Kindle Fire stark den eigenen Bedürfnissen angepasst. So sind die bekannten Buttons für HOME, MENÜ und vor allem ZURÜCK normalerweise nicht sichtbar. Amazon geht davon aus, dass Ihre App selbst solche Buttons anbietet. Tut sie das nicht, muss der Benutzer immer einen kleinen Ausklappknopf am rechten Bildschirmrand verwenden, was so nervig ist, dass die Deinstallation nur eine Frage der Zeit ist. Positionieren Sie einfach einen ZURÜCK-Knopf in der linken oberen Ecke jedes Layouts – da finden ihn Ihre Benutzer ziemlich schnell. iPhones machen es seit Jahren so.

Achten Sie weiterhin darauf, dass Tablets üblicherweise im Querformat in der Hand gehalten werden. Ihre App sollte sich auf dieses Format konzentrieren, es zumindest aber unterstützen. Spätestens wenn jemand den Kindle Fire HD an einen Fernseher anschließt, möchte er keine Hochkant-App vorgesetzt bekommen.

Sie finden die Amazon-Plattform für Apps unter *https://developer.amazon.com/home.html* (siehe Abbildung 12.10).

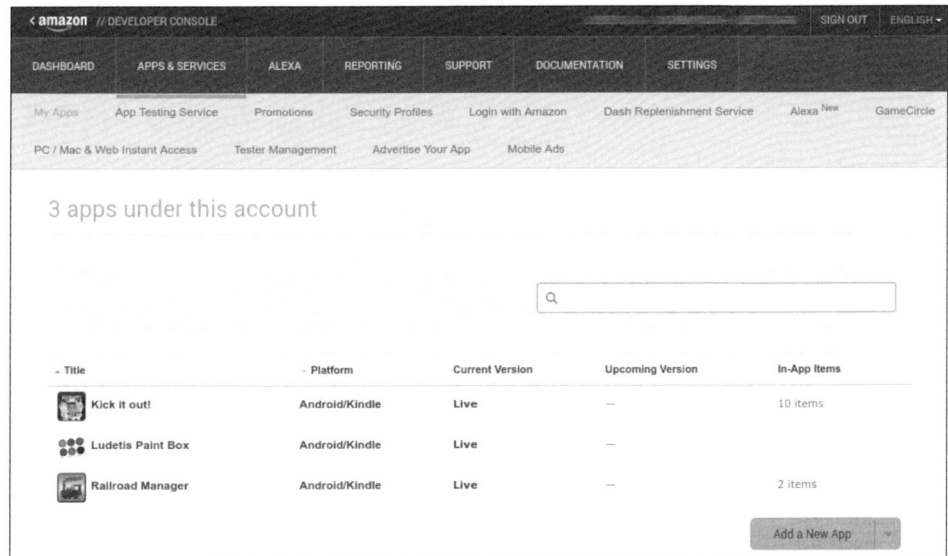

Abbildung 12.10 Das Entwicklerportal der Amazon-Plattform ist ähnlich aufgebaut wie das von Google.

Achten Sie darauf, dass Sie eine separate Version Ihrer App benötigen, die Sie im Amazon-Store anbieten. Es kommt bei dem Team, das Ihre App manuell prüft, nicht gut an, wenn darin die Rede von In-App-Bezahlung in Google Play ist. Ja, Sie haben richtig gelesen: Im Gegensatz zu Google beschäftigt Amazon Mitarbeiter, die Ihre App tatsächlich testen – zumindest stichprobenweise. Das bedeutet für Sie zwei Dinge:

▶ Erstens kann es ein bis zwei Wochen dauern, bis Ihre App zum ersten Mal freigeschaltet wird (bei Updates geht es viel schneller).

- Zweitens kann es gut sein, dass Sie eine freundliche E-Mail erhalten, in der steht, was an Ihrer App leider nicht wie von Amazon gewünscht funktioniert. Dazu gehören meiner Erfahrung nach auch Details wie unverschlüsselte Datenübertragung: Falls Ihre App auf irgendwelche Internetdienste zugreift, müssen Sie sicherstellen, dass dies verschlüsselt (also über HTTPS) geschieht.

Um leicht zwei unterschiedliche App-Versionen bearbeiten zu können, kennt das Gradle-Build-System sogenannte *Flavors*. Diese Funktion zu erklären, würde den Rahmen dieses Buches sprengen. Wenn Sie sie benötigen, finden Sie Erläuterungen dazu unter diesem Stichwort auf Googles zugehöriger Webseite (*https://developer.android.com/sdk/installing/studio-build.html*).

Wenn Ihre App auf Tablets optimiert ist, lohnt sich der Aufwand, sie fit für Amazon zu machen. Die Kindle-Fire-Geräte haben eine nicht unerhebliche Verbreitung, sodass Sie durchaus mit ein paar Downloads rechnen können. Großer Vorteil: Jeder Ihrer User verfügt automatisch über ein Amazon-Konto, über das er per Knopfdruck einkaufen kann.

12.3.2 F-Droid

Es gibt zwei große Unterschiede zwischen einem Android-Shop wie Google Play oder Amazon und allen anderen:

- Es steht kein monströser Konzern dahinter.
- Die Verbreitung ist wesentlich geringer.

Natürlich folgt der zweite Punkt direkt aus dem ersten. Andererseits bedeutet eine geringere Anzahl Apps eine höhere Sichtbarkeit für die Ihre.

Ich möchte Ihnen an dieser Stelle einen alternativen Shop vorstellen: *F-Droid* (*https://f-droid.org*, Abbildung 12.11). Das *F* steht für *free*, aber das heißt nicht nur, dass alle Apps kostenlos sind und dass es kein In-App-Payment gibt. Nein, die angebotenen Apps müssen außerdem Open Source sein. Diesen Vertriebsweg nutzen derzeit lediglich etwas über 2.000 Apps. Trotzdem: Bei F-Droid ist es möglich, ein Android-Smartphone mit den wichtigsten Apps auszustatten – sichere E-Mail, Kalender, Mediaplayer, Datei-Explorer, Internet-TV und so weiter. Dafür fehlt F-Droid das komplette Bewertungssystem, nicht einmal Download-Zahlen werden angezeigt – eine fast wohltuende Alternative zu Google Play, wo Sie es letztlich darauf anlegen, gegen zig Millionen Apps um die Aufmerksamkeit potenzieller Kunden zu kämpfen, was heutzutage ohne Werbebudget fast aussichtslos ist.

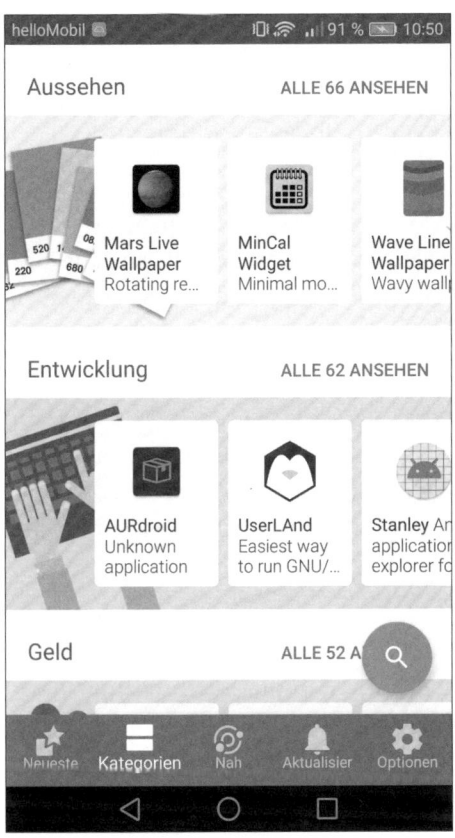

Abbildung 12.11 F-Droid bietet ausschließlich kostenlose, werbefreie Open-Source-Apps an.

Klar ist, dass man in einem solchen Shop nicht die großen Top-Apps wie Facebook und Spotify findet – dafür aber Open-Source-Tools, die im Vergleich zu ähnlichen Angeboten auf Google Play nicht mit nerviger Werbung gepflastert sind.

F-Droid unterstützt außerdem das Weitergeben von Apps über Bluetooth und lokale WLANs an andere Nutzer sowie eigene App-Repositories. Größere Unternehmen können darüber beispielsweise spezielle Apps auf den Geräten ihrer Mitarbeiter verbreiten und aktualisieren.

Leider ist es alles andere als komfortabel, eine App bei F-Droid zu platzieren. Sie sollten sich nur damit beschäftigen, wenn Sie bereit sind, etwas Zeit zu investieren, um Ihre App als Open Source zu veröffentlichen. Da die Anweisungen im Netz alles andere als leicht verständlich sind, habe ich Ihnen hier eine Schritt-für-Schritt-Anleitung zusammengestellt.

Schritt 1: Registrieren Sie sich bei https://gitlab.com (kostenlos).

F-Droid verwaltet seine Apps in einem Open-Source-Repository, das bei GitLab gehostet wird. Sie müssen diesem die Informationen über Ihre App hinzufügen, folglich benötigen Sie einen Account.

Schritt 2: Veröffentlichen Sie Ihren Code.

Da F-Droid ausschließlich Open-Source-Projekte erlaubt, müssen Sie nun den Code Ihrer App veröffentlichen. Da Sie gerade ohnehin einen Account bei GitLab angelegt haben, können Sie das dort tun. Alternativ können Sie aber auch die etwas bekanntere Plattform *https://github.com* verwenden. Android Studio unterstützt GitHub direkt, daher werde ich Ihnen diese Variante zeigen.

Bevor Sie Ihren Code mit der Welt teilen, stellen Sie sicher, dass er in einem lauffähigen Zustand ist, und versehen Sie ihn mit einer aussagekräftigen README, einem Copyright-Hinweis im Kopfbereich Ihrer Java-Klassen sowie der gewünschten Lizenz in einer Datei namens *LICENSE*.

Legen Sie ferner eine Datei namens *.gitignore* an, die Dateien anhand ihres Namens oder Pfades ausfiltert, denn vieles hat nichts in der Öffentlichkeit zu suchen. Dazu gehören alle Zwischenergebnisse des Build-Prozesses, aber auch AS-Hinterlassenschaften in versteckten Verzeichnissen und die Datei *local.properties*, in der der Pfad zu Ihrem Android-SDK steht, der natürlich auf Rechnern anderer User anders lautet. Eine empfehlenswerte *.gitignore* sieht allgemein wie folgt aus:

```
.gradle
/local.properties
/.idea/workspace.xml
/.idea/libraries
.DS_Store
/build
/captures
/*.jks
/Application/build
```

Um Ihren Code hochzuladen, verwenden Sie in AS den Menüpunkt VCS • IMPORT INTO VERSION CONTROL • SHARE PROJECT ON GITHUB. Erfinden Sie einen Namen für das neue Repository. Wenn alles geklappt hat, finden Sie Ihr Projekt unter *https://github.com/ [Ihr github-Username]/[Name des Repositorys]*. Klicken Sie dort auf RELEASES, geben Sie als Versionsnummer v1.0 an (oder was immer Ihnen angebracht erscheint), und schreiben

Sie ein paar sinnvolle Anmerkungen in die Textfelder. Kommen Sie bitte nicht auf die Idee, ein APK hochzuladen – Sie veröffentlichen hier nur den Quellcode!

Schritt 3: Forken Sie das F-Droid-Repository.

Wenn Sie bei GitLab eingeloggt sind, öffnen Sie die Projektseite *Data* von F-Droid (*https://gitlab.com/fdroid/fdroiddata*) und klicken Sie auf FORK. Damit erzeugen Sie eine vollständige Kopie des Repositorys unter Ihrem eigenen Account. Diesem Repository werden Sie die nötigen Informationen in Kürze hinzufügen und schließlich »beantragen«, dass die Änderungen an Ihrer Kopie in das Original-Repository übernommen werden.

Schritt 4: Laden Sie Ihre Repository-Kopie herunter.

Sobald Sie das F-Droid-Repository geforkt haben, kopieren Sie dessen URL in die Zwischenablage. Die Adresse hat immer die Form: *https://gitlab.com/[Ihr GitLab-Nutzername]/fdroiddata.git*

Der Download erfolgt jetzt allerdings keineswegs über Ihren Browser. GitLab basiert auf dem sehr verbreiteten Quellcode-Verwaltungssystem *Git*. Darüber müssen Sie glücklicherweise nicht alles wissen, um Ihre App bei F-Droid unterzubringen. Wählen Sie im AS-Menü FILE • NEW • PROJECT FROM VERSION CONTROL • GIT. Fügen Sie dort die Repository-Adresse aus der Zwischenablage ein, und klicken Sie auf CLONE.

Das Repository ist knapp 200 MBytes groß, der Vorgang wird also abhängig von der Bandbreite Ihrer Internetverbindung möglicherweise eine Weile dauern.

Wohlgemerkt handelt es sich nicht um ein Android-Projekt, daher zeigt Ihnen AS nach dem Download nichts weiter an. Schalten Sie die Baumansicht auf PROJECT FILES um, damit Sie den Dateibaum sehen. Natürlich können Sie ihn auch mit dem Explorer erforschen. Interessant ist dabei das Verzeichnis *metadata*, in dem Sie alle Informationen zu den auf F-Droid verfügbaren Apps in einem speziellen Format vorfinden. Sie ahnen sicher schon, dass Ihre nächste Aufgabe darin besteht, die Infos Ihrer App hier einzuklinken.

Schritt 5: Installieren Sie fdroidserver.

Bevor Sie Ihre App hinzufügen können, müssen Sie den fdroidserver installieren, der die nötigen Tools enthält. Falls Sie Linux verwenden, genügt die Paketverwaltung:

```
sudo apt-get install fdroidserver
```

Unter Windows benötigen Sie *Cygwin* oder ein Windows-Subsystem für Linux. Falls Sie weder das eine noch das andere haben, schauen Sie sich die einfache Installationsanleitung bei *https://f-droid.org* an:

https://f-droid.org/docs/Installing_the_Server_and_Repo_Tools/

Wenn Sie das erledigt haben, initialisieren Sie die Umgebung einmalig mit dem folgenden Kommando:

```
fdroid init
```

Schritt 6: Editieren Sie die Metadaten Ihrer App.
Endlich können Sie Ihre App importieren:

```
fdroid import --url [github-URL] --subdir Application
```

Als URL geben Sie die Adresse des GitHub-Repositorys Ihrer App an. Das Unterverzeichnis im Parameter `subdir` ist das Verzeichnis, in dem die *build.gradle* Ihrer App und das *src*-Verzeichnis liegen. Es heißt üblicherweise *Application*, aber prüfen Sie das sicherheitshalber.

Im Erfolgsfall finden Sie danach eine Datei mit Informationen über Ihre App im Verzeichnis *metadata* vor, wobei der Dateiname die ID der App ist, also der Basis-Paketname Ihrer Java-Klassen. F-Droid legt Ihre Metadaten-Datei im *YAML*-Format an (Dateiendung: .yml), das Sie leicht mit AS bearbeiten können. Am einfachsten finden Sie Ihre Datei mit ⇧+Strg+R und Eingabe der ersten paar Buchstaben Ihrer App-ID.

Die meisten Einträge müssen Sie nicht bearbeiten. Prüfen Sie, ob die richtige Lizenz erkannt wurde, z. B.:

```
License: Apache-2.0
```

F-Droid ist an dieser Stelle pingelig und akzeptiert nur Lizenzen in der SPDX-Schreibweise. Sie finden eine Liste unter *https://spdx.org/licenses*.

Anschließend müssen Sie Einträge hinzufügen, und zwar für die inhaltliche Beschreibung Ihrer App. Das geht so:

```
Homepage: https://ihre.homepage.de
AuthorName: Ihr Name
Category: Multimedia
```

Sie können hier mehrere Kategorien durch Kommas getrennt eingeben, z. B. `Graphics, Internet, Development, Games`.

```
Summary: Kurzbeschreibung in wenigen Worten
Description: Lange Beschreibung Ihrer App.
```

Wenn Ihre Beschreibung mehrere Zeilen lang wird, müssen Sie die Folgezeilen jeweils mit mindestens einem Leerzeichen beginnen, das ist eine Anforderung des YAML-Formats.

Es gibt eine ganze Menge weiterer Metadaten, die Sie angeben können, beispielsweise URLs für Spenden oder für Änderungsprotokolle. Entscheidend aber ist, dass das Bauen der App durch F-Droid funktionieren muss. Dazu gibt es eine Sektion `Builds`. Dort entfernen Sie die Zeile mit dem Eintrag `disable`, dann setzen Sie im Eintrag `commit` das Release-Tag ein, das Sie in Ihrem GitHub-Repository erzeugt haben:

```
commit: 'v1.0'
```

Jetzt müssen Sie nur sicherstellen, dass die Environment-Variable `$ANDROID_HOME` auf das richtige Verzeichnis zeigt. In der Linux-Konsole geht das so:

```
export ANDROID_HOME=/home/uwe/Develop/android-sdk-linux
```

Schritt 7: Lassen Sie die App von F-Droid bauen.

F-Droid benutzt die aktuell installierte Version von Gradle zum Bauen, nicht etwa den davon unabhängigen Wrapper, den AS normalerweise verwendet. Falls Sie keine oder eine zu alte Version von Gradle installiert haben, wird der Prozess fehlschlagen. Aktualisieren Sie also Ihr Gradle rechtzeitig. Installationsanweisungen finden Sie auf *https://gradle.org*.

Dann starten Sie den Build-Prozess:

```
fdroid build -v -l app.id
```

Damit baut F-Droid probeweise Ihre App. Dazu gehört es auch, den Quellcode aus Ihrem Repository abzurufen, es wird also keineswegs Ihr Original-Quellcode verwendet! Falls Sie also etwas in Ihrem Projekt ändern, müssen Sie VCS • COMMIT und PUSH ausführen, ein neues Release-Tag bei GitHub setzen und dieses in Ihrer F-Droid-Metadaten-Datei anpassen.

Übrigens signiert F-Droid alle Apps mit einem eigenen Schlüssel, daher benötigen Sie keinen eigenen Keystore.

Schritt 8: Committen und senden Sie einen Merge-Request.

Wenn F-Droid Ihre App auf Ihrem Rechner bauen kann, dann funktioniert das auch in der Cloud. Also können Sie jetzt bei den Kollegen von *https://f-droid.org* beantragen, Ihre Daten aufzunehmen. Dazu müssen Sie zunächst mit AS Ihre Metadaten-Datei im Projekt *fdroiddata* committen. Vorsicht: Committen Sie nur *ihre.app.id.yml*, keinesfalls das *build*-Verzeichnis oder das *.idea*-Verzeichnis, das AS beim Import des *fdroiddata*-Projekts erzeugt hat.

Dann erstellen Sie einen Merge Request, und zwar hier:

https://gitlab.com/uwepost/fdroiddata/merge_requests/new

Wählen Sie Ihren Master-Branch und im nächsten Schritt als Template APP INCLUSION, und kreuzen Sie die Kästchen wahrheitsgemäß an. Den Rest des Formulars können Sie ignorieren – klicken Sie den SUBMIT-Button, und warten Sie auf eine Bestätigung (oder eine Fehlermeldung) per E-Mail.

Sobald ein zuständiger Entwickler Ihren Merge-Request in den Master-Zweig übernommen hat, dauert es bis zu 24 Stunden, bevor Ihre App auf *https://f-droid.org* erscheint, da der Katalog nur einmal täglich aktualisiert wird.

Wenn Sie diese Aufgabe bewältigt haben, können Sie stolz sein: Sie haben nicht nur eine überaus knifflige Anleitung korrekt befolgt, sondern auch den Open-Source-Gedanken gestärkt! Vielen Dank dafür!

12.3.3 Fazit

Abgesehen von Amazons AppStore gibt es heutzutage keine nennenswerten alternativen Shops mehr. Zwar existieren mit *https://slideme.org* oder *https://appslib.com* solche Ansätze, aber gegen die überwältigende Marktmacht von Google hatten sie letztlich keine Chance, relevante Marktanteile zu erreichen. *https://f-droid.org* mit seinen Open-Source-Apps ist hingegen eine Nische, die aber in vielen Fällen überaus nützlich ist.

Da Sie jetzt ein fähiger Android-Entwickler sind, bin ich jedenfalls sicher, dass Ihre Apps hinreichend gewürdigt werden – egal wo Sie sie veröffentlichen.

Index

@Override ... 91
9-Patch ... 346

A

AAC+ ... 187
above ... 361
abstract ... 64, 303
Accelerometer ... 294
ACTION_CREATE_DOCUMENT ... 378
ACTION_SEND ... 372
ActivityNotFoundException ... 82
Adapter ... 239
ADB ... 127
addView() ... 163
AlertDialog ... 351
Alpha-Transparenz ... 147, 192
Amazon AppStore ... 424
Android Runtime ... 40
Android SDK ... 72
Android Studio ... 47, 71
Android-ID ... 424
Android-Manifest ... 98, 102, 134, 138, 304
AndSMB ... 128
Animation ... 191
AnimationListener ... 200
Annotation ... 67, 392
Apache ... 128
API-Key ... 314
APK ... 405
App veröffentlichen ... 405
App-Icon ... 409
Array ... 61
Array, zweidimensionales ... 210
ArrayAdapter ... 242
ArrayList ... 60
Asphalt Nitro ... 35
Atomreaktor ... 41
Attribut ... 48
   statisches ... 306
AttributeSet ... 288
Audacity ... 184
Audioformat ... 186

Augmented Reality ... 249, 279
Auswahlliste ... 244
Azimutwinkel ... 280

B

Background ... 140, 343
Background-Thread ... 231
Barcode & QR Scanner barcoo ... 30
Basisklasse ... 64
Beans ... 39
Bedingung ... 54
below ... 361
Beschleunigung ... 294
Bildschirmausrichtung ... 99
Billing API Version 3 ... 421
Bit ... 48
boolean ... 48–49, 157
Boolesche Operatoren ... 157
Breakpoint ... 86
Button ... 112–113

C

C ... 39
c:geo ... 29
C++ ... 39
cacheColorHint ... 241
Calendar ... 356
Camera ... 250
CameraView ... 250
Canvas ... 276
Caused by ... 83
CheckBox ... 112
checked ... 346
Children ... 164
Chrominanz ... 264
class ... 42
clear() ... 313
colors.xml ... 357
Compiler ... 39
Complications ... 336
ConstraintLayout ... 114

433

Index

Constructor 44
ContentResolver 376, 380
Context 162
Countdown 152
CPU 39
Custom View 275, 292
Cut the Rope 34

D

Dalvik VM 40
Date 164
Datenbank 381
Datenschutz 414
Datenschutzgrundverordnung DSGVO 414
Datenstrom 233
Datentyp, primitiver 49
DatePicker 121
DatePickerDialog 351, 355
Debug-Perspektive 86
Debug-Zertifikat 129, 407
Denglisch 43
Dependency 108
device-independent pixels 142
Dialog 169, 351
DialogInterface 352
Digicam 249
Digitale Signatur 405
dismiss() 352
DisplayMetrics 150
Double 50
drawArc() 290
Dropbox 129

E

Editable 125
EditText 113
else 168, 209
Emulator 70
Entwicklerkonsole 408, 416
Entwicklerkonto 408
Erdanziehungskraft 294
Ereignis 172
    Warteschlange 172–173
Erschütterung 294

Event 172
Eventqueue 172
Exception 236
    unchecked 237
extends 65
Extra 372

F

Farbwert, hexadezimaler 146
F-Droid 426
fdroidserver 429
Fehlerbericht 84, 415
Fehlersuche 80
FILL 276
FILL_AND_STROKE 276
findViewById() 123, 160, 358
finish() 137
Fortran 39
Fragmente 398
FragmentManager 401, 403
FrameLayout 146

G

Galaxy of Fire 2 183
Game Engine 142
Garbage Collector 44, 189
Geocaching 25, 29
Geokoordinaten 25, 309
getChildAt() 165
getChildCount() 164
getDefaultSensor() 272
getIdentifier() 179, 212
getResources() 227
getSharedPreferences() 220
getSystemService() 272, 312
Getter 66
getText() 225
GIMP 207
GitHub 428
GitLab 428
GONE 224
Google Assistant 33
Google Maps 26
Google Play 26

Google Sky Map	28
GPS	25, 309
Gradle	106, 315
Gravity	163
GSON	393

H

handleMessage()	297
Handler	171, 173, 297
statischer	307
Hexadezimalzahl	112
Hintergrundfarbe	241
Hintergrund-Services	302
Homescreen-Widgets	366
HorizontalScrollView	121
HTML-Farbcodes	147
Hubble-Teleskop	29

I

ic_launcher.png	102
Icon	99, 409
ids.xml	163
if	54
IllegalArgumentException	237
implements	95, 122
Import	94
Importieren	47
In-App-Payment	417
In-App-Produkt	418
kaufen	422
Initialisieren	49
Inkscape	138, 341, 409
Installation	412
Instant Run	79
Instanz	42
Instanziieren	44
Intent	136, 372
Intent-Filter	99
Interface	95, 122
Interpolation	198
Interpolator	199
invalidate()	276
INVISIBLE	224

IOException	236, 252
ISO-8859-1	234

J

Java	39
Java Runtime	42, 44
jcenter	107
JSON-Format	392

K

Keystore	406
Klasse	42
anonyme innere	201
innere	195
lokale	298
Kommentar	92
Konstante	163
Konstruktor	44
Koordinaten, sphärische	280
Koordinatensystem	
kartesisches	280
Kugel-	280

L

Labyrinth	23
Lambda	196
landscape	100
Laufvariable	165
Launcher	99
Layout	112, 134, 361
Layout Gravity	146
layout_weight	361
Layout-Datei	170
Layout-Editor	111
LayoutInflater	360
LayoutParams	150, 162, 206
lineTo()	278
ListView	239
Lizenzierungsservice	410
Lizenzvereinbarung	408
loadAnimation()	193
LocationManager	312
Log level	81

Index

Logcat 80, 253
Log-Filter 85
LOGTAG 84
Loop 165
Luminanz 264

M

Magnetfeldsensor 23, 272
main.xml 112
MainActivity 112
Maßstab 150
Math 151, 160
Math.min() 151
MediaPlayer 187
Methode 51
   statische 56
Mikrofon 24, 33, 184
MIME-Type 373
Mindestpreis 410
Modifier 46
MotionLayout 364
MotionScene 365
Moto 360 321
moveTo() 278
MP3 187
Mücke 20, 138
Mückenfang-Spiel 132
Multitasking 172

N

Namespace-Attribut 193
Network-based Location 309
Netzwerkbasierte Ortsbestimmung 309
NodesApi 332
Notification 324
NotificationBuilder 324
NullPointerException 83, 237, 309
NV21 263

O

Objekt 42
Objekt-Datenbank 382
Objektorientierung 42

Öffi 31
Ogg Vorbis 187
onActivityResult() 219
onClick() 136, 352
OnClickListener 122, 162, 296, 305, 310, 359
onCreate() 91
onDateSet() 356
onDateSetListener 356
onDestroy() 189
onDraw() 276
onInit() 94
onLocationChanged() 313
onPreviewFrame() 262
onSensorChanged() 274, 284, 297
OpenStreetMap.org 314
Operator 51
OutOfMemoryError 417
Override 67

P

Package 45
Package Explorer 98, 102, 111
Padding 141
Paint 276
Paket 45
Paper 382, 385
Parameter 45, 53
Pascal 39
Path 277
PCM 187
Permission 229
Pfad 277
Physik-Engine 34
Physikspiel 34
Pivotpunkt 196
Plug-in 71
PNG 103, 342
Polarwinkel 280
Polymorphie 67
portrait 100
postDelayed() 174, 354
PreviewCallback 261
private 54, 66, 93
Profiling 213
Programmbibliothek 314
ProgressBar 112

ProgressDialog 351, 353
protected 66
Prozess-ID 81
public 46
Pythagoras 215

Q

Qualifizierter Name 46

R

R.java 123
Radar 287
Random 154
raw 185
Refactor 158, 178, 246
Refactoring 65, 158
Reflection 384
registerListener() 273
RelativeLayout 361
removeCallbacks() 198
removeUpdates() 314
removeView() 167
Repository 107
requestLocationUpdates() 312
res 102
Resource Chooser 115
Ressource 102
Retrofit 389
rotate() 278
round() 151, 208
Router 25
run() 174, 231
Runnable 174, 231
RuntimeException 237

S

Sampling 186
scale-independent pixels 141
Schatztruhen 19
Schleife 62, 165
Schlüssel, privater 406
Screen Orientation 295
Screenshots hochladen 408

sendEmptyMessage() 308
SensorEvent 274
SensorEventListener 273, 297
SensorManager 272, 295
Serveranwendung 32
Service 303, 310
setAnimationListener() 202
setAntiAlias() 276
setBackgroundResource() 180
setColor() 276
setContentView() 278, 358
setDisplayOrientation() 252
setImageResource() 180, 210
setLayoutParams() 206
setOneShotPreviewCallback() 261
setPreviewDisplay() 251
setProgress() 355
setResult() 220
setStrokeWidth() 288
setTag() 281
Setter 66
setVisibility() 224
Shared Preferences 220
SharesFinder 128
Signatur, digitale 405
Single Processing 172
SMB 128
Software Development Kit 72
Sound 183
Soundformat 186
Speicher 44
Spielregeln 142
Spinner 244
Sprachausgabe 94
Sprachsuche 33
Stacktrace 81, 416
Standardkonstruktor 58
startAnimation() 194
startPreview() 254
startService() 306
state_pressed 345
static 307–308
Statische Methoden 151
Statistik 413
Steuerrad 23
stopService() 306
Storage Access Framework 377
Stream 233

437

Index

String	50
String-Konstante	117
String-Ressource	116
strings.xml	117, 227
String-Verweise	117
STROKE	276
Stromverschwendung	53
Structure	181
Style	343
super	92
surfaceChanged()	252
surfaceCreated()	251
SurfaceHolder	250
SurfaceView	250
SVG	138
Synonymwörterbuch	21

T

Tag	81, 163
Text Color	343
Text Style	146
TextToSpeech	94
TextView	112
Theme	344
Thesaurus	21
this	94
Thread	231
TimePickerDialog	351, 355
translate()	278
Transparenz	103
trim()	225
try-catch	236
Type-Casting	160

U

Überschreiben	67
UI-Thread	231
Unicode	234
Unity3D Personal Edition	35
Update	411
USB-Kabel	69, 89, 96
Uses Permission	100
UTF-8	234

V

Variable	58
Variablenname	48
Vektor	203
Venus	28
Verantwortung	54
Vererbung	63, 65
Vergleichsoperator	55
Versionscode	109
Versionsname	109
Versionsnummer	411
View	160
bewegen	203
einblenden	192
ViewBinding	363
ViewGroup	164
Virtuelle Kamera	281
Virtueller Raum	280
void	52
Vollbildmodus	180

W

Wahrheitswert	54
Wahrscheinlichkeit	152
WAV	187
Wear 2.x	335
Webservice	388
while()	268
Widget	112, 366
anmelden	369
Widget-Layout	367
Widget-Provider	367
wrap_content	141

X

xmlns	193

Y

YCbCr_420_SP	263
YouTube	409

Z

Zeitmaschinen 18
Zentrifugalkraft 294
Zertifikat 405–406
Zufallsgenerator 153–154, 204
Zugriffsbeschränkung 54
Zugspitzbahn 19
Zuweisungsoperator 49, 55